김대중
자서전

金大中自传（上）

[韩] 金大中 著
[韩] 李仁泽 [中] 王 静 [中] 高恩姬 译

中国人民大学出版社
·北京·

致亲爱的您

李姬镐

您离开已经有快一年的时间了。家里还是保持着您在的时候的那个样子。今年我也在院子里种了您喜欢的牵牛花、紫薇花和三色堇。要是您看到了这满院的芳菲该有多么的高兴啊！想着您那温暖的笑容，我的心底不禁泛起了阵阵酸楚。

我们曾经在客厅里一边喝咖啡一边观赏庭院里的美景。给飞到我们院子里来的麻雀喂食也是您的一大乐趣。最近来我们院子里吃食的麻雀越来越多了，每每听到鸟儿们的叫声我都会想到您，情不自禁地眼角就湿润了起来。

突然记起您在开始写自传之时曾说过："我要如实地记录下事实真相，给历史和子孙后代一个交代。"在我阅读您的自传时，那些我们曾经一起经历的往事，一幕幕又像走马灯似的掠过眼前，就仿佛您还在我的身边不曾离开。回首往事，最初的时候我们绝对没有想到日后会有那么多的艰难险阻在等着我们。

您的一生是跌宕起伏、波澜壮阔的一生。《罗马书》中有这样一句话："现在的苦楚若比起将来要显于我们的荣耀，就不足介意了。"正如这句话所说，您的一生充满着艰难险阻，几次命悬一线，又经历了流亡、软禁、牢狱之苦，但这些都未能动摇您那坚定的信念。而且最后您也没有对那些曾经迫害您的邪恶势力实施报复，反而以您那宽广的胸襟原谅了他们。这样一来，民主主义正义力量才有了在这片土地上生根发芽的可能。

您当选总统以后，为了拯救陷入困境的国家，废寝忘食地日夜工作。您带领韩国克服了金融危机，将我们的国家建设成为信息化强国。为了实现毕生的愿望，您主动促成南北关系的和解并召开了具有划时代意义的南北会谈，发表了

《南北共同宣言》。

我认为您的愿望——让这片土地开满和平民主自由之花，正在一步步成为现实。这正是缘于您无论身陷何种困境都从不绝望，反而满怀希望地前进。

我们会继承您的遗志，直到实现南北和解统一的那一天；我们一定会夜以继日地不断努力，为了实现您的愿望，不，应该是我们民族的共同愿望——南北统一，为了那一天的早日到来。

我时刻以您所坚持的“行动之良心”为准则行事，开展慈善和人道事业，为实现世界和平而贡献我们的力量。愿我们的子孙后代能够实现您的遗志。

您的政治生涯总是布满了荆棘，经历了这一系列苦难挫折之后，您的这一本自传终于在众多人士的帮助之下得以出版。另外，您十分敬仰并熟知的美国前总统比尔·克林顿、德国前总统理查德·冯·魏茨泽克以及原苏联总统米哈伊尔·戈尔巴乔夫都为了您自传的出版作序表示祝贺。

直到现在，我还是无法相信您已经离开了人世。虽然每天我都沉浸在对您的无尽思念当中，但想到上帝会赐予您胜利的王冠，我就倍感欣慰。

回忆起我们一起度过的47年时光，不论何时我都永远尊敬并深爱着您。我将一直怀念着您并为您祈祷，直到我人生的最后一刻。

我坚信上帝会用他那无尽的爱答复我们的祈祷。愿您在上帝的怀中安眠。

您的妻子 이희호

2010年夏

人权与平等的守护者

美国前总统　比尔·克林顿

金大中是一位富有智慧和勇气的领导人，他为韩国贡献了一切，他感染和激励了全世界热爱和平和自由的人们。金大中总统的一生都在以和平为目标而努力着。他致力于推行、守护民主主义的同时又谋求与朝鲜和平对话，这份勇气令我至今仍感到钦佩并受益匪浅。金大中总统自始至终对我表现出亲切和极大的友好，令我十分感激。

金大中总统慎重地展望着未来，为韩国国民打开了新的纪元。金大中总统成功地激发了韩国的潜力，努力创造化敌为友的和平世界。机会总是垂青有准备的人。金大中总统深刻明白当今世界相互依存的现实，他具备难能可贵的政治远见，他更加明白韩国必须与国际社会接轨。

在亚洲金融危机发生时，金大中总统主张提高企业透明度，促进世界各国经济伙伴关系的发展。他推行的金融政策比过去任何一届韩国政府都更致力于使韩国面向世界市场实施开放政策。正是这样的金融政策使今日的韩国进入了经济复苏成长的时代。

我在1992年与金大中总统有过一面之缘，当时我们为了加强美韩关系和增进彼此友好而共同努力。在与他共事的那段日子里，我亲眼目睹了金大中总统为了增进和平和彼此文化间的理解而费尽心力。

我个人认为，金大中总统在位期间最意义深远的事件就是访问平壤。这是自朝鲜战争结束之后，韩朝双方首次实现正常会谈的伟大历史瞬间。金大中总统一直坚持通过外交途径和合作手段解决朝鲜半岛问题，“阳光政策”就是在这一背景下诞生的。“阳光政策”提出了要建立伙伴关系而不是孤立敌对关系，为韩朝双方打开了光明的未来。“阳光政策”比以往任何政策都让韩朝双方看到和平和谅解的希望。如果当时能够完成他所梦寐以求的伙伴关系的建立，我们现在应该能生活在更加稳定和谐的社会之中。

金大中总统是充满勇气的民主主义斗士，是人权和平等的守护者。他成功地将韩国从金融危机的旋涡当中解救了出来，维护了国家安定。他的政绩是不能单用一个诺贝尔奖就可以一言以概之的。

进入21世纪以来，在日益强调相互依存性的今天，我们更应当认真检视金大中总统所留下的累累政绩。我们要建立起更加平等、安定、可持续发展的社会，就更应该将金大中总统的信念铭记于心，让世界各国领导人携起手来建立可靠的伙伴关系。只有这样，我们才能共同发展、共同进步。这是不容置疑的事实，金大中总统终其一生向我们展现的勇气和所作出的牺牲正是我们必须引领这个世界向前发展的理由。

2010年5月12日

卓越的政治家，肩负特殊历史使命之人

原苏联总统　米哈伊尔·戈尔巴乔夫

在接到金大中总统的夫人李姬镐女士拜托我为金大中总统的自传题写序言的请托时，我内心十分激动。

在过去的20多年里，我与金大中总统建立了互相理解并感情深厚的互助合作关系。我认为金大中总统是我们不可或缺的一位独一无二的政治家、思想家。同时，他也是一位为民主主义原则献身、肩负特殊历史使命之人。

金大中总统在韩国现当代史中所起到的巨大作用以及为了韩国民主主义的发展与独裁势力展开殊死斗争的无限勇气，令世人敬仰和赞叹。他的坚定信念和顽强意志即使在入狱和生命受到威胁时都没有发生丝毫动摇。

金大中总统于新世纪开始之际，也就是新千年的起始之时接任了总统一职，一上任就将韩国从金融危机之中解救了出来，他果断地实行了可以称为“韩国的体制改革”的根本性改革政策。最重要的是，金大中总统提出并推动的“阳光政策”更是反映了他的领导能力。在他的主导之下，第一次（直到现在也是前无古人、后无来者的壮举）实现了朝韩最高领导人之间的正常会谈，开创了朝韩关系史上开展人道主义协助和经济方面协作的新纪元。另外，为了解决朝鲜半岛问题，六方会谈也得以展开。虽然在这之后也存在着各种纷争，但这些正是在朝韩关系上对金大中的重要性的确认。

国际社会对于金大中总统推行的政策评价很高。诺贝尔奖的获得正是国际社会对其在朝韩和解上作出的贡献和在民主主义与保障人权上作出的努力予以认可的强有力证据。金大中总统即使在卸任之后依旧积极活跃在这些领域，这份努力一直持续到他人生的最后一刻。

我还记得与金大中总统一起于2006年在光州参加了诺贝尔奖获奖者会议。这次会议的召开之日，正值纪念1980年发生的反抗全斗焕独裁暴力的光州抗争和2000年朝韩达成的《南北共同宣言》发布6周年之际。我在现场聆听了金大中总统的演讲，并与他进行了亲切的交谈，当时我被他针对地区与国际层面的促进计划而进行的既有深度又有活力的发言所感动。

另外，金大中总统还积极支持韩俄两国之间关系的发展。他多次亲临莫斯科访问，与国民、政界、学界的相关人士展开了多方面的交流。他还获得了俄罗斯外交部旗下的外交研究院颁发的名誉博士学位，成为莫斯科国立大学的名誉教授。

《金大中自传》是凝聚了金大中总统的心血而完成的。由李姬镐女士准备出版的这部著作，必将会引起韩国国内和世界各地读者们的巨大关注和欢迎。

2010年5月31日

为实现世界和平与正义之路

德国前总统　理查德·冯·魏茨泽克

通过金大中总统的自传，我们看到了一位非凡的拥有伟大人格且令人极其感动的政治人物。整本书记载了用大无畏的勇气战胜一切困难和挫折的一位伟人的波澜壮阔的人生旅程，描述了他所经历的巨大挫折，也向世人展现了他所获得的骄人成绩。

在谎言与暴力的环境下，在牢狱与监禁中，他为了祖国坚守信念，为了进一步实现自由和民主主义、开展合作与缓解紧张关系，以及为了生活在朝鲜半岛的人们能够以崭新的面貌生活下去，进行了不懈的努力，取得了胜利，获得了成功。但他并没有对过去的政敌和反对者们进行任何的报复。

身为韩国的总统，他主张超现实性的“阳光政策”。金大中总统的努力减轻了朝鲜半岛人民因祖国分裂而造成的痛苦，为早日实现和平统一奠定了基础。

不论是过去还是现在，我都为曾经与这样一位伟人共度美好时光并建立了深厚的友谊而感到激动万分。虽然德国与韩国远隔千山万水，但是以人为本的政治理念却有很多相似之处。金大中总统用其一生来告诉我们打破以牙还牙政治怪圈的唯一方法就是建立和平、充满真理的世界。他的一生都在致力于建立更加和谐而正义的世界，他展现给世人的是他所走的那条永不抛弃的、有无限深远意义的人生之路。

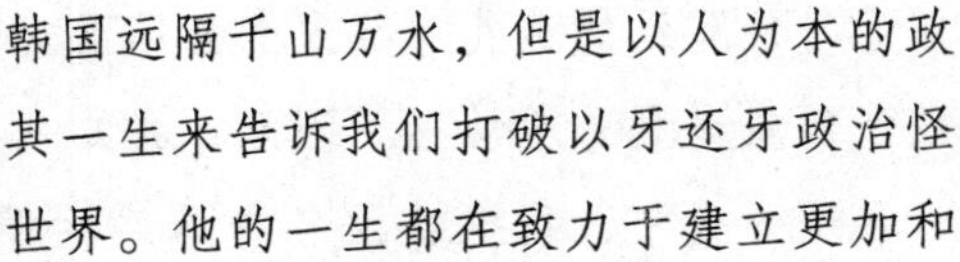

2011 年 4 月于柏林

写在人生的结尾之处

金大中

黄昏时分，四处一片宁静安详。我打算记录下我人生的轨迹，将我的人生故事昭告世人，以作为献给历史的最后仪式来祭奠过往岁月。在生命将止的这一刻，我开始回顾我的一生是否有后悔之处。我认为，我的一生虽然遍布荆棘，但并不是不幸的一生，因为我不求回报，但求活得正直、无愧于心，并一直为此而努力着。

历史上备受尊敬的伟人不胜枚举，我与他们交流感想并从中获得灵感来助我成长，没有人能动摇我的人生理念。我珍爱着我的生命，即使能重生成百上千次，我也会像今生这样排除万难地活下去。在经历了风云变幻之后，最终我站在了这里。回顾过往，那份勇气从何而来我也无从知晓。

我所经历的殖民、解放、军政、战争、分裂这些历史时期，是韩国历史上最黑暗的时期，是站在风口浪尖、风云剧变、激情澎湃的岁月。我用尽全身力量经受住了时代飓风的洗礼，努力使自己面对现实，只要是正义之事就勇往直前，绝不被任何威逼利诱所动摇。因此，我的一生活得并不滋润也不高尚。

在这一生中，我也曾因各种诱惑而摇摆不定过，但最终并未背叛上帝和国民，也没有让一直默默支持我的妻子失望，更没有对孩子们说谎。对于我的一系列努力，我相信历史终究会作出正确的评价。因为我深信，历史的背后一定有主持正义和真理的神明存在。

有时我也会问自己为什么会走上政治这条路。我想这是因为我希望改变这个世界。我亲眼目睹了朝鲜战争时期在避难地釜山发生的政治暴动，在这样的环境下我憧憬着新世界的来临。我从未憎恶过政治，也从未贬低过政治家。政治家们必须面对现实，与国民携手排除万难，推翻、摧毁压迫国民的旧体制。建立以人为本的世界，也许这正是最神圣的任务。因此，我想成为引导革新的总统。虽然也有人骂我是“总统病患者”，但我对此并不介意。

我不是开在深山之中的空谷幽兰，而是出淤泥而不染的莲花。我认为对不义之事视而不见、坐视不管的行为是伪善的。虽然我并不认为自己是多么伟大的政治家，但是作为曾活跃在政界的一员，我从未对自己的选择后悔过。前进的征途上遍布荆棘，我不断告诫自己不能妥协，要警惕懒惰。我不想成为站在知识顶峰的哲学家，而是想成为关怀他人、为了人类的未来而献身的人。

现在回首我的一生，真可谓是波澜万丈。自我进入政界到走进国会议事堂花了9年的时间，自1970年我成为总统候选人到成功当选总统又花了27年。在此期间我曾5次命悬一线，入狱6年，又过了数十年的流亡与软禁生活。这些年我的称号从总统候选人，到在野党总裁，到国家叛乱的贼首，到流亡政客，又到“容共分子”等不断地变换着，正如这片土地上经历过的数度风云变幻。我，就站在这风云变幻的中心。

政敌纷纷指责我是“容共分子”，地域感情问题也尾随了我的一生。我虽为了摆脱这些而百般努力，但结果却总是越陷越深。为此我总是抑制不住地愤怒且不断受挫，又不断地让自己忍耐了下来。因为我相信，总有一天，他们一定会因此而羞愧得无地自容。但有一天我突然意识到，在我有生之年也许等不到这一天了。但那又怎么样呢？对于我们来说，还有公平的历史。虽然心存遗憾，但我还是决定继续等待下去。

我这一生从未停止过学习。在经历无数次试炼和挫折之后，我也没有忘记要为明天做准备。在陷入死亡的泥沼之中时，我也从未放弃过生存的希望。即使在因恐惧而哭泣的时候，我也没有忘记设想未来。我一直等待着民族和国民召唤我的那一刻。死囚与总统，这是我人生的两大象征。死囚当选总统也算是一个奇迹了。虽然这是发生在我身上的奇迹，但这也是国民大众所创造的现当代史上的奇迹。

在人生的结尾之处细细回想，我的一生实在是经历了太多的苦难，而苦难当头之时又总有那么一些人牵连其中。这里既有比我更早离世的人，也有还健在的人。对于这些人，我真的是感激不尽。曾经有多少人因为我而经受苦难、受到伤害甚至被迫害致死啊！我伤了太多人的心，但我却未能帮他们擦干泪水。在这里，我真心希望得到他们的原谅。

不知道这本自传出版之后是不是又会有人因此而受到伤害，但我还是希望能写出一本记录真实的自传。其中有些事是绝对不能再度重演的，而且说不定我的人生足迹能对“民族之路”产生一定的启示。如果因此而使人受到伤害，我深表歉意并请求原谅。

我这一辈子都在用心地活着，因此回忆起往事，我总是感到十分欣慰。我的自传是我给未来世界的主人翁们留下的最后问候，也是对众生幸福的祈祷：愿以人为本的世界充满和平！

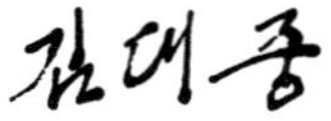

春日于东桥洞家中

目　　录

第一部 1924—1959 年

究竟为什么而开战？究竟为什么而牺牲？如果人民军撤退，左翼将全部覆灭；如果韩国军撤退，右翼将全部遭殃。所谓的思想到底指的是什么？难道思想就要凌驾于个人和民族的幸福之上？我亲历了战争，所以我这一生都在梦想着实现民族和睦、世界和平。

渔村少年（1924—1936 年）

1924 年 1 月 6 日，我出生于全罗南道务安郡（现新安郡）后广里。我的父亲娶了两位夫人，我的母亲是二房。父亲的大夫人生了一男三女，二夫人生了三男一女。我是母亲的第一个儿子，是父亲的次子。母亲并不住在主屋而是单独生活，过得很贫困。我是在主屋和母亲住所之间的来回走动中长大的。

在长期的政治生涯中，我一直闭口不提我的出生和关于母亲的所有事情。虽然受到了很多攻击，吃了很多苦，但我依然保持着“沉默”。因为即使那个时代有很多男人都娶两三个老婆，我也还是想守住作为二房的母亲的名誉。我一直犹豫在整理我人生的自传中，到底要不要写下这些。然而我认为，遮掩事实并不是对母亲名誉的保护。因为母亲在艰苦的条件下培养我成人，让我自强自立，我比任何人都爱自己的母亲。在天堂的母亲，您是将我与这个世界的所有缘分衔接起来的纽带。

荷衣岛在朝鲜半岛的西南端，是一个离木浦 34 公里的偏远小岛。我小的时候，整个荷衣岛都是日本的租地。李氏朝鲜仁祖将贞明公主嫁给荷衣岛洪氏时，赏赐给洪氏四代子孙享受这里税米的特权。但是直到洪氏的第八代子孙也没有将这片土地归还，反而在韩日合并的时候暗地里将这里卖给了日本人。这当然引起农民的反抗。这就是后来的“荷衣岛农民运动”长期斗争的开始。劳作的农民没有变过，但是文书上的地主却换了9个。骗子欺诈，暴力横行。在南端的小岛，农民们这样的悲鸣一直在持续，但是要将消息传达到内陆却要花很长的时间。我小的时候，整个岛屿都被卖给了日本人德田弘七，所以这里就变成了德田农场。尽管到处充满着寻找土地的农民的愤懑，海岛却依旧美丽、充满人情味儿。

我在荷衣岛的少年时代正是日本发动全面侵华战争的前夕。昭和天皇之前的大正天皇时代叫做“大正民主政治”时期，也是第一次世界大战之后政党政治积极谋求发展的时期。1918年日本出现了最早的政党内阁。日本的殖民地在朝鲜的“3·1”运动之后曾标榜所谓的“文化政治”。1936年开始的昭和时代虽然也标榜政党政治，但不过是一种伪装而已。军部通过武力发动政变杀害政治家。掌握日本国内所有权力的军部势力在亚洲受到瞩目。日本军国主义盛行。

荷衣岛的民主主义志士和共产主义志士合力建立了新干会，但在日本的强压下于1931年被迫解散。独立运动志士们的活动不得不转向海外和地下。当时所有的情报都被封锁了，国民们即使近在咫尺也无法了解实情。那真的是一个看不到民族明天的黑暗时期。

荷衣岛有用的土地基本上都是围垦地。房子也建在这里。居民都是靠种地或是在盐田干活来维持生活的。荷衣岛生产的盐，销往木浦、荣山浦，并绕道西海销往忠清南道的江景。偶尔也会看到乞讨的，但是岛民的生活基本上不算困难。虽然这里是殖民地，但是海岛出产谷物，私人盐田能生产优质食盐，泥滩和海里也可以采集到海产品。

荷衣岛虽然是个海岛，但是从事渔业的人并不多。我家当时也是靠耕地为生的，不过我家有当时岛上唯一一艘缆绳捕鱼船。农闲时候，村里的人就会乘着它出海捕鱼。长长的钓绳上挂着许多钓钩，每每拖上来都会挂着各种各样的海鲜。人们把抓上来的鳗鱼、石斑鱼等都堆在我家院子里，然后再分好带走。那时的情景我到现在还记忆犹新。

我的出生地“后广里”的字面意思就是“后方开阔”，是把主村“大里”后面的滩涂地区填成一大片开垦地之后而得名的。我把“后广”选为我一生的雅号。

由于后广里是填海造田形成的土地，所以没有泉水，我们每次都要往返七八公里，到山脚下另一个村子里去提泉水。男人们背着水桶，女人们用头顶着水壶。水对于我们来说是非常珍贵的。可能是因为小时候的亲身经历，我到现在一看到水龙头滴水就会非常焦虑，不管有多忙，也一定要把水龙头关好才能安心。

父亲（金云植）一边干农活一边做着村官，其实只是个闲差。虽然没有什么特别的俸禄，但因为是村官，所以时事新闻类报纸就送到了我家。当时的那份报纸就是《每日新报》。虽然是满篇的汉字，但是我用从小上学堂积累的汉字实力，从那时就开始慢慢读报了。报纸是日刊，但是因为我们这里是海岛，所以投递到的时候都已经是几天后了。虽然它只是都督府的机关报纸，但是我们通过它了解到了民主事变、日本内阁变动、朝鲜都督府人事交替、国内的农村现状、与日本的贸易往来和文化等方面的新消息。尤其是政治方面的消息我们都一一读到了。

父亲是个非常温和的人，从不对人发火，对子女们也很慈祥。有一次，父亲穿着袍子正准备出门，突然直勾勾地盯着正在做玩具船的我看。可能是对我生疏的手法实在是看不下去了，父亲于是脱了袍子直接坐到了地板上开始锯木头。他把锯下来的木块用镰刀再次打磨，干得满头大汗，足足两个钟头，直到看到用藤木做成的小船顺利下水他才匆忙出门。

我不想要玩具船，想要真正的船。有时我们能看到日本军舰停靠在荷衣岛前海叫玉岛的小岛附近。我一看到那些军舰心里就产生了要直接造一艘的想法。村里的老人们说，日俄战争时期，日本联合舰队曾经停靠在那里伏击俄国舰队，可能是在玉岛附近跟准备去大马岛的俄国舰队打了一仗。那时的舰艇在幼小的我的眼中是那么的庞大，直到现在那残影还留在我的脑海中。那时我在心里想："日本还真的是很强大啊。"

父亲在音乐方面很有造诣，尤其是板索里（朝鲜民间的一种曲艺形式）唱得非常好，舞也跳得很好。每每听到父亲唱《蓬乱的头发》，我们就会跟着兴致勃勃地又蹦又跳。我很懂得一唱一和的道理，敲小锣、打长鼓等都是跟着父亲学的。我想板索里的曲调可能也是那时听父亲咏唱，无意间学会的。如果父亲到城里好好学习音乐的话，说不定还会成为很有名的歌唱家呢。

因为父亲非常喜欢歌声，所以我们家有当时荷衣岛上唯一的一台留声机。像林芳蔚那样的当时的名歌唱家的声音在我家终日不绝。父亲总是给听到声音前来围观的村里的老人们讲解，并且把各个名角儿的特征向他们一一说明。最初买来留声机的时候，村里的人都跑来围观，他们惊奇地问："人是怎么钻进那么小的匣子里唱歌的？"海岛上出现了留声机，并且从留声机里能发出声音，这在当时算得上是一件大事了。

像父亲这样懂理守节的人大部分都比较软弱，但父亲对强占朝鲜的日本却很是仇恨和愤慨。当时的人们都称日本的裕仁天皇是活着的神——"现人神"，但是父亲却连"天皇"也没有叫过，只是直接称呼天皇的名字——"裕仁啊，裕仁啊"。这在当时是要被抓进监狱的，但父亲百无禁忌从未改过口。父亲总是将心里的话直接说出来，“我们朝鲜原本是独立的国家，只是被日本侵略了才变成现在这个样子”。周围听到的人都惴惴不安。

可能是由于对日本的敌对情绪，造成了父亲对当时的开化风潮非常欢迎。父亲当时的想法是，要积蓄力量必须打开国门。有一次，父亲把村里拒绝剪掉发髻改留短发的村民叫到家里来，就着无关紧要的话题聊了很久之后，父亲突然转过去，把那个人的发髻整个给剪掉了。我认为这样的父亲也称得上是读懂了时代的潮流。

而且，父亲收藏了在当时被称为“禁书”的《朝鲜王朝示意图》，时不时就拿出来展示给我们看，并讲给我们听：这位是第几代王，叫什么，在位时做过什么事情，等等。父亲是想把我们的历史、我们历史上的人物告诉我们。

母亲（张秀金）对孩子们的期望非常高，对我更是不计一切地付出。母亲说话的时候嗓子经常是哑着的。生活越艰辛，母亲就越坚强。自己生下的孩子们虽然都是庶出，但是她希望孩子们将来都能成就一番大事业。我能够上得了学堂，全靠母亲督促，离开海岛去木浦也是母亲的主张。有一次，我听到母亲这样劝说父亲：“既然我们大中学习成绩这么好，就不要在这里待着了，一起去木浦吧。一边做生意一边抚养孩子们。把家产整理一下的话，应该也够做生意的本钱了，就这么着吧。”

我是突然醒来才听到了母亲的话，母亲就是这样的人。在一切都是那么昏暗的20世纪30年代，放弃相对安定的海岛生活而搬到没有任何基础的木浦，那绝对是一次大冒险。但是，仅仅是为了孩子们就能下得了这么大的决心，这真的是很不容易的。这样的母亲，即使现在回想起来，也令我十分敬佩和感叹。如果没有母亲的远见卓识，绝不会有今天的我，越想就越觉得母亲对我的养育之恩比天高、比海深。

或许是因为我出生时难产的关系，在四兄妹中母亲最疼爱我。母亲在生我的时候难产，阵痛持续了一天一夜。荷衣岛上别说是医院了，连稳婆也没有，所以把帮忙接生的父亲累得筋疲力尽。在这样的剧烈阵痛结束之后，我出生了，但是脐带绕在了肩上，不会哭也不呼吸。母亲让父亲把我抱到厨房去打打屁股试试。于是父亲抱着一动不动、皮肤青紫的我来到厨房，拎起我的脚，打起了屁股。过了很久我才终于回过气来开始大声哭泣。就这样，我活了过来。

后来，母亲告诉我她做的胎梦，梦见在怀里抱着一只老虎，并且这样叮嘱我说：“你生来是个贵人，所以别轻易糟践自己的身体。”

母亲总是很忙，又做农活又做家务，从不休息一下。正是这样勤劳勇敢的母亲才支撑起了我们这个家。我们能成为岛上生活得还不错的人家，都是母亲的功劳。

虽说母亲特别重视我，但这并不代表她只偏爱我而对其他子女不管不问。母亲虽然非常爱孩子，但是在礼法上对我们要求非常严格。大概是我六岁的时候，我和小伙伴们跑着玩儿，看见卖关东糖（灶王糖）的大叔喝醉瘫倒在路边呼呼大睡，糖桶扔在一边。那时候卖关东糖的不仅卖糖块儿，也兼卖化妆品、梳子、烟斗等杂货。在确认了卖关东糖的大叔睡熟了之后，孩子们开始偷拿他的东西。我也拿了一个烟斗回家，当时我并不认为这是什么坏事，只是觉得如果把这个烟斗拿给父亲，父亲应该会很喜欢。回到家后，我把烟斗给了母亲，让母亲拿给父亲。我本以为会得到母亲的表扬，但母亲注视了我很久问道："这个烟斗是哪儿来的?"

我一点儿也不觉得羞愧，反而很骄傲地把实情告诉了母亲。可是母亲的表情却突然变了，还出乎意料地发了火。她用胡树枝子做成的木条抽打我的小腿肚子，直抽到泛起了淤血。

"乳臭未干的小毛孩儿，居然开始学着偷东西了?"

直到现在，我耳边仍回响着母亲那怒气冲冲的声音，每每想起来都觉得很难受。母亲打完我之后就带着哭得很伤心的我去找卖关东糖的大叔了，她把仍打着呼噜、睡得很熟的大叔摇醒，大声呵斥道："不知道是不是你钱多得没处花，多得没处花也不能让孩子们偷你的东西啊!"

我按母亲的命令把烟斗还给了大叔，并向那时仍然没有睡醒的大叔道歉请求原谅。现在回想起那个时候，母亲生气的样子仍然清晰地浮现在我的眼前。我由衷地思念母亲。

母亲知道我好学的时候总是很开心。我在私塾学习了祭祀的顺序并且准确无误地重复了下来，母亲因此而高兴并夸奖了我。她一边抚摸着我的头，一边说"再做一遍来看看"，"真是又聪明又善良的好孩子"。

我从七岁开始上私塾。因为当时荷衣岛上还没有学校，所以只能去私塾学习。私塾先生字金炼，号草庵。因为私塾建在德凤山脚下，所以叫做德凤书堂；又因为私塾先生的雅号是草庵，所以大家都习惯把它叫做草庵书堂。私塾间或会举行考试，说是"考试"，其实就是在先生面前把学习了的字背诵出来并解释它的含义。说起来这也可以算得上是为学童们举行的"简式科举"了。那一年秋天在私塾举行的"讲"中，我取得了第一名的好成绩。因此，草庵先生在状元纸上写了表扬我的内容并发了下来。我算是这次的"状元"了。我想拿着状元纸在家人面前炫耀，便一口气儿跑回了家。

父亲和母亲都特别高兴，把状元纸贴到了墙上。随后母亲又去买了打糕和肉等丰盛的吃食，让长工用背架背着把东西送到了私塾。吃的东西送给了先生，也平分给了孩子们一些。这就是所谓的摆“状元宴”。

母亲说：“你一定要努力学习，无论发生什么事，你能学习到哪儿我们就供你念到哪儿。”

母亲做料理的手艺是全村有名的，尤其是母亲腌的萝卜泡菜，有人专门从大老远找来要品尝。在粮食不足，什么都短缺的日子里，母亲总爱把我带到里屋给我打糕吃，那个打糕的味道我一辈子也忘不了。母亲的手艺更是让我平生怀念。

再说点儿私塾的事吧。草庵先生的汉学造诣颇深，他的名声在左邻右舍之间广为流传。我在私塾里熟读了《千字文》、《四字小学》和《童蒙先习》。按照现在的教育制度来说，算是小学的水平。先生不是就只教我们岛上的孩子，慕名而来的还有珍岛、务安、海南、黑山岛等地的学生，甚至可以看见从罗州来的戴着草笠前来求学的年轻人。草庵先生特别喜欢我，听说先生在我不在场的时候说过很多次，“金大中以后会成为一个人物”。

那时都是用包袱把书、毛笔、纸包起来背着去私塾上学的。虽然草庵先生很平和也很慈祥，但是教学极其严格。先生所著的《草庵文集》至今仍然保存在荷衣岛德凤书堂，德凤书堂是弟子们为了颂扬先生的业绩而盖的纪念堂。

有一次也不知我是怎么想的，居然说要结发冠礼，大概是当了“状元”以后比较兴奋。但是先生却说“要是大中你结发冠礼学习汉学，我就把手指头放火里烫”(表示绝对不相信)。因时代变迁，来私塾学习的学生越来越少。后来，听说荷衣岛上也要建普通学校，草庵先生就对私塾的未来深感担忧。当听说我要转去普通学校学习新学问的时候，草庵先生非常失望。

我进入新设的四年制荷衣普通学校学习实属偶然。弟弟大义入学的那天，父亲说：“你也一起去看看吧。”就这样，我也跟着来到了学校。当时我站在教室外边等着，父亲含笑从教室里走出来说：“大中啊，你可以上二年级，你来学校上学怎么样啊?”

就这样我上了二年级，看来是在私塾积累的学历得到了承认。那时我十岁，觉得学习很有意思，很是喜欢。虽然要背的东西很多，但都难不倒我。我很喜欢文科的课程，特别是对历史抱有浓厚的兴趣。

我跟朋友们相处得都很好。在运动场上跟朋友们一起玩摔跤，从来没和谁打过架；从家里到学校往返有三公里的路程，每次我都是跟朋友们一起走。冬天暴风雪特别大的时候，我就戴上一顶露出两只眼睛的棉帽去上学。我觉得那个时候得到的锻炼对我的一生都意义非凡。尤其是身为政治人，要有能迅速穿梭于各个演说场的体力，我觉得我的体力就是在幼年时期锻炼出来的。

我们兄弟姐妹的感情很深。一起光着屁股在小溪里玩水，也一起在海滩上玩摔跤。兄弟当中我胆儿最小，一听到传说某地有鬼神出没就十分害怕，一到暗处就恨不得马上跑出去。我从来也不敢独自去院子另一边的厕所，尤其是在冬天刮大风的晚上。都说人终归免不了一死，但是万一母亲去世了我该怎么办，我经常一边这样想着一边就哭了。这么胆小的我，即使成人以后也是一样，遇到稍微难相处的人，就会早早地开始紧张。

因为从小生长在海岛，所以我渴望天天吹着海风、望着大海。我有一个愿望，就是在能看到海的高处建一座漂亮的韩屋，住在里面。我其实已经有相中的地方了，在木浦儒达山背面，有一个能看到大盘洞海水浴场（现已不存在了）的视野绝佳的山坡，就是那里。从那里看到的大海真的很美，跟从我的故乡后广里的后山上看到的大海很像。大盘洞前面的海上远远地分布着很多小岛，海面上渔船来回穿梭，简直就是一幅画卷。到现在那风光仍时时浮现在我眼前，栩栩如生。如果没有海，江也可以，因为我喜欢水。

前面提到过，我从很小的时候就对政治很感兴趣。小学三四年级时，我在报纸上看到日本内阁改组的消息，就把它抄下来带在身上。我那时候傻乎乎地想，将来一定要当皇帝，不过想不起来为什么会萌生这种想法，也不知道是不是因为听说了在荷衣岛我们金海金氏的后代中会有什么大人物出现的传闻。位于从荷衣岛码头熊谷里到后广里途中的金氏祖坟如今埋葬着20多位先祖。有一次，听说邻村的一个孩子出生时，算命的说“这个孩子将来会当皇帝”，我当时特别生气。

小时候我觉得很尴尬的一点是我的辈分太高了。乡公所所在地大里是金海金氏的聚居地，那里很多老人们的辈分都比我低，他们见到年幼的我都会说敬语。当时名叫琪培的乡长来我家的时候都会叫我“大中叔叔”，这时我就会非常慌张，想找个地方躲起来。

小学四年级时，我们全家终于搬到了木浦。在那之前，只要一有机会我就吵着要搬到陆地上去；也曾缠着父母要他们把我送到日本去读书，即便是送报纸打工挣钱我也要去，这把母亲气得直跺脚，而我索性就不吃饭，躺在房里进行“绝食”斗争，不过到最后也没有什么作用。但是家人并不是对我的要求视而不见的，后来因为这样的要求，连同要把孩子们送到陆地上读书的母亲的愿望一起，促使全家人决定搬到木浦去，开始新的生活。

不过话说回来，其实我们一家是很舍不得离开荷衣岛的。即将离开的时候，荷衣岛上的种种过往都历历在目，但是未来还在等待着我们，搬到陆地上、搬到更大的地方去，这真的是一件令人激动的事。带着对未来的憧憬，我登上了船，那时正是 1936 年的秋天。

爱我的人，我爱的人（1936—1945 年）

20 世纪 30 年代的木浦是一座正在迅速成长的港口城市，并与当时的汉城、釜山、大邱等一同被列为朝鲜半岛七大都市之一。沿着荣山江顺流而下的许多船舶都会在此下锚，客船和渔船你来我往一片繁忙的景象。木浦处在中国上海和日本长崎之间，在很早以前就是贸易中心、货物集散地。日本利用 1914 年开通的湖南线把从各地掠夺来的物资装车运到木浦。殖民地时期的木浦港的作用就是将掠夺到的大米、棉花、海产品聚集到一起，再运往日本。

从荷衣岛坐船大约三个小时就到了木浦。我对当时的情景记忆犹新，到现在还记得当时搭乘的船名叫“江景号”。船到港口时，我吓了一跳：“天哪！世界上居然有这样的城市！”各个船上的旗帜迎风招展，汽笛声此起彼伏，它们看起来就像是整装待发的战船，所有的一切都是那么鲜活，我的心也跟着激动不已。海岛少年眼中的木浦生活就这样展开了，所有的一切都是那么新奇。

> 艄公那时断时续的歌声伴着三鹤岛的波涛传向远方，码头少女那浸湿的衣角是离别的眼泪还是木浦的伤痛？
>
> 期盼了三百年的胸怀是露积山脚下您的踪影，宛然犹存却伤感的情操，儒达山的风啊怀抱着荣山江，那是思念着您而落泪的心中木浦的歌谣。

这是木浦的女儿——李兰影唱的《木浦的眼泪》。曲调虽有些凄凉，但是歌词却不常见，尤其是第二小节里的“三百年的胸怀是露积山脚下您的踪影，宛然犹存却伤感的情操”意味深长。历史追溯到三百多年之前，即为“丁酉倭乱”，传说当时李舜臣将军曾在露积峰上用稻草和衣服把石头包起来，看起来好像是军粮堆积如山，以此吓退了敌兵。由此可见这首歌的歌词其实是针对日本的，因此“思念着您而落泪的心中木浦的歌谣”是表达了对祖国被夺的伤怀。“您”指的就是李舜臣将军，因而以眼泪企盼独立的《木浦的眼泪》并不是单纯的流行歌曲。它并不仅仅是属于木浦的歌曲，而且是祖国沦陷的整个朝鲜族的心声。

提到李舜臣将军，这又让我想起一件事。我在木浦公立商业学校上学时，我家就在“壬辰倭乱”时李舜臣将军摆阵的木浦台内。有一天我看到工人们（其实是囚禁的罪犯）开挖城池并把巨大的石块往别处运，好像是当时的木浦府打算开发木浦台的一部分。开挖城池时，我非常意外地看到了出土的类似朝鲜士兵们用的碗筷一样的石器。

“朝鲜的水军曾驻扎在这里，就如同我现在一样凝视着木浦的前海，他们曾经在这里守护着朝鲜！”

想着想着我就忍不住开始哽咽。击退外敌的李舜臣将军是国土沦陷日本统治时期当之无愧的民族英雄。

我插班到六年制木浦公立第一普通学校（现木浦北桥小学）读四年级。父母买下了一间旅馆并开始经营，就是位于木浦市港洞木浦台1番地的荣信旅馆。旅馆位于很高的地方，走完台阶需要花费很大的力气。虽然我们家已经变卖了大部分的海岛财产，但是在木浦能够供养我们的就只有这一间小旅馆而已。旅馆窗外木浦前海的景色依然十分美丽壮观，各式各样的船舶穿梭往来。

上木浦公立第一普通学校时期的照片，最后一排右边第四个是我

转学之后，虽然我比同龄人长得高，但是他们仍然嘲笑我是从海岛来的乡巴佬，

身材高大的孩子有时还会打我。我没有办法跟同班的同学相处，只能独来独往。休息的时候我还会去厕所旁边的工地，独自一人坐在那里陷入沉思。

但是某天我发现了跟我遭遇相似、一样被同龄人排挤而来到工地的另一个孩子，他是从顺天转学来的郑镇泰。因为我们境遇相同，所以很快就要好起来，两人彼此互诉心事，放学之后也一起走。四年级班主任宋致康老师经常夸奖我，最初我担心这会引起城里同学们的反感，但是老师的夸奖令我重获自信。

转学后没多久，我就在以“交通秩序”为主题的作文比赛中获了奖。日本籍校长西都先生在全校学生面前以学校的名义把奖状颁发给我，那次好像是某个报社主办的大型比赛。从那之后，我在学校内外备受瞩目。尤其是那之后，女生们经常出现在我的周围向我表示好感。同学们看我的眼神也不再是看海岛乡巴佬的那种眼神了。我以全校73名学生中第二名的成绩结束了四年级的学习。

普通学校六年级时，发生了一件令人十分心痛的事，那就是朝鲜语课程被废止了。“难道我们要生活在这样的世界里！”这样的想法从没有如此地令我痛彻心扉。在学校里我们只能说日本话。但是，有一天，我父亲来到了学校，我走向站在运动场边上的父亲却无法开口说话。父亲也没有说话，我们彼此相视无语。这种沉默持续了一段时间之后，我才小声说道：“父亲，请您先回去吧。我们回家再说。”

朝鲜人不能说朝鲜话，越想越觉得这真是个令人抑郁的世界。父亲回到家之后一句话也没说，可能是怕我心灵受伤。

那一年爆发了中国的抗日战争。那时日本人总看不起中国，并且相信中国很快就会全面投降。我现在还清晰地记得当时校长先生那“惩治罪恶的蒋介石的时候到了”的激情高昂的演讲场面。

六年级的班主任是日本人井上老师。他当时非常喜欢我，经常把我带到他家给我饼干吃，或是在他夫人面前称赞我。毕业时我的成绩排名全校第一。但是要想在毕业时拿一等奖必须要在评价品行的“操行”部分全部都拿到“甲”。我在四年级、六年级都是“甲”，只有五年级是“乙”。五年级的班主任老师并不怎么喜欢我。我既没有受到过训斥也没有闯祸，但是老师看我的眼神却并不友好。我所有的笔试成绩都得了“甲”，只有操行这一项班主任老师给我了“乙”。

由此又引起了新一轮的骚动。平时非常喜欢我的校长先生很不满意地说：“金大中的操行怎么会是‘乙’呢？我很了解这个孩子，怎么会这样？”他甚至特地为此开会讨论，把当时担任五年级班主任的老师找来，询问他现在可不可以改过来。但是因为没有这样的先例，如果开了这个先例以后可能会引起其他问题，所以最终我虽然是以第一名的成绩毕业，却只拿到了二等奖。

那个二等奖其实是《木浦新报》① 的社长奖，这似乎是命运给我的暗示。因为后来我收购了木浦新报社并最终做了社长。而且曾经讨厌我的五年级班主任老师后来在我做生意时曾经找到我求我帮忙。我当时什么都没说尽力帮了他。那时我就想："人和人之间的关系真的是无法预测，我一定要建立那种即使是以后遇到也不会后悔的人际关系。"

普通学校从来没有发生因为老师是日本人而对朝鲜学生差别对待的事情。老师们一直都是激励听话的学生，惩罚闯祸的学生。不过日本老师的工资比朝鲜老师高两倍。有一次我追问日本老师道："您对日本老师的工资比朝鲜老师高两倍这件事怎么看？"

"我们从日本来到这里，离开故乡这么辛苦，难道不应该有这样的待遇吗？如果待遇不高，谁还会背井离乡地出来工作？"

那位日本老师生气地回答道，口气是那么冷淡和绝情，我当时真后悔问了这个问题。

在普通学校六年级的时候，我有了喜欢的女孩子。她就是每次在学校运动会或其他比赛结束后校长颁奖时站在校长身边负责递奖状和奖品的那个女生。这虽然不是什么大事，但是也一般是由成绩优秀、品行良好的五六年级学生负责。那个女生当时是五年级，她体型娇小，眼睛却十分晶莹，那模样当时在我眼中是那么的漂亮。我对她一见钟情。但是当时我觉得同学之间怀有爱慕之情是一件十分羞耻的事情，也觉得本应该专注于学业的学生谈恋爱是不对的。而且当时的那个时代是连男女学生一起走路都会遭到谴责的时代。

那个女生起初并没有察觉到我喜欢她的这件事。后来，我从普通学校毕业升入木浦公立商业学校，一年后那个女生也转学到了木浦女高。那时她家在北边，我家在南边。有段时间我的学校在北边，而那个女生的学校在南边，所以有时在上学的路上会遇到彼此。但是如果我抄近路的话，就遇不到她了，所以我每次都特意绕路走。虽然是绕远路，但是只要看到她的笑脸我就非常开心。每个早晨我的心情都十分激动，就这样看了她四年。不过后来她也知道了我喜欢她的事。我从商业学校毕业后，只跟她一起去过一次剧场。后来遇到了我的第一任夫人车容爱之后，我就与她断了联系。如果当时我向那个女生求婚，说不定就和她结婚了。

① 《木浦新报》后来改名为《木浦日报》。——译者注

现在回想起来这似乎就是我的初恋。就像大家都说“初恋是没有结果的”一样，我的一厢情愿就这样结束了。我至今仍然能够清晰地记起那条为了要看她一眼而特意绕道的上学之路。虽然我跟那个女生连手都没有牵过，但是她的一颦一笑都深深印在我的脑海里，挥之不去。

我以成绩第一名的身份升入木浦公立商业学校（后更名为木浦商业高中，现在是全南第一高中）。五年制的木浦公立商业学校在当时是闻名全国的名校，也是当时木浦唯一的一所商业学校。学校按朝鲜学生和日本学生各占一半的比例进行招生，总共有 164 名学生入学，而我当时是我们班的班长。

二年级时的班主任是椋本伊三郎老师。他十分关心政治问题，有一次让我们对最近的时局发表意见。我马上站起来进行了回答，老师称赞道：“金大中与日本大议事（众议院议员）在议事堂说的不相上下啊，很不错！”老师是从长崎高等商业学校毕业后到木浦公立商业学校工作的，他教了我很多东西。后来我当选总统之后，时隔 59 年，我在东京的某宾馆与老师再次见面。那时老师的身份是退休的外交官，而我则是总统。

伊三郎老师回到日本从大学毕业后成了外交官，担任过驻埃塞俄比亚大使和驻乌拉圭大使。老师在东京发生“金大中绑架事件”时正在担任驻土耳其日本公使。在我戏剧性地被救出回到韩国后，老师担心我的状况并想对我提供帮助还给我写了信，但是最终这封信并没能送到我的手中。

木浦公立商业学校时期，现实一片惨淡，我却抱有远大理想

另外，曾担任现役陆军中尉的教官当时也会召集全校学生进行每月一次的时局演讲，当然内容都是对日本有利的消息。有一次演讲结束时，教官说有问题者可以提问，于是我问了欧洲的局势和土耳其的达达尼尔海峡。但是教官并不知道达达尼尔海峡，所以最终没有准确地回答我。虽然我因此而受到了瞩目，但是教官却也因此而陷入了尴尬的境地。当然我其实没有任何恶意。

我在木浦商业高中读二年级的时候，

当时推行“创氏改名”。当局以朝鲜都督府的命令为由，强制我们把姓名改掉。对于朝鲜人来说，姓氏是比自己生命还要重要的东西，更换姓氏是“换父易祖”的大不孝行为，是隐藏血统背弃祖先的行为。日本帝国主义让我们换掉自己的姓名实际上是一种非常野蛮的暴行。整个国家，瞬间一片哀叹之声。

朝鲜都督府之所以要让朝鲜人把姓名换成日本式的，其实是在实行皇民化政策，即旨在通过“创氏改名”来导入日本的“家制度”。这样穷极一切的准备是要在朝鲜半岛施行日本式的征兵制。在日本，家庭中的男人到了服兵役的年龄，户主要向户籍所在地的村长报告。其实在实施“创氏改名”后，这片土地也开始实施了征兵制。

我现在真的很讨厌再回想起“创氏改名”的那段时间，现在想来都觉得那是奇耻大辱。有时也会有日本人问我当时的“创氏改名”是怎么进行的，我的名字换了之后是什么，这时我总是避而不答。他们可能只是出于单纯的好奇，但对于曾经历这一切的我来说，那是一辈子也无法忘记的耻辱。

三年级的班主任野口戡六老师教会了我很多东西。他曾经说过，“一定要坚守自己的原则”，这句话我一直铭记于心，放弃了原则就像放弃自己的生命一样；还有一句是“恪守原则却不懂得能屈能伸的方法最终也是无法成功的”。这位老师虽然是日本人，但却是一位地地道道的儒家弟子。究竟如何才能做到既恪守了原则又在方法上存在一定的弹性，老师说儒家思想能给人以指导。老师的教诲对正处在敏感青少年时期的我，带来了极大的震撼。我是在那时学到了既坚持原则又采用有弹性的方法，其实就是要做到“实事求是”。

木浦商业高中的老师们给予了我极大的信赖，对我的能力也给予了承认。我非常喜欢历史课，甚至还曾受到过“比日本人还了解日本历史”的称赞。另外，数学老师也特别喜欢我，经常称赞我五官端正、双眼有神、充满智慧等，这些称赞让我觉得很不好意思。到现在我也不明白，我的数学成绩并不是那么突出，为什么他要那样夸奖我。

我上学的时候经常登上儒达山看海，但是大多数时候都只是爬到半山腰，说实话山顶我只去过寥寥几次，因为我有恐高症。儒达山的海拔并不高，但山势险峻，奇峰怪石林立，我爬上山顶后总觉得非常恐怖。躺在房间里，想象着从高处俯瞰低处的情形，我就觉得浑身不舒服，非常害怕。这么说大家可能要笑我胆小，但是现在只要我一想到登上儒达山山顶也还是会头晕。总之，我只是爬到儒达山的午炮台（每逢正午时分就会开炮报时的炮台）看海，从那里看到的三鹤岛的风光也十分迷人。

一次，全校学生全部头戴军帽，系着绑腿，背着佩剑和枪以及装满书的背包进行负重越野。从学校出发，绕儒达山一圈大概七公里的路程，最终我在这次赛跑中拿了第一名。我当时还帮忙背着要晕倒了的同学的枪呢。

夏天的时候，我住校参加义务劳动时还曾经参加过考验胆量的“试胆大会”，即半夜里去公共墓地来测试我们的胆量有多大。只要有人过来叫醒我们的话，那就是要去公共墓地了。我当时特别不想去，只想平安无事地度过，但是有位老师叫醒了我。他把一张长纸条交给我，让我把纸条系在公共墓地亮着灯的地方再回来。我虽然胆小，但如果是一定要去的话，无论如何我都会去的，该做的我还是会去做。有个同学说公共墓地曾经有鬼怪出现朝他扔石头，把他吓得魂飞魄散，并大喊“鬼来啦”。虽然吓得全身发抖，但我还是到了公共墓地把纸条系好了。这时突然从黑暗中传来“嗡嗡”的声音，并且有石头扔过来，虽然我当时非常害怕，但还是壮着胆子喊道：“臭小子，也让你尝尝我石头的厉害！”

我向着发出声音的地方扔了石头，却从黑暗里传出了声音：“喂，金大中，是我啊是我。”

那是我们学校老师的声音。

三年级的时候我转到了升学班。原因嘛，当然是为了考大学。我当时很想去中国东北的“建国大学”①。那时包括朝鲜半岛在内的周边的政局都十分不明朗。我想到更广阔一点的地方寻找答案。当时“建国大学”的学费和住宿都是免费的。就在那年冬天（1941 年 12 月），日本终于与美国开战了。那时真是前途渺茫、现实险恶啊。因为战争，去“建国大学”的事成了泡影，收到的消息全都令我非常郁闷，从那时起我开始讨厌学习。

虽然上大学的愿望中途夭折，但是我觉得没去“建国大学”真的是万幸。如果我去了“建国大学”的话，说不定就会因为后来的“三八线”而被留在北边，回不了韩国。世上万事真是难以预料啊。

有一天，我留下来做值日的时候，有个叫永井的日本学生放学后又跑回来在讲台上吵闹。开始是来来回回地晃悠，后来可能是心情不好又气呼呼地走来走去。我实在忍不住了，于是大声责备道：“别人在打扫的时候，你为什么在这里吵吵嚷嚷的碍事儿？”之后我就继续打扫，但是突然他就冲过来朝我的脸中央就是一拳。我的精神开始恍惚，因为一切都发生得太突然了。我摇晃了几步终于清醒了过来，大声喊道：“你怎么打人啊？”结果他又要挥拳过来，我抓住了向我袭来的拳头，给他来了个过肩摔。因为我曾经在相扑班学习过，所以我知道应该怎么用力。

---

① “建国大学”由伪满洲国傀儡政权于 1938 年 5 月创立，1945 年 8 月关闭。——译者注

木浦公立商业学校时期，义务劳动之后和同学们在一起。后排右边第三个戴着深色帽子的是我

“你这个卑鄙小人。”

然后我抬起嵌着鞋钉的军靴（当时学生都穿军靴），真想照着他的脸狠狠地踩下去。但是突然我明白不能那样做。于是，我又把他扶了起来。

“喂，你不会用嘴说只会用拳头吗？做人怎么能这样啊？”

这件事就这么过去了，那个同学可能觉得很丢脸气呼呼地回去了。两天后，高年级的日本学生来找我，把我拖到学校后面一边揍我一边骂：“臭小子，居然跟日本人作对！”他们甚至还抽出皮带来打我，我差点被打死。

从那之后，关于我的各种传闻就开始在学校里泛滥开来，当然少不了“金大中是思想败坏的学生”之类的。日本学生总是用鄙夷的眼神看着我，这让我心情很差。另外，因为有了征兵制，所以我们一不小心就会被送到军队里去。这令我非常担忧，成绩更是一落千丈。但我是一个很能坚持的人，从不轻易屈服于学校里的种种诬陷。

1943 年 12 月，根据战时特别措施，我从木浦商业高中提前毕业。当时的成绩是全校 164 名学生中的第 39 名。不久之后，我就进入由日本人经营的名为全南汽船株式会社的海运公司工作。因为战事激烈，处处人手短缺，所以我的就业十分顺利。我独自承担会计总务的工作，从那时起我工作非常努力，从不开小差。

我们公司当时是从朝鲜银行贷的款，那个分行长是个日本人。有一次，跟他聊起了有关狗的事情，我无意中说起了之前在学校里学过的一句英文名言“A dog attached to a man. A cat attached to a place”，结果他看了我一眼。从那之后，他开始热情地对待我。后来我才知道，那个分行长曾在美国旧金山分行工作过，是一位即使在战时也每天系领带上班的有着“美式思想”的人。那个时期其实是不能随便讲英语的时期。当时的社会氛围是学英语就会遭人耻笑。但是就是因为一句英语，分行长对我热情相待，我提出的要求不管有多难他都痛快地答应。所以说人和人之间的缘分真是妙不可言。

我从木浦商业高中毕业的时候，正是日本人战事不利的时候，因此大批的年轻人被送往前线。这里的很多年轻人都不得不含泪离开家人。我为了拖延征兵把出生年月改成了 1925 年 12 月 3 日。这全靠父亲的才智，父亲为了让自己的儿子不被日本人夺走费尽了心机。那个年代，随便抓个人都会送到军队里去，大家为了躲避征兵用尽了各种方法。大部分的人都在户籍上改大年龄来躲避征兵，但是父亲却反其道而行之，改小了我的年龄来拖延征兵。这样原本应该是第一期征兵对象的我被推后到第三期。其实我们乡里修改户口的申请中最后只有我的被受理了，结果很庆幸的是在我被送到军队之前就解放了，真是颇具戏剧性的结局啊。

还有一件与征兵有关的事情，就是我作为第三期征兵对象接受完身体检查后，需要回荷衣岛接受预备训练，集合地居然就是我曾上过的普通学校。当时由一个日本教官负责教育我们，但是那个教官叫我出列，上来就开始打我。那时我在荷衣岛也算是很有名的人了，故乡的父老乡亲都认为我是脚踏实地的有为青年。那个教官对此很不满，所以有意要灭我的威风。随我而来的母亲，只能急得直跺脚。

但是有意思的是，这样过了没多久日本就战败了，那个日本教官也不得不回日本。但是他害怕我报复他而不敢去木浦。因为那时已经解放，即便把一个日本人抓来处死也不是什么难事。但是我了解自己，我根本无法对别人下狠心施以毒手。我为民主主义而奋斗也是信念的驱使，而不是我个人性格残忍、为人狠毒。所以我装作不知道，那个日本教官最后也平安无事地回到了日本。

现在为大家介绍一下我的第一位夫人车容爱。那是 1944 年的夏天，我站在公司办公室外面，看到有位年轻女士举着遮阳伞经过。白嫩的皮肤配上精心梳理的头发，再加上雪白的连衣裙，当时夏日的阳光是那么的耀眼，但也不及这位女士明媚。我从未在木浦见过这么干练而美丽的女性。我辗转打听到她居然是我在木浦商业高中的同学车元植的妹妹。她原本在日本长野县伊那女子学校上学，因为美军对日本本土的轰炸愈发激烈而被父亲叫了回来。最终父亲的召唤救了她的性命，因为后来她的同学全部被动员到名古屋军需工厂工作，最后基本上都被炸死了。由此也就有了在木浦我与她相遇。

她是我朋友的妹妹，对我来说实在是太幸运了，我因此能够经常去她家玩。虽然说是去找朋友的，但其实是去见他妹妹的。我所有的心思都放在她身上。她的弟弟们也经常跟着我；为了收买人心，我给他们讲过去的事情，还买点心给他们吃。就这样，我和她慢慢地熟悉了起来。当然我朋友也经常暗中推波助澜：“容爱，你嫁给大中吧。”每次，她都是安静地微笑着。虽然我们的相遇非常平凡，但我觉得是非常特别的。最终我们彼此互诉衷肠，并且私订终身。是她把我从战争末期笼罩在港口的那灰色的忧郁中解救了出来。她不仅人长得漂亮，而且心智成熟、思想活跃。她的母亲也对我十分喜爱和信任，并且说过一定要我做她的女婿。

但是在我们之间出现了重大阻碍，她父亲强烈反对我们结婚，理由是战争不知何时又会爆发，而我已经做完征兵身体检查，不知道什么时候会被送到前线去。她父亲已经为她挑选好了结婚对象，并且不顾全家人的反对坚持自己的决定。这一决定无疑造成了家庭内部的一片混乱。于是，她母亲把我叫了过去，当着她父亲、哥哥，还有她的面说道：“今天就来做一个了断。”又对她说：“你是当事人，你来决定吧。”所有人都注视着她的一举一动，我紧张得差点晕过去，但是一向内向害羞的她却变得和平时不一样了。

“我这一辈子非金大中不嫁。”

就这样结束了这一切。从成为我岳父的那一刻起，她的父亲就改变了心意，对我的态度也有了180度的转变，十分喜爱我。岳父经营着两家印刷厂（位列全罗道第二、第三），因财产丰厚而被尊称为“车宝轮”。我与车容爱在1945年4月9日结了婚，那时正是解放前夕百花齐放的春天。我们戏剧性地收获了爱情，但是因为还处于战争末期，所以最终没能去新婚旅行。

但是正如岳父所担心的那样，我随时都有可能奉命参军。战争愈发激烈，运输军需物资的木浦港也处处弥漫着战争的气息。我们家因为处于港口附近，为了抵御空袭而被强行拆除，我们不得不搬到外围去。

关于战争，因为当局只通报日本胜利的战报，所以所有人都以为日本一直在打胜仗，以为过不了多久日本帝国主义就会支配整个亚洲。但是这些报道还是有些奇怪，各种各样的小道消息也开始流传。主战场从南太平洋的所罗门群岛转移到冲绳。我心想：“原来日本在打败仗啊。”

1945年8月15日，因日本天皇要发表重要声明，我来到岳父家坐到了老收音机前。我同很多日本人一样以为是天皇对战争又有了什么新的指示，做梦也想不到居然会是战败宣言，但是天皇真的用颤抖的声音宣布了“无条件投降”。夫人和我呼喊着万岁，又哭又笑，又笑又哭。之后我们又冲出家门跑到街上大喊：“朝鲜独立啦！朝鲜独立啦！”

然后跑到岳父经营的印刷厂拿来纸张，写上“日本无条件投降”贴到街上。

那个时候日本警察和军人尚未撤离，我们就那样不顾一切地到处跑，现在想想真是危险。当时我们经过信用合作社所在的胡同，在税务所上班的朋友从自行车上下来，举手向我敬礼：“这段时间多谢你照顾了，我今天要入伍了。”他并不知道日本人战败了。我对他说：“傻瓜，战争结束了。战败啦！”他追问道：“战败了？美国输了？”我告诉他不是美国战败了，是日本战败了，但是他不信。当时日本封锁了一切消息，他这么想也是可以理解的。

内心是火热的，现实是残酷的（1945—1950 年）

解放了，我对征兵的恐惧也随之烟消云散。婚后一直纠缠着我们的随时可能被拉到前线的不安顿时消除，我和夫人都特别高兴。一解放，公司里原有的日本人就全部回了日本。大多数日本人撤离的时候并没有和朝鲜人发生什么大的冲突。

日本人接连撤走，原本熙熙攘攘的木浦变得稍显冷清，但马上又热闹了起来。战争的烟云一消散，木浦就又是一片生机勃勃。日本老板走后，公司就由我们这二十几个朝鲜职员接手了。不久后我们就组建了职员工会，后来大家推举我做了公司运营委员会会长。就这样我管理了这家公司一段时间。

突然有一天，从汉城来了一位大人物根据美军军政厅的指示要收回公司的管理权。解放后觊觎日本人留下的企业的投机分子不在少数。我作为职员代表亲自到汉城谈判要回了管理权。随着公司管理权的回归，我在职员中间的威信也水涨船高。可能是因为这个，当时木浦最大的造船厂——大洋造船工业的职员们也邀请我出面管理公司。所以我又管理了造船厂一段时间。

另外，我还加入了建国准备委员会（简称建准）木浦支部。我们的民族要独立，我们要建立新的国家，这没有任何理由犹豫不决。我马上就加入了。木浦支部不分意识形态，左右翼都有参加。木浦支部就是当时建准在全国的 145 个支部之一。

木浦支部最初是在李南圭牧师领导下建立的，但后来渐渐就由共产主义人士掌握了组织。不可否认的是，共产主义人士在日占时期的独立斗争中起到了主导作用。正如被捕入狱的爱国志士中有相当一部分都信奉共产主义一样，在解放的环境下他们有了更大的发挥空间。当时的青年层对于共产主义并没有什么特别的排斥心理，也有一些人认为共产主义人士在独立运动中作出了突出贡献而对他们颇有好感。

我当时也不怎么排斥共产党。说实话，在经历了日本帝国主义统治的黑暗时期后，什么是民主主义，什么是共产主义，我并不是那么了解。仅仅是凭着对崭新国家的希望和对自己国家的热情，我加入了建准，并被选为木浦支部的宣传负责人，每天都工作得很开心。把青春奉献到祖国的重建事业当中，我怎么想都觉得令人振奋，难道还会有比这个更有意义的事吗？

建准的委员长是吕运亨[①]，他于1945年9月6日召集创立了全国人民代表大会，之后选定国家名称为“朝鲜人民共和国”，并通过中央人民委员会选出了独立运动指导者。之后，于9月14日成立了以李承晚[②]为主席、吕运亨为副主席的内阁，当时也包括金九[③]和曹晚植[④]。但这其实这并没有得到他们本人的同意。这是为了在美军进驻之前先掌握大权的左翼势力单独进行的计划。当时金九在中国，李承晚在美国，曹晚植在平壤，最终局势并不如左翼所想的那样。

9月8日美国的主力部队在仁川登陆，他们站在了“三八线”的南边；苏联掌握了“三八线”的北边。当时的人们并不是很担心北边，以为到时候总会统一的。所以当时几乎没有人用疑惑的眼光看着进驻南北的美军和苏军。比起这个，摆在眼前的问题是左右翼理念上的对立。美军不承认吕运亨的朝鲜人民共和国，他们不想把政权交给共产主义色彩日益浓厚而且来历不明的势力。在朝鲜人民共和国宣布成立后没多久，建准就更名为人民委员会，木浦支部也换成了人民委员会木浦支部。李南圭牧师认为这有悖初衷就从组织中退了出去。不过我还是留了下来，在那里写檄文、制作墙报和传单，或是写写新闻稿。

1945年12月，出了一件左右解放后祖国命运的大事件。在莫斯科召开的美、英、苏三国外务会谈决定对朝鲜半岛实行五年的委托统治。这个消息传回国内后引

---

① 吕运亨（1886—1947），韩国独立运动政治家，韩国民主党的组建者之一。1945年9月，建立朝鲜人民共和国，但后来被否认。1947年7月19日被右派青年暗杀。——译者注

② 李承晚（1875—1965），大韩民国首任总统，连任三届（1948—1960年）。1960年第四次当选总统，同年因“4・19”革命被迫下野，流亡美国夏威夷。1965年去世。任职期间对韩国共产主义运动和异己人士进行了残酷镇压。——译者注

③ 金九（1876—1949），韩国传奇人物，著名的独立运动家。早年参与反对朝鲜王朝的东学革命，之后因不同原因数度入狱。后来由于出色的政治领导力，加入了韩国的独立运动，且成为领导人。在中国抗日战争时期，国民政府迁往重庆时，他所领导的临时政府亦随之迁往重庆；与中华民国政府关系良好。然而，亦由于他在民间的声望远比其他政敌（不少历史书都暗指这个“政敌”就是大韩民国首任总统李承晚）高而受到敌视，最后于1949年6月26日被暗杀而死。他在韩国本土被誉为抗日英雄，被现代韩国人称为“韩国的国父”。——译者注

④ 曹晚植（1883—1950），韩国独立运动家，有“朝鲜的甘地”之称。1970年韩国授予其“建国勋章”。——译者注

起了轩然大波，左翼、右翼及中立者都对此表示强烈反对。到处都在举行反对集会，口号和呼声响彻云霄。但是吕运亨领导的中央人民委员会和朴宪永领导的朝鲜共产党却突然公开表示支持委托统治。归国的金九和李承晚都对此表示强烈反对。社会舆论围绕着委托统治也渐渐分为左右两派。民族的领导人接连回国，但是对于民族的何去何从，他们谁也没有给出清晰的答案。

我最开始也反对委托统治，但是仔细想想又觉得不无道理。当时美苏要处理的战后问题堆积如山却又很难达成统一意见，他们唯一达成一致的就是在朝鲜半岛上实施委托统治。我仔细研究了美军司令约翰·R·霍克中将说的“委托统治是在一定的时限内进行的，所以应该接受”。与其在美苏的威势下国土分裂还不如接受委托统治，即使委曲求全也还是统一的好。如果美苏借划分地区保护朝鲜人的名义进行分廷对峙的话，也就是说如果成立两个政府的话，我们祖国的统一就会化为泡影。分析霍克中将说的话，不难看出美国和联合国都存有这样的忧虑。

解放后，看着所谓的领导者们和环绕在他们周围的势力恨不得把对方撕裂的样子，真是又寒心又生气：

“被日本侵略占领了那么长时间好不容易才解放，现在我们自己内部却又打起来了，这像话吗？难道就不能彼此都退一步吗？如果总这样下去肯定会走向分裂的……之前还让我为了独立而奋斗，他们自己却为了争夺解放的胜利果实而争论不休，他们到底是什么东西啊？他们在民族和历史面前能够坦然自持吗？”

我在南部急切地等待着汉城的消息，但是等来的只有相互吵架的消息。木浦是边陲中的边陲。我在这边陲之地来回徘徊，沮丧不已。

1946 年 6 月 3 日，右派的李承晚突然发布了南边有单独成立临时政府的意向的消息。金九依旧反对委托统治，并且反对南边单独成立政府。左派的朴宪永也反对美国对南边实施军政统治。社会舆论不分左右翼开始四分五裂。我加入了标榜左右翼合作的新民党。新民党是由从中国延安回来的“独立联盟”的参加者建立的政党，当时金斗奉、崔昌益也在其中。独立联盟的本部设在平壤，主要在北部活动，自 1946 年 2 月起，以“朝鲜新民党”的名义开始活动。就像上文所说的那样，我进入朝鲜新民党是因为它阐明了要实行“左右合作”。

加入新民党后我得知新民党的一部分党员是追随共产党的。当时政局不稳，政党如同雨后春笋般相继成立，那时大家根本分辨不出它们的“颜色”。也就是说当时的局面真的是混沌又混乱。

有一天，我跟党员们聊着最近的时事，现场当然也有追随共产党的党员在。当时人们都对“共产主义者们说苏联是我们的祖国，红旗是我们的国旗”议论纷纷，但是我并不相信这个，所以就毫不犹豫地直接批评他们道：

“说‘苏联是我们的祖国，红旗是我们的国旗’的人都应该拖出去枪毙。”

我现在想起来也觉得当时这话说得有点过分了。他们都用仇视的眼神看着我，并且开始辱骂。有共产主义倾向的党员们对我呵斥道：“你怎么能对帮助我们获得解放的恩人这样？”我大声反驳道：

“恩人是恩人，民族是民族，我这么说有什么错？”

我就这样拍案而起一股脑儿地说了出来。自那次之后，我就再也没去过朝鲜新民党了。

1946年9月5日，支持共产主义路线的新民党与朝鲜人民党的一部分势力共同发表了与共产党的合并宣言。另外，北边的朝鲜新民党也于当年的8月与共产党合并组成朝鲜劳动党，当然掌权的就是金日成了。而在南边，左翼与右翼的矛盾却愈演愈烈。

1946年10月1日发生了大邱“10·1”事件。事件的导火线是汉城铁道工会、出版工会和电信工会掀起的罢工运动马上就要影响到大邱地区。劳动者虽然以提高待遇为名义进行罢工，但也要求美军军政厅取消对共产党干部的逮捕令。可是对共产党，美军军政厅已经拒绝一切妥协并决定采取强硬态度。这期间一直等待机会的左翼势力就以罢工为契机在全罗道、京畿道等地纷纷起事。

木浦也发生了袭击派出所的事件。十分荒唐的是这件事居然波及了我。为了使马上要临盆的妻子能够顺利分娩，当时我们正待在妻子的娘家。那天我们的女儿出世了，这真是上天赐予我们的宝贵礼物，我和妻子都非常高兴。我们对全国各地发生的事件完全一无所知，但是第二天早晨，右翼团体的人就冲进岳母家把我拉到了好像是他们的秘密联络处一样的地方。无缘无故地把我拉到那里，且不分青红皂白地诬陷我，说我是袭击派出所事件的主谋，说是有人已经指认了我，让我照实承认。后来我才知道那个诬陷我的人就是洪益先。我们是平辈，所以他好像是把我当成竞争对手了。

我惨遭痛殴，淤青遍布全身。明明没有的事却叫我认罪，真是快要把人逼疯了。我向他们详细说明了那天我正在妻子娘家的事实，岳母家的人都知道而且产婆也可以作证，但换回来的也只是毒打。这样被毒打之后就被转到了警察局。岳父马上找到了警察局，看到浑身是血躺在角落的女婿，他气得直跺脚。岳父大吼道：“就待在我家，就坐在我面前好好的一个人，你们说他做了什么？这怎么可能？”

后来警察也没有办法就把我放了，但警告我今后要注意自己的为人处世态度。真是岂有此理，把无辜的人随便拉出去差点打死，连道歉都没有就又放了出来，甚至还加以威胁。不过其实当时就是一个令人无语的社会，连开庭审判都没有就把无辜的人随便抓走甚至处死，这样死去的人才是最可怜的。我之所以想要创造一个公平公正的社会也是因为我想要拼尽全力改变这“令人无语的世界”。自那之后洪益先也总是处处与我为难。后来我在江原道麟蹄郡准备竞选国会议员的时候，他还到处宣扬诬陷我有左翼经历。但是1963年我在木浦准备竞选时，他却否认他做过的这一切，甚至还帮了我的忙。在得知我到底是谁，我的真心到底是什么之后，他对我完全改观了。后来我真的得到了他的很多帮助，人和人之间的缘分还真是说不清。

来讲讲在那时出生的我的大女儿的事吧。大女儿真的是我们的掌上明珠，但是在大儿子弘壹出生后没多久，她就突然离开了这个世界。弘壹出生时也像当年母亲生我时一样是难产。我站在妻子的身边陪着她度过了整个生产过程，不论是妻子、稳婆还是我都筋疲力尽。我们历尽千辛万苦得到了儿子却又在转眼间失去了女儿，真的是非常伤心。但是我也不能表现得伤心欲绝，也不能问孩子的事。我的朋友金文洙得到了消息开着吉普车找了过来，他是美国陆军所属反谍队（CIC）的队员。他把死去的女儿用吉普车送到了山上。那个棺材实在是小得可怜。他硬是不让我跟去，独自一人去埋葬了我的女儿。直到现在一想起那个女儿，我就觉得阵阵心痛——我曾有过一个女儿，她叫素姬。

大邱“10·1”事件之后我买了一艘小船成立了木浦海运公司。全南汽船的职员们对待遇的要求越来越高，对我的要求也越来越多。公司效益不好再加上集团经营体制在解放后的转轨时期存在着相当多的缺点，所以和岳父商量过后，我又重新构想了自己的事业——商船公司。

公司的主要业务是在木浦与沿海的釜山、群山、仁川等地之间运送货物。渐渐地，事业走上了正轨，后来我又买了两艘70吨级的货船。我脚踏实地一步一步地打下了自己事业的基础。一直租房住、漂泊不定的我们终于搬到了位于常乐洞的二层住宅里，这是我第一次凭借自己的力量买下的房子，看着家人高兴的样子，我觉得十分满足。我的生意就好像搭上了顺风车似的越来越顺利。可以说我的青年时期基本上没有遇到过什么挫折。

我对主张“左右合作”的中心人物——吕运亨被杀的消息震惊不已。他在1947年7月19日，于光天化日之下横死在大街上，凶手是19岁的右派青年。吕运亨是解放时期为了实现民主而东奔西跑的杰出人士，人们都说他是为了理想而献身。但是仔细想想，其实他表面上是为理想而牺牲，实际上则是牺牲在了觊觎政权的宵小之辈的贪欲之下。这真是令人慨叹！吕运亨的死让“左右合作”陷入了僵局。

现在只剩下金九和李承晚了。李承晚一贯主张南边单独进行大选，保持独立，但金九对此表示反对。时间过得越久，联合国的临时朝鲜委员会就越倾向于李承晚主张的南边单独建立政府。金九表示要坚决阻止分裂，并与金奎植一起提议召开南北代表联合会议。他们的决议在国民们看来是拼了性命在维护祖国统一。我也对这个结果非常关心，因为这说不定会是促成南北统一的最后机会。北边也采纳了金九的提议，于 1948 年 4 月 18—30 日在平壤举行了南北联合会议。南边由金九、金奎植等人出席，北边则由金日成、金斗奉出席。特别是在 4 月 26 日召开了只有金九、金奎植、金日成和金斗奉参加的四人会谈，但是这次会谈最终并没有取得什么实际性进展。金九在南边单独举行大选的五天前回到了汉城。

南边的选举闹得沸沸扬扬，是群龙无首的解放时期孕育了“5・10”大选。无功而返的金九显得有些凄凉，甚至连他回来的消息也被选举的热潮给湮没了。第 1 届国会选举李承晚成为第 1 任总统。坚持“绝不会在国家分裂的情况下进行任何活动”的金九和他的韩独党并没有参加大选，所以出现李承晚当政的结果也是理所当然的。随后，大韩民国在 8 月 15 日正式成立，北边则在 9 月 9 日建立了朝鲜民主主义人民共和国，就这样形成了南北分裂的局面。“5・10”大选之后不过四天，也就是在 1948 年 5 月 14 日，北方切断了自解放之后一直供给南方的电力。

我当时十分敬仰徐载弼博士。通过观察他的行动，我认为在日本占领的末期，他是最早醒悟过来并选择了最佳道路的人。他创立了独立协会，发行了《独立新闻》。尤其《独立新闻》还是用韩文编排的，这真是一件了不起的壮举。他主张女性解放和人人平等，成立了万民共同会，这并不只是单纯地去应对眼前的独立，而是有着将来实现民主政治的先驱者的眼光。

主张成立议会的徐博士在美国的一言一行也都可以看成是实事求是的典范。虽然与李承晚和安昌浩的势力存有冲突，但是鞭长莫及影响不到那里。他取得了医师资格证后开了一家医院，用赚来的钱进行独立运动。我十分崇拜徐载弼博士的这种既具实用性又坚定信念刚正不阿的生活态度。我甚至还在 1948 年 5 月 25 日在推举徐载弼博士竞选总统的“竞选邀请书”上签过名。

1949 年 6 月 26 日，金九先生于家中倒在了陆军少尉安斗熙的枪下，享年 74 岁。犯人虽然是陆军少尉，但当时人们都说他的后台就是李承晚政权的核心。最终李总统也无法洗脱嫌疑。金九先生是真正想通过南北协商维护祖国统一的人，但是随着他的死亡连接南北对话的窗口也最终关闭。南北双方人民最为信赖的伟人离去了。金九先生走了，同胞们那期盼统一的渴望也随之化为泡影。金九先生是真正的爱国者。失去了伟人的国民们追忆着他，伤心不已，举行葬礼的那天，数十万国民自发前来，想要见伟人最后一面。

如果让我斗胆评价一下金九先生的话，我会说他是照亮我们前进道路的独立斗士，他是独一无二的伟人，但是我觉得作为政治人物，他还是有一些不足的。在讨论“左右合作”的时候，先生不应该置身事外而是应当投入其中进行斗争。想要阻止分裂，就应该从一开始就积极地开展行动；不应该只是一味地反对委托统治，而是应该先接受委托统治，等到三五年之后再摸索寻求独立之路。既然错过了时机，南边单独举行大选的时候，也应该积极参与才对。如果金九先生全面出击参加大选，他所带领的政党至少也能获得一半的席位。如果是那样的话，李承晚和韩民党就很有可能被逼到困境中去。这不是我个人的推测，而是当时大部分人的共同想法。如果用现代政治人的标准来衡量的话，金九先生回国之后的行迹其实并无可取之处。他作为代表去北边参加会谈，没能取得实质性的成果，而回国后唯一的活动就只有反对委托统治。

虽然历史不存在假设，但如果金九先生在“5·10”大选时参选的话，李承晚绝不会当选总统；在这片土地上以反共为借口进行活动的亲日派也不会那么早就开始实施独裁。李承晚当选总统是韩国近代史悲剧的开端。李承晚政权中的亲日派得势后，他们的后代开始在优越的环境中成长学习并享尽荣华富贵。相反，独立斗士们却生活在寒冷与贫困中，以至于他们的后代也无法接受良好的教育，到现在仍然在贫困中挣扎。另外，还有许多人死于李承晚的独裁之下。如果金九先生和他的追随者掌权的话，也就不会发生“居昌良民虐杀事件”或是“国民防卫军事件”这样的悲剧了。

搞政治的人若没有最好的选择，就应退而求其次。在情况变坏时，也有避开最差的结果选择次优的时候。身为政治人物的我认为所谓的政治人物就是要洞察现实求得面向未来的真理，而不应该一味坚持真理而把自身置于现实之外。金九先生是深受我们全民族尊敬的伟人，但是他在政治上的作为却让我不得不觉得有些可惜。当然，面对残酷的现实，他的内心也有可能是十分火热的。

我离开新民党之后虽然加入了左翼阵营，但其实也只是挂名的，并没有深入其内部参加活动。我准备扩展我的事业，与位于汉城的朝鲜商船株式会社签订了分包合同。朝鲜商船当时负责运送“金融组合联合会”（现农协）的粮食。木浦这一带的粮食就由我们公司的船负责运送。某天突然回首的时候，我发现原来自己一直坚持以木浦为基地。

此时我收到了加入国民报道联盟的邀请，但是我拒绝了。国民报道联盟原本进行着左翼运动，后来转向成为反共团体。当时大部分企业家都加入了后援会，并对其进行财政上的支援。作为一个企业家的我也参与其中了。但是朝鲜战争爆发初期后退的过程中，政府就动员了军警对后援会成员进行了大屠杀。

朝鲜半岛的气氛异常凝重。在美国军政统治下的1948年4月3日爆发了“4·3”事件。“4·3”事件是指在经济委靡、舆论对军政统治的评价愈来愈差的情况之下，对韩国单独成立政府表示强烈反对的济州岛居民举行的起义。美军军政厅不仅出动了警察甚至还动员了警卫队对起义进行残酷镇压。整个济州岛牺牲人数达到数千万名。刚刚上台的李承晚政府为了镇压“4·3”事件动员了丽水14连队。但是很多士兵都以无法残害同胞为名，于10月20日举行了叛乱，其中当然也有左翼势力在暗中操作。他们武装占领了丽水和顺天。李承晚政权又将叛乱血腥镇压了下去，在搜查反叛者的过程中牺牲了无数的无辜民众。济州岛和南边的土地鲜血遍布。在以北纬38度划分的南北分界线附近，经常发生大大小小的武装冲突。

一切的一切都透着不吉的征兆，解放后全国各地都染着鲜血。“4·3”事件和丽水—顺天事件最终引发了朝鲜战争。

与死神擦肩而过（1950年）

朝鲜战争爆发的时候我正在汉城，正是从木浦到汉城出差的第十天。当时我就投宿在光化门附近一家叫做“林”的旅馆。一位在海军服役的军官朋友来找我，我们就一起去明洞散心。我们正在饭馆里吃着饭，装着喇叭的军用卡车突然出现在我们眼前，从喇叭里传来紧急号令：

“军人立刻归队！所有军人立刻全数归队！”

随后，卡车又如箭矢般疾行消失在路的尽头。我问身边的朋友出了什么事，朋友也是丈二和尚摸不着头脑地直发愣。随后朋友马上往部队赶，我只能独自一人往旅馆方向走，只见路上的行人都乱哄哄地奔走着。这太不正常了，分明是发生什么大事了！我赶紧到附近的朋友家去听广播，收音机里重复广播着的内容只有一个：

"北方发动全面战争"。就这样我们历史上悲剧中的悲剧——朝鲜战争爆发了。

最开始我并没有很担心，因为当时在前线时有冲突发生，每到此时当局就会说"越境的敌人已被消灭！我军已粉碎一切武装挑衅"，以此来炫耀军队的威力。那位叫申性模的国防长官的讲话，我到现在还记忆犹新：

"只要总统一声令下，我们的部队三天之内就能拿下平壤，一周就可以攻到鸭绿江，把江水呈献给我们的总统！"

还有李承晚大总统一有机会就宣扬"武装北上统一论"，所以南北开战的消息传来时，很多人都觉得"李总统实施统一的计划应该是正确的吧"，可惜这都是些极端的错觉。

虽然通过广播得知了北边全面进攻的消息，但我还是认为韩国会取得战争的胜利，而且不单单是我，当时大部分的人也都是这么认为的。我继续留宿在旅馆里密切关注着战况。不管是报纸上的报道还是当局政府的宣传，都只是报道韩国军队取得压倒性胜利的消息，广播里也一直播送着捷报。当时反复播送的消息就只有"我们的军队已展开反击，现在正向北推进"这样一条，另外还有国会议员们"死守汉城"的决议。

战争爆发后的第三天，李承晚总统通过广播发表了讲话。我在住处同其他客人一道屏息收听了他的讲话。

"我们无论如何一定会坚守汉城，希望广大国民放心。"

但这完全是一派胡言，因为那时李大总统早就避难去了大田，政府也临时转移到了水原，留下的只有普通民众。

那天晚上下起了雷阵雨，仿佛要吞噬这一切的一切。

第二天天刚亮我们就发现朝鲜人民军已经占领了光化门，在前一晚的暴雨中一切都已经变了模样。大街小巷挤满了来自北边的难民，我所在的旅馆也一样。这简直是晴天霹雳！我越想越觉得哭笑不得，在总统发表讲话表示要"死守汉城"的第二天，敌人就占领了汉城。说是让市民们放心，结果却丢下市民自己逃到了别处……真是越想越无语。继而又传来了汉江铁桥被炸的消息，说是为了阻止北边的军队南下，当局下令炸掉了铁桥。因为事先没有接到任何通知，所以当时正在过桥的数十辆车不是被炸飞就是掉入了江中，数百名难民和撤退中的军人也因此而牺牲。

我被困在了汉城，在到处飘扬着朝鲜旗帜的汉城，吃住成了最大的问题。我手里从木浦带来的钱都已经分给朋友和妻舅们了，他们在战争爆发的时候已经返回了家乡。我把钱分给他们是以为还有退路，当时我想着还有从朝鲜商船拿到的货款。货款不能保存在旅店里，所以我把它们存在了朝鲜商船公司的金库里了，以为取出来用就可以。但是我去取钱的时候才发现，金库已经被朝鲜人民军封死了，根本取不了钱。别无他法，我只好把自己穿的西装和戴的手表拿去变卖以此度日。

某天我正在旅馆附近的俄罗斯大使馆那边溜达，很偶然地看到了在附近学校运动场上举行的公审大会。在人群的正前方跪着一个人，戴着袖标的青年列举其种种罪行，之后对着人群说："我们要怎么处置这个反动分子?"随后，围观的人们不约而同地发出阵阵"处死他，处死他"的喊声。后来，公审大会就这样结束了，跪着的那个人可能是被拖到别处进行了处决。我躲在一旁看到了这一切，浑身发抖。"他们到底在做什么?"我根本无法理解。而且，汉城当时的粮食储备越来越少，年轻人被随便拉到部队里充军。我突然十分挂念留在家乡的母亲和家人，尤其在我离开家乡到汉城出差时正是妻子临盆的时候，所以我决定逃离汉城。

如果要去木浦的话，就必须跨过汉江。准备一起走的人们聚到了一起，其中就有我的小舅子、从保宁来的赵张远和我的生意伙伴朝鲜商船的职员韩道源，还有要去群山的一个人，一共5人。我们一起去找了船夫并悄悄地把钱给了他，拜托他带我们5个人过江。大家在麻浦渡口集合，从西江站附近登船。当时美军正在对附近进行轰炸，到处是熊熊大火，汉江的水面被映得通红。我们面面相觑，不知道还能不能活着见到彼此，也不知道还能不能活着回到家乡。

木浦距离汉城大概有400公里。我们一个劲儿地只管往南走，还好正值盛夏，所以可以随便找个地方露宿，这真是不幸中的万幸。走到饼店（地名）附近，因为饥饿难忍，我们就到附近的甜瓜地里摘甜瓜吃，不料主人却突然出现了。我一边翻着口袋一边说道："还有点零钱，我们把甜瓜钱算给您。"主人虽然不乐意，但是看着我们一个个狼狈不已的样子就让我们走了。

走到天安附近的时候，大家都觉得直接从大田走会比较危险，所以打算取道唐津、保宁。在唐津，我们胡乱进了一户大宅子，在那里过夜，第二天又吃了早饭。可当我们要付钱的时候，主人却一边"呜呜"地说着什么一边朝我们摇手，原来他是位残疾人，意思是不收我们饭钱，让我们直接走就可以了。

取道洪城的时候，我们走的是陡峭的山路。口渴难耐的我们走进路边的人家想要口水喝，主人马上指着一个坛子，那个坛子里盛满了煮好的大麦茶。原来逃难的人们经常路过这里，这是主人怕他们喝生水会坏肚子，提前准备好的。当时，主人用同情的眼神看着我们，我们也望了他好一会儿。之后，我们在保宁的赵张远的家里待了两天后又朝着木浦前进了。

一路上全是逃难的人，大家衣衫褴褛，用包袱包好辎重抱在怀里。虽然偶尔也能看到装着财物的牛车，但大部分人都是步行的。大家都穿着工作服或是白色的土布衣服，婴儿们趴在妇女的背上大声啼哭。虽然正值盛夏满眼葱绿，但是路上行人的心中确有如火烧，人们都面无表情。今天是如此痛苦，明天又是那么迷茫，难民们只能不停地走着。我们到底是为谁而战？我满怀着伤感和愤怒。逃难的路上满是硝烟，子弹更是像雨点一样打下来。饥肠辘辘，路途遥远，死神又近在咫尺……

走到金堤平原的时候，恰是彩霞笼罩山野的傍晚。当大家正准备过桥时，美军的战斗机突然出现了，炮弹投在了桥的一端，在战斗机投弹轰炸后飞离的间隙，我拼命跑了过去。但是，跑到桥中央的时候我的草帽竟掉了下来，我也不知道当时是怎么想的，在那样危急的关头，我居然还把草帽捡了起来重新戴上，现在想来也觉得匪夷所思。我前脚刚刚跨过桥尾，后脚轰炸机就又开始进行轰炸，漫天硝烟。如果我当时原地不动的话，就必死无疑了……生死就在几步之遥……

我就这样一直向南走着，但是无论到哪里都看不到韩国军队的影子。半路上我得知木浦已经被朝鲜人民军掌握，但是我也不能因此再度返回汉城。即便回到木浦也是无法保证安全的，一切就只能听天由命了。到达木浦附近的二老面时，人群熙熙攘攘，这天正是赶集的日子。但是美军轰炸机却突然出现，开始扫射集市上的人。集市瞬间大乱，到处一片血红。人们逃向附近的小山，但是轰炸机追着人群继续扫射。大家拼命逃跑，摔倒站起来再跑……疯狂扫射了一段时间后轰炸机才消失在天边。那时我连站着的力气都没有了，浑身伤痕累累，衣服上沾满了血渍和草汁。当时在集市上的人大都穿着白色的土布衣服，浑身已经被染得鲜红。来赶集的人们无缘无故死的死伤的伤。雪白衣服上那鲜红的血迹到现在还深深印在我的脑海里。

逃离汉城20天后，我终于回到了木浦。我家当时住在码头附近，加上办公室的房子在那一带算是最大的。我很担心家人的安危，离家越近就越心急。脑海中浮现出父母兄弟，还有不知有没有顺利生产的妻子的身影。刚走到我家前面，我就看到了坐在小凳子上的母亲。母亲就这样每天等着儿子归来……虽然这么说可能对母亲有点不敬，但母亲实在是太瘦了，看起来有点像木乃伊。虽然我离家还不到两个月，但母亲看起来已经苍老瘦小了很多。我走过去拥住了母亲，母亲开始哽咽。我扶着母亲准备往家里走，这时母亲才开始放声痛哭。原来我们的家产已被划为逆产给没收了，所以我们现在是有家不能回。我还被认为是右翼反动分子，家中全部财物也被充了公。另外，我的弟弟大义也因为曾在韩国军中服役而被抓走，妻子生产时别说是去医院，连家都回不去，只能在防空洞里分娩。在太平洋战争战况激烈时日军挖下的防空洞里，我二儿子弘业就那样出生了。

妻子和刚出生的孩子被我公司的船长朴同连带回自己家中照顾。他真是我们全家的恩人，当时随着政局的变动，很多劳动者都把公司的干部当成仇敌冷漠对待，但是他对我们一家人真的很好。后来我也待在了他家。虽然我对当下要做什么、要见什么人一片茫然，但是家人的安全比什么都重要，无论如何我们都要活下去。过了两天，我为了打听当下的时局出了门。我在街上走着，突然有人叫住了我，说是有话要说，只需要一点点时间就可以了。就这样我被带到了人民委员会控制的木浦警察局，接受了人民军政治保卫部长官的审讯。他就是在附近山间地带以游击战而闻名、游击队员出身的金性洙。他突然问我："你出卖了几名我们的同志？"我回答说没有这回事，他就扇了我一个耳光。

"你知道不知道，我们为了防止你举报我们的爱国志士费了多少心思？到现在你还不说实话，看来你是不知反省。给我把他关起来！"

我被关在了当时的木浦刑务所（即现在的木浦教导所①）。在那里我没有受到任何审问，就只是被关押。他们把我当成了不需要审查的恶劣反动分子。他们会问别人有没有与他们合作的意向或者有没有加入朝鲜义勇军的打算，但对于我，他们都避而远之。

在刑务所里最痛苦的事情就是忍受饥饿。我每天只能吃两顿饭，每顿只给一点点大麦饭，还有用海草煮的汤，喝完汤甚至可以看到沉淀在碗底的泥土。饿急眼的时候家人什么的全都抛到脑后去了，唯一能想起来的只有吃过的美食，什么时候跟谁吃过海鲜，又是什么时候吃的肉……我的脸都瘦得皮包骨了。因为没有吃下东西，所以连坐着都费劲儿。每到下午的时候，为了保存体力我只能趴在地上，连呼吸都得故意放慢。

那是1950年9月28日的下午，有人打开门喊道："你们全都出来！"刑务所里所有的在押人员都被聚集到了大礼堂。入狱以后从未洗过澡的我们都灰头土脸的。我们虽然不是真正的囚犯，却也没什么两样。我也想过，说不定就这样一直关着我们不放我们出去。为了防止我们逃跑，他们把我们分成两人一组，把两个人的脚用铁镣或是铁丝铐在一起。我和一个叫韩曰秀的人铐在了一起。

人们渐渐都聚集到了大礼堂，来得早的人坐在靠里面的位置，来得晚的人就坐在了门口。之后进来的人并没有穿囚服，像是从警察局直接带过来的。我当时坐在靠里边的位置，我们在一起说话的时候，人民军出现在了讲堂门口，开始把坐在门口附近的人往外拖。我们都知道拖出去的人是要被用刑的。所以大家都不想出去，用尽一切力气赖着不走。这时有一名人民军说话了："谁说要杀掉你们啦？"

但是我们都听成了"要杀掉你们"。死亡的恐怖气氛笼罩了整个大礼堂，瞬间大

① 教导所，即监狱。——译者注

礼堂变成了人间地狱，到处都是求饶的声音。

“我到底犯了什么罪你们要处死我?”

“我是山民的遗属有什么罪?”

即使这样歇斯底里也没有什么用。最开始被带走了20名，后来又被带走了20名……被带走的人的悲鸣声就像一把匕首深深地插在了留下的人的心上。其中也有一些人已经默默接受了必死的现实。“我也会像那样被带走，然后被处死吧……”我现在也没剩多少时间了，一想到这些就觉得前途渺渺。

但是外面突然安静了下来，人民军也没有再来带走任何人。我们不知道到底发生了什么事，只能干坐着。等待死亡来临到底是什么滋味，没有亲身经历过的人是无法理解的。留下来的人面面相觑，阴森的气氛笼罩着我们。

傍晚时分人民军还是没有出现，室内却发生了骚乱。当时驻扎在木浦的人民军撤退了，但当地的共产党员干部把剩下的人又再次关进了刑务所。留下的80多人和起初被拉走的100多人就这样阴阳相隔。

后来我听说人民军是想把我们都处死之后再撤离的，因为当时联合国军在仁川登陆而迫使人民军要从驻扎地一起撤退。但是运送我们去刑场的一辆卡车突然出了故障，结果导致处决我们的计划夭折。也有人说是卡车司机故意让车出故障的。无论如何，最终人民军只好把我们留下了，他们吩咐当地的共产党员干部把我们关进牢房然后放火烧死我们。但当地的共产党员干部实在是下不了手，我们当中也有他们的亲戚和家人啊。

我们几人一组再次被投入牢房。人即使刚从鬼门关回来，也还是会感觉到饥肠辘辘，到处都是索要饭菜的哀求声。这次他们不仅送了饭菜而且量还很多，看来是连已经死了的人的份也算上了。自称是牢房长的人给大家分了饭。俗话说“吃得撑破肚皮”，全罗道方言叫“饿死鬼上身”。我真的是吃得很撑，肚子好像青蛙肚皮一样胀得鼓鼓的。逝者已矣，生者还是要活下去的。我们必须连他们的份也一起吃掉并活下去。

解决了饥饿的问题，我开始观察外面的环境，并察觉到了一丝异样。唯一的窗口也就是递饭口是个像下水道口那么大的洞，我凝视着那里的时候看到有看守经过，就伸手抓住了他的裤脚。结果那个人蹲了下来。如果是以前的看守早就破口大骂抽脚走人了，但是那个人没有。他不是人民军而是当地的人。我问他：

“到底是杀掉我们还是不杀啊?”

“咱们都是南边的人，怎么能自相残杀呢?”

我又问：

“北边来的军队都撤退了吗?”

“没有，虽然是还没有……”

啊，原来是起了变化了。我坐在那里脑海里渐渐浮现出许多美好的想法。这时突然有人过来喊着“任出、任出”。任出是我在木浦商业高中时一位前辈的名字，他也被抓进来了。我马上叫道：“喂，我在这儿。”马上就有人过来了。因为任出前辈病了躺在那里，所以我催他们快点。随后就听到有人从外面砸铁门的声音。我们也在里面踹铁门。不久门就被打开了。我一从牢房里出来就跑到其他的刑房前面喊道：

“人民军撤退啦，大家赶紧砸开铁门出来吧。我从外面砸，大家也都拿出勇气来吧。”

话音一落，到处都是从外面用铁锤砸锁、从里面踹门的声音。没过多久全部的人就都从牢房里出来了。即使已经是深夜，但刑务所的院子却是一片光明。抬头看看挂在夜空的月亮，那是中秋过后的第二天，真的很美。虽然已不是满月，但看起来依旧十分圆满。那样的月光就照在灰头土脸、肚子鼓鼓、穿着囚服的我的身上。

我们担心穿着囚服出现在村子里会被人民军发现，就在刑务所里找出我们以前的衣服换上。但是大家也来不及分清你我，找到合身的就直接换上了，结果我听到有人说：“这衣服不是我的啊……”那分明是与我一同被抓进来的弟弟大义的声音，我急忙向那边靠过去。

“现在都什么时候了，还在挑衣服？赶紧随便穿上一件。”

大义听到我的声音吓了一跳。虽然彼此的内心都充满了活着的喜悦，但是我们没有时间倾诉。

我们藏身在木浦刑务所前面的人家里，凌晨才上路。到了大成洞十字路口的时候，遇到了一个背着刚出生的婴儿的母亲在街上边哭边徘徊，我马上就认出那是我的夫人。她听说被抓进刑务所里的人都死了之后，哭了整整一个晚上。我们就这样在街上相遇，能活着再度相见怎能不叫人流泪?

弟弟大义说，他们牢房里的九个人中被带走了六个，包括自己在内只有三个人活了下来。最小的弟弟大贤以为加入人民军的义勇军就能救出哥哥们，所以我们一被抓走他就加入了义勇军。但是驻扎在木浦的义勇军进入全罗北道时，听到了人民军要撤退的消息，于是他连夜逃了出来。就这样我们几兄弟都从鬼门关前转了一圈又回来了。

我岳父的生还也可以说得上是奇迹了。岳父被关在警察局的牢房里，随后被押送到刑务所的礼堂，之后又被卡车运到了刑场。岳父在开枪的那一瞬间晕了过去，人民军知道他还没有死，于是又射了两枪，但幸好两颗子弹都擦着耳边过去了。岳父一直等到凌晨人民军撤退，才颤颤巍巍地从山谷里走了出来，双手还被捆在背后。岳父是当时被拉去刑场的100多人中唯一的幸存者。

从刑务所里逃出来后，我和弟弟都必须要躲起来，因为左翼分子在到处追捕像我们这样的逃狱者。随便到大街上晃悠是非常危险的。事实上左翼分子是下定了决心要追杀右翼人士。当时从刑务所里逃出的80多人中最后也不过才活下来了30多人，其余的都成了最后的“右翼牺牲羊”。我和弟弟去了人较多的码头。码头那边有美军的战斗机经常进行轰炸，所以我们判断人民军不敢轻易接近那里。于是我们就一起藏在从事海运业的老板的姐姐家。我们抬高了日式住宅的天花板并寄居在那里。我们就这样好像死人一样过了五天之后，韩国军的海兵队进驻了木浦。

虽然我和我的家人们都幸运地活了下来，但是我们对于战争的记忆却刻骨铭心。究竟为什么而开战？究竟为什么而牺牲？每当战况扭转时就会开始同族互相残杀的杀戮战。如果人民军撤退，左翼将全部覆灭；如果韩国军撤退，右翼将全部遭殃。所谓的思想到底指的是什么？是什么样的意识形态让人们变成了野兽？难道思想一定要凌驾于个人和民族的幸福之上？那时我亲历了战争，所以我这一生都在梦想着实现民族和睦、世界和平。

战争中的成功、挫折与挑战（1950—1953年）

人即使是在战争中也一定要寻求生存。即使耳边炮声震天，周围一片硝烟弥漫，太阳依旧会升起，花儿也照样会开放。木浦港依旧是汽笛声声，一片繁忙景象；路边的酒馆里也依旧阵阵香气，一片人声鼎沸。我们家又有孩子出生了。战争持续了这么长的时间，变得如同日常生活中的一部分。

我在木浦开始了再次创业。开战之前我曾有过三艘船，但是一艘被当局征作军用，一艘因遭炮击绳索烧断不知漂往何处，现在只剩下最后的一艘了。在我的努力工作下，事业终于有了起色。我成为坐着吉普车的青年实业家，当时在木浦坐吉普车的只有市长和海军司令、宪兵队长等少数的几位大人物。

木浦创业时期，前排最左边的是我

我之所以能够在战争的炮火中再度崛起，是因为我在做生意时掌握了三个要点：第一，把握整体经济的走向，顺应经济走向发展；第二，需要有适当的冒险精神；第三，要与职员搞好关系。所谓“适当的冒险”是指利用现有的条件去尝试挑战新的事物。面对挑战，我总是心潮澎湃。经营哲学是一门非常烦琐庞大的学问，但实际上通过经营而获得的要领是我一生的财富。我十分努力地和职员们保持良好的关系。就像之前提到的，战争爆发后保护我一家免受流离失所之苦的就是我的职员。

我公司的职员们在我被关进警察局和看守所之后，还递交了有大家签名的请愿书——“他绝不是那种泯灭良知的资本家，请你们善待他”。在那不知明天会发生什么事情的战争旋涡中苦苦挣扎的职员们，居然还能为了我做到这个份儿上，想到这我就觉得十分幸福。我非常感谢他们，也以能获得他们的喜爱而深感自豪。

我们那艘被征用的船，后来被用于运输政府的军需品。我也为了支援韩国军队，于1950年末组建了海上防卫队全南地区支队，由吴载均出任队长，我担任副队长一职。我们负责运输战争所需的粮食和军需品。海上防卫队并不是直接参战的正规军，主要任务是支援与游击队进行的阵地战。防卫队一经组建就有大批年轻人加入。他们全都是直接经历了战争，再也不想生活在那样的环境中，再也不想把这片土地交到别人手中而参加到防卫队中来的。

我要经营海运业，自然要跟海军木浦警备所的军官们处好关系。此外，这也缘于我们海上防卫队受海军木浦警备所的管辖。其中给我留下深刻印象的要数吴世东和朴成哲了。朴成哲后来被编入海兵队直至获得少将军衔，直到1980年新军部军事政变之前，他都是我的警卫室长。他一直保护着我，“5·17”事件之后我们一起被抓起来饱受折磨，他军衔被夺，死后也未能安葬在国军墓地。我觉得这实在是太委屈他了，最后在我的一再要求下才得以将他移葬至国军墓地。当时我在木浦警备所遇到了杨淳稙，他是在木浦警备所负责宣传的政训军官（中尉），后来他与我一起在和平民主党中开展活动，结缘于海上的我们当时也没有想到这个缘分还会延伸到陆地上。

我于1950年10月收购了木浦日报社，它是日本统治时期朝鲜半岛最大的地方性报社。收购之前，随着战争的深入，报社遇到了巨大的经营上的困难。以记者们为首的职员问我有没有收购报社的意向，我本来就对舆论很感兴趣，没有半点儿犹豫就答应了。

我要求记者们一定要报道公正，并把“绝对不能因扭曲事实而伤害到无辜人士”作为办社宗旨。有一次，韩国银行副总裁朴熙来到木浦视察，路经我们报社，在韩国银行木浦分行行长的陪同下走进了我的办公室，朴副总裁向我问道：“你们社长哪儿去了？”随他一起来的分行长一下愣住了，不知所措。

“您面前的这位就是社长。”

朴副总裁说无论如何也想不到这么年轻的人竟会是社长，并向我伸出手来。

那天晚上，他与当地的企业家们举行了座谈。我在那里向他详细汇报了在当地做生意是多么困难。另外，我举例向他讲述了银行融资的地域歧视问题，还把在相同条件下，当时的临时首都釜山的企业可以贷到款、木浦的企业却不可以的事实都列举了出来。认真听取完我的汇报后，朴副总裁站起来点名称赞我道：“我今天真的是很吃惊，金大中社长有关经济现状的诊断真是非常之精准并且大有助益。贵地区有这样的人才真乃地区之福啊！今天到场的各位应该好好栽培像这样的人才。”

我觉得朴副总裁真是对我过赞了。他向我走来，并交给我一张便笺纸。

“尊敬的韩国银行木浦分行行长，金大中社长申请的贷款请尽快予以批复。韩国银行总部将会为其提供担保。”

我既拿到了贷款又在公共场合受到了称赞。虽然那天我只是整理了藏在心里的意见并把它们讲了出来，但也许是因为我是报社社长的关系，所以他们更能听得进去，我的逻辑也更可信。我经营木浦日报社时从未摆过社长的架子，或是对属下施加压力，我只是全力搞好经营。只有公司发展稳定，记者们才不会分心，报纸才会维持中立立场而不会被某些力量或是理念左右，也只有这样才能赢得读者们的信任。

我主持经营报社两年，将报社事业重心转移至釜山后，又将报社的经营权归还给了职员们。之后，由金文玉接任社长继续经营管理，他其实就是歌手南珍的父亲，后来的木浦国会议员（第五届民议员）。

战事再一次恶化是在1951年的1月4日，汉城再次被朝鲜人民军占领，政府再次搬至釜山。所有的政府机关都聚集到了临时首都釜山。我也只好随之将事业基础由木浦搬到釜山。我成立了兴国株式会社，与金融组合联合会（即现在的农协中央会）签订合同运输谷物或肥料、幼畜、麻袋等。那时虽然公司只有五艘船，但是通过租用别的公司的船，直接经营管理的船有十几艘。当时我家就住在釜山影岛南航洞市场的后面。

随着事业的不断发展，我看世界的眼光也发生了变化，可以说是重新认识了这个世界。我在釜山与很多人相识。我去拜访了住在影岛的曹奉岩，也见到了金正礼、姜英勋等。除此之外，我还与同乡金一南每天见面畅谈时局。

我与金正礼女士的缘分有点特殊。我在“1·4”撤退之前曾用船运送大米到仁川，那时天气十分寒冷。在我们快要把米卖完的时候，正好赶上“1·4”撤退，大批的难民聚集到仁川的前海。我们必须赶紧赶回木浦，当我们正准备登上停靠在前海的船只时，看见船的前方有位年轻的女士正在指挥难民登船。我在一旁看着，发现她完全是“自作主张”地在指挥着难民登船。于是我走上前去问道：“请问您是谁?”这时她才回问道：“请问您是船主吗?”之后她才郑重地拜托我让难民们登船并送他们离开。她善于社交，事情处理得也井井有条。我当时很爽快地答应了她，这之后在釜山又再次遇到了她。

那时在釜山有一个叫“勉友会”的自组织团体，是之前汉城的大学生组织“勉学同志会”的会员们在避难地再见面后对其改名后成立的。我虽然不是那里的正式会员，但也与他们聚在一起讨论人生、哲学以及祖国的未来等问题。虽然现实是黑暗的，但是我们之间的对话却十分有意义。与他们在一起相处，不知不觉间我也变得豁达起来，个人的苦闷也得以排解。

在勉友会，我遇到了一位叫李姬镐的女士，是通过金正礼女士的介绍认识的，我们于女青年会聚餐的场合短暂相识，继而在勉友会相见，并进一步地交流思想，进行了深刻的对话。她后来成为我人生的同志和伴侣，但在当时彼此还都只是求知欲旺盛的青年。她那时穿着染了别的颜色的军装，在我眼中，那一身军装是那么有女人味。她微笑时露出洁白的牙齿，那微笑真是美极了。

我们彼此非常合得来。有一次，我们一起去釜山站附近一个叫甘川的地方散步。我们一起谈论时局和人生问题，还谈论了许多政治问题。我们都对当时李承晚大总统的永久集权计划表示了愤慨。她总是能明确地表达自己的意见，非常有思想、有主见。她说等到国家和个人的情况好转后要去海外留学。

一件比战争还令我绝望的事情发生了。祖国山河满目疮痍，惨遭战火侵袭，全国人民的心灵饱受煎熬。游击队经常出没的地区，白天受韩国军的支配，晚上受人民军的控制。恐怖的气氛笼罩着大家。“1·4”撤退开始后，潜伏在后方的游击队就开始活动了。1951 年 2 月发生了“居昌良民虐杀事件”。正在庆尚南道居昌郡神院面一带讨伐游击队的韩国军声称一般平民通敌而将其残忍地杀害。2 月 10 日，在内滩村的山谷中虐杀了 136 名青壮年；2 月 11 日，在博山的溪谷中用重武器扫射杀害了 527 名平民。

这一事件最初是由居昌的国会议员慎重穆公之于世的。虽然国会派遣了真相调查团，但当时庆尚南道地区戒严司令部民事部长官金宗元大校，命令一个小队的韩国军装扮成游击队的模样对调查团施以枪击，妨碍了调查的进行。这一事件如果没有当地议员的昭告，最终也将会被掩盖。

相类似的虐杀平民事件为什么只在居昌发生呢？整个国家被鲜血染红，山冈犹如座座坟墓。韩国军射杀平民后，游击队再来杀害平民，游击队走后韩国军又再次来射杀平民。

就在这样的历史背景下发生了“国民防卫军事件”。在中国派遣志愿军参战之后，韩国政府就把 17 ~ 40 岁的男丁紧急编成国民防卫军，让他们奔赴前线，战局不利时又将他们集体送往后方。但是以国民防卫军司令官为首的军官们将应分发给防卫军的军需和军饷吞为己有，这自然使得士兵们得不到足够的衣服和粮食。饿死、冻死在路上的士兵到处都是，死亡人数达数十万。即使这样，防卫军的军官们还是把钱挥霍在了大邱市内的娱乐场所，每天晚上他们都用吉普车装上盛满钞票的石油桶四处去挥霍，而士兵们则饱受着饥饿与寒冷的折磨。

国防长官申性模因此而辞职，国会于 4 月 30 日作出了解散国民防卫军的决议，5 月 12 日这一决议正式施行。防卫军一解散，勉强组织起来的防卫军士兵们再次分散开来徘徊在大邱市内。他们的样子就跟无家可归、饥寒交迫的乞丐没什么两样。市民们看到这种情景都气愤不已。紧接着是陆上防卫军解散，而海上防卫军也因该事件被迫解散。总的来说就是国将不国。

第二年即 1952 年的 5 月 26 日，在釜山掀起了政治风波。当时朝鲜人民军已经掌控了汉城，犹如五月新绿般的青年们在前线为了保卫祖国而奉献着自己的生命，而临时首都釜山却成了政客们拙劣丑态的表演舞台。政治风波的爆发是由在 1952 年 5

月 30 日进行的第 2 届国会议员选举中无党派议员占到半数以上而引起的。当时的总统是由国会间接选举产生的，李承晚总统的任期到 1952 年 7 月就该结束了，到时李总统再想搞集权是不可能的了。

所以，李总统决定改由国民直接选举的方式来选举总统。为此他必须修改宪法，收买议员。而在野党准备改总统制为议会内阁制，由总理负责处理国事。

察觉到这一动向的李总统的势力为了促成总统直选制，召开了全民大会，幕后操作者实际上是暴力团体和右翼势力。他们声称是按照全体公民的意愿行事，黑社会分子包围了国会议事堂。当时总统颁布了戒严令，逮捕了在野党议员。他们给在野党议员冠上了国际共产党员的莫须有罪名。

在这样的情况下，当时的国务总理张泽相不得已抛出了缓兵之策，即构建总统直选制和国会制并存的二元体制。为了通过被称为“拔萃改宪”的缓兵之策，他们强制性地将在野党议员拉至国会。被囚禁的议员暂时获得释放，之后又被软禁在国会议事堂来凑齐人数。就这样，在警察和黑社会分子的层层包围和严密监视下，总统直选制和国会制并存的二元体制最终在国会获得了通过。

我一直关注着借反共来延续独裁政权的亲日派及其簇拥者们的野心，看到国民代表们听从独裁者的命令并轻易向独裁者屈服变节的样子，我真是备受打击。我应该对政治和从事政治的人士进行更进一步的思考和再认识。

从很早以前开始，我就对政治非常感兴趣，也自以为对政治别有一番见解。但最终让我下决心走上政治这条道路的原因之一就是经历了一场政治事变和紧接着的一场政治事件，即朝鲜战争和釜山政治风波。我经历了朝鲜战争，也看到了领导人扯下的弥天大谎。当政者满口谎言，最终使整个国家陷入了危机之中，也将国民们推入了绝望的深渊。我深深地认识到了这样一个事实：如果领导人不能保持清廉，社会就会混沌不堪；如果欺瞒国民，国家就会崩溃。如果政治失去了公正，人权就会变得一文不值，个人的生命和财产安全也将无法得到保证，我一直在心底牢记着这一事实的底线。

釜山政治风波是一起借国民的名义行使暴力、延续强权统治的政治事件。虽然不是国民们的意愿，但独裁政权仍盗用民意，迫使国会无法行使权力并任意修改了宪法。这最终使我认识到如果无法实现真正的民主主义，国民们就无法得到真正的幸福。所以我相信，只有政治恢复到正确的轨道上来，所有的一切才能恢复正常。我由此而投身到了轰轰烈烈的政治活动中，对于我来说这既是令我热血沸腾的事情，也是苦难的开始。

屡战屡败（1954—1959 年）

1954 年，我以无党派人士的身份参选成为木浦第 3 届民议院议员的候选人。我不愿意站到执政的自由党一派，也拒绝了由在野的民主国民党推荐的提议。我有自己的理由，因为木浦地方行业工会已经与我达成协议，他们会支持我参选。当时行业工会的影响力非常大，第 2 届总选的时候是由行业工会出身的人当选的，可以说行业工会掌握着当选与否的钥匙，但是这也意味着行业工会的委员长和干部会因为我的当选而落选。

我主张对劳动工人的要求与立场要给予公正的评价。另外，虽然我是一个经营管理人员，但是主张改善劳工待遇。对于我的这两点主张，行业工会给予了很高的评价。作为支持我的条件，行业工会要求我不要加入反对他们的民主国民党，我欣然接受了这个要求，并以无党派人士的身份参加了选举。

参加木浦第 3 届民议院议员选举。选举结束后与同事亲友在一起

但是事情却出乎意料，警察机关、郡厅等国家权力机关介入了此事。他们认为，本来行业工会是支持执政的基干团体自由党的，此次却如此行事，改变了行业工会以往的立场，是不正常的。警察以此为借口逮捕了行业工会的全部干部，追问他们：

“为什么不相信基干团体的领导人自由党，而去有组织地支持一个无党派的候选人?”

警察把行业工会的干部一个一个地叫走，让他们写下不支持金大中而是支持自由党候选人的证词文书。被叫去的干部受到警察彻头彻尾的监视，还以他们为对象进行了要支持自由党候选人的演说。真是平地起风波。演说进行期间，行业工会的干部暗地里用手指比画着我的候选号码，演说并没起到什么实质性的作用。但是如此愚蠢恼人的事情就在眼前发生，对于无党派候选人来说，却无法走出这样的困境。

最终的投票结果是，在十名候选人中我排第五名。虽然失败了，但是这令我顿然觉悟——参加没有任何政党基础的选举是非常艰辛的；选举是个无底洞，需要大量的资金。当时我觉得我们国家的政治这样是不行的。金真海劳动委员长和干部们在选举后紧紧地抱住我失声痛哭。

选举事件的次年即1955年，我离开了木浦。木浦对于来自荷衣岛的少年来说是充满魅力、充满生机的城市，是收获了爱情、孕育了爱情结晶的美好家园。我在这里了解了世界，开拓了眼界，增长了知识。于我而言，木浦就是我的第二故乡。

木浦有我挥洒汗水和激情的事业。当时突然离开，往事一幕幕又重现在眼前，日本统治时期的强占，解放，内战……就像之前从海岛搬到木浦一样，我打算再从木浦搬到汉城，但这次完全是为了“政治”。看着妻子默默地整理着搬家的行李，我从心底感谢她并且信赖着她。我们带着年幼的孩子们离开了木浦。

我逐步地将事业转手他人，又在龙山区南营洞租到了房子，并且在附近给妻子开了一家美发店，我自己则到三角地附近的韩国劳动问题研究所上班。朋友车国灿是所长，我是总编。那时我写了很多有关劳动问题的文章。当时的企业对工会不是收买就是镇压，而当时的工会作为自由党的基干团体在日渐没落的同时又在自由党选举中饱受利用。我对这样的团体感到十分不齿，另外摸索着如何促成雇佣双方关系的相辅相成。为了找寻日本的实例，我逛遍了明洞后面的胡同，买了各种书籍和杂志。我的文章相继被刊登在《东亚日报》和月刊《思想界》上，其中在《思想界》上刊登的《韩国劳动运动的出路》还曾引起过巨大反响。

我又担任了月刊《新世界》的总编，当时和我一起工作的记者就是后来作为出版界名人取得巨大成功的汎友社会长尹亨头。《新世界》反对独裁政治，主张经济自由和社会改革。因为这与在野党的路线相似，所以受到了当局的打压。既没有广告商来投资，也没有银行肯提供贷款，《新世界》最后不得已废刊。

除此以外，我还开了一家叫“东洋辩论专业学院”的辩论培训学校。当时辩论是政治人的最大武器。培训学校里有近50名学生，其中也有辩论讲师，但更多的还是公司职员和希望从政的人。他们都怀着各自的梦想练习着辩论。声音的高低、演讲的手势，甚至连原稿内容我们都要一一仔细研究。我早在上木浦商高时就显露了辩论的天赋。后来我在政治上的伙伴金乡贤、金庄坤议员也都是那时在学院里相遇的。

1956年3月，民主共和党（简称共和党）正式创建，裴恩熙、张泽相、李范硕等出任最高委员。我为共和党的创立做了很多事，又是制定细则又是组织宣传。虽然那个时候还没有人认识我，但通过那样的活动我被提拔为发言人。最高委员张泽相给我提供了巨大的帮助，把我推荐给了韩国日报社社长张基荣做论述委员。但是，党内最高委员张泽相和李范硕之间的摩擦最终导致党员们纷纷退出。我也随之退出了共和党。最终，共和党因内部分裂，存在了还不到一年就从政治舞台上消失了。

1956年5月，韩国举行了总统选举，这次选举其实就是李承晚大总统和民主党候选人申翼熙之间的战斗，而副总统则由李起鹏、张勉出马参加竞选。我虽尚未加入民主党，但我还是支持申翼熙和张勉候选人。申翼熙得到了热切盼望政权交替的民众和在野党联合势力的全力支持。选举进行到中间时，这种优势就更加明显了。当局政府也与申翼熙有着密切联系，还有人说他找到地方上的警长等在野党的干部并要求他们发誓效忠。我们都毫不怀疑地认为，申翼熙最终会顺利当选。即使当时自由党拼命压制其他党派，选举的自由度很低，政权交替依旧是民心所向。

但是，原本热切盼望的和平选举在大选开始前的十天就荡然无存了。申翼熙候选人在去全罗北道地区进行游说演讲的途中，在火车内因突发脑出血而不治身亡。申翼熙一去世，原本支持他的选民们就转而支持别的候选人，或者干脆弃权。也有人说曹奉岩候选人的得票在开票过程中被算作了李承晚的得票。李承晚最终有悖公民意愿地当选为韩国第3届总统。不过幸好副总统由民主党代表张勉担任，这是民心所向。副总统根据“四舍五入改宪”的规定，在总统因故不在时可代行总统职务。那时李承晚总统已经81岁了，自由党作为执政党为了准备随时接收政权，暗中瞄准副总统的位子，竭尽全力辅助候选人李起鹏准备竞选。但是自由党提前准备的这一政治安全措施反而成了“定时炸弹”，它面对的将是全体公民的审判。紧接着他们在宪法再次改革时，为了废除“副总统的总统升迁权”而动了手脚。民主党为了阻止这一切也用尽了全力。“副总统的大权继承”是问题的关键所在。

我把虔诚的天主教徒——张勉副总统当成我的教父，加入了天主教。仪式是于1956年6月在明洞教堂卢基南大主教的办公室里，在张勉先生的见证下由中林洞教堂的金哲奎神父主持的。我的洗礼名为“托马斯·莫尔”（Thomas More）。神父公布洗礼名的时候对我说："托马斯·莫尔是英国的思想家和政治家，是违背亨利八世分裂天主教的命令而最终选择殉教的伟人。他拒绝要求承认离婚的当时最高权力者的要求，而自己走上了断头台。如果你也有他这样的殉教精神，就接受这个名字吧。"

听到这一番话，我震惊了："如果是托马斯的话，也有伟大的神学家托马斯·阿奎那（Thomas Aquinas），为什么偏偏是用断头人的名字作我的洗礼名呢？"当然有这样的疑问是因为我的信仰还不够虔诚。但是后来随着对托马斯·莫尔了解的不断加深，我也开始得到了神的恩惠。在托马斯·莫尔被关进监狱的时候，有很多人都去找他，劝他为了保住性命顺从国王的意思，但是都被他一一拒绝了，因为他无法背叛上帝。他曾经能够享有荣华富贵，但最终他也没有放弃清廉的生活和对信仰的忠诚。托马斯·莫尔并没有被载入《圣经》，而只是活在历史里的人物，这一点更令我倾心。此后，在我的政治生涯里，我一直格外努力。几次与死神擦肩而过的经历不知是不是洗礼名给我的暗示，或者我自己想要照着洗礼名去奋斗而造成的，这些都无从知晓。只不过如果这是上天的意思的话，那么我只能感谢自己一直坚定着信念。

我成为天主教徒这件事，其实也受到了本身就是虔诚的天主教徒的妻子娘家人的影响。而且当时任天主教汉城教区事务局长的我的朋友崔书勉也积极鼓励我入教。同时，我本身也十分尊敬神父和修女们，一生都坚持独身对一个人来说是多么艰难的事情啊，他们在做着我绝对做不到的事，而且我也很喜欢天主教教会的团结一心。另外，我也从张勉先生那里学到了很多东西，得到了很多启示。他是一位虔诚而完美的天主教徒。为了传教，他费了很多心思，总是亲身实践着天主教的教义。就这样，各种缘分和美好的印象最终将我引上了天主教的道路。

与张勉副总统的缘分使我在1956年9月25日加入了民主党——1955年9月由申翼熙、赵炳玉、张勉、郭尚勋、白南薰创建。当时民主党与李承晚的独裁政权展开了积极斗争，在经济方面反对国家干涉，在韩朝问题上主张和平统一。我对此深表赞同，所以也就自然而然地选择了具有进步倾向的民主党。民主党分为新旧两派，围绕着主导权的问题两派之间展开了激烈的斗争。旧派主要由以前的韩民党党员构成，新派则主要由天主教、兴士团、官员出身的成员组成。双方之间也存在着文化上的差异，旧派坚持"政治"，新派则更推崇"政策"，所以自然而然地就形成了旧派主张向执政党妥协而新派主张对峙的局面。

我是属于新派的，新派的路线更加具有进步性和革命性，而且我尊敬的人大多也都在新派里。另外，新派由张勉先生领导，一生支持我、声援我的郑一亨先生也在其中。平时对于解决雇佣关系很感兴趣的我在党内的劳动部开展活动，不久之后就当选为劳动部副部长。

我入党后没几天就发生了针对张勉副总统的狙击事件。那是9月28日，在张勉副总统结束了全党大会上的发言后正要退场时，一个举止异常的人靠了过去，朝他开了枪。当时全党大会的会场所在地——汉城市公馆一片混乱，万幸的是副总统只是左手臂受伤并无大碍。开枪者是位退伍军人，但他的背后分明是自由党及其相关势力在操纵着。

在所谓的“市公馆枪击事件”后，我去了副总统所住的医院，看着他躺在病床上，我泪流满面。我看着副总统被袭，思考着愈发昏暗的现实和这片土地上的民主主义的未来，不由得低下头哭了很久。

一次偶然的机会，我遇到了进步政治家曹奉岩先生，很想听听他对当时政局的高见。于是，我去了先生所寄居的汉城社稷洞都正宫。赵先生之前避难到釜山时，我也曾在他影岛的家中见过他。他担任过首任农林部长官，也曾竞选过总统。在那时也是以超越时代的政治家身份提出了极具进步意义的社会民主主义路线而受到广泛关注。

1958年春天，又到了选举国会议员的时候。因为民主党的郑重燮已经占据了木浦的议席，而我又不可能越过他，所以我最终不能在故乡木浦参选。我与党内的其他有关人士商议之后决定在江原道麟蹄郡参选。当时的麟蹄是朝鲜战争结束后才划归南部的地区，对我来说是完全陌生的他乡。但是有一点是万幸的，那就是军人和军属占选民总数的80%以上。当时没有缺席投票的制度，所以所有的军人都要在工作地进行投票。当时的军队支持的是在野党。与自由党当政一样，当时军队的腐败问题是众所周知的，因此士兵们都盼望着能有新的势力来接掌政权改变现状。当时大部分士兵都在做着与战争毫无关系的杂事，有的甚至砍树烧炭拿到市场上去卖，也有人入伍后就只是烧炭，一直烧到退伍。部队中经常发生各种不公平的事件。年轻人都在梦想着有一天能有崭新的社会来消除腐朽的现状，因此士兵们是支持在野党的。那时也没有“地域偏见”这一说。

要想参选，必须先登记。我递交申请书的时候，我们的竞争对手——自由党已经登记完毕了。登记的候选人必须要有100名以上的选民推荐才行，但是不允许有重复推荐。如果同一选民同时推荐了两位候选人，那么该选民最终不会获得认证，他所写的推荐信也会被宣布无效。因此，为了预防发生重复推荐的情况，必须获得至少130份推荐签名书。即使是这样，为了以防万一，我们还将130份选民推荐书抄成了3份，由我和另外两个人随身携带。之所以这样做是为了防止推荐书在途中被人抢走。我们已经充分预料到了自由党会为了再度掌权不择手段，而且我们对此也早已有所察觉。在登记候选人之前，当局政府与执政党就已经开始威胁收买在野党的候选人和党员还有选民了。他们选举舞弊的手段也在经过了多次选举之后变得越来越“炉火纯青”。

继自由党候选人之后，我第二个在麟蹄郡选举管理委员会登了记。为了防止推荐人重复，我还特地向选举委员会的人要了对方候选的推荐人名单。但是那个人说，天要黑了，明天再告诉我，然后就当着我的面把推荐书放进了保险柜里。虽然我还是有点不放心，但也只能先出来到马路上贴竞选海报，挂竞选招牌。但是第二天我最不愿看到的事情还是发生了。选举委员会通知我登记无效，说我和对方候选人的推荐人有70多名是重复的。

我后来才知道，他们那天晚上为了淘汰我而费尽心思东奔西跑。首先他们要取出锁在保险柜里的我的推荐书，掌握推荐我的选民名单，然后找到这些选民让他们支持自由党的候选人，就这样把他们变成了重复的推荐人。这件事是由郡厅的内务科长主导，并在警察的协助下进行的。我十分无奈只能重新寻找推荐人。离登记截止日期只剩下一天了，那天过得真是辛苦，我在当地不仅没有人脉，而且还有阻挠我登记的自由党人在旁边虎视眈眈。

即使这样，我还是要重新找到推荐人。我找到选民向他们一一说明了我的委屈和苦衷，但是没有一家人有印章可以给我盖，因为之前村长们以分配肥料为由，把每家每户的印章都收走了。选民们即使想推荐我也没有印章，无奈之下只好写上“现在没有印章，但是我推荐金大中候选人，有必要的话金候选人可以自刻印章”，然后在旁边印上手印。

我为了刻章去了刻章的商店，却被告知不能给我刻，因为警察已经去警告过他们了。就快要到截止时间了，一定要找人刻好印章。我思考着能够最快刻成印章的材料有什么，最后想到了南瓜蒂。我们收集了一些老南瓜蒂，和选举宣传员们围坐在一起开始在南瓜上刻字，就这样韩国政治史上有名的“南瓜蒂印章”诞生了。我们再一次拿着申请书到选举管理委员会进行了登记，自由党一方完全震惊了。即使这样他们也还是没有放弃，以必须重新审查材料为由故意滋事。那时的选举管理委员会会长由金昌润先生担任。他重新审视了材料，称格式没有错误可以接收。金委员长身为登记所的所长在当地素来以作风正派而备受尊敬。另外，登记所直属司法部，所以相对来说在权力斗争当中比较中立。但是受自由党唆使的其他选举委员固执地要求，我必须把所有推荐人的印章带来。我与他们争论了起来，顺序合法、内容属实当然应该允许登记。

只有金委员长站在我这一面，剩下的所有选举管理委员都串通好了攻击我，最后甚至波及了金委员长。最终金委员长也不得不屈服了，选举管理委员会下达了如果不把所有推荐人的印章带来就取消登记的决定。我再次陷入了困境。

“选举管理委员会拿着印章的问题来调查选举舞弊，这是明显的越权行为，这本应是司法当局的权限。选举管理委员会只负责对备齐材料的候选人进行登记，而判断印章是否有效是法院的职责，绝不是一介郡选举管理委员会有权干涉的事情。”

后来大法院也在判定选举无效时提出因如上理由而取消登记是不正当的做法。

在群情激奋过后，我虽稳住了心神，但仍不免伤心、愤怒，彻夜难眠。夫人在一旁默默地陪着我，但我对夫人说，我绝不会向这些不平之事低头。这时，夫人说道：“如果是正确的道路，又是你想走的路，那么就不顾一切、坚定地走下去吧。不管将来发生什么事情，我都一定会把我们的孩子抚养成人。你不要担心，堂堂正正地做自己想做的事吧，做一个顶天立地的男子汉！”

我听了这些感动得说不出话来。麟蹄对我来说是个陌生的地方，对夫人来说更是他乡。即使这样，夫人还是泰然处之，默默地给予我力量和勇气。夜已渐深，偶尔传来小鸟的啼鸣声。麟蹄位于山高谷深的腹地，我们夫妇在租住的住所里辗转难眠。

第二天麟蹄郡选举管理委员会认证了我的候选登记。我马上赶到了汉城，因为要准备的东西还有很多。但是我突然又接到了登记被取消的通知，我马上坐上吉普车，花了8个小时从汉城赶回了麟蹄。心里越是着急，路就越是模糊不清。因为超速，吉普车有两次在弯道翻了车。即使车顶已经完全走了样，我也没有熄火一路飞驰。最后在当天下午赶到了麟蹄郡选举管理委员会。那时正好是为抽号做准备的时候，因为翻车事故我遍体鳞伤，不过我一点也没有在意。走进选举管理委员会办公室的时候，我实在是悲愤难平。看着我的架势，谁都没有上前来跟我说话。这时在那里的自由党候选人罗相谨对着警察大喊：

“喂！你们还愣着干什么，还不赶紧把他给我拖出去！”

于是警察们一涌而来，但是我绝不会因此而后退。我不能就这么低头，我之前是如何来的麟蹄啊……为了选举我花费了多少心思啊。我绝对不能向恶势力低头，如果我放弃了这次机会，就真的失败了。但最终我还是被拒之门外。

执政党只手遮天，什么事都做得出来，居然就这样把我赶了出来。这时我才觉得阵阵心痛，登记被视为无效，我的理想也一点点破碎。虽然内心无比委屈、无比愤怒，但我也没有任何办法。虽然这事发生在远离汉城的麟蹄，但也在日后被媒体大肆报道为“妨碍候选登记事件”。我抱着说不定军队会理解我的委屈的想法找到了位于麟蹄郡厅附近的陆军师团，但被告知师团长不在。虽然记得不是很清楚，但他应该是想避开我，当时的师团长就是朴正熙①，那是我们的第一次交集。

虽然我当不成候选人，还被赶出了选举，但我不能就这样放弃。我决定帮助无党派候选人申亨奎参选。虽然我们几乎没有获胜的机会，但我还是作为他的选举伙伴认真地为他四处奔走。选举结束后，我列席了开箱验票的现场监视了整个过程，但是正如我所料，申候选人输了。

我在选举期间还作了堤川的民主党李泰溶候选人和春川的桂光淳候选人的支持演讲。在我演讲的时候，台下的听众没有一个中途离开的，全都在认真地听。我持续演讲了两三个小时，当时还没有电视，所以演讲就跟演出没什么两样。台下的听众听到精彩处，又是鼓掌又是欢呼。我痛斥了自由党的独裁和无能。桂光淳候选人见此，连称我是“虎皮膏药”，说是听众们只要一来听我的演讲就从此再也离不开我了。不知道是不是得益于我的演讲，最后他们二人均成功当选。在那次选举中，自由党的洪昌燮候选人落选了，他每到一处都会说：“我不是输给了桂光淳，而是输给了金大中。”洪候选人在选举结束后去做了当局指定的道知事（相当于省长）。后来他在麟蹄郡议员竞选时为了使我落选，对我进行了顽强的攻击，这应该也是他的一种报复心理在作祟吧。

自由党在竞选中取得了压倒性的胜利。我在选举一结束就到法院起诉了“妨碍候选登记”的相关人员与机构，并在1959年3月获得了胜诉，此前发生在麟蹄的不正当选举被判无效。判决结果下来的时候，我的对手罗相谨正担任着国会议员。那时他还对判决结果一无所知，正站在台上破口大骂呢。在野党的某位议员走上前去告诉他了这一事实。

“刚才大法院判决选举无效了，你现在已经不是国会议员了，必须马上从这里出去。”

他必须当着国会议员、媒体记者和在场群众共200多人的面从国会议事堂出去。

就这样我参加了补选，并且等待着全面迎战邪恶势力的攻击。自由党一方决定派出原警察局局长全亨山参选。在像麟蹄这样的前线地区，师团长和警察局局长正是掌握大权的人。执政党首先抛出了“我们为什么要把票投给与我们没有半点关系的外人——金大中”的言论，以此煽动民众。这也不过只是个开头，紧接着他们为了

① 朴正熙（1917—1979），韩国庆尚北道人。他是韩国第3任、第5至第9届总统，1961年上任至1979年遇刺身亡，执政长达18年。朴正熙是位有争议的韩国总统。他被广泛认为是韩国“汉江奇迹”的缔造者，在任内大力推行新村运动改革农村，并直接促成了韩日建交。同时他的铁腕统治也受到许多人的批评。——译者注

污蔑我是共产主义者特意找来了两个人，也就是所谓的“枪手”。这两个人就是我在前文提到过的洪益先和来自全罗南道光阳市的李道先。他们找到每一个演说场大肆地污蔑我，其中洪益先这样说道：“金大中是共产党员，我和他在木浦的时候天天在一起，关于这一点我怎么会不知道呢？我以人格担保他就是袭击南桥洞派出所的主谋。”

李道先跟我素未谋面，却也理直气壮地说道：“我和金大中是从小一起长大的，我们曾经是亲密好友，我怎么会不知道他的底细呢？他是完完全全的共产党员，大家千万不要被他骗了。”

李道先甚至还说得泪流满面。在最前线的麟蹄，大部分民众都是从北边避难而来的，所以他们都因“反共”而团结在了一起。机枪上膛的宪兵们就更不用说了，只要一听到“共产党”这三个字，一个个都恨得牙痒痒。选民们更是听信了这带有反共色彩的谎言，说实话他们是被这谎言欺骗了。虽然他们并不认识金大中，但是听到了从全罗南道来的那两个人所说的全罗南道方言就相信了他们。这真是让人无可奈何。

1959 年在江原道麟蹄郡的街道上进行演说

与此相似的事情不止一两件。有个来自马山叫郑英极的商人是专供军需物品的。他支持在野党，也很喜欢我。他在当地有名的一处饭店请我吃饭。女服务生们也都进来与我们坐在了一起，大家都在为我能取得选举胜利而祈祷。心不在焉的我因为担心第二天的结果，早早就离开了酒席。回到家里刚刚躺下，我们地区党支部的副委员长就来找我了。

"我给您带来一位美女，今晚就让她陪着您吧。"

他把一名女子推进屋里就像逃跑一样飞快离开了。我吓了一跳，等到反应过来再叫副委员长时，他已经消失不见了。无奈之下我只好向留在我房中的那名女子说明了我的处境，然后把她送了回去。后来又过了30分钟，突然有人闯了进来。穿着制服的警察们四下打量了我的房间后才向我举手敬礼道：

"哎呀，不好意思，失礼啦。我是出来巡逻的警官。"

之后他们又消失在了黑夜里。我坐起来仔细回想了一下，觉得事情有些蹊跷。那些警察分明是要来目击我与那女子共处一室的现场。但是这肯定不是郑英极干的，当时在有名的饭店里都安插有政府和警察的眼线，这分明是他们中的某人搞的阴谋。

自由党搞选举舞弊的阴谋也延伸到了军队。我既不能向军人们寄选举传单，又不能到军队里去贴墙报，选举期间军人们又被禁止外出。无奈之下我只能拿着大喇叭对着部队发表演说。无论如何，我一定要把我的政治想法传递给选民们。召开演讲大会，来的只有便衣警察和军队中的谍报人员。但即使是这样，我也还是发表了演说，为了让他们在家中休息的时候也能听到，我还故意提高了音调。

自由党一方到选举当日也没有放弃做手脚的机会。每个部队的负责人都在投票现场一一检查选票。一线部队的中队长们干脆直接坐在了投票箱上，只允许把投给执政党的选票放进选举箱，凡是投给我的一律当场撕碎。这哪是选举啊？我向大家再次强调一遍，当时大部分士兵是支持在野党的。普通士兵对选举舞弊一事十分不满，但也无可奈何。麟蹄位于最前线地区，在这里战士们必须无条件服从上级。

后来分析各地区投票结果的时候，我才发现我只在军团本部取得了胜利。经过打听我才知道，原来在军团本部并不存在事先一一检查选票的舞弊行为。

士兵占据了选民的大多数，因此在这样的"公开投票"中我是绝对赢不了的。自由党不仅煽动民众诬陷我是共产主义者，还在选举当天做手脚。他们这是为了即将到来的总统大选而提前进行的舞弊练习。我彻底输了，也只能输了。我现在是一无所有了。

1954年在木浦，1959年在麟蹄，我屡败屡战，屡战屡败。每次参选都要花费很大一笔钱。所谓的选举，哪怕是只参加一次也会害得你倾家荡产。突然有一天，我发现我积攒下来的财产已经所剩无几了。青年时期做生意名利双收，但是现在我却一无所有。家里甚至连米都没有了，我连老老实实地待在家里都觉得丢脸。随便坐上一辆公共汽车，我也不知道自己要去哪一站。虽然也有想见的人，但是也见不到，就这样一天天孤独地过着日子。

在我们全家最失意的时候，有人提议我加入自由党，并承诺给我金钱和地位，这真是赤裸裸的诱惑啊！他向我一一列举了当局对在野党的压迫以及无法忍受生活之苦而转向执政党的国会议员。连议员都不是的我要抵住这些诱惑并不容易。他们说会待我如议员一样，甚至连具体给多少钱都挑明了。

“你是打算在在野党里浪费自己的一身才能，还是到执政党这边来大干一场呢？我怎么看都觉得你留在在野党真是太可惜了。”

他秘密地接近我，与我做起了交易，这分明是糖衣炮弹。但是，我还是坚持了我的政治理想。

窘迫的生活状况让我再次想到了做生意。我与朋友合伙，并邀请庆尚南道马山的一个古董商为我们投资，但是那个朋友拿着我们的创业资金跑了。“我这么没有看人的眼光吗？”我不停地埋怨着自己。无奈之下，我把实情告诉了马山的那个古董商。这一切其实既没有人证也没有物证，而且其中一部分资金还被用作私事。如果古董商报警的话，我马上就会以侵吞财产罪而被关进教导所。但是他却相信了我。

“你不像是做坏事的人！前途无量的人可不要因为这种事情而耽误了。那钱我也不要了。”

我真不知道该怎样感谢他。如果当时我因侵吞财产罪而入狱的话，就不会有今天的“政治家金大中”了。到后来我成为国会议员的时候，还专程到他家登门拜访。可惜的是那时他已经离世，我见他的夫人和儿子过得很贫苦，就让他儿子到我手底下来做事。

夫人车容爱与两个儿子弘壹和弘业

我的夫人车容爱女士突然离世了，那时正值初夏。回想从前，我发现我从夫人那里获得了太多太多的东西，但是我还没能来得及还，她就离开了。夫人的心脏不是很好，那天也是因为心脏问题吃了药，但不知道怎么回事，夫人吃完药之后就陷入了昏睡状态。那天我正好在家，发现夫人陷入昏迷后马上冲出家门去找大夫。可是等我带着大夫回来的时候，夫人已经离世了。出身富贵名门的夫人跟着我受苦受累了一辈子，身体不舒服也没能好好接受治疗，最终导致病情恶化离我而去。我大声痛哭，附近也传出我夫人是自杀身亡的谣言，说是因为生活贫困再加上丈夫事业失败，受不了打击而走上了绝路。看来周围的人都知道夫人所受的苦。在我发誓要投身政界的那一刻就把夫人带上了艰难困苦之路，甚至是条不归之路。现在想起来，我也觉得对她十分的愧疚，但同时也非常感激。

夫人是真的爱着我，她为我毫无保留地付出了一切。即使家道中落陷入贫困时，她也从无半句怨言。我为了搞政治搬到汉城后，我们一家光搬家就好几次，都是因为租金紧张。每搬一次家，面积就小一些。我和夫人当时最羡慕的就是有自己房屋的人，虽然我们曾住在木浦的大房子里，但那已经是过往云烟了。

夫人靠经营美发店支撑着家中的日常开销，不久美发店也因为负债累累而最终倒闭，之后她就在家里接待客人，为其理发。其实就是把美发店搬到了家里。只要是为了家人，夫人什么都愿意做，但有一次二儿子因为鞋子上破了洞要夫人买新的，可能是因为当时家里并没有买鞋的钱，所以夫人大声训斥了他。我只能在旁边无奈地看着这一幕。

第一任妻子车容爱去世后，我和两个儿子登上了南山的八角亭，那时心中的悲伤无法用言语来表达

曾经大声喊着非我不嫁的夫人，等待着战争中困在汉城的丈夫而在防空洞中生产的夫人，每每经历困苦时总是叫我不要担心家人放手去做男子汉事业的夫人——车容爱就这样离我而去了。

我这一辈子都在心底里感谢她和追忆他，能娶到这样的妻子，我真是三生有幸。有时看着夫人留下的两个儿子，还有孙子孙女们，我会突然鼻子发酸眼角湿润，每当这时我都会在心里对她说：

“看吧，这是你留给我的孩子们。你其实并没有离开，你永远活在他们中间。你是那么善良、那么美丽，孩子们的人生也一定会像你一样美好，他们的家庭也必定会和睦幸福。”

送夫人入土为安后，我牵着两个儿子的手去了汉城的南山，登上八角亭俯瞰汉城市内全景，对孩子们说道：

“你们一定不要因为母亲不在了就感觉到挫折，一定要茁壮成长。这也是你们母亲的愿望。你们的母亲是一位非常优秀的人，这一点你们应该也非常了解，所以你们绝对不能忘记她。你们的母亲会在天上守护你们的。”

年幼的孩子们低着头默默无语，转过身来我又泪流满面，岁月真是无情啊！

第二部　1959—1970年

我站在朴氏政权独裁统治的风口浪尖之上。我独自一人手持匕首、高举斧头、挥舞镰刀与之进行斗争。我既没有权力，也没有金钱；既没有报社，也没有电视台。唯一能拯救我的，就是广大市民。虽然金钱、权力，这些我一无所有，但是我还有你们大家。

崩溃的李承晚政权（1959年—1960年4月19日）

自由党突然宣布决定在1960年3月15日举行第4届总统选举。这无疑打破了自建国以来就一直维持的“5月大选”的传统，当然其中一定有着他们的政治考量。当时作为在野党的民主党内部也围绕着总统大选展开了激烈的派系斗争，主张改革的新派和保守的旧派之间的争执也预示了这场选举之争将留下严重后遗症。对于在野党内的党派斗争，执政党在一旁煽风点火的同时又分散着战线，为了不让民主党的新旧派势力有机会团结一致，他们故意把大选时间提前了。为了让在野党在大选中无法施力，执政的自由党打算夺走它的动力。

1959年11月，旧派的赵炳玉在民主党内部举行的总统候选人提名选举上，被提名为总统选举候选人，张勉先生仅以三票之差屈居第二。但是在第二天举行的候选人最高委员选举当中，张勉先生却获得了压倒性的胜利。当时作为张勉先生的江原道党支部负责人，我用尽全力帮助了他。

在副总统选举时，我站在卡车车斗上对着扬声器四处做街头演说。有一天经过江原道部队门前时，军人们突然聚集到铁丝网前大声向我索要宣传单。见此情形，跟在我们后面的自由党车辆也向军人们分发了宣传单，但是军人们理都不理，全都散开走掉了。我对那个场面记忆深刻，那正是民心相悖的表现啊。

但是四年前犹如噩梦一般的往事又一次重现在了眼前。赵炳玉的突然倒下令大家不约而同地想起之前申翼熙候选人毫无征兆的突然离世，不好的预感油然而生。赵候选人虽然于次年 1 月 29 日赴美国接受了治疗，但最终并没能活着回来。赵先生曾担任美军军政警务部长官，我并不赞同他在担任军政警务部长官时的作为，但后来作为政治人他却与独裁统治展开了激烈斗争。赵先生具有杰出的领导才能，我根本无法想象没有赵先生的在野党会是什么样子。除此之外，他的胸襟也十分宽广，尤其是在 1956 年总统选举时，他把候选人的位置直接让给了申翼熙先生保持了候选人的单一化。作为政治人，他不仅拥有那样的胸襟，还充满了斗志。

民主党已将赵炳玉先生登记为总统候选人，由于已经过了截止日期所以也没法再提名别的候选人了。李承晚总统在选举之前就确认连任的状况又将出现了。因此，大家的视线自然而然地就转向了副总统的选举。李承晚总统比四年前更老了，因此，拥有承继权的副总统一职变得更加重要。但是民主党旧派赵候选人面对这场看不见的选举战争显得有些消极。

自由党一方也起了变化。最高掌权者李承晚老了，他最信任的部下李起鹏重病。对于那些原本依附于李承晚的人来说，“李承晚政权”好似风中之烛，摇摇欲坠。第一共和国成了百分之百的“李承晚共和国”。其实单凭“6・25”朝鲜战争时李承晚的不作为就足以把他从权力的宝座上赶下去，但是却发生了通过战争而使独裁基础更加强化的奇怪现象。总统的周围终日环绕着那群贪婪无比的亲日派奸臣之辈，他们在总统与大众之间拉起了厚厚的帷幕。

“国民防卫军事件”、“居昌良民虐杀事件”、“1952 年政治风波”、“农林部腐败事件”、“四舍五入改宪波动”、“《京乡新闻》废刊”、“煽动性文件散发事件”等，数不清的暴力政治、邪恶政治、失策政治无处不在。一切的一切都是由权力和金钱决定的。李承晚虽有韧性却无处世哲学。奸臣们围绕在信念不坚定的领导者周围，如飞蛾扑火般逐权。国家就在这样的情况下变得日渐混乱。

要维持缺乏民众足够支持的政府，就必须将政府伪装得更强势。他们计划利用选举舞弊扭曲民心，从而达到他们延长掌权时间的目的。面对“3・15”选举，国民们的愤怒程度有如自由党政权施行暴政的强度。自由党动员了一切金钱和行政力量来进行肮脏的选举活动，对来自外界舆论的压力视若无睹。曾经的民主党议员具哲会、金圭晚、金朔、宋荣柱、许润秀等最终未能经得住金钱的诱惑而加入了自由党。

李承晚每到一处就宣称这个国家绝不能没有李起鹏。全南丽水和矿山的民主党党员受到了突如其来的攻击。辛道焕的强盗集团——反共青年团、林和秀的反共艺术团、李正济的东大门组织等，成为效忠自由党的走狗。

正副总统的大选定于3月15日举行。那时的韩国犯罪横行。到处都有警察和反共青年团包围投票箱，在野党人士不是被收买就是被毒打一顿撵出投票所。原本守着金浦位置的在野党人士也被突如其来的利刃刺中或逃跑。通过事先投票和聚众投票，自由党的得票数居然比选民人数还要多，而且好多地区这种情况都层出不穷。中央选举管理委员会中断了开票，为了降低得票率做出了不懈的努力。自由党受到了来自四面八方的指责，大家纷纷要求："把李起鹏的选票减少吧！"全国各地人民的心情都是相同的。

马山市民们也纷纷走上了街头。因为他们基本上把原本驻扎在每一个投票所里的在野党参观人都赶了出去，把选票用纸从反面折叠，但实际上这样做却增加了选举的公开性。稍微一有怀疑他们就把那个人的投票找出来作废。之后，市民们为了爆料选举舞弊而渐渐聚集到了民主党办公室的前面，大概下午刚过3点市民们就与民主党党员们一起进行了示威游行。由于警察的镇压而不得不暂时解散的游行示威队伍，在暮色降临的晚上7点再次聚集到了民主党总部前。聚集起来的人数超过1 000人，他们与学生阵营合并朝着市政府的方向出发了。每个胡同里都喊着：

"实施公平选举！选举舞弊，作废！"

最后激动的民众与惊慌的警察发生了冲突。警察出动了消防车朝着示威人群喷水，而市民、学生们就扔起石头进行了激烈的反抗。消防车司机逃跑了，无人驾驶的消防车继续向前行驶撞上了电线杆。随着接有高压线的电线杆倒下，马山市内陷入一片黑暗。示威阵营安静了下来，不一会儿突然响起了枪声。一片黑暗当中的马山市，枪声、悲鸣声四起。示威队伍分成了好几支行进，警察打开吉普车和消防车的大灯追捕示威队伍。他们朝着手无寸铁的市民随便开枪，枪声一直持续到子夜时分。

警察向示威人群发射了强力催泪弹，但是催泪弹并没有爆炸而是射中了金朱烈的眼睛。警察在悲惨死去的人们身上捆上石头，把尸体丢进了大海。但是27天之后，金朱烈的遗体脱出了石头的束缚浮上了水面。

时局一天比一天紧张。我当时在位于仁寺洞的民主党总部的竞选部担任次长。

竞选部的长官由曹在千议员担任，他既是十分有名的发言人，也是被寄予厚望的在野党的明星政治家。他在“4·19”示威之后被民主党政府任命为法务部长官。张勉先生在副总统的选举中惨败，但是反对选举舞弊的民众的呼声依旧高涨。进入马山的示威游行队伍与当地警察发生了流血冲突，这一事件令政局开始紧张。各地群众的谴责声犹如暴风骤雨般袭来。民主党是时候站出来了。民主党决定于4月6日举行谴责选举舞弊的街头示威。

我与金兴柱决定拿着扬声器喊话。我负责在示威队伍的前后领着喊口号。如果警察进行强制镇压的话，拿着扬声器喊口号的人毫无疑问会成为第一目标。对于马山等地的示威，政府进行了全面的武力镇压。而且内务总长也公开表示如果民主党不顾一切进行游行示威的话，一定会进行全面镇压。

当我正打算走出家门进行街头示威时，突然觉得前路变得渺茫起来。领头站在示威队伍的前方就意味着要拼了命与独裁政权抗争到底。看着对我行礼要我早去早回的两个儿子和默默无语将我送出门的母亲，我不禁一阵哽咽，突然很悲痛、很自责，嗓子突然就哑了。但是我还是必须要去，世间万事，人在做天在看，我不能违背公理。而且我已经决定“尽人事，听天命”了。

“人人都有要说的话。‘6·25’朝鲜战争爆发的时候如果我中枪了的话，现在早就没有我了。就把多活的这几年当作老天的恩赐，我这样做也没什么好可惜的。既然活着，我就一定要竭尽全力。”

我们聚集在汉城市政府门前。原本只有几百人的示威游行队伍，瞬间又增加了数千名群众。还有数万名的群众站在街道的两边注视着我们。刚喊出口号，警察们就像已经等候多时似的，围了上来。但是与之前的强势镇压不同，他们只是封锁了街道，以防示威队伍与围观群众混合在一起。示威队伍朝着乙支路方向行进，围观的市民越来越多，走到钟路塔公园时，示威的热潮高涨，市民们的反应也十分热烈。我用力喊道：

“再次举行大选！”

市民们一片欢呼，示威队伍不断壮大，有1万余人。大家持续喊着口号，不知何时口号突然变成了：

“李承晚下台！”

这时我们党的最高委员郭尚勋突然慌慌张张、急急忙忙地跑了过来，对我大声咆哮道：“你疯了吗？”口号过于激烈了。过了不久我们就在塔公园与学生们会合，我们计划在光化门十字路口朝中央厅继续行进。这时大家开始大喊：“李承晚下台！”我从市民们的表情中得知了这是民心所向。

那之后又发生了汉城高校学生分散性的示威，最后在4月18日，高丽大学学生又走出校门举行了众人挽臂示威。他们冲破了警察的拦截在国会议事堂门前集结了1 000多人。他们进行了静坐示威，之后又返回学校，这时有很多高中生和市民跟在他们后面。当高丽大学学生走到清溪川四街千一百货店门前的时候，突然从胡同里窜出部分武装分子与学生队伍发生了冲突。那时正是晚上7点夜幕降临之时。武装分子挥舞着铁锤、木棍、刀，瞬间就有数十名学生倒下。

“是土匪!”

在学生们组织队伍的时候，土匪们就已经隐藏在附近了。那些土匪是反共青年团钟路区团的人。最终首都汉城也染上了鲜血。

终于到了4月19日，从早间新闻当中我们就已经闻到了血腥的味道。民众们得知了“高丽大学学生被袭”的消息，对当局的不安和愤怒达到了已经无法抑制的地步。上午9点20分，汉城大学的学生走出了校门，随后高丽大学、建国大学、东国大学、成均馆大学的学生们也都走出了校园。到中午的时候，延世大学、弘益大学、京畿大学、外国语大学、檀国大学、国学大学、国民大学、徐罗伐大学等市内各个大学的学生们都喊着口号聚集到了中央厅前。学生们冲破了警察设置的警戒线，占据了市内的大小街道。新村、东大门、汉城站、中央厅内的所有街道都被人挤得水泄不通。下午1点30分，一部分学生抢来消防车用作掩护，驾驶着消防车直冲总统官邸——景武台（现青瓦台）。警察在景武台前方的山坡上设置了最后一道警戒线。示威队伍一到，警察就下令开火。瞬间，枪声此起彼伏地响了起来，站在最前方的10多名学生倒在了血泊之中，年轻人的鲜血染红了街道。

因枪声而暂时分散的示威队伍再一次聚集并与警察展开了对峙。示威队伍准备再次冲向景武台，但又遭到了顽强的火力阻击。又有学生倒下了。这时市内各地的示威队伍都与警察展开了你进我退的攻防战。景武台响起的枪声越密集，市民们的口号声就越震天响。

“打倒李承晚!”

汉城一带在下午3点之后就实施了特别戒严。在野党的机关期刊《汉城新闻》报社所在地火势冲天。紧接着，反共会馆也湮没在一片火海之中。示威活动扩展到了釜山、大邱、仁川、光州、全州等地，政府又颁布了自下午5点起在全国实施特别戒严的戒严令。这时美国大使馆发表了如下声明：

“我们希望示威队伍与警察能够互相协作，尽快恢复正常秩序，政府要尽快消除因示威游行而产生的不安感。”

美国驻韩大使瓦尔特·P·马康卫（Walter P. McConaughy）去了景武台。大使的车一出现，把景武台层层包围的示威队伍自动地让开了路，并且自发地鼓起了掌。马康卫大使是去将事态的严重性告知李总统的。

示威队伍没有做任何刺激美国的行为。即使在示威队伍袭击当时掌权的李起鹏家时，也没有毁坏在他家里的星条旗。示威队伍在打砸的时候还把星条旗单独保管起来，因为正好当时有美国记者在采访，所以就直接将星条旗交给了那名记者。广大民众知道，即使是单纯为了我们国家的利益，美国的影响力也不容小觑。这真令人吃惊！

“4·19”示威未实施任何暴力行为，也没有使用任何支持共产党的口号。如此成熟的示威得到了市民，尤其是公司白领等中产阶层的支持。这也是四月革命取得成功的决定性因素。

“4·19”示威后的几天，一切都陷入了极度混乱之中。自由党政权表面上好像是要考虑示威队伍的要求，但其实并没有什么改变。分析一系列的谈话和声明，不难发现自由党依旧无视国民要求实行专制统治。这次教授们又站了出来。4月25日下午，教授们纷纷聚集到位于东崇洞的汉城大学教授会馆。下午5点45分，全国27所大学的258名教授们手举横幅标语走出了校门，走上了街头。

“为‘4·19’示威中倒下的学生们报仇！”

思想进步的教授们进行了这次示威。教授们为反抗禁止集会和示威的戒严令而进行了殊死斗争，他们穿过钟路行进到了世宗路国会议事堂前。学生、市民们渐渐也与教授们汇集到了一起。教授们随即发表了宣言：

“总统、国会议员、大法院必须因‘3·15’选举和‘4·19’示威引咎辞职，必须重新举行大选。”

民众欢呼声四起，我当时也在游行队伍中。那时，我不分昼夜地在党内进行大选相关的准备工作，一有空就到游行队伍当中高喊口号。教授们在高喊万岁之后就解散了，但是民众并没有散去。趁着暮色，市民与学生们团结到了一起。宵禁时间——晚上7点一过，戒严军队的两台坦克就咆哮着出现在了游行队伍面前。紧随其后的军人们个个都持枪以待。这时，不知是谁喊了一声：

“兄弟，我们一样都是大韩民国的国民啊。”

随后，四周都开始呼喊：

“国军万岁！”“国军万岁！”

到处哽咽声一片。我目睹了游行队伍与戒严军队抱在一起大声痛哭的场面。不知何时，学生和市民们爬上了坦克高声欢呼。这一天，游行队伍捣毁了土匪林和秀和李正济的家。

26 日一大早，示威游行的声音再度响起。早上 8 点刚过，市民们就如同事先约好似的聚集到了世宗路。示威队伍不一会就壮大到了 3 万人，刚到 10 点又壮大至 10 万人。那时李起鹏的家也被示威队伍捣毁。市中心一片混乱。示威民众不断增加，军人们也不知如何是好，激动的人们高声欢呼着要直捣景武台。

环顾示威现场的戒严司令官宋尧赞中将了解到了事态的严重性。大学生、高中生、市民代表共 14 人要求一起到景武台与总统进行会谈。学生和市民们要把选举的实情直接告诉总统，要把总统所不了解的民情、民心转告给他，另外，还要提出总统卸任的要求。总统这样说道：

“如果年轻人目睹了不义之事还不揭竿而起，这个国家马上就会灭亡。如果真的存在选举舞弊，学生们举行示威游行是非常正确的行为。而且如果真的存在选举舞弊，我也应该引咎辞职。”

10 点 20 分，民众从戒严军的喇叭里得知了李承晚总统下台的消息，大家都兴高采烈。这是伟大的民权所取得的真正胜利。紧接着广播里传来李先生的下台声明：

“我本人在解放时得以重归故土，与热爱祖国、热爱民族的广大同胞们并肩战斗，我感到十分幸福并引以为豪。我将一切听从广大国民的意愿，不管是什么，只要是国民所希望的，我将义无反顾地去完成……如果广大国民愿意的话，我将让出总统一职。”

27 日上午，总统向国会提交了辞呈，国会在当天就受理了。当时李承晚总统声称自己对如此大规模而有组织的选举舞弊一无所知。那时他已经 85 岁了。

自 1948 年建国以来，历时 12 年的李承晚独裁政权终于落下了帷幕。4 月 28 日，李承晚先生从总统官邸——景武台搬到了个人私宅——梨花庄。他原本打算徒步走到梨花庄的，但最终还是坐了车。数以万计的市民涌上了街头对这位老政客以掌声相送，也有很多民众难掩热泪。

李承晚在解放初期回到祖国时，百姓们夹道相迎。大家把他当作一名为了祖国而进行了不懈努力的独立斗士、指引国家前进方向的民主领袖。在他牵着蓝眼睛的夫人走近大众时，更多的人可能把他当成了神话一般的人物。

这样的李总统一生中的最大失误就是重用亲日派。我始终不能理解，为什么他们在既吃不好又睡不稳的时候，也依然期盼着祖国解放，但到了真正解放的时候，却成了向日本摇尾乞怜听从其吩咐的哈巴狗。日本帝国主义强占朝鲜半岛时期残酷迫害爱国志士的警察们在解放后依然留在原位，正因为如此世道才会还是老样子。他们甚至还无视当年那些为了祖国独立而在中国和苏联沿海边疆地区抛头颅洒热血的独立军斗士，反而将军队交给了出身日本军和伪满政权军队的无耻之徒。

“效忠日本天皇，作为日本皇军为大日本帝国牺牲是本分。积极入伍，支持征兵，人人有责。”

曾经这样煽动群众的舆论界、学术界的宵小之辈至今仍然坦然地留在我们身边。亲日的知识分子们至今仍安坐在社会各领域的重要职位上，并一如既往地肆意行使着权力。我们虽然通过解放斗争建立了新的国家，但实质上并没有多大变化。只有普通民众还坚信着已经改朝换代，我们迎来了新时代。但是亲日派残忍地践踏了民众的这份期待。他们平安无事地活了下来，依旧无视民众，藐视自由民主主义，享受着富贵荣华。而与之相反，爱国志士们却要住在棚户区，忍受着贫穷与疾苦，他们死后其子孙后代依旧因得不到良好的教育而过着更加贫苦的生活。自解放以来，韩国所发生的一切悲剧就是因反民族的亲日派未被彻底清除而引起的，而这又主要是由李承晚总统不知廉耻地拥护亲日派势力所致。

另外，李承晚单方面力推建立朝鲜单独政府也在一定程度上导致了后来的南北分裂。他为了集权而肆意修改宪法章程，明明国库空虚却终日叫嚣着要北上攻打朝鲜，对政敌实行残酷打压，以反共和保卫国家为借口强化自己的独裁统治，实行终身独裁，这些都是历史所不能容忍的。

数不清的民众死在了李承晚政权的独裁统治之下，更有数不清的普通百姓连自己为什么要死都不清楚就悲惨地死去。只要是对李承晚政府有所不满的人统统被划为共产党员。如果他作为首任总统好好行使权力的话，即如果他没有腐败到被民众赶下台的话，韩国的近现代史就不会被鲜血所染。纵观之后的历史，但凡有人挺身而出中断宪政独裁的，国家的掌权者基本上都来自自由党。如果李承晚能顶住受万人敬仰被尊为国父的光环带领广大人民走上一条正确的富国强国之路的话，我们的时代也就不会有那么多不幸的事情发生了。

幸好最后他选择了自愿下台，还能留给人们老爱国者的印象。当然其中肯定有美方的规劝，不过他自愿交出政权的行为还是正确的。他的下台决定阻止了进一步的流血冲突。另外，他面见示威游行队伍代表，对大家面对不平奋起抗争的表现予以赞许，这也不是常人所能具备的勇气。

“4·19”革命迅速传遍全球。但是我们绝不能忘记在取得如此伟大胜利的背后牺牲的无数年轻生命。我们应该仔细研究“4·19”革命的精髓。

首先，我想阐明的一点是在野党——民主党是站在举国上下反选举舞弊的大规模抗议运动的中心的。民主党虽然突然间失去了总统候选人，但是在副总统选举中拼尽了全力。这也让当时热切盼望推翻独裁统治的国民们看到了希望。作为“4·19”革命导火线的“3·15”马山义举当时抗议选举舞弊，民众最早聚集的地点就是民主党办公室的门前。市民们最早奔走呼号、告发舞弊、顽强斗争的领导者也是民主党人士。当然，学生们也是功不可没，正是因为有了学生们的坚定信念和勇往直前，才有了“4·19”革命的全面胜利。

其次，中产阶层积极参与到了示威活动当中。中产阶层的参与与否是左右示威成败的重大因素。因为他们与美方的支持与否有着直接的联系。中产阶层被“4·19”革命奉行非暴力、不容共、不反美原则所打动，进而参与了进来。和平示威吸引了中产阶层，中产阶层又吸引了美方的注意。

再次，军队保持了中立，最终没有轻举妄动。军队没有与国民保持敌对，克服了盲目的忠心，站在了国民的角度为国民着想，这一点也是值得肯定的。

“4·19”革命也深深地影响了我。经过此次革命，我深刻地体会到了民心向背的重要性。另外，我也切身体会到了只要国民们团结一致就能克服一切困难的道理。过激的主张和暴力最终会导致当局丧失民心直至消亡。这些都是看似简单却始终不变的真理。我在后来每次回忆起“4·19”革命的时候，都会考虑如何才能获得民心。

守护在善良总理身后的激情发言人（1960年4月—1961年5月）

四月革命结束了独裁统治，韩国陷入了既无总统又无副总统的局面。很快，以外务部长官许政①为首的过渡内阁就被迅速组建起来。随后，国会在6月15日通过了宪法修正案。新宪法的精髓在于引入了两院制，设民议院和参议院，确立了责任内阁制，内阁对国家大事负有直接责任。这样一来就从根本上杜绝了之前实行总统制时的权力独占现象。总统虽然是由国会选出的，但他只是作为国家元首具有象征意义。因此，国民们都非常欢迎实施内阁制。

根据新宪法的规定，民议院民议员选举和第1届参议员选举在1960年7月29日正式展开。我再次作为麟蹄郡民主党候选人参加选举。当时的民主党获得了全国国

① 许政（1896—1988），大韩民国政治家、独立运动家。1960年曾短暂代理韩国总统。——译者注

民过半数的支持，这正是我成为国会议员的大好机会。但是我的坏运气并没有就此结束。

选举法突然被修改，开始实施“缺席投票制”，而这对于我来说无疑是晴天霹雳。因为占麟蹄郡人口80%的军人选民的选票都要被寄回各自家乡，他们不能在麟蹄参加投票。他们中相当一部分人都是要迫切改变现状的有志青年，而且大部分人都是支持我和民主党的。结果因为实施“缺席投票制”，原本投向我的选票现在却要分散到全国各地去了。虽然以张勉先生为首的新派人士强烈反对“缺席投票制”的实施，但是以尹潽善①、柳珍山为首的旧派完全不顾新派的反对与自由党达成了协议，最终通过了“缺席投票制”。铁原郡、高城郡、麟蹄郡、杨口郡等前线地区全部都由支持张勉先生领导的新派候选人出马参选，而支持旧派候选人的一个也没有。我用心地筹集着选票，但我再一次被当成了局外人。最终，我又一次失败了。我在麟蹄郡下辖的6个面当中，有5个面都以微弱优势胜出，但在最后一个面却以惨败收场。土生土长的当地人最终还是把票投给了当地的候选人。我以1 000票之差再次落败。

虽然我个人失败了，但民主党却在参议院、民议院两院都获得了压倒性的胜利。最终，民议院233个席位中民主党占175席，而参议院58个席位中民主党占31席。紧接着在召开的两院联席会议上民主党旧派代表尹潽善当选为第4任总统。接下来应该选总理了。

当时新派和旧派原本打算分别出任总统和国务总理，国民们也是这样想的。但是，尹潽善总统却提名推荐了与自己同属旧派的金度演出任国务总理，这是明显的背叛。随后这项决议就在民议院遭到否决，这是一种惩罚。依照新宪法规定，由总统推荐的国务总理候选人必须获得民议院过半数的支持才能当选。金度演最终以3票之差没能成功当选。

尹总统无奈只能重新提名推荐张勉先生做国务总理。后来，张勉先生以超过半数3票的优势获得了国会的同意，成功当选。就这样以张勉先生为首的内阁诞生了。

张勉总理在指定发言人的时候，没有选择现任议员而是选择了我。虽然在议院内民主党占据了过半数的席位，但是在外人看来身为普通人的我突然被指名做总理

---

① 尹潽善（1897—1990），韩国政治家、独立运动家。他是韩国独立后首任汉城市长，并因此踏入政界。他历任工商部长官、大韩红十字会总裁、韩国民主党最高委员。1960年“4·19”革命李承晚失败并流亡海外之后，他被民主党内旧派推举为总统候选人，并于8月13日当选总统。“5·16”军事政变后，他作为在野党的领导人，曾两度挑战朴正熙的总统地位。他在当时被视为抵抗军事政权及推动民主化运动的代表人物。——译者注

发言人却引起了轩然大波。之前担任发言人的曹在千议员以法务部长官的身份进入内阁后，举荐我做继任的发言人，而被任命为国防部长官的玄锡虎议员等大部分的干部也纷纷积极地推荐了我。对此，我大为感动。当时我也是政府执政党的干部。我深深地知道身居高位、为人处世都要小心谨慎的道理。虽然刚刚进入国会的一部分少壮派议员对此稍有不满，但是有张勉总理坐镇就把他们压制住了。

张勉内阁自一组建就风波连连。历史地讲，政权不能总是以革命为重。四月革命的主角——学生在推翻李承晚政权后重返了校园，革命势力退出了政治舞台。与此同时，有关政权正统性的争论开始浮出水面。每一条政策的根源都要一一考究，内阁因为要继承革命意志的强迫感而一直饱受煎熬。更雪上加霜的是，民主党旧派势力因对内阁构成不满等原因而对张勉内阁发动了强烈攻击。

当时在自由党的强压之下，与独裁政权正面展开斗争的实际上是张勉先生领导的新派。自由党掌权时一方面对新派政治人士实施了残酷的打压，另一方面却在私底下一直试图对实施妥协政策的旧派势力实施招安政策。而被称为四月革命导火线的“4·6”示威游行其实是由新派所领导的，因此新派对四月革命的成功感到十分自豪。与之相反，旧派虽然被称为“在野党的根基”，但因其并未与独裁政权发生正面冲突，所以其实它的民众支持率并不高。

86位旧派议员在国会内部单独成立了“民主党旧派同志会”，后来他们要求增设部门长官，因此又有5位党员进入内阁。虽然民主党的内阁席位是由新派和旧派共同组成的，但是后来每到提案的时候，旧派议员就开始要诡计单独推出自己的发言人批判政府。这分明是要搞分裂。张总理虽然多次试图联合旧派势力，但一直没有成功。一直等待机会的旧派势力终于在年末集体退出民主党，于1961年2月20日成立了新民党。新民党以在野党的身份进入了内阁。

再说尹潽善总统，新宪法虽然规定了总统的象征意义，但是他对此完全置之不理，常常发表言论干扰内阁。我身为执政党的发言人对尹总统的所作所为进行了强烈的批判，但是这并未起到什么作用。新民党的干部们甚至在总统官邸举行会议，他们一直图谋篡夺民主党政权。

此时的尹总统并未在这场纷争当中发挥调停作用。总统办公室就是这一系列政治纷争的发源地，他自己也渐渐丧失了身为国家元首的权威和体面，这自然而然地引起了政局的动荡。那些为了民主事业而抛头颅洒热血的年轻人的音容笑貌犹在眼前，政治场上却已是一片混乱。当时市面上流传着张勉内阁因为“三新”而倒台的传闻。所谓“三新”指的就是新民党、新闻报纸、革新派。

舆论界刚刚从独裁政权时的封锁之中解放出来，紧接着他们就对现政府发动了攻击。新闻报纸对政府发动了连日的舆论攻击，他们把新生的民主政权当成了之前的独裁政府，把新生政权说成了滋生不正腐败的温床。准确地把握政府立场、耐心等待的报社连一家都没有，甚至连政府机关下属报社和亲政府报社也连日发表与之相类似的文章。当时的报社领导们甚至公然发表言论说：“如果不攻击政府的话就不能称为报社。”他们还没有完全适应突如其来的言论自由。

革新派正是在张勉内阁的领导下才获得了政治上的自由，但是他们却仍然对张勉内阁采取敌视态度。在军事政变发生的两个月之前我就已经警告过革新势力：

“自由党执政时期，革新势力的领袖——进步党的曹奉岩先生因被疑为与朝鲜共产党勾结而被判处死刑。革新派中的大多数人都有被关在刑务所或是其他痛苦的过去。大家都忘记了现在享有的自由到底是哪一个政府给予的。如果保障这份自由的政权倒台的话，那么随后上台的只有军阀势力。如果真的变成这样，各位曾经经历的革新势力的苦难将重新回来。难道大家不明白‘唇亡齿寒’的道理吗?”

虽然当时的各大报刊都报道了执政党发言人警告革新势力的消息，但是当时的革新派对我的警告却置若罔闻。他们依旧奉行难以令人信服的“在国际保障下的永久中立性统一”、“先统一后中立化”，以及“南北军队解除武装，外国军队撤军”等一系列毫无责任感的南北统一政策。他们还通过在晚上发动“火炬示威”来煽动群众。他们的一系列过激行为和主张让祈求政局稳定的本就惧怕朝鲜共产党的广大国民再次陷入极度的不安之中。革新派后来分裂为统一社会党和社会大众党等团体，这些团体一直与民主党展开着激烈竞争。

与此同时，民主党内部由少壮派组成的新风会也对现任政府进行了不断的攻击。他们以在总理选举中支持过张勉先生为由，要求政府任命他们的人做内阁大臣。这当然没有取得张勉内阁的同意，于是这就变成了他们惹是生非的理由。民主党的最大丑闻——“钨出口条约事件”就是新风会惹出来的。

钨是制造火箭和宇宙飞船的重要战略物资，在当时是争取外汇的重要矿物资源。1961 年与美国签订的出口条约到期后，应该与哪一个国家哪一家公司签约成了当务之急。这时突然传出民主党为了筹集政治资金而将国内保有的 400 余吨库存钨廉价倒卖给日本的消息，经历过李承晚统治时期将钨廉价倒卖以赚得政治资金的国民们再次震惊了，纷纷指责政府。同时，民主党内部新风会议员爆料称这起事件的背后主使就是张勉内阁，而且张勉内阁因此还收到了 100 万美元的“辛苦费”。

当局紧急组成了国会调查团就事件展开了调查，但是不管怎么查就是找不到新风会所说的腐败。这也是“5・16”军事政变的最大原因，但是军事政变胜利后朴正熙上台依旧找不到任何张勉内阁腐败的证据。民主党内的部分少壮派的胡言乱语对民主党政权造成了致命的打击。

张勉内阁的“最大丑闻”最终因查无实据而不了了之。虽然最后查出丑闻根本就是空穴来风，但是动摇过的民心却很难恢复原样。而新风会的议员们仍一如既往地干扰着内阁。

有一次张总理问新风会他们到底想要什么。我就问他们的领导人李哲承议员，是不是只要答应给他们想要的职位他们就肯罢休。我想与其让他们一直纠缠着政府，还不如给他们个内政长官或是国防部长官之类的要职来稳定政局。另外，我觉得如果对他们委以要职，他们应该就不会像现在这样毫无责任感地轻举妄动。对于我的提议，张总理什么话都没有说。

问题一个接一个地出现，但是张总理却无可奈何，束手无策。我认为，新生的民主党政权没有为国民带来任何前途和希望而不久便夭折的原因正是在于新风会与之前提过的“三新”所共同构成的“四新”。

新风会的分裂使得张勉内阁在议会的席位中还未占到半数。在这样的情况下稳定国情、发展经济是不可能的。无论政府出台多么好的政策，到头来也只是白纸一张，而国民也在责问现在的民主党政权与之前的李承晚政权有什么区别。每到这时，坊间就流传着发动军事政变的传闻。

国会外天天都有人在进行示威。各种统一方案、有关死伤军人的补贴、改善劳动者待遇、各种团体的援助金要求等在李承晚独裁政权时被打压的要求又几乎在同一时间被一起提了出来。当时甚至有没参加过示威就不算韩国人的说法，也出现了类似要进行反对示威游行的抗议活动的无稽之谈。

身为执政党发言人的我基本上天天都与张勉总理在一起。张勉总理当时经常对我说：

“对于我来说，最大的使命不是在下届选举中再次当选，而是如何通过选举来令整个政局稳定下来，即为结束独裁政权之后的韩国开启和平稳定的历史新篇章。我认为这才是我真正的使命。”

我觉得张总理的想法是十分正确的，但是有的时候我也觉得有点心疼：“这岂不是说明已经预见到现在我们的政权要走到尽头了吗?”但是张勉先生还是具有政治远见的，他已经认清了民主主义尚未健全的残酷现实。在那之后，他为了维护政局稳定和各政党之间的团结花了37年的时间。

张总理是名副其实的真正的民主主义者，一直有着坚定的、正直的思想。曾经有一次在私人场合我对他抱怨在野党和有关舆论实在是做得太过分了。张总理听后静静地对我说：

“不要那样想，能够容忍这些才是民主主义。民主主义就是要经历种种挫折才能走向成熟。”

张总理是个无可挑剔的好人，但美中不足的一点是，作为在政局不稳时当政的领导人，他的性格稍显软弱。不过他对于实现民主主义的坚定信念，却从未有过动摇。

担任执政党发言人的我每天都要去演说现场和公开讨论现场阐明执政党的政策和立场。我一直努力使自己保持坦荡，每次都认真做好准备，真诚地与各方进行对话，结果我成了当红发言人。因为我是执政党的发言人，所以总是以最新消息为基础表明了政府的立场。而且我总是能够轻而易举地获得一般人得不到的信息，再通过仔细分析政策和法案，将核心内容成功地转达给大众。这样一来，我主持的发布会和见面会开始引起舆论的重视。一直以来，我总是主动出击，以一敌三，努力地与在野党、革新派、无党派人士等的发言人进行着斗争。我有能够说服国民们的信心，所以我从不畏惧也从不被动。

围绕着韩美缔结经济协定修正案的演讲在汉城市公馆举行。在野党和革新派人士都声称这一修正案是要将韩国出卖给美国，并对执政党政府发起了攻击。新民党、革新派以及无党派代表一个接一个地将听众聚集到我的对立面。场内的紧张局面一触即发。政府方面本来打算出面说明情况的，但最终被在野党和执政党双方制止了。在野党一直抨击政府，称政府是在公然卖国。隶属于旧派的新民党朴浚圭议员的气焰逐渐嚣张，而革新派的尹吉重代表也在一旁不断煽风点火：

“是谁抢占了‘4·19’革命的胜利果实？之前李承晚手中的权力现在落到了张勉的手里，自由党执政变成了民主党执政。到头来我们并没有能够解救劳苦大众，一切还是照旧。所谓的韩美经济协定无异于卖国！”

最后我走上演讲台的时候场内已经乱作一团。我先从那天早晨出刊的《朝鲜日报》社论开始说起，那天社论的论点是“韩美经济协定修正案比之前的要好一些”。

“众所周知，《朝鲜日报》是在野党的下属报刊，但是今天登出了这样的社论。现在连在野党报刊都对这一修正案表示了肯定，但是国民大众却依然反对，在这中间政府是负有一定责任的。对于没有就该修正案进行广泛的宣传而造成了国民大众的误会，这一点的确是政府工作的失误。”

想当然地以为我会维护政府的台下听众们一听到执政党发言人反而开始抨击政府，全都开始集中听我演讲了。台下听众们态度的转变令之前故意大声喧哗妨碍演讲的某人十分惊慌。这时一直保持低姿态的我拍案而起：

“那边的那个人站起来！为什么我们说“4·19”革命是成功的？为什么我们对

四月革命引以为豪？过去李承晚执政时大权独揽，所以我们才奋起反击的，不是吗？如今人人平等，每个人都有发言权，凭什么你能大声喧哗我就不能表明观点？你们这是要重新回到李承晚执政时代吗？你们现在这是在实行独裁！如果又有学生因为你们推行的独裁而牺牲，他们该是多么无辜啊！既然有人说话了，难道不应该听一下吗？”

这时四周开始有人说道：

“都安静一会儿！”

“你说吧。”

“让我们听一听吧。”

这样一来场内的气氛就整顿好了。我气沉丹田开始阐述韩美关系的重要性，强调这项法案的修正案绝不是要出卖祖国。听众们各自回到原来的座位上开始认真地听我演讲了，他们甚至还开始积极呼应我的演讲。演讲结束后，我赢得了满堂的欢呼和掌声。当时在现场目睹这一切的一位神父后来对张勉总理说：“现在为总理奔走忙碌的就只有金大中一个人了。”张总理听后对我大为称赞。

那天之后，革新派策划了反对修正案的示威游行。我的演说令大众再次动摇，这也再次证明勇气可以战胜一切，有理就能说服他人。另外，坚定信念，行事正派，说话有凭有据，就能获得大众的信赖。

自1961年春开始，社会各阶层开始恢复稳定。最重要的一点是政界恢复了稳定。大型示威活动明显有所减少。民众们开始对示威游行产生反感，面对示威队伍，与之前的欢呼不同，人们开始指责起来。这是大众开始要求停止示威的表现，也是整个国家要结束混乱的标志。

张勉内阁与执政党制定了国土综合开发计划。政府大规模招聘大学毕业生，并出台各种奖学金制度以帮助困难学生。为帮助革命主体的学生重新营造良好的学习氛围，当局也配备了许多与之相关的设施。这也是在为国家的未来做投资。另外，当局政府也积极制定各种有助于提高国民经济水平的政策方针。这一系列政策方针都被之后的朴正熙军阀政权窃取，而且军阀政权自称这些都是他们制定的而进行了推行。结果经济开发计划明明是民主党政权制定的，最终胜利果实却被朴正熙政权窃取了。

新成立的国土建设总部由《新商界》的创刊人张俊河出任长官。自此国土建设总部开始了漫长的毫无作为时期。另外，短时间内实施了地方自治政府的民主选举，连村长都是由村民直接进行选举产生的。张勉内阁并不是空壳政府，只不过是因为当时的示威游行过于频繁和激烈强占了大众的视线，国民大众没有意识到这一点而已。

民心所向使得政治的方方面面都有了起色，国民经济也恢复了稳定。张总理马上就要赴美访问了，我们内心都在期待6月份的韩美正常会谈。当时的美国总统肯尼迪对推翻独裁政权的民主党政权持有好感。不知道是不是因为同为天主教徒的关系，肯尼迪总统对民主政权的领导人张勉先生也评价很高。这正是从美国获得大规模经济建设援助的大好时机，真可谓是“万事俱备，只欠东风”，这样下去韩国的民主主义的根基必将稳固无比。

而我也接到了好消息，这个好消息是从江原道麟蹄郡传来的。在1960年选举中以千票之差险胜我而获选的民议员之前做过警察局局长，他也因涉嫌“3·15”选举舞弊而被迫下马。因此，麟蹄郡将于5月13日进行补选。我作为民主党候选人得以再次参选，而且最终我获得了胜利，成功获选民议员。自1954年在故乡木浦落选以来，经历了1958年、1959年、1960年的三连败后，我终于头一次尝到了成功的滋味。这已经是我在政治圈里摸爬滚打的第七个年头了。

5月14日，我被确认当选，并从郡选举管理委员会领到了民议员的当选证书。当时的我真是百感交集。

“我之前拼死拼活的奋斗就是为了这一张当选证书吗？”

但是我第一个想到的还是已经离世的我的夫人车容爱。我手握着当选证书失声痛哭起来。我想等回到汉城领到金胸章后，一定带着它去夫人坟前给她看看。14—15日两天，我拖着疲惫的身体对一直给予我支持与帮助的民众们表示了感谢。民众们也对我表示了祝贺——那些没有投票给我的人也带着一副抱歉的神情抓住我的手对我表示祝贺，那手真的很温暖。我看着大家，深受感动，因此我决定接下来一定要做到：

“行事正派，为民请命！”

成功获选后，我迎来了5月16日这一天。

5月16日，那些昏暗的时光（1961年5月—1962年5月）

1961年5月16日凌晨3点，韩国爆发了军事政变。海军陆战队第二中队作为政变的先锋越过汉江大桥挺进了汉城市区。政变部队相继控制了中央厅、陆军总部、中央电视台以及发电站等主要设施。

领导这次军事政变的首脑正是朴正熙陆军少将。政变势力声称:“绝不能将国家和民族的命运交给腐败无能的现政权,也不能再放任那些犹如寄生虫般的政客继续执掌大权。”另外他们还发表了包括“反共是国家的第一要务,必须将之前口头上的反共口号付诸实践,并将已停滞的反动体系重新整顿强化”等在内的“革命六公约”。

我四处进行当选致谢直到深夜,刚躺下休息的时候,一名党员把我叫醒告诉我汉城爆发了军事政变。对此我大吃了一惊,开始仔细分析来龙去脉,不过最终我判断应该不是什么大事。但是不论怎样我都应该先回到汉城再说。不过时任江原道道知事的朴永禄让我在道厅多休息一两天再走,而张勉总理则一直催我赶紧返回汉城。到处传来想见见获选成功的我的消息。

我收拾好行李离开麟蹄郡奔向汉城。当我经过麟蹄郡新南面的军团司令部时,一辆军用车渐渐靠近我的车。一位中校军衔的军人走过来对我敬了礼。他自称是接到师团长的命令来见我的。

“现在在汉城发生的事变具体情况我们还不了解,但是我们将协同警察维持好地区治安。您觉得怎么样?”

我回答道:“这确实是目前的当务之急了。”这时中校又说道:“师团长命令我们用直升机把您安全送到汉城。”

当时我坐的车因为之前准备补选而在麟蹄郡一带的大小村庄来回奔波,已经满目疮痍,到了基本不能开的地步了。他们视我为执政党的国会议员,对我以礼相待。但我拒绝了他们让我坐直升机的好意,发生军事政变的汉城乘坐军用直升机是根本不可能进去的。

到达阳平附近的时候,我们遇到了大批军人乘坐着军用卡车扛着数百面旗帜开赴汉城(我事后才知道那些是去支援政变武装的部队)。这时广播中传来美国代理大使马歇尔·格林(Marshall Green)和联合国军司令马格鲁德(Carter B. Magruder,兼美第八军司令)的共同声明。

“我们支持张勉总理所领导的大韩民国政府。韩国军队的各首脑们应当充分行使你们的职权,维护现政府的统治,并尽快恢复军队内部秩序。”

我听到这些终于放下心来,乐观地以为只要由美国出面,局势很快就会稳定下来。但是当我回到汉城才发现市区戒备森严,事情远远比我想象的要严重,而且还有点不对劲。第二天,我想到在国会议员补选中获胜应该去登记一下,于是让弟弟大义去帮我登记。登记完之后,国会因军事革命委员会的一纸公告而被迫解散。我甚至连象征着国会议员身份的金胸章都还没接到，更别说坐上议席了。

“5·16”军事政变其实是要挑战持有战时指挥权的美军。韩国发生军事政变的消息一传到美国，就引起了美国舆论的一片反对。

据说美国总统肯尼迪在得知韩国发生军事政变之后大为恼火，马上就找到张勉总理，表达了他对此事的看法：朴正熙军部践踏新生民主政权的行为是不可容忍的，绝不会认同政变势力。但是事态渐渐严重，张勉总理突然下落不明。

张总理当时住在位于市政府广场附近的同时被用作总理办公室的半岛酒店（现乐天酒店）808 号房。当政变武装分子闯进去的时候，张总理已经不在房间里了。

张勉总理原本打算藏身在住处对面的美国大使馆里，但因为那时还是凌晨，所以大使馆大门紧闭，当下也没有什么合适的地方可去。后来我还听说当时张总理准备上车，可是眼镜掉在地上摔碎了。张总理失踪后，民主党政权犹如失去了支柱般惊慌不安，这可能也是在暗示着第二共和国的消亡。后来张总理敲开了位于惠化洞圣堂后面的卡梅尔修道院的大门。修女们非常热情地欢迎张总理夫妇的到来，并把他们带到了位于走廊深处的房间用以藏身。张总理在那里默想祈祷，度过了苦恼的 55 个小时。

在那 55 个小时里，大韩民国开始了翻天覆地的变化，民主主义开始渐渐转变为军事独裁。与军阀政权斗争了数十年的我在那时并不知道后面还有那么多的事在等待着我。

如果当时张总理能藏身在美国大使馆的话，仅有 3 600 名士兵参与的“大规模”军事政变很快就会被镇压下来。即使那时美国大使馆的大门紧闭，也应该翻墙进去，为什么偏偏要藏身在修道院呢？现在回想起来我还是会觉得非常可惜——就算是藏身在修道院里，也应该尽快与联合国军或是美军取得联系，如果联系了联合国军或是美军的话，事态必然会有所不同。再回头想想其实也是“一切在冥冥之中早有定论”。

联合国军司令马格鲁德虽然曾千方百计地设法寻找张总理，但是最终并没有找到。他们没有办法只能让拥有军队统率权的尹潽善总统下达动员全军以镇压军事政变的命令。马格鲁德与美国驻韩代理大使马歇尔·格林一起拜访了尹潽善总统，表明了要求镇压军事政变的意愿，提出了将美军的一个大队与韩国第一野战军的部分兵力进行协同作战的建议。但是总统的态度让人匪夷所思，他声称美国的所作所为是在干涉韩国内政，拒绝了美国的提议。

后来尹总统发表了声明，声称“为了维护国家的稳定，承认军事政变”。这一点也让人十分不解。如果是出于考虑国家安保的话，他更应该与联合国军司令马格鲁德将军一同商议寻求解决之道。因为当时比起我们，美军掌握着更多更正确的情报。尹总统既是国家军队的统帅，又是国家元首，但是他并没有履行守护现任合法政府的责任。作为民主党旧派的首脑，他因个人的政见不同而做出了如此的选择。坊间到处流传着尹总统在背后与政变势力有交易的传闻。

在与以朴正熙为首的政变主谋们会面时，尹总统说道：“该来的还是来了。”这真是具有政治策略的发言啊！他承认了自己在担任总统期间政治上的失误，至于他的要求，我们从他之后的行为上就可以得知。

尹总统不仅无视了美国方面的提议，而且非常积极支持着政变发展。他甚至给统辖野战部队的第一军团司令李翰林发了亲笔信，要求他按兵不动。尹总统辩解道，他相信政变势力是拥护他的。政变主谋朴正熙少将找到尹总统，对他说：

“我们之所以发动政变，正是为了阁下您!”

尹总统听信了朴正熙的话，他以为这是以自己为中心而进行的政界改革。应该全力维护宪法尊严的总统承认了军事政变，并在“5·16”政变之后又做了将近10个月的总统，这其实是为了赋予政变政权正统性。总统支持政变，总理下落不明，美方也束手无策了。就这样过了两三天，决定民主主义生死存亡的重要时刻就这样流失了。

此次政变还要追究陆军参谋总长张都映的责任。张总理特别喜爱张参谋长，甚至迫使现任参谋总长崔庆禄卸任而重新任命其作为参谋总长。但是张都映其实曾经是在自由党当政时忠诚于李起鹏的人。也正是因为如此，民主党政权内有很多人都反对调换参谋总长。张总理当着我的面也问了张参谋长好几次：

“坊间流传的军事政变传闻是否可靠？据说是朴正熙少将策划的，到底是不是真的?”每到此时，张参谋长都回答道：

“什么事情都没有。朴正熙少将的军事政变说完全是个阴谋。现在甚至还传言我也加入了呢。”

他就是这样一边让张总理放心，一边将军队牢牢掌握在手中，信口雌黄。不仅如此，张参谋长在军事政变真正爆发时，非但不及时进行镇压，而且还给朴正熙少将打电话来帮政变势力争取时间。这明显就是在帮助军事政变。我个人认为，如果当初没有更换陆军参谋总长的话，是绝对有可能阻止军事政变的。后来我曾对朋友说过这样的玩笑话：

“漏洞百出的军事政变都能取得成功，朴正熙这个人真是走大运了。他要是拿着镐头在他家后院刨地的话，准能挖出金银财宝。”

背叛李起鹏投靠张勉的张都映在一旁协助了军事政变，后来更是对其提供了支援。仔细观察他的行为不难发现，他其实是在“脚踩两条船”，一边是政变势力，另一边则是民主党政府。

毫无信念只为满足一己私欲而被后辈加以利用的张都映最后下场十分悲惨。曾经作为军事政权首脑而备受拥戴的他后来被冠以“反革命”的罪名而锒铛入狱，最终被驱逐到国外。这就是叛徒的下场，这就是被朴正熙军事政权彻底利用后的结果。

军事政变爆发后的第三天（5 月 18 日），张勉总理终于出现了，他参加了中午 12 点半召开的最后一次内阁阁老会议，并追加颁布了戒严令。阁老会议召开的那天下午，陆军军官学校的学生们走上了汉城的大街，后面跟着带有“革命军”袖标的部队。就这样，第二共和国退出了历史舞台，湮没在了历史的长河里。

国会解散之后，我终日无所事事闲散在家，突然有一天有警察闯进来把我带走了。他们认为作为执政党的发言人，担任核心干部的我肯定也参与过那些不法行为。政变势力高喊着“扫清政党腐败”的口号。我作为执政党的发言人曾与学生们一起四处奔波游说大众，为了稳定政局也参加了一些集会。当时被称作“国民启蒙费”的预算属于特别财政支出，所以自然而然地也分给了参与的学生们。现在，他们追问我是不是私自侵吞了那笔财政拨款。他们在把民主党说成是腐败政党的时候，也把我说成了嫌疑犯。他们把我转到了普通检察机关，我把实情对检察官和盘托出。我把当时收到那笔钱的一部分学生团体和学生个人的名单列了出来。检察官们对他们全部进行了调查。学生们也都实话实说为我作了证。结果学生们当时收到的钱的总数比我在那之前从政府机关那里领到的金额还要大。这也是情理之中的，因为当时除了政府的财政预算，我还自掏腰包补足了差额。

最终，检察官将我无罪释放。面对气势汹汹的戒严军们，要将我无罪释放可不是件容易的事，那真是一位有勇气的检察官，两个月就将我放了出来。

政府官员和民主党干部，还有许多革新派人士都被捕入狱。被收押的革新派人士足足超过 1 000 名。以民族日报社社长赵镛寿为首的众多人士都被判处死刑或施以重刑，他们与共产主义者一样都受到了镇压。革新势力之前那样攻击张勉内阁，结果到头来他们其实是在破坏自己的“活动空间和思想自由”。

军事政权声称要将反共确立为“基本国策”。但是把反对共产主义列为“国策”这一举措根本找不到任何理论依据，这根本就是无稽之谈。万一哪天共产主义消亡了，把反对共产主义作为“基本国策”的国家不就跟着一起消亡了？应该把反共作为守护民主主义的手段，而不是目的。

前期军事政权的处事手段可以用“快刀斩乱麻”来形容，与张勉内阁所表现出来的优柔寡断完全不同。另外，他们实施完全戒严令，把一切问题都推到了张勉内阁的身上，声称一切都是由政府的腐败无能所引起的。军事政权的宣战也引起了部分国民的支持。事实上，当时国民们已经厌倦了张勉内阁上台后愈演愈烈的政治纷争。与此形成鲜明对比的是，军事政权上台后对所有的事务都进行了明文规定，做到规范化和迅速化。虽然大部分国民都对践踏了民主主义的军事政权相当愤怒和心痛，但是一部分国民也开始对军人果敢的作风产生了好感。

政变势力称他们之所以“揭竿而起”是为了防止因张勉内阁的容共、无能、腐败而导致国家灭亡。这其实是一派谎言。在后来出版发行的《韩国军事革命裁判史》等书中都记载道，他们其实在1960年9月10日就已经在策划军事政变了。忠武路上有一个叫忠武庄的小酒店，金钟泌①、金炯旭、吴致成、吉在号等就是在那里商议成立军事政权的具体事宜的。从民主党政权在8月23日完成组阁到那时算起来只有18天的时间。如果他们声称事先已经预料到政府的腐败无能和容共而开始提前筹划发动军事政变的话，完全是不可理喻的。当全体国民都在祝贺新内阁的诞生，民主党政府还在设计民族未来的时候，他们已在暗中策划颠覆政府了。后来我再次复出之后，发现了这一事实并把它们公之于众，引起了一片哗然。

军事政权将国务总理以下身居要职的长官们全都抓起来进行了拷问。他们利用舆论造势，动用了各个侦查机关，但最后只牵连到了财务部长官金永善一个人，居然还是因为金长官在美国的时候收到过一个二手冰箱作为礼物。仅凭这一点就称现政权是腐败政权未免太不符合逻辑了。这时我们已经不难看出军事政变其实是少数军人为满足一己政治私欲而引起的。第二共和国为了实现廉政真的是煞费了苦心。张总理甚至带饭上班。我们应该承认张勉内阁的确是尽全力坚守了“4·19”革命精神。

6月10日，军事政权公布了要组建中央情报部的法案。在首任情报部部长金钟泌的领导下，这里成了日后一切政治阴谋阳谋的发源地。恐怖的情报政治从此开始起步，而中央情报部也开始渐渐左右韩国的政治。

中央情报部是朴正熙掌权18年的政权守护者。无数的政治人士和民主进步人士

---

① 金钟泌（1926— ），韩国政治家，忠清南道扶余郡人，与金泳三、金大中合称“三金”。参加了1961年由朴正熙领导的军事政变，1971—1975年和1998—2000年两次出任国务总理。曾任9届国会议员，1961年担任中央情报部首任部长，历任民主共和党总裁、民主自由党代表委员等。2004年从政界引退。金钟泌的隐退标志着“三金政治”和“三金时代”彻底结束。——译者注

遭到了迫害。这里是有组织地、抹杀人权民主的大本营，日后的各种选举腐败也从这里开始滋生；这里也是维护军事政权的坚固堡垒。情报部也开始成为全斗焕①、卢泰愚②等后任军人总统用以打击反对派的枪手。当然我也是他们的打击目标之一，此后，我的政治人生犹如风中残烛。他们就像黑暗的影子一样一直跟在我的身后。创建中央情报部的金钟泌在日后也成了情报政治的牺牲品。他因情报部的威逼利诱曾多次被迫亡命海外。这真是历史的讽刺啊！

通过观察“革命六公约”之后军事势力之间的政权纷争，我们不难看出“5·16”军事政变并不是在具有系统的理念和充分的事先准备之后才进行的。不管怎样进行粉饰都无法将其包装成为最初的革命，他们的所作所为就是通过动用武力来篡取政权。他们用武力把民主主义扼杀在了摇篮之中，更践踏了政党政治和议会民主制。军部成了实施霸权政治的特权集团，这之后政治军人开始得势。“5·16”军事政变使得我们的民主主义历史退后了至少50年。

永远的同伴、“五月的新娘”（1962年5月—1963年10月）

1962年5月10日，我娶了李姬镐为妻。她是我一生的同伴，毕业于汉城大学师范学院。我与她相识于釜山，那时我还是人人称羡的年轻有为的成功实业家。朝鲜战争结束之后，她就远赴美国留学了。留学四年归国后，她在汉城的基督教女青年会（YWCA）全国联合会担任总务。在我生活最宽裕的时候，我们在釜山相识；在我最困苦的时候，我们在汉城牵手。

1959年夏末时，我们在汉城钟路大街上偶然相遇。再度重逢让我们彼此都十分高兴，于是就到茶座里一起喝茶。她一如既往并没有什么大变化。我们互相问候之后便又分道扬镳了。我身处政治圈，而她则活跃于女性运动之中，所以我们其实对彼此的近况都比较了解。虽然那天我们的相遇纯属偶然，但也许是冥冥之中早已注定。

后来每每下班时，我为了见她，经常去她工作的地方。我们见面非常频繁，公

---

① 全斗焕（1931— ），韩国第5任、第11至第12届总统，韩国的军事独裁者。1995年11月16日，全斗焕和卢泰愚两位前总统相继因筹集和侵吞秘密政治资金而被逮捕。1996年8月26日，汉城地方法院判处全斗焕死刑，后来改判为终身监禁。1997年12月全斗焕得到后任总统金大中特赦，并于1998年初获释。韩国将全斗焕执政时期称为第五共和国时期。——译者注

② 卢泰愚（1932— ），1988—1993年任韩国总统。——译者注

园、中餐馆、西餐厅都是我们常去的地方。因为我当时并不宽裕，所以开销基本上都是由她出的。我当时是一无所有的失业青年，终日无事可做就经常在钟路和信百货店的五层电影院看电影。那个电影院十分老旧，每次只上映两部电影。有时同朋友，有时同后辈，也有时自己一个人看两部电影，一天就过去了。曾经因为没有钱交公交车钱而手足无措，也曾经因为没有生活费而借大学生后辈的学费来花。而且后来那个后辈因为我的关系甚至休了学，这成了我一辈子的悔恨。我因为《政治净化法》的规定不能再从政，前途渺茫。但是李姬镐一直深深理解并支持着我，她把我的窘境当成是自己的事一样来看，一直给予我极大的鼓励。

李姬镐有一种似有若无的魅力，相处的时间越久就越吸引我。她既理性又活泼，而且不骄不躁。她虽然是前途一片光明的女性领导人，更从小生长在不愁吃穿的富裕家庭，但她一直谦虚有礼。虽然坚持自己的主张，但她也敞开胸怀虚心接受别人的见解。更为重要的是，她拥有进步的思想和洞察时局的眼光。

我们每次见面谈的都是时事，尤其是政治圈的事。记忆里，当时我们好像几乎没有聊过那些有趣的琐碎小事。不知是不是因为彼此都到了一定的年纪，我们的关系与其说是甜蜜的热恋，不如说是同志间的友谊。感情虽称不上热烈，但我们十分了解彼此。我渐渐产生了要与她共同实现政治理想的想法。彼此在一起感觉十分舒服，这就是爱吧。

我们的爱情之花渐开，但是我却变得越来越消极。因为当时的我实在是一无是处，而对方却越来越主动。虽然我读出了她看我时眼神里的爱意，但我还是十分犹豫不决。1962 年 3 月的某天晚上，在寒意尚存的塔公园，我终于向她求婚了。

我们要结婚的消息一公布，她周围的人——亲戚朋友、同事、女性前后辈都大吃一惊并坚决反对，她家人自然更不用说。但她还是坚持了自己的决定，甚至与我走得更近了。当时的我真的很穷困，甚至连房子也是跟我母亲、我妹妹一起住的。婆婆身体不好，小姑子有心脏病，而且丈夫还有两个儿子。这样看来，周围人劝她不要同我结婚，也是理所当然的事。她对周围的人说道："金大中很优秀，是我一定要帮助的人。"

我的夫人李姬镐是家中六男两女中的长女。她的父亲李龙基是延世大学医学院毕业的医生，母亲李顺伊在她 19 岁时去世了。

我们最终还是举行了结婚典礼。婚礼场地选在了她舅舅李元淳在体府洞的住宅。在韩屋那宽阔的木质厅堂前，在赵香禄牧师的主持下，我们彼此宣誓要相守一生。虽然我们没有广发请柬，但是依然有百余名女士前来见证了我们的婚礼。李姬镐做了五月的新娘来到了我身边，成为这世上最爱我、最理解我、最珍惜我的女人。

新婚的甜蜜只维持了短短的近十天。5 月 20 日，我被冠以“反革命”罪带到了中央情报部。民主党干部们的聚会被诬陷为是要打倒军事政权的反革命集会。但是不管怎么调查，都没能找到任何证据。在利用情报政治施行高压政策的时期我们是不可能留下这种嫌疑的。他们也知道这一点，其实不论结果如何，这都是他们为了要禁锢我们这些政治人而采取的策略。最后我被关了一个月才被放了出来。

1962 年 5 月，与妻子李姬镐的结婚典礼

其实我与中央情报部的恶缘在这之前就开始了，那还是在我结婚之前。中央情报部成立后，平时与我相识的来自木浦的情报部职员来找过我。当时糖果是十分珍贵的东西，他却带着麦芽糖来找我。本来我们是就着一般话题闲聊，突然他开始抨击起军事政权并破口大骂。心存疑惑的我开始警惕起来，我告诉他自己现在对政治毫不关心而且以后也不会从政，之后我就换了话题。

后来我才知道，正如我所料，他们是偷偷带着录音机来测试政治人士的。如果当时我随大流跟着抨击军事政权的话，绝对又会遭受牢狱之灾。情报部职员也用了同样的方法试探了曾任汉城市长的金相敦，当事职员与金相敦还是姻亲关系。也正因为如此，金相敦相信了他，跟着掉进了圈套，与那个人一起猛烈地抨击了军事政权，结果他因此被送进教导所关了好几年。

从教导所出来之后，我还是终日无所事事，但是马上又有不幸降临到我的头上。那就是我妹妹的死讯。妹妹当时正在梨花女子大学念书，突然倒在了学校里，死因是心脏瓣膜炎。她念的是韩语系，我认为她将来一定能成为杰出的女文人；她的确读了很多书，也充分具备了写诗的才能。妹妹虽然年轻，但心思缜密，为人谦虚。

为什么我那善良懂事的妹妹偏偏会遭受这种不幸？在当时，外科医术还不是很发达，再加上家里也比较困难，所以妹妹一直没能接受很好的治疗。每次我去医院看她的时候，虽然呼吸困难但她依旧努力笑脸相迎。妹妹的笑脸令我永生难忘。

在汉城红十字医院看着妹妹逝去，我能做的就只有默默流泪。我十分怨恨这样无能的自己，作为贫困的一家之长，我什么事都没能为妹妹做。我只是哀叹着惨淡的政治现实，一天天苟延残喘地活着。这样的我连站都站不稳，更别说是给妹妹鼓励了。现在我站在妹妹的坟前还是会泪如泉涌。对于妹妹的死，直到现在我还是悔恨得无话可说。

1963 年 2 月，传来中央情报部的某位局长要见我的消息。我去了当时可以称得上是中央情报部秘密基地的半岛酒店，他跟我说如果我还想从政的话就参与创立共和党吧。国家再建最高会议于 1962 年 12 月 31 日解除了第一批共 171 名政治人士的活动禁令，但是我并不在这 171 人当中。军政势力是有计划地在筹划创立共和党，1963 年 1 月 5 日金钟泌卸任了中央情报部部长开始投身创党工作。共和党迫切需要能说服广大国民的名分和人才。他们想利用可以让我再度开展政治活动的条件引我入党。

“我知道你是很有实力的人才，这也是众所周知的事实。我认为你做国会议员实在是大材小用了，你绝对是成大事的人。我们一定会重用、优待像你这样的人才，所以加入我们吧。机遇不是常常有的，而现在就到了充分施展你的才能的时候了。但是如果你拒绝了我们的提议，那么以后最少八年间你都不要再想从政了。”

这从表面上看来是在诱惑我，但其实是在威胁我。在当时那种情况下，中止政治活动八年跟被判政治死刑没什么两样。但我还是拒绝了。

“我曾是你们发动政变来推翻的民主党的发言人。在你们到处宣扬张勉内阁的腐败无能进而揭竿而起之时，我因为张勉内阁是历代中最好的政权而四处奔波请求广大国民的支持。而现在你们却要我反过来说服广大国民相信你们是最优秀的，那国民们会怎么看？民主党不能站在你们那一边。如果我宣扬共和党是最优秀的话，国民们肯定会骂我是叛徒。接受我这样的叛徒对你们来说也不是什么好事，反而会害了你们。”

我就这样回绝了他们的政治交易。因为那时正临近国会议员的选举，所以政治人士们全都在严阵以待。很多政治人士都遇到了挫折，而我早已打消了这方面的念头。他们的头目——前中央情报部部长金钟泌那时就在隔壁房间等着这次会面的结果。情报部的这位局长让我见一见金前部长。我站起来说道：

“你们不要想再动摇我了。如果没什么可说的，那我就走了。”

我刚要走出来就听见那个人在里面骂我：

“狗崽子，光会要嘴皮子、发神经。”

听到这些我什么也没有说径直走了出来。他真是个粗鲁的人，但我还是强压下从心底涌上来的愤怒。从那之后，他们就再也没来找过我。也因为此事，我连其后的第二批解禁名单也没能进去。他们要把我作为限制政治活动者留在最后。

1963 年 4 月，我搬到了汉城麻浦区东桥洞，这是我定居汉城九年来搬的第八次家。房子是在美国国际合作总署（ICA）的援助下由韩国国内银行投资盖起的平民救助楼。房子最开始是租下的，后来我当选国会议员家境有所改善后就把它买了下来。但是房间太小，过了两三年，我又把隔壁买了下来。这样我才挂上了门牌，而且把妻子的名字也写在了门牌上。对于我们来说，这是世界上最温暖的家。当时东桥洞还是汉城的郊区，有一大片的南瓜地。只要一下雨，雨水就会淹过路面变得泥泞不堪，每到这时我们就要穿上雨鞋。从那之后我就一直生活在东桥洞。

时间过得越久，军事政权之前所提出的“革命六公约”并不是经过周密准备而是为了篡夺政权而临时编造的事实就越发显露出来。军政势力的真面目也渐渐浮出水面。公约中最能引起国民共鸣的就是振兴农业部分了。最初一段时间他们确实推行了整理农村高利债等一系列能够体现出他们意志的政策，但很快有关农业、农村、农民的政策就消失得无影无踪了。

军事政权所谓的“经济开发五年计划”其实就是完全照搬了民主党政府的经济开发计划。军队式的管理和桌上办公方式使得这一计划最终成了一纸空文。他们渐渐忽视了扶持农村经济，转而开始推行优先发展大企业和城市的政策，这自然形成了巨大的城乡差距，农民们的生活越来越困难。

由于水稻大面积减产，再加上进口美国盈余农产品延后，最终引发了 1962 年的粮食不足。接下来推行的政策相继失败，又使得物价飞涨，国家经济陷入了摇摇欲坠、不可收拾的地步。“经济开发五年计划”才施行一年就不得不进行修正。

令人无法原谅的是军事政权的腐败。军政势力曾经高喊“扫清腐败”，国民们更是认为即使别人搞腐败，由守护国家的军人们组成的军政势力也绝对是清清白白的。但是实际上，他们以前政府所无法想象的惊人速度迅速开始了腐败。

前脚刚出台了惩治非法敛财的法律，后脚就开始向财阀们伸手要钱。他们专注于谋取政治资金而对腐败视若无睹，结果爆发了“四大疑案”和“三粉暴利事件”。“四大疑案”是指中央情报部为确保共和党所需的政治资金而主导的“证券风波”、“华克山庄事件”、“新国家汽车事件”和“旋转台球事件”，这些都可以称得上是他们滥用职权践踏法律、欺骗国民的野蛮行径。

首先，“证券风波”是指中央情报部在掌控韩国证券交易所后伪造股价牟取暴利的事件。对伪造股价一无所知进行投资的5 300余名股民遭受巨大损失，因此而自杀的人也不在少数。他们为了聚敛政治资金，完全不管那些善良的投资者们的死活。

其次，“华克山庄事件”是中央情报部为获取外汇而在汉城广壮洞修建驻韩美军的娱乐设施——华克山庄饭店而引起的。由于经费紧张，饭店的建设工作一直都很困难，后来还动用了政府资金来强行建设，其中挪用了大量公款。另外，为了动用交通部和军队的装备及人力，他们不惜施加压力力排众议。这一事件在驻韩美军内部也产生了分歧，甚至还下达了美军禁止出入华克山庄的命令。

再次，“新国家汽车事件”也是由中央情报部引起的。他们从日本非法走私尼桑汽车后，在韩国以高于原价两倍的价钱销售。他们打着培育韩国汽车产业的旗号成立了新国家汽车工业股份有限公司，并使其拥有汽车的进口和销售权。新国家汽车公司其实不算是汽车生产商，反而更像是将从日本免税进口来的汽车在韩国进行倒卖的非法进口商。

最后，“旋转台球事件”也就是俗称的“弹球盘（pachinko）事件”。从日本免税进口了880台弹球盘机器并许可在汉城市内进行营业。本是用于违法活动的弹球盘机器被伪装成在日侨胞的个人财产而流入韩国。虽然还处在戒严时期，但是弹球赌博依然盛行了起来。随着弹球赌博的兴起，人们开始纷纷谴责军事政权到底是在做什么。军事政权这才紧急取消了营业许可。这一事件的幕后操纵者也是中央情报部。

这“四大疑案”直接揭露了军政势力的本质。每爆发一次，我们就能嗅到军政势力的腐朽气息。他们所使用的偷税漏税、侵吞公款、挪用预算、政权欺诈等手段也都是那么的低级。

“到底比旧政权好在哪里？”

“新政权比旧政权更加邪恶！”

一觉醒来，各种有关军政势力的丑闻被曝光，舆论纷纷开始谴责他们的违法乱纪行为。应该有人出来为此负责，所以第一任中央情报部部长金钟泌因此而倒台。之后，他被迫走上了流亡海外的道路。

军政末期发生了围绕水泥、面粉、白糖这三种粉状物资的腐败事件，称作“三粉暴利事件”。这“三粉”的生产企业都通过不法途径获取了暴利，而军事政府则以获得巨额政治资金为条件默认了这些。这些企业再通过哄抬物价来分割剩下的巨额利润。一夜之间，白糖、面粉的价钱涨了两三倍，对内情一无所知的广大国民顿时手足无措，不法势力用国民的痛苦换来了自己的丰衣足食。

“5·16”军事政权经受了来自内外的无数考验。他们用枪杆子抢到了政权却不具备正统性，又因为腐败无能而饱受抨击。国家再建最高会议议长朴正熙的地位自然也摇摇欲坠。

朴议长在1962年3月19日发表了要在下一年进行权力移交，即把政权移交给代表民意的政府的声明。之后在同年的11月17日，军事政变的核心势力表明了参政的意图，并于12月27日明确表示了要参加总统大选，但朴正熙又在1963年2月18日突然宣布将不参加总统大选。

那之后还不到一个月（即3月15日），首都防御司令部的80余名军官在国家再建最高会议楼前举行了示威，他们要求朴议长撤回不参加总统大选的声明并延长军事政权。这正显露出了他们的真正用心，军人们上街示威本身就是一件令人莫名其妙的事。

这时，朴正熙马上就做出了回复，宣布将军事政权再延长四年并鼓动国民进行投票。谁都能看得出来，这根本就是幼稚的自弹自唱。因为这一声明，政局又开始动荡。正在准备选举的所有政治势力都对此表示抗议。美国也在第一时间作出了反应，驻韩大使塞缪尔·贝格尔（Samuel Berger）和美国国会都表明了与之相似的观点。肯尼迪总统亲自向军事政权发送了抗议信。“经济开发五年计划”的援助也保留了。面对内外压力，朴议长十分不安，最后不得已放弃了延长军事政权的计划。朴正熙于7月27日发表了将在年内进行权力移交的声明，并决定将在10月中旬参与总统选举。

以陆军少将的身份篡夺了政权的朴正熙就像这样一直反复无常。约好的事情又总是毁约。他总想大权独揽，从没有过要放弃权力的念头。对于要重返军队的承诺，他其实从一开始就没有要遵守的打算。他被内定为共和党总裁和总统候选人之后，在召开全党大会的前一天脱下了军装。就这样，军事政权结束了。

1963年8月30日国家再建最高会议议长朴正熙被编入预备役。他在转业时这样说道：

“希望这片土地上不要再出现像我这么不幸的军人了。”

我真不明白他为什么自称是“不幸的军人”，但是可以确定的是他把韩国的现代史领入了不幸的深渊。这之后也出现了与其一模一样的众多政治军人，韩国的政治在很长一段时间内都处在不幸之中。

让湖南[1]的候选人当选的朴正熙总统（1963—1964年）

我又能开展政治活动了，因为我的“政治活动禁令”在1963年2月27日被解除了。我与以前的同志们一起重建了民主党。1963年7月18日，在汉城举行了创党大会，并选举朴顺天[2]女士为党的领导人。朴女士当时在在野党中声望很高，而我又再次被选为发言人。在此之前，前新民党、前自由党、无党派人士等各路势力又聚在一起成立了民政党，金炳鲁被选为最高委员代表。9月5日以许政为中心又成立了国民党。

最初，民主党的人打算联合许政一起创党，但是自由党的人总是围绕在他的周围，而许政也袒护自由党的人。所以最终民主党只能单独进行创党。许政有点过分地自以为是了，让人根本无法与之共事。而共和党已于1963年2月26日创党并选举郑求瑛为总裁。

政治局势日渐紧张。在1963年10月15日第5届总统大选来临之前，在野党们打算实现候选人的单一化。民主党没有推出任何候选人，因为民主党打算承担起没能阻止军事政变发生的责任。民主党最初是因为尹潽善候选人有与军政势力狼狈为奸等问题而就是否拥立其为总统候选人一事犹豫不决，但是许政已与自由党势力联手，民主党不得已只能退一步支持尹候选人。

最后许候选人让了步，在野党们通过推选前总统尹潽善为候选人实现了候选人单一化。民主党为了促使尹候选人当选，决定动用一切可以动用的力量。朴正熙虽然参与了民政并成为共和党的总统候选人，但他本身依旧是个“脱了军装的军人”，因此在野党为了彻底终结军事政权而结成统一战线也是自然而然的事情。

我尽全力揭露并抨击了军事政权的腐败无能和朴正熙的独裁体系的丑恶，这是要在选举战正式拉开帷幕之前就向朴正熙候选人发起猛攻。当时朴正熙不仅是国家再建最高会议的议长，也是现役的陆军大将。虽然在政变当时还是少将，但是他在短时间内飞速晋升最终获得了军队中的最高职位。在参加总统大选之前，他才刚刚

---

① 湖南是一个概括性的地名，包括朝鲜半岛的西南部地区，全罗南道、全罗北道、光州广域市等属于湖南。——译者注

② 朴顺天（1898—1983），大韩民国第一、第二、第三共和国时期的女政治家，反对党领袖。——译者注

退出陆军现役转而加入了共和党。但是我们发现参照在军事政变后制定的比宪法更具有约束力的《国家再建紧急措施法》，退伍并加入共和党的顺序违背了该法律的规定。我将这一事实在全体国民面前进行了曝光，并指出朴候选人加入共和党应被视为无效。共和党方面十分慌乱，打算修改《国家再建紧急措施法》以挽回局面。我对无所畏惧的朴候选人发起了正面进攻，最终在党内外都引起了巨大反响。朴正熙一辈子对我都是那么怨恨，说不定最初就是从这里开始的——朴候选人分明是经过那件事后开始特别关注起我来了。

我们无法提前得知选举的结果。局势虽然仍不明朗，但是军政的接连失败似乎预示了朴正熙候选人将要落选。政治军人们束手无策的情绪开始蔓延开来。事实上在军事政权存在的那两年零七个月的日子里，我们的国家真的是不成样子，经济方面也陷入了极度的停滞状态。

但是尹潽善候选人的缺点也有不少。首先就是在他担任总统期间支持了军事政变。虽然在任何情况下都应该坚持宪法，但是尹候选人作出的选择却是首先分析自己与自己所处党派的政治利益，也就是说他与破坏宪政的军事政权狼狈为奸了一段日子，后来被政变势力抛弃了才开始抨击军事政权。这样的言行当然无法博得国民的支持。不过尹候选人在政治界待了相当长的一段时间并且享有一定的知名度，他也是拥有一部分支持者的。

临近大选，从整体上看还是有名有分的尹候选人的支持率领先。但是就在此时，尹候选人犯下了一个致命的错误，那就是诬陷朴候选人为共产党一事。这实在是一项不太高明的策略。

“与丽水—顺天叛乱事件有牵连者参加总统大选啦。”

虽然没有具体点明，但是谁都听得出来这是针对朴候选人的攻势。其实，在朴候选人还是少校时就因同样的嫌疑被起诉到了军事法庭。但这都是过去的事了。即使这是事实，但对于一个向共产党宣战更将反共立为“国策”的人来说，这种抨击根本就没有说服力。另外，尹候选人一方对朴正熙候选人是共产党的攻击方式让人们又重新回忆起之前韩民党时代的黑暗记忆。因为之前在美国军政时代的韩民党就曾诬陷以金九先生的韩独党为首的反对势力为共产党，残忍地进行了肃清行动。美国军政时代只要是想除掉反对势力，就将其诬陷为共产党。因此尹候选人的上述发言让经历过那段历史的选民们联想起了那段恐怖的政治。局势越是尚未明朗，尹候选人的如此失言就越是致命。

大选结果是，朴候选人以约12.6万票之差战胜了尹候选人。尹候选人的落败无论怎么想都觉得十分可惜。当然这也不是说选举当中不存在腐败现象。在总统大选期间，朴候选人一方花光了通过“四大疑案”、“三粉暴利事件”聚集起来的资金。如果尹候选人没有失误，就完全可以获得大选的胜利。这也是朴候选人的运气。他因为对方的失误而得势，最终能够继续执掌政权。

朴候选人在汉城、京畿道、江原道、忠清道地区全部败北，只在故乡庆尚道和与自己毫无关联的全罗道取得了胜利，特别是在全罗道更是以超出尹候选人35万张票的优势获胜。朴候选人之所以能获选总统其实是靠着全罗道的选票。是尹候选人一方的“容共骚动”使得全罗道的选民选择了朴候选人。但是朴正熙在掌权之后马上就冷落了全罗道。他的地域不平等政策就始于这种地域感情。朴正熙在掌权的18年间所犯下的最严重的政治性和道德性错误就是推行了地区不平等政策。他成为了历史的罪人。

总统大选之后马上就是第6届国会议员选举，这次国会议员选举于1963年11月26日在全国131个选区展开。我在故乡木浦以民主党候选人的身份参选。木浦当地人士以我之前担任过执政党发言人以及期间参与政治活动积累起来的知名度为由鼓励我参选，抚平我初次参选落败时伤痛的故乡——木浦令我倍感温暖。

共和党一方则推举了车文锡为候选人。他的父亲是曾在日本统治时期任中枢院参议的木浦首富。我虽然没有他那么资金雄厚，但是应对选举活动还是很有自信的，之前的多次落选使我变得更加坚强了。我这样喊道：

“我虽然是木浦的儿子，但是一直客居他乡。我曾在距离木浦最远的江原道麟蹄郡参选过国会议员，并经过千辛万苦终于当选；另外我还作为执政党的发言人活动过一段时间。在江原道我获得了肯定，在汉城也得到了认可，现在回到故乡大家就更不能忽视我了。如果大家不接受我的话，我还能去哪里呢？请大家信任我吧，将来我一定会成为大人物报答大家的。”

11月22日，约翰·肯尼迪总统遭到暗杀。他是乘车经过得克萨斯州的达拉斯时中枪身亡的。我听到这个消息的时候大吃了一惊。美国历史上最年轻的总统肯尼迪曾经是我的偶像。他在竞选时与竞争对手进行的电视辩论可以说是改变了选举文化的一大事件。他经历了古巴导弹危机，与苏联领导人赫鲁晓夫进行了世纪较量。在危机一触即发的情况下他也能够冷静自持。他以苏联从古巴撤走导弹和轰炸机作为放弃入侵古巴的条件，最终换来了苏联的妥协，并以此为契机促成了《部分禁止核试验条约》的达成，维护了世界和平。

肯尼迪总统是具有真正勇气的传奇性人物。他年轻有为，有着要改变世界的热情。他不遗余力地宣扬变化，向国民们传达了希望。虽然远在大洋彼岸，但是肯尼迪总统的一言一行、一举一动都给了我极大的力量和勇气。我也想像他一样奉献青春，为我们的民族指引一条希望之路。我迫切地希望改变现状，这也是我进入政治圈的理由之一。但是肯尼迪总统死得实在是太荒唐了。我虽然与他素未谋面，但还是觉得他走得实在是太冤枉了。甚至在选举游说现场，我都会想起他。

选举愈是临近结束，形势愈是不明，木浦地区也不例外。共和党动员了警察和地方公务员来妨碍在野党进行选举活动。但是有识之士也不在少数，如接到了进行选举舞弊指示的木浦警察局情报班长罗承元警查①曝光了所谓的“国会议员选举对策”的选举舞弊秘密指令。罗警查是在民政党召开的记者会上曝光了包含13项内容的选举舞弊秘密指令。当然，这些秘密指令的目的就是要我落选。在野党们一再引用木浦的事例来抨击选举舞弊，甚至提出要抵制选举来向政府施加压力，要求内务部长官和治安局局长辞职。木浦的形势完全有利于我们。在罗警查将选举舞弊的事实曝光后，共和党一方也未曾表示要放弃选举舞弊的念头。但最终我以超高票数当选成功。

之前曾在麟蹄郡竞选时帮助过我的权鲁甲这时也守在我身边。他为了帮助木浦商业高中后辈的我甚至辞掉了原先稳定的英语教师工作。权鲁甲的人脉很广。在江原道麟蹄郡竞选时帮助过我的严昌禄也一直尽心尽力。

但是共和党在全国范围内几乎要取得压倒性的胜利了，在全国170个议席中占据了110个；具有执政党倾向的自由民主党占据了9席，在野党中的民政党占41席，而我所在的民主党只占了13席。

选举开始前的11月12日，我的小儿子弘杰出生了。我把即将临盆的妻子留在了汉城，回到木浦时听说了我又得一子的消息。在妻子生产的时候，我没能陪在她的身边，这让我对妻子十分愧疚。竞选结束后，我带着成功当选国会议员的兴奋心情抱住了儿子。那时我已经40岁，而妻子也已经42岁了，老来得子让我们两个人的心中都充满了喜悦。

总统大选和国会议员选举的结束开启了朴正熙总统正式当权的时代。经国民投票通过的宪法修正案正式生效，韩国进入第三共和国时期。朴正熙政权的第一道难

---

① 警查，韩国警察官衔的一种，高于警长，低于警卫。——译者注

关就是韩日关系正常化。当时韩国国内的情况十分恶劣，整个国家面临着因为粮食歉收导致米价疯涨等经济破产的危机。另外，我们还必须推行已经成形的“经济开发五年计划”。为此，我们迫切需要日本的经济援助。

朴正熙政权在军政时期曾就请求赔偿权与日本达成过协议。当时的中央情报部部长金钟泌曾分别在 1961 年 10 月和 11 月先后两次赴东京与日本外相大平正芳展开会谈，签订了《金一大平协定》。该协定规定日本将为韩国提供政府贷款 2 亿美元、商业贷款 1 亿美元的无偿支援。但该协定不是通过正式的外交渠道，而是通过私下秘密和谈达成的，所以遭到了在野党的强烈反对。

在野党一方马上做出了反应。当时作为第一在野党的民政党总裁尹潽善表明了“坚决反对韩日会谈”的立场。绝不能允许仅仅通过 3 亿美元就将过往的侵略责任一笔勾销，并且变卖“李承晚线”。“李承晚线”又叫“和平线”，是当年韩国单方面在朝鲜半岛周边水域划定的海洋主权线。另外，该协定还有将韩国沦落为日本的经济殖民地的嫌疑，因此双方的交涉也被指控为卖国行为。全国各地都爆发了反对活动。1964 年 3 月 9 日，在野党与各界代表 200 余人聚集在一起成立了“反对对日屈辱外交国民斗争委员会”。委员会成立的三天后就是第六次韩日会谈。

但我并不同意尹潽善总裁的“坚决反对韩日会谈”一说。我认为不应该将参加会谈的当事人都统一划为卖国奴。民主党总裁朴顺天也同意我的这一看法。我认为，为了国家的利益，与日本达成邦交正常化是不可避免的，世界上许多原殖民地国家都与曾侵略过它们的国家建立了外交关系；在国际社会上，既没有永远的同志，也没有永远的敌人。而且，日本是我们一衣带水的邻邦，通过与其开展各方面的交流活动，我们也正在拉近彼此的关系。

当时的日本正以经济大国的姿态以可怕的速度飞速成长。我们不应该嫉妒它的基础和潜力，而是应该了解它并加以活用才对。我担心如果韩国未能及时与日本实现邦交正常化，会落后于世界潮流，最终被世界孤立。

那时的美国也在暗地里积极支持实现韩日关系正常化。美国认为，要维护东亚的和平稳定，必须构建韩、美、日三国间的国家安保系统。冷战时代，韩国需要美国的指导。就当时的国际局势来说，我认为韩国是绝对不能把日本当成假想敌的。

“我们必须要与日本建立正常的外交关系。过去曾经是英法殖民地的许多国家现在都和曾经支配过他们的国家建交了，他们这么做不是因为他们抛弃了民族尊严，而是为了国家利益着想。但是有一点需要注意的是，在与日方进行协商时决不能同意带有丧权辱国内容的协议。既然政府一方已经出台了政策，在野党也应该准备好与之相对应的对策。如果朴正熙政权能够保障双方利益的话，在野党也不应该提出反对。”

因为当时在野党是联盟组织，所以约束力稍显不足。我虽然在在野党联盟的聚会上主张制定相应的对策，但是以民政党总裁尹潽善为首的强硬派却说：

“韩日关系正常化无异于卖国行为，我们坚决反对卖国行为。”

不知从何时起，在野党当中开始流传着这样的谣言：

“金大中是执政党的走狗，是被收买了的在野党政客，是我们的叛徒。他在那些人当中也算是最大的叛徒。”

如果一个在野党议员被贴上“叛徒”的标签，那他的政治生涯就要结束了。再加上还有收钱做了执政党走狗的传闻，说我在朝兴银行南大门支行收了3 000万韩元的支票，甚至就像有人亲眼所见似的连票号都有。即使这样我还是回到木浦参政议政开演讲会，到场的观众有上万名。在报告大会之前，我告诉朋友和党员们我要在会上阐明我对于韩日和谈的立场，他们都说这是十分敏感的话题还是避开的好，但是我没有听从他们的劝告。

“既然是对的事，我们就应该把它讲出来。我们这些搞政治的不就是应该为国家着想、实事求是地说出真话吗？”

我照实说出了自己的想法，听众们对我报以热烈的掌声。当时的国民们很容易被感性驱使，在野党充分利用了大众易被煽动的这一点制定了相应的战略。但是我绝不能利用国民们的感情来强行向他们灌输我的想法，这绝不是一个政客该做的事情。就像演讲台下的听众们理解我那样，我觉得总有一天国民们会同意我的想法。演讲结束后，我一下来，木浦地区党支部的干部就跑过来对我说：

“您到底是怎么想的？怎么能做这么危险的演说呢？下次竞选的时候要怎么办呢？难道你打算就这样结束政治生涯吗？”

我冷静地回答道：

“如果这次判定我的主张是错误的话，那么我将退出下届选举。我不想连累你们，给你们带来不必要的麻烦，但我坚信我的想法是正确的。我认为我们的国民也不会反对与日本建交，问题在于协议的内容，最重要的是我们要密切关注以防建交协议当中出现有损我们国家利益的内容。”

有一次我在梨花女子大学参加了由李兑荣女士主持的讨论会，与学生们进行了交流。学生们似乎已经期待了很久，他们一直认为政客就是一群既无主见又无想法的富人集团。我有条有理地一步步说服了他们：

“我们不可能永远不与日本建交，总有一天韩国会与它建交的。如果我们打算再次同日本合作的话，必须要瞅准时机，而现在这个时机恰恰来了。问题是我们如何才能尽可能地保障并扩大我们的利益。不顾一切地坚决反对韩日建交，日本政府和朴正熙政权才会说‘在野党的意见肯定是无条件反对，我们根本没必要管他们’，继而私下进行秘密会晤签订协议。我们必须有条件地进行反对，才能得到实际利益。

“我不是为了要帮助朴正熙政权才主张与日本实现邦交正常化的，而是考虑国家的前途才做出的选择。很多人都认为现在不是与日本建交的最好时机，但是我们不应该无条件地反对，而是应该考虑我们能从中取得什么利益。我们现在要解决‘独岛问题’，要让日本为侵略道歉；一味地反对会让所有的一切都成为泡影。如果朴正熙政权在与日本会谈之后胡乱签订了协议又不择手段地在国会获得了通过，那到时候我们怎么办？造成的损失最终还是要由我们的广大国民来承担。不能一味地感情用事拿国家利益作为借口，所以我才站了出来。”

最初对我十分反感、声称要追究责任的学生们在听了我的这一番话后，都点了点头。我在议员总会和演讲现场都强烈主张要进行“有条件地反对”。党内部的舆论也开始逐渐转向支持进行“有条件地反对”这一方。

不管怎么说，我的政治生涯可以算得上是跌宕起伏。没有人想要真正了解我的真心到底是什么。传闻总是一个接着一个层出不穷。谣言甚至还越过大海传到了我的家乡荷衣岛。父亲寄来了信件：

“前途应该像大海一般波澜壮阔的我的儿子居然被说成了叛徒，这到底是怎么一回事？你怎么能做出这种让世人指指点点、说三道四的事情？”

父亲可能觉得写信的力度还远远不够，于是亲自来到汉城找我。妻子出门在外也会听到一些揶揄之言：

“听说你丈夫是执政党的走狗，是真的吗？怎么就成了这副模样了？”

甚至还在上学的两个儿子也因被朋友们孤立而哭着跑回家来。坚定信念的困难以及大众对这份信念的不解让我备受煎熬。

那时我读到了肯尼迪总统写的《当仁不让》（*Profiles in Courage*）一书。书中提到美国的许多政治家都饱受着同行和大众的误解，但是他们自始至终坚定信念贯彻着自己的主张。肯尼迪即使已经离世，也依旧为我送来了最好的礼物。由此，在这段岁月里，我一直咬紧牙关并坚持了下去。

汉城市内爆发了反对签订对日屈辱条约的大学生示威游行。1964 年 3 月 21 日，主张应当立即停止韩日会谈的在野党强硬派的中心——“反对对日屈辱外交国民斗争委员会”在汉城主持召开的演讲会是这次示威游行的导火线，共计有 4 万多人参加了这次集会。虽然这次集会被强制解散，但是反对的斗争蔓延到了全国。

6月3日正午时分，学生与市民共5万余人聚集在光化门开始了静坐示威，这就是后来被称为“6·3”事件的反政府示威活动。学生们聚集在通向中央厅与青瓦台的大路上久久不肯散去。警察向示威人群投掷了催泪弹，催泪瓦斯使得大街上烟雾弥漫、暗无天日。游行队伍砸毁了警察局、派出所、消防局，警车也被群众夺走了。

政府紧急召开了国家安保会议和紧急国务会议，宣布在汉城一带实施紧急戒严令。朴正熙政权以煽动内乱为由下令逮捕学生运动的领导者和媒体人士等400余名。

在野党方面，民政党在办公室里召开了会议，对接下来的对策进行了讨论。尹潽善总裁这样说道：

“我们要与学生们一起揭竿而起，我们要召集组织数十万名的示威大军，我来当前锋！”

我担心这么做会显得过分强硬，所以阻止道：

“如果事态那样发展，政府必然会颁布全面戒严令。”

但是那天强硬派始终没有退步。他们说，即使是颁布了戒严令，这也是全国人民的集体崛起，因此政局势必会有利于在野党。但是，实际情况是戒严令一下达，强硬派就全部躲了起来，连党部都不来了。现在我也懒得批评他们是毫无责任感地煽动政治了。

这时的美国是站在朴正熙政权一边的，因为实现韩日邦交正常化是美国构想的亚洲政策的要旨。为实现韩日邦交正常化，他们只能支持朴正熙政权。我听说示威冲突升级的时候当局还曾经考虑过让朴总统辞职，但是被察觉此事的美方强力制止了。据说示威队伍一占据街头，驻韩联合国军司令就坐着直升机飞到了青瓦台。之后就在青瓦台向朴正熙转达了不要动摇的信息。不是美国对朴正熙产生了好感，而是在野党激烈的反政府斗争促使美国与朴政权的关系越来越密切。

在野党强硬派使自己陷入了国际孤立状态。他们应该更多地关注世界舆论和国家的长远利益。虽然国民们因为反日情绪而反对建交，但是如果我们在与日方进行外交活动时能够占据有利地位维护并扩大国家利益的话，广大国民也肯定会理解我们的。考虑到国家的安保和经济发展，我们应该尽快与日本建立友好的邻邦关系。当时的在野党联盟还没有充分地积蓄好力量与声望就掀起了反政府斗争，结果使自己陷入了无法抽身的泥潭。

6月3日发生的事件让在野党联盟的气势大大受挫。示威游行在戒严令下被军队以武力强行镇压了下来，舆论界对朴正熙政权的抨击力度也大幅减弱了。

最终，在野党的强硬做法成为朴正熙强化独裁统治的借口，在野党既不懂得世界潮流走向，也不懂得民心向背——如果没有广大国民，尤其是中产阶层的支持，是不可能获得任何斗争的胜利的——只是一味地发起强硬斗争，到头来反而帮助强化了朴正熙独裁统治的基础。

与独裁、无能、欺骗展开的斗争（1964—1967 年）

1964 年 4 月 21 日，共和党提交了要求逮捕金俊渊议员的拘留同意案。他们举报说金议员在进行韩日秘密会谈时，收取了日方的1.3 亿美元用来做政治资金。该消息一经传出，就引起了轩然大波。举报内容到底是真是假，直至今日仍是个谜。异常气愤的朴正熙政权公然宣布要逮捕金议员。

其实如果第二天国会闭会的话，那么不经国会同意就可以直接逮捕金议员，但是执政党一心想要借此机会尽快整顿政权。他们的所作所为有捏造事实进行胁迫和侵犯名誉之嫌。在国会闭会的前一天，共和党就急忙着手处理议案。我吃完午饭刚回到国会议事堂，三民会的韩建洙总务就慌忙找到了我（三民会是由于民主党的议席不足而与其他势力共同联合组建的交涉团体）。

"金议员，现在执政党正在极力推行朗山（金俊渊议员的号）先生的拘留同意案。这次您一定要出面进行阻止，请您一定要设法拖延时间到今晚子时让他们无法提出议案。"

"可是，要我怎么阻止他们啊？"

"请您一边进行议事发言，一边拖延时间。"

"拿普通的议案拖延一个小时都十分困难，怎么可能拿一个发言来拖延几个小时？"

"这不是金议员请您帮他出面嘛，连许多重要议员都一致认为您一定可以做到，所以请您登上讲台吧。"

那时在国会发言是没有时间限制的，所以我打算试试。我拿到进行议事的发言权走上了讲台。首先，我提出了议员拘留同意案尚未得到充分论证的问题，并指责他们在议员们还未能准确了解该事件的具体情况时就仓促处理分明是带有潜在的政治意图。

之后，我提出金议员的所作所为是出于为国为民的善意。随后我介绍了他因为进行激烈的抗日斗争而在监狱里被关了8 年，又靠着退休金勉强度日过了9 年，也念了金议员所写的《独立路线》一书中的内容。

“同僚们，我们怎么能把像这样为国家、为民族贡献了一切的爱国志士说成是罪犯呢？另外，议长先生，我急着去洗手间，能不能等我上完洗手间再接着说？”

在座的议员们个个捧腹大笑，议长也笑着对我说快去快回。我从洗手间回来后继续发言。我在议事堂的发言被东亚广播以现场直播的方式传了出去——他们用报纸把话筒包了起来偷偷地藏在了讲台附近。市内每家出售广播电器的商店都挤满了前来听广播的市民。执政党听了我的发言，说我这是用冗长的演说阻挠议事，并向首脑部提议制定对策。但是共和党院内总务金龙泰对他们视若无睹：

“随他去吧。他说不了多久就会撑不住的，连一个小时都撑不了，等着看吧。”

夕阳西下，议事堂内也暗了下来，但是我的发言仍在继续。如果我说了与拘留同意案毫无关联的事，那么议席上的人肯定会嘲弄我，这样议长必然会终止我的发言。为了让自己不脱离事件本身，我必须更加集中精力。议长打断了我的发言：

“金议员，金议员！好了，请停下吧。你打算还要讲多久啊？”

“我会一直讲到您宣布今天不会处理拘留同意案为止。”

“好吧。我不会让你得逞的，请你继续吧。”

在野党同僚们开始抽空掏出鸡蛋打碎了递给我，也给我拿饮料。议席中甚至传出“加油”的声音。

最终议长再次打断了我的发言，宣布散会。舆论报道我的此次发言共计 5 小时 19 分钟，后来这个时间甚至以最长的国会发言为由载入了世界吉尼斯纪录。虽然不是什么了不起的纪录，但这里面也蕴藏着我的一份自信。我成功地粉碎了朴正熙政权不进行充分的调查和论证就要诬陷同僚是罪犯的阴谋。虽然第二天会期结束后金议员还是被拘留了，可是至少国会并没有同意。我也因为此事成了话题人物——在野党的议员们把我当成了英雄，而朴正熙总统却是怒火中烧。

我在那时办起了韩国内外问题研究所，主要针对南北、经济等国内外问题的政策进行研究，并且巩固我的组织。我把办公室设在了光化门监理会馆的后面。现在很多国会议员都纷纷设立个人研究所，但在那时这还是很罕见的。西江大学的南德祐教授和朝鲜大学的朴玄埰教授等人都会来研究所进行研究和讨论。后来连国会的重要议员都加入进来商讨政策的制定。韩国内外问题研究所在我第一次流亡日本之前一直都十分活跃。

《韩日基本条约》经过一波三折终于在 1965 年 2 月 20 日于汉城中央厅草签完毕，这成为战后两国签订的第一个条约。条约内容基本上可分为五大项：恢复邦交；废除旧约；承认韩国政府为朝鲜半岛唯一合法政府；两国均遵循《联合国宪章》的规定；为缔结贸易关系条约与民间运输协定而开始进行交涉等。该条约必须在两国议会获得通过才能生效。

我参加了国会设立的韩日协定特别委员会。我们每天都在与政府一方进行争论，指出不当的基本条款、申请权以及渔业问题等，批判该条约的辱国性质，并敦促政府尽快做出修正。据说朴正熙总统通过设置在青瓦台的收听设备听了我与长官们的质疑内容后，对着总理丁一权和外务部长官大发雷霆。其实从政府的立场上看，如果我们像尹潽善总裁那样坚决反对，反而更容易对付。执政党干部们曾这样讨论过：

“尹潽善的所谓卖国论已经落后于时代了，我们没必要去理睬。倒是像金大中议员那样虽然赞成韩日建交，但总是对条约内容不满的人，真的是很难应付。”

在国会继续对《韩日基本条约》进行审议的时候，来到特别委员会进行演说的外务部长官李东元在演说结束时这样说道：

“各位议员，在此我要向大家特别报告一件事：日方终于承认独岛是我们韩国的领土了！我感到十分的自豪和骄傲。”

当时韩日间最敏感的外交问题就是日本强占韩国的独岛并称为“竹岛”。大家听到这个消息后全都大吃了一惊。如果真是这样，那么就说明我们在这次协商中取得了巨大成功。但是事有蹊跷，通过观察日本国内的舆论就可以看出，就“独岛问题”日方是绝对不会轻易让步的。获得发言权的金星镛议员将日本政府在此期间的动态拿出来讨论，指出这实在令人难以信服，要求政府拿出证据来。

这时，外务部长官满脸笑容地答道：

“议员先生，独岛本就是我们的领土，这叫我怎么证明呢？这不就和明明是跟自己的老婆生活在一起，却让我去找隔壁游手好闲的混混写下‘和这个人一起生活的女人是他的妻子’这样的证明一样吗？既然是在一起住，那这个女的肯定是我的老婆啊。”

执政党的议员们听后全都捧腹大笑，得意扬扬。那天就这样结束了，但是，第二天，我站了出来。

“外务部长官先生，你昨天用妻子和混混邻居打了比方。‘混混’这个词不应该是一个国家的外务部长官在正式场合发表讲话时的用词。但既然你用了，那么我也借用一下这个词。隔壁的混混如果跟我妻子毫无瓜葛的话，就没什么好担心的。但那个‘混混’现在不是天天找上门来胡搅蛮缠地吵着说‘那个女人不是你老婆而是我老婆，快把我老婆还给我。如果你不给，我就去法院告你’吗？就好像现在日本对待‘独岛问题’的态度一样。日本方面马上就会否认你的话的。”

果然在第二天，日本方面就发表声明否认了那个外务部长官所说的话。

我在国会常任委员会上与那位长官进行了实质性的一问一答式的质疑。当时就有这种一问一答模式：议员念出冗长的问题，长官们按照实务人员事先准备的答案简单念念就结束了，这种形式的“质疑问答”没有任何实际意义。如果以一问一答的形式进行，提问的一方如果不指出问题的本质，马上就会露出破绽；回答的一方也是一样。根据我的提议，常任委员会导入了一问一答式的质疑问答，该模式一经引入，场内的气氛就十分紧张，最终因执政党的反对，这种模式没有能维持多久。

每当我要在国会进行发言时，我都会事先做好充分的准备，也会仔细研究舆论对此会有何反应。我登上讲台的时候，在休息室里下围棋的议员们也会赶紧跑回会场。不管是在常任委员会还是在国会正式会议上的发言，遇到问题点我从不会轻易放过。不管是国务总理还是部门长官，我都会追问到底。看着惊慌失措的阁僚们，朴总统会大声呵斥：

“怎么那么多的长官、那么多的人才还抵不住一个金大中？也不是头一回了，到底是怎么了？”

只要政府一出台新政策，我就会准备与之相对应的对策并指出新政策的问题所在。我在第6届国会任议员期间认真地准备对策和追究政府责任——国会图书馆的工作人员都说我是使用图书馆次数最多的议员——不管是眼前的现案还是有关朝鲜半岛或是人类未来，我都进行了认真的研究和学习。诸如：

“自核试验成功之后，中国在第三世界国家中的影响力与日俱增，日本可能会因此而加强自身的军事力量，对此我们应该做出如何反应？美国坚持的‘日本优先’政策可能使得日本对于韩国的影响力不断增强，对此我们应当如何应对？”

为了实现地方自治，我做出了不懈的努力。我认为，民主主义必须要实现地方自治才能圆满。预算决算委员会每次对政府提问时都会就地方自治制度集中向总理和内务长官进行质疑，对有关地方自治制度的实行进行问询。丁一权总理和李浩内务部长官好几次都被搞得焦头烂额。我在1966年11月28日的预算审议讨论上对李浩内务部长官进行了正面攻击：

“地方自治制度与国会一样都是民主主义的基础，这一点毫无疑问。所谓民主主义就是‘no vote，no tax’，即不投票、不交税，这是民主主义的原则。即使这样，现任政府依旧对实行地方自治避重就轻。国民们虽然承担了诸如交税等的所有义务，但却没有享有实施地方自治的投票权。因此，国民们对自身缴纳的税款用在了什么地方，行政方面是否顺利进行一无所知，对实现地方居民福利的政府有哪些作为更是无从得知。在标榜民主主义的国家中回避地方自治制度的可能就只有我们了。”

因为在国会发言没有时间限制，我决定一战到底继续说了下去。

“地方自治制度我们到底是做，还是不做？长官，请您给句话吧。”

“做还是要做的……”

“这句话很久之前就已经在说了，到现在还是这句话吗？”

“我们现在的准备尚不充分。”

“那么请您介绍一下现在已准备好的那部分吧。”

对他们来说，我的提问可能有些残忍，但我是国民的代表，并且确立地方自治制度是非常重要的。我必须搞清楚他们到底有没有实行的意思。对于我的发问，长官们有些不知所措，这次他们必须老老实实做出准确答复。我认为，如果不实施地方自治制度，就无法阻止地方上的选举舞弊，也就无法实现政权更迭，当然就更不用指望能提高地方居民的福利了。

1965 年 6 月 12 日，在东京的首相官邸正式签署了包括基本协定、战争赔款、渔业问题等在内的所有协定。独岛问题一直讨论到凌晨，但最终还是无果，只好被保留了下来。此消息一出，舆论界纷纷批判其为“第二《乙巳条约》”，把谈判代表说成是“第二李完用”。[①] 这又引发了以学生为主力的反对韩日建交的示威游行。

在野党一方也为了在韩日正式签约前更有效地开展反对斗争，民政党与民主党联合起来组成了民众党。在 6 月 14 日召开的全党大会上，朴顺天女士被选为最高委员代表，而最初主张合并的尹潽善落选，最后只担任了顾问，这似乎也在情理之中。在新党内部，对尹潽善推行的强硬路线表示担忧的党员不在少数。强硬派提议在野党国会议员集体辞职以反对韩日建交，但朴顺天女士对此表示反对，我也认为不妥。当时国会的 175 个席位中在野党占据 65 席；不顾党内干部的坚决反对，尹潽善派 7 人、朴顺天派 1 人退出了国会。

日本国会就是否批准韩日建交也进行了连日讨论。那时刚好反对建交的日本民事党干部来韩访问，我们党的洪翼杓等干部与他们共进了晚餐。席间，我向他们阐述了我们党支持建交但反对屈辱条款的立场。听完我的发言，民事党干部们觉得有点意外：在野党怎么跟政府站在了一起？民事党干部对于我们反对建交条约具体内容的做法十分赞成。他们回国后就修订了关于反对韩日建交协定的内容，说不定我的发言在其中起了些许的作用。

1965 年 8 月 14 日，韩日建交协定的所有条约内容都在国会获得了通过，在野党

---

① 《乙巳条约》是指 1905 年日本为了夺取韩国的外交权而跟韩国签订的不平等条约。李完用是 1910 年与日本订立《韩日合并条约》的卖国贼。——译者注

议员都不在场。协定中最具争议性的战争赔款问题以无偿提供经济援助3亿美元、政府贷款2亿美元、民间商业贷款3亿美元以及“本协议生效后两国间的战争赔款就此一笔勾销”的内容通过。在渔业关系协定当中规定“自海岸基线向海中延伸12海里之内水域属于本国国土，其北边水域属于两国共管水域”，并据此废除了“李承晚线”。

我看了这份协定的内容，气愤难平且羞愧难当。他们要求的3亿美元在历届政府当中是最低的。李承晚政权要求了20亿美元，张勉内阁也要求了28.5亿美元，相形之下3亿美元实在是太少了。35年的殖民掠夺只用3亿美元就一笔勾销了，这实在是让人无法容忍。我的主张是这样的：

“干脆我们一分钱也不要收。虽然我们并不富有，但也这样生活了下来。对于我们来说，日本方面对于发动战争表示真心的歉意才是最重要的。另外，我们整理了过去就应该开始新的生活。广大国民应该也更期待政府的这种态度。”

此外，我还认为，比起战争赔偿，我们更应该侧重于改善两国的贸易协定。

“我们虽然一分钱都不收，但是如果在贸易上实行一对一的公平交易，日方也一定会表示欢迎的。修订贸易协定必将会为韩国带来实际利益，两国间贸易的活跃必将会拉动国内产业的发展。来看看我们的对日贸易额吧，已经产生了高达3亿美元的巨额赤字。我们再来讲一下3亿美元的无偿经济援助。根据本次协定，这3亿美元将按每年3 000万美元共支付10年的方式来进行支付。但在这10年间我们对日的贸易赤字肯定远远不止30亿美元，我们只收到了这30亿美元的1/10，把这当成是清算过去的代价未免有点过于牵强了。”

这个协定是要在没有任何有利条件的情况下把与日本有关的所有历史一并扫除啊。这实在是个非常严峻的问题。“广岛韩国人被俘事件”、“韩国劳工强征事件”、“忠军慰安妇事件”、“库页岛侨胞送还事件”等尚未解决，而且现在我们都不能从法律上追究这些问题了。我认为这是在历史面前犯罪。

该条约和协定获批准后，汉城的大学生和高中生共一万余名走上街头高喊“批准无效”，进行示威游行。政府出动军人进行了镇压。学生与市民的反对游行本打算在在野党强硬派所谓的“无条件反对”余波下扩大推广，但最终未能如愿。结果在野党对外未能争取到国家利益，对内也未能巩固自身的地位，甚至还一落千丈。

韩日建交后，朴正熙政权与日本的关系越来越紧密。朴正熙政权从日方获得了经济发展所必要的援助，也获得了美方的大力支持。美国和世界各国开始信任起在在野党的强烈反对中仍能成功实现与日本建交的朴正熙政权，而对一味主张反对的在野党强硬路线十分不满。

朴正熙政权向越南战场派兵使得其与美国之间的关系变得更加稳固。韩国本来只向越南战场派遣了医务队，但在1965年美国正式要求我们派遣战斗部队。朴正熙政权最先派出了海军陆战队的青龙部队，之后又派出了猛虎、白马两个步兵师团。

美国虽然在越南战场投入了大量的人力、物力，但战况却并不尽如人意，美军渐渐陷入了战争的泥潭，年轻人纷纷客死异乡。约翰逊总统为建设“伟大社会”而大力推行的经济项目也因越南战争而不得不中止甚至放弃；美国国内也爆发了反战热潮。美国政府的自尊心受挫，处处碰壁，此时韩国政府的决定派兵对约翰逊总统而言无异于雪中送炭。不仅仅是约翰逊总统，美国国民也称韩国这是“报恩的派兵”，并表示感谢。

对于韩国向越南派兵，在野党原则上是反对的。我也对派兵一事非常反感，我认为这会让朝鲜半岛的局势进一步紧张起来。我担心这会刺激朝鲜而引发半岛战争。而且，战况并不乐观，万一战败了，我们的年轻人就会在战场上白白牺牲，换不来一点实际利益。

国内开始传出如果韩国拒绝向越战派兵，美国将撤走驻韩部队，这给韩国政府带来了巨大压力。朴正熙政权把派兵看成是扭转不稳局势的好机会，因此虽然战局明显十分不利，参战条件也有些屈辱成分，但韩国还是派兵参战了。政府大力宣传派兵是“帮助友邦的派兵，是维护和平之举”，但是韩国士兵比其他参战国家士兵的待遇可是明显低很多。另外，向越南派兵也使国际社会认为善良淳朴的韩国年轻人是一群“好战的佣兵”。士兵们把年轻的生命奉献给了国家而换回的却是国际社会的批判，真是令人唏嘘不已。

在野党提出了用志愿军人代替现役军人的提案，即如果我们无法回绝美国的要求，那就从预备役当中召集志愿军人组成志愿军开赴越南战场。但是政府没有接受这一提案。另外，以尹潽善总裁为首的强硬派声称向越南派兵是在拥护美国的佣兵制，无异于在“卖血”。但是这样的主张不仅没有能够得到广大国民的拥护，而且也使之与美国之间的关系越走越远。向越南派兵最终在国会得到了确认。

在派兵越南之后，朴总统应美国总统约翰逊之邀前往美国进行国事访问。受到最高礼遇的朴总统还在国家记者俱乐部进行了演讲，由此更可见约翰逊总统是把朴正熙总统当成了兄弟国家的领导人极力支持。紧接着在1966年10月约翰逊总统就访问了韩国，他受到了韩国国民的热烈欢迎。虽然正式的欢迎活动只在主干道进行，但大街小巷也不乏欢迎他的人群。就这样，朴正熙总统与约翰逊总统、韩国与美国之间的关系越来越紧密了。

约翰逊总统来访时发生了一件令人印象深刻的事情。为朴正熙与约翰逊两位总统举行的酒会在华克山庄举行。我也受邀参加了该酒会。在酒会即将开始时，却突然停电了，四周一片漆黑。虽然只停了短短一分钟电，但那一分钟却让人感觉十分漫长，我的脑海中浮现出了各种可能发生的情况。当会场内再度重现光明时，约翰逊总统却不见了，只剩下朴正熙总统一个人站在那里。我们大吃了一惊，都在担心约翰逊总统是不是出了什么事情。

但是约翰逊总统非常安全。在停电的那一瞬间，他就被警卫们重重包围，拥到了墙边，通过转门转移到了安全的地方。对警卫们滴水不漏的护卫工作，我实在是赞叹不已。

虽然反对派兵越南，但是既然已经决定要派兵，我认为我们就应该到我们士兵的驻地去实地考察一下。既然是以国家的名义进行的派兵，当然要鼓舞一下士气。1966 年 9 月 1 日，朴顺天代表与高兴门议员一道出访了越南。我记得后来金相贤议员也与他们会合到了一起。当时蔡命新驻越司令官热情地欢迎了我们，美军司令官也对我们的到来十分感激：

“大韩民国是真正的民主国家。就连当初表示极力反对的在野党也在派兵之后马上就来前线慰问。这样的国家还能去哪里找？我对你们十分敬佩。”

那时，阮文绍只是越南的象征性总统，实权掌握在总理阮高祺的手里。

与朴顺天女士一起慰问派往越南的现役官兵

他们亲自接见并欢迎了我们。我们受邀参加了总理为我们举行的晚宴，许多当地的长官以及他们的夫人都到场参加了。我们吃惊于那些长官夫人所佩戴的光彩夺目、嵌着各色宝石的项链、手镯。高兴门议员指着那些饰品说道：

“看看那个，钻石足足有手掌那么大。”

我吓得赶紧打断议员的话，因为他们肯定听得懂“钻石”这个词。

第二天，我们就看到了越南共和国（南越）的士兵们乘坐大型坦克登陆舰开赴前线的情景。军人们带着家人甚至还有饲养的家禽奔向了前线。据说是因为如果把家人留下就更不能保障他们的安全，所以才不得已带着的。此情此景让我不由得回想起前一天晚上的那一片觥筹交错、灯红酒绿。军人们拖家带口地奔赴前线，而国家的高官们却在后方享受着荣华富贵，而他们的孩子大部分也会被送到香港或是美国。想到我们国家那些年轻士兵为这样的人而战甚至牺牲，不禁感觉十分无望。

1966年6月4日，张勉先生逝世。自政界隐退之后，他一心研究教义。他的晚年生活真的让人感觉有些凄凉；我经常去看望因肝炎而卧病在床的张勉先生，他的夫人对我这样说：

“正所谓患难见真情，真是太感谢你了，金议员。世道变了，人心不古。金议员的心意我们都了解，但还是不要再往这里来了，去见见别人吧。”

张先生孤独地走了。是他向我传道，又将我领入政界的，他是我信仰上、政治上的教父。葬礼采用了国葬的规格，由我主持召开了张勉先生的追悼会。张先生的夫人在1980年我被新军部抓走时仍坚持每天清晨到教堂为我祈祷；他的子女们也来到我家，把张先生的贵重遗物交给我。张先生是心地善良的民主主义领导人，但也是悲剧性的政治领导人。

1965—1969年，朴正熙因获得美国的大力支持以及日本的贷款和无偿资金，再加上派兵越南，借助外汇收入和越南军需产业的繁荣，稳定了经济形势并刺激了经济的进一步发展。这一时期是朴正熙政权的鼎盛时期。年经济增长率超过10%，成为发展中国家的典范。朴正熙总统以此大兴土木，取得了修建高速公路、建楼房、扩展蔚山工业基地等表面上的辉煌成果。

1966年2月21日，我第一次访问美国。受美国国务院的邀请，我与崔泳谨、朴永禄议员一同登上了飞往美国的飞机，先后访问了华盛顿、纽约、丹佛、新奥尔良等地。美国的城市市中心高层建筑林立，道路上车水马龙，但令我印象最深的还是笔直宽阔的高速公路，我在其中感受到了美国的力量与根基。

随后我又去了法国、英国、德国、意大利、印度等地。给我留下深刻印象的是发达国家让人无限向往的自由，以及他们为客人提供的谦和有礼的服务。

1966 年应美国国务院的邀请访问美国（左为崔泳谨，右为朴永禄）

1967 年，又一届总统大选开始了。2 月 7 日，民众党与新韩党合并为新民党。为了与朴正熙抗衡，在野党成立联盟势在必行，这也反映了民意。

在野党总统候选人的选出过程也是一波三折。俞镇午、尹潽善、白乐浚、李范奭四个人在一起商议但是并没有讨论出什么结果，最后候选人定下了俞镇午和尹潽善。俞镇午先生是我们民众党一边的人，当时有很多人都推举他。那时也没有什么合适的人选，俞镇午先生也还算是风评不错的。但他是搞学术出身的，带有一些学者的软弱。

在上次总统大选时尹潽善候选人会输给朴正熙候选人，这是大家意料之中的事。但是尹潽善周围的人却说上次不过以 15 票之差落败，这次绝对会成功，并以此催促他参选，而尹潽善本人的参选意愿也很强烈，并且不打算让步。如果俞镇午先生不进行让步的话，在野党联盟将再度面临分崩离析的危险。我们不能眼睁睁地看着在野党联盟又一次分裂瓦解，所以尹潽善又以他固有的顽固成为候选人，而这份顽固最后又一次搞砸了大选。

在野党一方再次提名尹潽善作为候选人。但是局势与四年前已经大不相同了。在野党一方因韩日建交势力大减，而朴正熙政权却因美国与日本的大力支持而信心倍增。大选开始后，广大选民对尹潽善的反应是一如所料的冷淡。他虽然获得了在野党一方绝大部分的支持，但是民众支持率并不高，针对韩日建交和向越南派兵他所进行的超强硬斗争并没有给选民们留下什么好印象。

木浦的战争（1967 年）

每当我回想起第 7 届国会议员选举时，心中都会久久不能平静，是那么的火热、那么的强烈，木浦市民们的声援感动得我热泪盈眶，我不禁要说，这次选举是市民们团结一致反抗选举舞弊的伟大选举！那些与市民们同甘苦共患难的日子……我怎么会有那么大的勇气，怎么会有那么高涨的激情，又怎么会想出那样的策略……

选举预定在 1967 年 6 月 8 日拉开帷幕，我准备再次于木浦参加竞选。因为我曾经是在野党的发言人，群众基础好，所以感觉在前进的道路上似乎没有什么绊脚石。但是在进行候选人登记之前却出现了对我不利的传闻，执政党打算让我落选，而且是朴正熙总统亲自下的指示。

在此之前我曾经多次正面抨击军事政权，使朴正熙总统几次陷入困境，谁都能猜到朴正熙总统视我为眼中钉，但是谁都没有料到朴总统会利用此次选举让我下马。我起初并没有相信，但是传闻马上就得到了证实。据说朴正熙总统将中央情报部和内务部的干部们召集到青瓦台直接下了指示：

“这次大选绝不能让金大中当选。即使要赔上我们执政党的十几二十个候选人，也绝不能让金大中得逞。”

那时还是在实行地方自治政策之前，所有的公务员任免权都掌握在总统一人手里。总统不经意的一句话就足以左右整个选举局面。在这么多次的选举当中，总统点名要让人落选还是头一次，这真是史无前例啊！效忠于总统的部下们马上就将总统关于“不能让金大中当选”的指示付诸行动。不久，关于我的传闻就铺天盖地地袭来，这让我周围的人对我无比担忧。院内总务郑成太就是其中之一。

“朴正熙总统正盯着你呢，你一定要小心行事啊。避开盲目的是非纷争也不失为一个好办法，干脆我们放弃木浦转移到全国选区去吧。要不就把选区换成汉城，怎么样？如果他们想要在汉城搞舞弊可不是那么容易的事情，我们可以在汉城放手一搏，大干一场。”

我也是百感交集，心里不免有些尴尬，还有些胆怯。因为我不知道我周围的亲朋好友又会因此而经受多大的伤害。我宁可捐躯沙场，也绝不会不战而退。我下定决心即使再苦再难，也一定要与独裁统治抗争到底。

“反正做几次国会议员也是做，如果我努力争取过了，那么落选又能怎样呢？”

我就这样安慰着自己，并且决定再次孤注一掷地与独裁政权来一次正面交锋。

他们通过投票舞弊、不在场计票、收买胁迫等不法手段进行投票，我们几乎没有一丁点儿胜算。而且，我认为在这样的情况下，只有让木浦市民们群情激奋地说出“与其让我们接受选举舞弊，还不如让我们像‘3·15’马山义举的义士们那样揭竿而起呢”时，我才能有机会获胜。为此，我必须将生死置之度外。

木浦选区在正式开始选举拉锯战之前就已经是135个选区中最受瞩目的选区了。媒体将木浦选区连日以来的选战情况犹如现场直播般进行了详细报道，连外国通讯社的记者们也纷纷南下木浦进行取材。

我的对手是原陆军少将、递信部长官金炳三，但真正的对手是幕后的朴正熙总统。金炳三候选人是珍岛人，如果他在珍岛参选，那么当选将轻而易举。但朴正熙总统可能认为金炳三候选人是相当有实力的人物，所以让他换到木浦来参选。起初他称与木浦毫无关系不想参选，但朴正熙总统鼓励他说：“你只要参选就行了，我一定会让你成功当选的。”

金炳三候选人实际上并不愿意在木浦参选，因为他要面对一直坚守阵营的我。传闻他开枪射了自己的腿以便制造不在木浦参选的借口，但由于伤势轻微，所以他最终还是不得不在木浦参选。

金炳三候选人受到了执政党在各方面的大力支持，每到一处他都极力宣扬要振兴木浦，还强调如果在野党候选人金大中当选的话，那么木浦的发展将无从期待。他提出了一系列的开发计划，作出了诸如要整顿港口、修建机场、兴建工业园区等宏大承诺。地方媒体瞬间倒戈，全都倾向于执政党一边。

朴正熙总统亲自来到木浦支持执政党候选人，每到一处都宣传着金炳三候选人的承诺。按照当时法律规定，总统及其阁僚等公务员是不能发表支援选举的演说的。但是，朴总统直接出现在了群众集会上。他聚集了上万名木浦市民，对着这些市民展开了支持演说。他呼唤广大木浦市民支持自己推荐的金炳三候选人，还称让金炳三当选就是为了木浦的发展和繁荣。

木浦随着朴正熙势力的侵入发生了巨大的变化，曾经作为全国第十大都市的威严与活力如今消失得无影无踪。此时总统亲自南下视察，发布开发计划，描绘宏伟蓝图，这不可避免地动摇了市民们的立场。朴总统并没有就此收手，甚至还在木浦召开了国务会议，阁僚们一个个全来到了木浦。大小长官齐聚木浦，大有将青瓦台移至儒达山山下之势。

国务会议的主题是“开发木浦”。经济规划院长官张基荣作出了要吸引大批企业工厂安家木浦的梦幻般的承诺。这一事实由金炳三候选人所经营的《木浦日报》做了详细的报道。他们把报纸分送到了每家每户。我曾作为木浦日报社的社长为报社的发展费尽心力，如今看到我一手扶持起来的报纸变成了这个样子，真是觉得寒心啊。

木浦的天空天天掉着“馅饼”，执政党的竞选攻势愈演愈烈。他们到处撒钱，四处送礼，市内甚至还流行着“米酒成河，面条成桥”的话。与他们正面交锋实在是太难了，公务员和商人们没有一个是站在我这边的。

如此下去，我们分明还未行动就会落败。我们也必须做好心理准备，必须制定面对强权的选举攻势之下的对策。深入选民集中的欠发达街区就是一个明智的选择，这些街区的人们会听从居委会干部或是楼长的指示进行投票。但是这些地方的居民们生活艰难，根本没有闲情去关心选举。

我们打算深入民众之中，有的助选队员甚至乔装成劳动者与他们同住同食，并对他们说：

“金大中是当总统的料，所以朴正熙对此十分不安，要提前除掉他。只要这次金大中能当选，他就能成为下届总统。我们木浦也就能出个总统。那么我们就都能跟着享福啦!”

这样的传闻四处流传，覆盖面愈来愈广，虽然我本意并不是要做到总统候选人，因为在我们党内已经有了俞镇午总裁这个潜在的总统候选人了。木浦选战一进入白热化，常驻木浦的报社和电视台就渐渐增多了起来。美国大使馆甚至还派遣了书记官常驻于此。中央报社每天都对木浦选战进行大篇幅的特别报道。木浦也成为国民们关心的焦点。人们都称此为“木浦的战争”。

我四处进行演讲，妻子则挨家挨户地走访呼吁市民支持我，还组织了夫人会。妻子不分昼夜地为我东奔西跑。她毫不做作、诚挚亲切地走近市民，给市民们留下了良好的印象。她还在北桥洞我家搭起了选举帐篷做起了饭。

妻子在任何情况下都能沉着冷静、不骄不躁。她总是在一个不远不近的范围之内支持帮助着我。每每从妻子这样的鼓励和忠告之中我总能获得力量。我信任她的处变不惊和细致周到。

拥有17万人口的木浦陷入了选举的旋涡无法自拔。执政党投下了金额如天文数字般的选举经费。木浦有家叫做“三鹤”的酿造厂积极支持着金炳三候选人。三鹤即使想支持我也不行，中央情报部和警察在我的周围布下了两三层的监视网。尤其是为了防止选举资金的引入，他们禁止一切企业和经济界人士的接近。这之后不久三鹤酿造厂就倒闭了，坊间传闻他们是因为帮助我而遭到了政府的报复。但这并不是事实。三鹤是积极支持金炳三候选人的公司，虽然不清楚到底是因为什么而倒闭的，但可以肯定的是跟我毫无关系。

我们既缺经费，人手又不足。不管是个体营业者还是小商人都无法接近我，他们可能会因为给我投下的那一点钱而遭到报复。因此，大家都不得不支持执政党的候选人，但不知名的贫民们还是偷偷地帮助了我。他们把折了几层的纸币握在手里偷偷交到了我的手上，并露出腼腆的笑容，随后就跑得不见踪影了。

有一次一位政府高官曾来到我的办公室找我，把信封放到了我的面前。那时是在选举战正式开始之前。

“总统要是知道了我必死无疑。这些钱留给你在竞选的时候用，到了选举白热化阶段就给不了你了。”

虽然不是什么巨款，但我十分感激他。暗中支持我的人比比皆是。我突然想到一句话：“塞翁失马，焉知非福。”民心可畏啊！

共和党内部因为资金充裕反而烦恼不堪。他们苦恼着怎样才能把这些钱分给选民们，他们必须极其隐秘而准确地进行金钱交易才能产生他们想要的效果。执政党选举的助选员们挨家挨户地登门拜访，在各家屋檐下标上记号，若支持执政党就标○，若支持在野党就标×，中立则标△。他们据此来分发金钱，当然只有标○和△的家庭才能拿到钱。熟悉居民倾向的选举助选员和派出所巡警，还有居委会职员组成一组挨家挨户地进行标记，为最后撒钱做好准备。

这一系列的举动都被我们识破了，并且将其反利用了起来。我们在晚上再去找到那些他们勘察过的居民的家，把屋檐下的○改成×，把×改成○。就这样我们改了很多。结果在第二天引起了大骚动。彻夜不眠地等着拿钱的那些人没有得到钱，在野党的支持者们却拿到了钱。在野党支持者们追问为什么要进行选举舞弊，而执政党支持者们则纷纷质问为什么给在野党支持者钱却不给他们钱。

执政党的选举舞弊行为愈演愈烈，手段更是多种多样，根本不把在野党放在眼里。受到执政党唆使的暴力分子横行霸道，接到总统命令的警察和公务员们对此视而不见。我与他们展开了正面斗争，其实我是下决心要作出牺牲的。就这样我的从容与悲壮犹如野火燎原般感动了市民们的心。木浦市长一直极力阻止我当选，据说如果执政党候选人当选，市长就会成为全罗南道的道知事。木浦市民的愤怒与日俱增。

木浦市民关注的焦点开始转向朴总统为什么如此执著地要毁掉金大中。市民们普遍认为，朴总统是因为意识到金大中是当总统的人才所以才想要将他尽早除掉。国会议员选举被视为总统的预选，执政党对此倾尽了全力，他们必须要“守住朴正熙总统的自尊心”。

选举进行到一半时，金炳三候选人的阵营开始明目张胆地宣传：

“金大中确实是优秀的国会议员，对此我们也十分清楚。但是为了木浦的发展，绝不能继续选择在野党议员。这次就让我们把票投给执政党，把振兴木浦交给执政党吧，等到下次我们再选金大中。也请金大中这次作出适当的让步，木浦得救之后再扶持金大中。如果这次金大中当选的话，木浦就完了。”

这一宣传效果十分明显，说得似乎也很有道理。选举拉锯战在地区开发论 vs 大人物论中展开。

“让我们去看金大中吧！”

“金大中是木浦的儿子，我们来扶持他吧！”

市民们全都聚集到了演讲现场。我每到一处都是人山人海。我对着现场听众们高声喊道：

“对于那些为了顾全我而受到迫害，为了顾全我而丢掉工作，为了我这样的人贡献财产而四处奔走，为了我而在教会、佛寺、家中日夜祈祷的无数爱国市民，我实在是不胜感激。我誓要打破这肮脏而罪恶的、史无前例的木浦选举不正之风，成为第7届国会议员，用我的行动来报答大家的厚爱！

“各位！我将为了守护民主主义而贡献自己的生命。如果在这一过程中我不幸离开，那么在场的各位在向我的尸体献花之前，请先踩着我的尸体继续前进打倒‘4·19’选举舞弊的元凶——第二个‘崔仁圭’①吧！请大家展开斗争根除这片土地上的不正选举之风吧！只要这样，我死也瞑目了。

“各位！我正面对着朴正熙政权那涂满毒药的屠刀，他们对手无缚鸡之力的我亮出了匕首、大刀、斧子，要与我决一死战。我一无所有，既无权，也无势，更没有报社、电视台，能拯救我的只有广大市民了。虽然我没有权势，也没有金钱，但我有大家在身边。大家是我的救世主。

“我向着儒达山、向着三鹤岛、向着荣山江起誓。儒达山啊，如果你听得见；三鹤岛啊，如果你看得见；荣山江啊，如果你感受得到，在木浦土生土长欲为国家奉献终生的金大中现正遭受着迫害命悬一线。如果你们有感知、有灵魂的话，我愿与

① 在1960年3月15日的总统选举中，崔仁圭作为内务部长官人为地操作了选票数。——译者注

千万木浦市民一道祈求你们保护我。

“各位，让我们共同来谴责选举腐败，一道反对选举腐败吧！让我们用我们自己的力量，在木浦争取我们自己的权利吧！”

我喊得十分悲壮，进行演说时我浑身战栗。听众们听完我的演讲之后感动得纷纷流泪，同时也愤怒不已。在我结束演讲之后他们也不肯离开，为了和我握手、拿到我的签名，他们可以等上几个小时。但是能拿到我的签名的听众毕竟有限，演讲现场热闹非凡。

少女们让我在她们的衬衫上签名，直接套上签着我名字的衬衫上学去了；她们也让我签在手绢和帽子上。小孩子们从本子上撕下纸来，拿到我的签名之后把它贴在书桌上。坐在船舱边卖海鲜烧烤的阿姨们成群结队地跟随着我。即使演讲的内容相同，她们也场场不落地出现在听众席上高声欢呼着我的名字。我真是对她们既感谢又抱歉，看不下去的妻子出面阻止了她们，但得到的回答却是叫我们不要担心：

“少挣今天一天的钱，我们也可以活下去，不要担心。”

在1967年第7届国会议员选举的游说演说现场，演讲结束之后听众们不愿离去。请求我签名的人潮还曾引起过骚动

我的选举办公室位于木浦站的前面，是一座有两层楼高的日式建筑。每天都有大批的市民涌到这里高呼我的名字。我回到住处也一直要给市民们签名，大部分情况下我都会写上“与金大中一起”。令人意外的是，握手和签名原来是个费力的体力活儿，最开始是手指发麻，后来开始疼痛，最后直接没有感觉了。但即使这样，我还是觉得十分幸福。

木浦沸腾了。兴奋的市民仿佛是一点火就会爆炸的定时炸弹。如果不顾市民反对进行选举舞弊，就会发生堪比引起四月革命的马山市民揭竿而起的事件。我们获得了木浦市民的大力支持。

但是最让我们担心的是“幽灵选民”。因为木浦市长指挥手下伪造了3 700多个“幽灵选民”登记在了投票人名册上。我们将10万多名选民一一进行了核对得出了这一事实，随后就将其曝光，并多次给当局施加压力：如果不马上对此进行纠正，我们将与木浦市民一道开展行动。不久之后，中央情报部驻木浦特派员找到了我。他问道："首先你们想让我们纠正什么事情?"并对我耳语道：因为民众反响过于强烈，政府正在转换态度。我要求他们必须先删除登记在册的"幽灵选民"，维护投票开票的公正透明。经过一番争论，"幽灵选民"最终被删除了。

后来才听说中央情报部部长金炯旭也来过南部地区。他待在光州的松亭里观察着选举战况。他听了相关人士的报告后认为，如果处理不当，木浦将会变成第二个马山。他迅速将这一情况报告给了朴正熙总统。朴总统最终别无他法，只得同意终止造假行为。虽然整个过程中也曾遭受木浦市长的强烈反对，但最终我们还是成功地在投票人名册上除掉了"幽灵选民"。

金炳三候选人的阵营在最后阶段仍没有放弃违法行为。虽然他们行事小心而谨慎，但我们通过多方打听还是得知了这一实情。我们一定要守住我们的选票，这比想象的要难，因为执政党一方会胁迫或收买在野党的观察员。

我们想出了对策。投票前日我把我方的观察员都召集到了一起，向他们强调了选举监察时应该注意的要点，他们听得都十分认真。我们阵营的干部们也都出面向他们强调了观察员的重要作用。但这都只是伪装。

密切监视我们的探子将这一切报告给了警察，警察和执政党人员纷纷对我方的观察员开始了紧迫盯人、各个击破，挨个对他们实施怀柔政策。但这些观察员其实是假的。召集起来的这些人也都以为自己是真的观察员，周围人也都是这么认为的，但是其实观察员另有其人。要想瞒天过海，首先要瞒住周围人，这是无可奈何的事。第二天投票现场一开，在野党一方真正的观察员就从容入场并在早已分配好的位置上就座。

而之前被召集起来进行提前教育的那些假观察员在进场时才发现没有他们的位置。我们向平白无故地被当成了假观察员的党员说明了前因后果，并请求他们原谅。彻夜进行怀柔作战的警察和执政党人被击中了要害，他们收买观察员的计划付之东流。

投票顺利结束了。所有的选票都被集中到了一处。深夜，设在儒达小学里的开票现场开始了计票工作，听说这一切都是警方安排的。小雨淅淅沥沥地下了一晚，我与我们的选举活动助选员一起守在了开票现场。我们坚信守住了这最后一晚，胜利必将属于我们。市民们也开始涌向开票现场，大概有1.5万名市民将开票现场团团围住。他们既好奇投票结果，又担心开票过程中发生违法行为。还有市民自发组成了“我们的选票由我们来守护”的行进队伍。漆黑的深夜里，市民们密切注视着一片灯火通明的开票现场。儒达小学附近的紧张局势一触即发。

在开票现场内，我们为了防止突然停电而准备了手电筒和蜡烛。开票进行没多久就停了电，尖叫声此起彼伏。

“开灯！”“快开灯！”

瞬间，摄像机的照明被打开了。当时正在现场进行采访的 MBC、KBS 两大电视台和以日本为首的外国电视台的摄像机的照明灯光照亮了室内。市民们也打开了手电筒。有的人一直划着火柴照明。虽然室内停电，但并不漆黑。聚集在开票现场外的约 1.5 万名市民齐声高呼着：

“开灯！”

这时，场内的电力恢复了，但不久又停电了。我们又一致打开了手电筒，而市民们的呼声再起就又恢复了供电。那天晚上先后停电了三次。每每一停电，我们就打开手电筒，一打开手电筒，聚集在外面的民众就开始了呼喊。

那呼声响彻夜空，黑暗势力躲在暗处准备施展卑鄙手段之时，被这呼声震慑住又不得不恢复通电。就这样终于开票完毕，有效票数为 52 017，其中金大中占 29 279 票，金炳三占 22 738 票。我以 6 000 余票的优势获得了胜利，这是广大人民取得的伟大胜利。

我站上卡车绕着木浦市进行当选致谢，那真是令人感慨万千的时刻。我和市民们都纷纷高声欢呼，互相祝贺着胜利。

“亲爱的木浦市民们，是你们让我成功当选的。这是大家通过英勇斗争而取得的胜利。各位不仅挽救了木浦，更拯救了韩国的民主主义。为了报答大家的恩德，我将继续挑战竞选总统。韩国的金大中将成为世界的金大中。”

市民们纷纷涌上街头，向我挥舞着双手。看着他们那明亮的脸庞，我暗自下定决心一定要报答他们。最终我还是拿到了当选证，活着坐上了湖南线列车。

选举结束之后，我以涉嫌违反选举法为由将木浦市长告上了法庭。他教唆部下行不义之事是市民们有目共睹的。他一陷入拘捕危机就来我家找到我，在我面前跪了下来。

“请您救救我吧！”

说完就开始批判起执政党候选人来：

“我也是被他们利用了。他们一落选就连看都不看我一眼。他们是连总统特批的选举资金都能中饱私囊的人啊！总统在与我单独会面时曾问过我要想赢得选举需要多少钱，我把金额告诉他之后，那笔钱就由中央直接进行了划拨。”

真是见识到了什么叫人心叵测啊。我撤回了起诉，算是原谅了他。

我在朴正熙总统为支持执政党选举而来到木浦时曾公开地问过他：

“朴总统本人出面鼓励选举腐败一事目的是否在于三选改宪①？如此不择手段非改宪无法说通。我们需要总统对此作出负责任的说明。”

随后朴总统在第二天的演讲中这样反驳道：

“我绝对不会干三选改宪这种事。我连三选改宪是什么都不知道，说我要进行三选改宪的分明是有政治上的图谋。”

朴总统虽然极力否认，但是我对此一概不信。全国范围内的国会议员选举最终以执政党取得压倒性的胜利而结束。他们占据了2/3的议席，因此他们可以随心所欲地进行改宪了。选举结束之后，我们在野党以选举腐败为由拒绝出席国会。国民们也对此表示支持，舆论更是一片哗然。全国各地都爆发了学生示威游行。见此情形，当局向在野党低了头，并称将让出15～20个席位。这样一来执政党的改宪美梦从议席数上看是破灭了。

我强烈要求当时担任总裁的俞镇午先生答应此事，并建议一定要以实行地方自治为前提条件来实施。我对他说，只有贯彻实行地方自治，才能阻止在选举期间发生的不义之事，才能在选举中取胜。我们要化危机为机会。俞总裁接受了我的提议。我作为党发言人发表了我们有意接受执政党提议的讲话。舆论媒体对此大肆报道。

但是第二天，新民党内的强硬派要求宣布选举无效并进行再选。更令人吃惊的是俞总裁也站在了他们那一边。我听着他们“发言人过分骄横了”的批评却束手无策。我找到俞总裁质问道：

“您为什么不守承诺？为什么不信任我？这样下去就会顺了执政党的意而进行改宪，说不定地方自治也会化为泡影。我们现在正在一步步陷入最坏的局面。”

我的忧虑最终成了现实。随着执政党与在野党无限对峙局面的形成，国民们开始不分政党地谴责国会的毫无责任心。继续对峙只能使执政党和在野党两败俱伤，最终在野党不得不接受了执政党提出的协议案。总统对于进行选举舞弊的道歉以“表示遗憾”而草草结束，在发生舞弊的选区进行再选举等事宜则由国会内部的特别调查委员会负责处理。在野党获得的成果实在是十分凄凉可叹。

在野党在那一年的11月19日开始正常出席国会。斗争持续了5个多月，但我们没有收获任何成果，反而丧失了公民们的信任。所谓的强硬只不过是表面看来态度

① 三选改宪，即为实现三次连任而修改宪法。——译者注

鲜明但实际上毫无责任感的一种表现。

我在韩日协商时受到了来自各方的种种非难但仍然进行了有条件的赞成。这次也发生了必须阻止三选改宪的紧急情况，因此我又进行了妥协，必须首先阻止他们的阴谋。这时正如我说的那样，如果从执政党那里抢来 20 个席位的话，悲剧般的三选改宪将不可能出现。

之前我也曾提到中央情报部部长金炯旭，他对我的态度与对他人稍有不同。那是发生在国会的事了。

1967 年 7 月，中央情报部发布了“东柏林事件”。联邦德国和法国的韩国留学生与侨民频繁进出位于东柏林的朝鲜大使馆和平壤，进行针对韩国的间谍事件。其中还牵扯到了作曲家尹伊桑和画家李应鲁。任谁都能嗅到整个事件都散发着虚构和阴谋的味道，再加上日本侨民和留学生也被情报部绑架而最终又被强制送还，这一事件造成了韩国与联邦德国两国的外交摩擦。在野党议员赵尹衡对金长官追究道：“东柏林事件使得整个国家蒙羞！”结果金长官突然兴奋起来，大声叱道：“我们抓共产党有什么罪？这到底是哪个国家的国会？”

金长官用脚踹着桌子怒视着在座的议员们，而执政党议席上出现了“共产党是当然一定要抓的”这样的声音响应了金长官。甚至在野党中的主要议员们也有同意这一论调的。不过当时的中央情报部部长掌握着无所不能的权力。但我们不能放任事态这么发展下去。我拿到了发言权走上前去：

“赵尹衡议员并没有说类似反对逮捕共产党的话，他只是说因为联邦德国是我们的友邦，所以要想抓人我们应该先与他们进行协商之后才能开展抓捕行动，为什么搞得跟绑架似的引起这一连串的问题？难道是我的理解有误？金长官，你跟我听的是同样的内容，我认为我听得没错，你觉得呢？”

金长官此时哑口无言。趁此机会我将积在心里的话一股脑儿说了出来：

“在座的各位议员，大家真的是国会议员吗？因为惧怕中央情报部的长官而将同事的发言批评得一无是处？身为国会议员，难道都不觉得羞愧吗？喂！金长官，这里是哪里？这里是代表国民的国会议事堂。大韩民国是民主国家，我们是代表民意的人。你这是对着谁放肆呢？”

议事堂内鸦雀无声，发言的我也觉得十分紧张。久久沉默不语的金长官走了出来，随后一扫之前的骄傲，低着头说：

“尊敬的金大中议员，我错了。各位议员，对不起！听了金议员的一番话，我似乎是有些失礼了。”

金长官经常称赞我，这些话也传到了我的耳朵里。他后来被朴正熙政权抛弃，流亡美国，在出席美国国会的听证会时，也为我做了“真实的证词”。他作为打压民主人士的中央情报部的部长，却对“总统的政敌”评价甚高，这真是个与众不同的人。

第7届国会中对政府质疑（1968年）

40多岁的总统候选人（1968—1970年）

青瓦台发生了总统袭击事件。1968年1月21日，汉城洗剑亭附近出现了31名朝鲜游击队员。武装游击队员越过“三八线”、穿过已经结冰的临津江来到洗剑亭紫霞门派出所门前，这里是青瓦台的后山。虽然这些游击队员穿着韩国军装并且进行了伪装，但他们的真实身份还是很快就暴露了。一场激烈的枪战由此爆发。被国军和警察重重包围的游击队员们纷纷自杀，但是有一个人活了下来。在仁王山山脚下，金新朝被捕。该游击队员随后出现在了电视画面上，道出了他们此行的目的：“我们是来取朴正熙性命的”。

这是一件令人震惊同时又有些莫名其妙的事情。朴正熙总统高呼要提升安保级别，并且发动军事政变以使独裁合理化，但结果却让人如此失望。因为警戒的疏忽，导致游击队员潜伏至青瓦台后山，实在让人哭笑不得。

1969年，朝鲜的挑衅一直没有间断。4月份，韩国军队在东海岸击落了一架属于朝鲜的战斗机。不知道朝鲜进行如此激烈挑衅的确切目的是什么，但据我推测，韩国向越南派兵协助美军作战而促使韩美关系得到强化，另外韩日邦交正常化使得两国关系更团结，朝鲜也许是受到了这些事情的刺激。

朝鲜的挑衅刺激了韩国民众，这给朴正熙总统强化独裁政治提供了一个绝好的理由，关于“三选改宪”的一些传闻悄悄地散播出来。时局越是动荡不安，禁止总统三选的宪法修改就理应被再次提出。这些传闻主要是从执政党领导那里散播出来的，而朴正熙总统本人则一直保持沉默。

朴正熙总统对1968年访问青瓦台的金相贤议员说了下面这样的话：

“不知道为什么我提出的任何事情在野党都反对。其中反对政府的经济政策是很不合理的。我得到民众的信任而执行政策，因此，我有义务和权利来施行各项政策。如果我的政策是错误的，那么在选举的时候就可以把我剔除。在政策施行的过程中，干涉政策施行的行为是不可容忍的。如果我打算进行‘三选改宪’的话，那么请金议员拿着短刀杀了我。因为您有这个权利这么做。”

我以前也听他说过这些话，但是我并不相信。如果朴正熙总统没有“三选改宪”的想法，那么他就没有理由在第7届总统选举时大张旗鼓地策划选举舞弊。国民们冒着危险进行抗议才确保了改宪议席，这也足以说明朴正熙总统正梦想着进行“三选改宪”。

慢慢地，执政党方面传出的关于“三选改宪”的消息越来越具体、越来越频繁。政局自然是紧紧抓住“三选改宪”反复进行攻防，这也是执政党缜密的政策手腕。时局开始变得非同寻常。

到了6月份，全国各地都爆发了大规模的反对“三选改宪”的游行示威活动。6月5日，新民党广泛联系在野党的民主力量，结成了以新民党为中心的“反对三选改宪的国民斗争委员会”。在野政治家、宗教人士、学者、退役将领也纷纷加入其中。我在这个时候第一次见到了基督教长老会的创始人金在俊。金牧师欣然接受了斗争委员会委员长一职。他非常有勇气而且对问题的认识很深刻，在这次活动中充分显示了许多政治人都无法与之媲美的政治判断力。同时，他的领导能力也非常卓著。在党内，我被分配到和金牧师一起工作，我们意见一致，配合默契。即使受到保守元老们的责难，金牧师也没有动摇过，他身体力行证明了什么是神职人员该走的路。在1980年“汉城春天”的时候，金牧师从加拿大给我寄来了一封长信，用毛笔一字一画书写的信中饱含了他对民主化的殷切希望。这封信像书法作品一样有风范，对我而言非常珍贵，我一直收藏着，但是在我被戒严军逮捕的时候，这封信也被他们搜走了。即便如此，信中的一段话却留在我的脑海中，挥之不去。

“我无条件支持金大中同志。无论何时，只要您需要我，不管什么事情、不管在什么地方，我都会欣然前往。”

1969 年与新民党总裁俞镇午、前总统尹潽善一同参加反对“三选改宪”集会

现在的新民党比过去任何时候都要团结，积极开展反对“三选改宪”的斗争，通过开展大大小小各种集会呼吁国民加入到我们的行列。尤其是在日后因为总统候选人提名而展开竞争的我和金泳三、李哲承接连进行了演讲。即使到今天，应该也还有很多人记得孝昌运动场演讲。那场演讲，我倾注了大量心血，使出了浑身解数，最终也得到听众的热烈响应。

孝昌运动场演讲的每位演讲者只有 15 分钟的演讲时间，为了准备演讲材料，我没有回家，就在市政府前面的新韩国宾馆住了下来。在昏暗的社会现状下，任何事情都需要一个突破口。我希望通过演讲来扭转这个局面，揭露执政党的卑劣，呼吁国民成为抵抗“三选改宪”的勇士。我准备了一篇极其悲壮的演讲稿。

7 月 19 日，在孝昌运动场举办的“反对三选改宪时局大演讲”的现场人山人海。政府当局极力阻止我们发起集会。政府原计划于 7 月 22 日进行有 40 万人参加的预备役训练，但在得知演讲将于 19 日举办之后，又匆忙将预备役训练的时间提前到了 18 日。另外，他们还要求饭店业、理发业等各个行业分别开展座谈会。但对当前时局毫无头绪的市民们却纷纷涌向了演讲会场。我站在演讲台上，放眼望去，到处都是密密麻麻的人。这次我演讲的题目是《三选改宪是国体的变革》，黄牛是共和党的象征，而我，也正从“黄牛”开始展开了我的演讲。

“早报上说，在京畿道安城，有一头疯牛用牛角撞了自己的主人，导致主人重伤。村子里的许多人都拿着棍棒想抓住这头疯牛，但是都没有成功，最后还是当地巡警出面，向这头疯牛连开了五枪，才制伏了它。看到这条新闻，我不禁想到这真是‘自作孽，不可活’。为什么这么说呢？在大韩民国，黄牛是国家的象征，共和党现在策划了践踏国民主权的‘三选改宪’阴谋，就像这扑向主人的黄牛一样，已经疯了。

“自学生放假伊始，反对‘三选改宪’的示威游行就在全国范围内大规模地展开了。示威最激烈的地区是哪儿呢？不是汉城，而是庆尚道，也就是执政党的大本营，同时也是朴正熙的故乡，这里的示威活动最为激烈。在大邱，不仅大学，连所有的高中也都被动员了起来。但是有件事情很有意思，朴正熙说他从总统职务上卸任之后，打算去岭南大学做校长。于是该学校学生们游行示威时打出了这样的标语：‘只有屠宰场才是疯牛的最终归宿’。”

在孝昌运动场举行的反对“三选改宪”演讲大会上，我认为“三选改宪即是变革国体”

现场爆发出阵阵笑声，随之我便赢得了阵阵欢呼和掌声。我曾断言朴正熙政权发动“三选改宪”的目的是为了策划长期执政和一人独裁国家，并且感叹，中央情报部统治言论，连司法部都被有权力的侍卫掌管。“大学是没有窗户的教导所，教授是没有编号的囚犯”。为了粉碎朴正熙提出的要把祖国领向灭亡和不幸之沼泽深渊的

“三选改宪”阴谋，我决定即使是献出政治生命，甚至是献出我的生命，也要和他斗争到底。

“最后，我要以我全部的真诚和全部的决心，向朴正熙提出劝告和呼吁：朴正熙先生，如果你对国家民主主义还存有一丝良心，如果你还尊敬我们的国民和历史，如果你对在‘4·19’和‘6·25’事件中逝去的英魂还负有责任感的话，那么不管发生什么事情，都不要进行‘三选改宪’。若强行实施‘三选改宪’，你将会受到来自祖国和人民无法想象的抵抗；虽然我不知道那将会是在几月几日，不能推算出精确的时间，但我依然可以非常明确地告诉你：你，朴正熙，将会成为第二个李承晚，共和党将会成为第二个自由党！”

朴正熙总统终于打破沉默，于1969年7月25日，即孝昌运动场集会后的第六天发表了声明：

“在野党对我发动了荒谬的攻击，在这种情势下我不可能辞去总统职务，因此必须施行‘三选改宪’。”

如果在国民投票中改宪案被否决，那么总统和内阁因为得不到民众的信任必须辞职。朴正熙总统任职到1971年，信任问题一直伴随着他的整个任职过程。他把信任问题与改宪结合起来，强迫公民进行选择。很明显，这是在威胁大韩民国国民。我虽然能预测到这一点，但是却没料到总统会把“三选改宪”公开化，由此产生的结果就是使政局陷入了混乱。

我在马来西亚吉隆坡听到了这个消息。本来计划访问东南亚后再对欧洲、美国、南美等进行访问的我在听到这个消息后，马上取消了原来的行程回到国内。此时民主共和党在国会占有2/3的议席，只要党内意见统一，修改宪法会很容易实现。不过朴正熙的“三选改宪”首先就遭到共和党内一部分议员的反对。时任国会议长的金钟泌知道，一旦朴正熙改宪成功，那么他成为下一届总统的梦想就将化为泡影，所以他强烈反对改宪。除此之外，共和党内部反对改宪的议员也不在少数，据媒体分析估计有30人之多。

尽管如此，朴正熙总统还是积极地开始推行“三选改宪”。中央情报部部长金炯旭、青瓦台首席秘书官李厚洛在幕后推动，白南檍、金成坤、吉在号在幕前操作。最终，共和党议员们也迫于怀柔和压力而同意改宪。金钟泌也变换立场，在全国各地开展了赞成改宪的游说演讲。

只有执政党议员同意改宪是远远不够的，他们开始贿赂收买在野党议员，即便如此，共和党还是没有十足的把握，他们无法保证在匿名投票的过程中共和党议员全部投赞成票，于是就传出了“三选改宪”很难通过的流言蜚语。当时，为了阻止共和党在国会通过宪法修正案，在野党议员们团结起来，占据国会会场并进行了静坐示威。

共和党见此便将“三选改宪”的会场设置在国会议事堂对面的第三别馆。1969 年 9 月 14 日凌晨 2 点，共和党和无党派的共计 122 名议员聚集了在一起，他们对提交的宪法修正案进行了投票。2 点 53 分，这场欺骗国民、颠倒历史的大型欺诈剧落下了帷幕。这次“宪政政变”的爆发与当年“5・16”军事政变几乎同时。据说议长都没有议事棒，只能用水壶盖敲打桌面。后来得到消息的新民党议员们冲进了别馆，走投无路的共和党议员就都从后门逃走了。凌晨，在野党议员们纷纷痛哭出声。

在反对“三选改宪”的示威斗争中被便衣警察强行带走时我高声怒喊

别馆发生的执政党议员的这种行为是彻底违反国会法规定的不法行为。他们的这一系列行为都没有通知在野党。执政党为了达成他们那不可告人的目的，不惜采取如此卑鄙肮脏的手段获取政权。

朴正熙将宪法修正案交由国民投票，并获得了绝对支持。国民投票最终以执政党的胜利而告终。在韩国这个不实行地方自治制度、动员政府官员进行欺骗行为的国家里，在野党是绝对不可能取得胜利的。

时局异常混乱。同年 10 月，我和家人一起去看了英国流行乐手克里夫・理查德的演出。梨花女子大学的讲堂简直变成了一片沸腾的海洋，四周全都是学生们那刺耳的喊叫声，根本听不到音乐。这些疯狂的人几乎全是初中、高中生。大学生们看着这些学生，咂舌道：

“他们简直是疯了！疯了！”

虽然每个年龄段都会有自己狂热追求的对象，但我还是惊讶于高中生和大学生之间如此显著的差距。我认为，年轻人之所以如此狂热是因为这片土地上没有适合年轻人释放的途径。军事政权的暴力政策、南北对立的加剧越来越深入地渗透到社会的各个行业。祖国的未来一片昏暗，我开始担心我们的孩子是否已经气馁，是否已经放弃了梦想。

朴正熙总统开始了“三选”之路，我们之间的战争又要拉开帷幕了。只有阻止“三选”，我们才有可能赢得选举。包括我在内，所有人都认为新民党潜在的候选人是俞镇午总裁。但是作为发言人，俞总裁的政治眼光和领导力有着明显的不足。上次大选，共和党大规模地开展选举舞弊本来应该是我们扭转局面的大好机会，但是因为他不能正确地执掌党务、受到强硬派的牵制，导致浪费时间，错失良机。我想俞总裁自己也应该是悔不当初吧。

我反复思考过这个问题，当时叫我金大哥的李用熙就曾这样说道：“俞总裁这个人不行，不值得信任。金大哥，还是由你出任总统候选人吧。”

某种想法在脑海中闪现，但是我当时并没有做声，只是默默地准备与俞镇午先生展开一场战争。我首先做的就是整顿参谋团，巩固全国的地区党组织。

俞总裁突然脑中风，晕倒了，他于11月份前往日本治疗，辞去了总裁职务。每次一有重大的选举，在野党总裁或总统候选人总会晕倒，这种倒霉的事情又再次上演了，在野党所有议员都很紧张，整个在野党笼罩在一片黑暗之中。

1970年1月初，新民党召开了临时全党大会，选举柳珍山为总裁。有人说柳珍山先生是伪新民党员，这种流言听得多了，民众们便开始怀疑他的政党性质，因此柳珍山先生的民众支持率很低。虽然勉强可以维持总裁职位，但是做总统候选人是远远不够的。那时，新民党院内总务金泳三议员主张“40多岁旗手论”，舆论界更是充斥着世代交替等论调，我也赞同这个“40多岁旗手论”。

我们必须要尽快选出与朴正熙总统正面作战的在野党候选人，然而柳珍山总裁却单方面将原定于1970年1月进行的预备候选人选举时间延迟，他分明是打算亲自出马。他背弃了亲近的同志战友，而国民们要求推举40多岁议员做总统候选人的呼声也越来越高。

党内有可能成为候选人的40多岁议员只有三个人——金泳三、李哲承和我。但问题是柳总裁，他为了阻止“40多岁旗手论”，对我们发出了当头一炮。

“你们这些乳臭未干的政治未成年人。”

但是他的这种行为并没有引起舆论的多大反应。柳总裁意识到自己出任候选人的可能性越来越小，于是开始索要他的投票权。离总统候选人大会只有四天了，1970年9月25日，我和李哲承、金泳三先生被柳总裁叫到了位于上道洞的家中商量事情。当时党内的大主流是包括金泳三先生在内的珍山派，而我和郑一亨所在的李载潆派是非主流。柳总裁和我虽然同属在野党，但是派系不同，走过来的路和政治路线也不尽相同。柳总裁有非常出色的政治手腕。金泳三、李哲承都接受了柳总裁的提名案，只有我断然拒绝了。很明显他不会提我的名。

总统候选人必须要经历国民投票选举来获得国民信任，根据来自全国各地的党议员的意思来进行决定是顺理成章的事。柳总裁最终选择了金泳三，李哲承对此发表了强烈谴责。李哲承的部下成员的根基和我一样，都是新派，所以他们转向支持我。党内的领导人，如郑一亨、郑宪柱、尹吉重、金应柱、金元万都支持我。

总统候选人的提名是由议员们负责的。提名金泳三先生的珍山派对这次总统候选人提名表现得非常之乐观，我自然也有自己的计划。舆论也都认为金泳三会成为候选人，他们用所谓的“大势论”对我进行攻击。最后甚至连我周边的人都劝我退出总统候选人的竞选，但是我对自己有信心。我走遍全国，深入到党员和民众中间开展面对面的交流。这次行动的结果就是，普通党员对那些要前往全党大会进行总统提名的议员施加了压力，要求他们都支持金大中。这件事情在全国大范围进行的同时，我断然拒绝党总裁提名的行为也受到了社会底层人民的欢迎。

民众们认为，“只要拥有这种坚决的精神，就可以和朴正熙总统展开总统一职的争夺”，他们又想起了在木浦举行第7届国会议员选举大会时的情景。

在总统候选人正式提名以前大概8个月的时间，我努力地拜访全国各地的议员们，议员们的反应非常好，特别是庆尚道地区的反应最为热烈。我的夫人也是热情高涨。那时，在野党议员们大多生活在山村里，我夫人提着蛋糕，走过陡峭的山路，去议员家里拜访。在这种选举活动下，先动员议员的夫人和家人，然后慢慢地由他们的家人再动员议员。这种策略非常奏效，我的选票开始一张一张地增加。全党大会前夜，我还赶往议员们下榻的地方，与他们进行深入的交谈。我要尽我最大的努力争取选票。

1970年9月29日总统候选人提名全党大会召开了。我的支持者们准备了气球，放飞到高空。数百名支持者肩膀上搭着绶带聚集在市民会馆（现在的世宗文化会馆）

前，不停地高呼我的名字。我们党的最高领导人、我的支持者郑一亨先生手持标语站在队伍的最前面，喊着：

“金大中，金大中，总统金大中！”

我感动得几乎要流出眼泪，心中充满了满足，并且预感很好。会场附近所有的墙壁上都贴满了我的宣传单，会场前面挂满了支持我的条幅标语，却看不到金泳三先生的宣传资料。这种热潮在全党大会的历史上从未出现过，这种氛围就像是美国进行的总统选举。

全党大会议长金弘壹先生宣布人员到齐，大会开始。李哲承发表辞职宣言之后便匆匆退场了。这是一个紧张的时刻，终于要公布投票结果了。

“在席885人，其中，金泳三421票，金大中382票，弃权82票。”

曾经预测金泳三先生会获得压倒性胜利的议员和媒体记者们开始骚动了，这个结果是他们意料之外的。当时有一些晚间报纸甚至还提前登出了以“金泳三候选人获得提名”为题的文章，还在大会场内四处散播。这完全是毫无根据的虚假报道！第一次投票时曾经支持李哲承的议员们都投了弃权票。投票结果一揭晓，我颤抖着双手走向前，大声喊道：“现在，我是总统候选人。”

所有的人都在看我，会场内瞬间安静下来。我能感觉到对方阵营正在流动着的不寻常的气息。

再次投票的时候，我向记者们保证这次一定会胜利。我这么说是有充分理由的。就像之前我说过的，李哲承一派的议员们以前大部分都从属于新派。我曾经对他们说，李哲承参选时他们支持李哲承，万一李哲承不出马，他们就要支持我。再次投票以前，李哲承一派的金俊燮曾来找过我，并让我写下保证书。

其内容是“下次总裁选举时，金大中必须支持李哲承”，只有这样，他才会在第二轮投票时支持我。我按照他的要求痛快地写下了保证书，对现在的我来说，胜利才是最重要的。其实李哲承并不适合做总裁，我这么做也算是一种缓兵之策。以后李哲承很有可能不会参选总裁，这样我也就不必遵守今天的约定了。不管怎样，我想到了最坏的结果，展开了这场夺票战。在第二轮投票检票的过程中我已经知道我是不可能输的。

“在席884人，其中，金大中458票，金泳三410票，弃权16票。”

金弘壹议长使劲敲着手中的议槌，我最终以超过半数的选票成为下一届总统候选人。掌声和欢呼声久久不息。这是韩国政治史上人人称赞的大反击。金泳三候选人阵营茫然无措，他们曾经确信自己会取得胜利。

我发表了总统候选人就职演说。

第 7 届总统候选人竞选中以 458 票胜出

“从这一瞬间开始，大韩民国的新时代已经到来。我会站在这个新时代的前沿，为了国民的自由和幸福而斗争。我一定会阻止朴正熙长期执权，同时要实现建国以来国民所期望的民主性的政权交替。”

40 多岁总统候选人的诞生就像一股新风。对我当选总统候选人一事最吃惊的莫过于朴正熙政权了。可能是事前中央情报部部长分析了当前局势，乐观地向朴正熙总统报告说，金大中完全没有当选的可能。不知道是不是因为这个失误，总之，在总统选举前，中央情报部部长被调走了。

在这股政治新风之下，在野党拉开了推行新政治的帷幕。我要和朴正熙总统进行一场命运的对决。这次我以总统候选人的身份出现在他面前，以朴正熙那动物般敏锐的政治直觉，要除掉我这个“未来的政敌”也不无可能。

为了终结朴正熙政权，我决心用我的性命与他进行斗争，斩断禁锢在野党多时的铁链，报答国民和党员们对我的支持。韩国政治界即将掀起一场巨大的风暴，而我已经走进这风暴的中心。

第三部 1970—1972 年

市民们涌向奖忠坛公园一带，奇迹般居然聚集了100多万名民众，爆发出一阵阵的欢呼，此次演说成为对抗独裁、要求民权的大型庆典活动。这是我平生最大的感动。我高声呐喊：“如果这次不能实现政权更迭，这个国家就会走进永久集权的总统时代了”。

打破军政国家的禁忌（1970—1971 年）

1970 年 10 月 6 日，我作为总统候选人召开了记者招待会，向全体国民公布了我在选举活动之前准备的各项竞选政策。在此之前，韩国的在野党仅仅是对政府的实政或者是政府的不正之风等进行漫天的攻击，从来没有提出过自己的政策和自己的政治蓝图，这也是其没能取得国民信任的原因之一。于是我确立了各项竞选政策，向广大民众明确地展示我们新民党的先进性。但是，对政府进行批评容易，提出新的政策却并不简单。

在记者招待会期间，我并没有采取对朴正熙这位共和党总统候选人和一干执政党首脑进行人身攻击的方法。虽然我们手头掌握着充足的可以对其进行人身攻击的材料，但是这一次我要通过新的政治政策来取得胜利。就算是仅仅利用我提出的政策和远景蓝图，我也有在竞选中取胜的信心。这是我费尽心力投入了全部热情研究的改革政策，并对它修正了无数次。

我提出的政策包括：废除乡土预备军，推行大众经济路线，保障美、中、苏、日四国不再在朝鲜半岛发动战争（四大国安全保障论），韩朝的和解和交流，和平统一论，改善与共产主义国家的关系，改善教育条件，取消征收中小学学费，征收奢侈品消费税，打破学阀主义，实行双重粮食价格制度等。每一条政策都具有很强的冲击力，特别是废除乡土预备军、四大国安全保障论、韩朝的和解和交流、和平统一论、推行大众经济路线等都获得了国民前所未有的关注。

乡土预备军是在朝鲜的游击队袭击青瓦台事件之后政府于1968年4月1日出台政策开始组建的，法律规定预备军的军力为200万名军人。预备军平时在家务农，战时作为战斗力量，是一种类似于屯田兵的组织编制，是一支类似于朝鲜的劳动赤卫队的军队。这些预备军的军人在从事生计的同时还要兼顾例行的预备役训练，甚至还有被叫到管理长官家里去帮忙看孩子、给长官家劈柴的情况。不仅如此，它还滋生出了交钱来代替这种预备役训练和让别人来代替自己训练的情况，出现了种种副作用。

预备军当初是为了防御朝鲜军队入侵而组建的，现在却成了朴正熙政权变相控制人民的一种手段。安保成了祸根，朴正熙政权通过这种手段将全体国民作为一个军事组织管理了起来。这种方法会将一般民众在瞬间变成军人，任何时候都有为了不正当的目的而将民众组织起来的可能性。乡土预备军已经脱离了原来筹建时的宗旨，人们对它怨声载道。

我主张废除乡土预备军正是顺应了国民一直以来的期盼和意愿。气氛变得极其不寻常，朴总统就此召开会议来讨论相关对策，并且指使相关团体对我进行了攻击："撤除废止乡土预备军的政策会对国家的安全造成重大影响，最终的结果会诱导朝鲜向南进军。应马上撤销关于此项政策的发言。"

但是我坚决没有撤回所提出的此项政策。这既是对执政党发起的攻势，也是因为这符合大多数国民的根本利益——绝大多数国民都支持废止乡土预备军的提案。但是也有人指责废除乡土预备军的做法过于急躁。到了选举中期，我没有过多的时间来对各种质问进行一一的反击。

当然过早的公布政策提案会遭受更多的阻力这是无可争议的事实，政府和执政党、新闻和当时的出版物、国营的广播电台总动员，对我的批判铺天盖地而来。我当时比较缺乏安全意识，认为自己虽然处境危险却是肩负责任的政治人。站在这样的立场，当时需要提出的是能凝聚党内力量、引发国民关心、爆发力强劲的焦点问题。当时的政治时局在当局反共的号令下让人不能喘息，这亟须有所改变。这就迫切地需要能打破这一局势的导火线，即提出废除乡土预备军的主张。如果我通过其他的政治主张赢得了民心，在投票的时候再提出这个废除乡土预备军的议案，之后的结果就不得而知了。

四大国安全保障论、韩朝的和解和交流等提案，对为了掌握政权而一致利用这些外部因素制造紧张气氛的当局政府造成了巨大的冲击。当局政府宣称四大国安全保障论是毫无实现可能的妄想谬论，并且在当时即使是提一提“统一”这样的字眼儿也是要受到当局调查的，在这样的背景下当局对我的政见进行指责批判也是可以理解的。他们攻击我的政见是把祖国的国防交到四个大国的手里，甚至给我起了“疯子”的外号，这可谓是朴正熙大总统的最严厉的谴责了。

朴候选人厉声说：“把我们国家的安保交到我们的敌人苏联的手里，这是说什么呢？这分明是正面违背了国家反共政策的主张。”

他们歪曲了我的竞选政见，我所主张的四大国安全保障论的核心内容，绝对不是把国防交给这四个国家。我的政见是让四个国家入驻朝鲜半岛，实现力量的制衡，这样就不会受到如清日、俄日战争那样战争危险的威胁；南北之间互相扶持，达成不发动战争、互不侵犯的协议。一言以概之，就是要求四个大国达成互不侵犯条约。我的主张在知识分子阶层迅速散播，也受到了国际社会的广泛关注。那时候我主张的四个大国和韩朝都要考虑的政见，不就是日后为了解决“朝鲜半岛核危机”而召开的六方会谈的原型吗？我已经看破了围绕在朝鲜半岛周围的力量的实质和实现真正和平的条件。当时提出的理论现在想起来也是无所偏颇的。正确地判断、正确地行动，我对自己的政治敏锐性倍感自豪。

共和党对我提出的南北交流与和平统一的政策也给予了强烈的攻击和批判。他们质问道，朝鲜正在策划武力统一朝鲜半岛，你却在这里谈和解，怎么能和平，怎么和解？朴总统和金钟泌一干人等，对我的发言进行了强烈的批评和谴责，这大大地刺激了国民。

“金大中吹笛子，金日成就跳舞；金日成打鼓，金大中就合拍。”

但是极力反对我的主张的朴正熙政权，在仅仅一年之后就采取了与我所主张的南北统一一样的政策。在韩国政府的提议下，促成了韩朝红十字会谈，在会谈进行的同时达成了著名的“7・4”《南北共同宣言》。他们如此反对我的政治主张，最后却实施了我的政见，其实他们隐藏在背后的出发点是与我不同的。朴正熙政权的目的并不是南北的和解与协力，而是通过这样的政策保障自己的政权，并进一步地笼络民心。

我在准备竞选的过程中，以经济政策为中心提出了大众经济论，即从制度和政策两方面实现依托广大民众、为了广大民众的人民群众经济政策。李承晚政府以来，韩国的经济一直是为权贵主义的政府和少数特权集团而服务的特权经济形式，到了朴正熙执政时期，这种经济政策变本加厉。农民等一般人民群众感觉生活越来越困难，整体社会经济的弊端越来越明显，这时急需可以对抗朴正熙政权那种财阀独裁的理论和战略。我为了韩国的经济和民主主义提出了新的蓝图，为了使这些理念能被民众广泛接受，我要向大众努力宣传。

1970 年，被选为新民党总统候选人发表竞选承诺。现在看来当时的竞选承诺也是非常具有现实意义的（1970 年）

我的大众经济论是在解放之后，在对韩国社会经济进行长期观察下萌发的经济理论。在第 7 届总统选举开始以前，我就通过各种媒体提出过大众经济论的思想。1969 年我在《新东亚》发表的文章《大众经济论的主张》中阐述了我的核心观点：所谓大众经济是指以社会的实际生产力为依托，在最大限度地发挥智慧和能力的同时建立一个能保障国民福利的经济系统。另外我还在文章中强调，为了成功地开展大众经济，需要彻底地实现民主主义的体制，群众的意识是构建大众经济的必要条件。

为此，我提出为了能让国家经济公正透明地运行，强化企业的责任感，需要设置公正运营管理委员会的提案。我认为，通过这个机构，政府能以全部产业为对象对交易的正当化实施管理，并对消费者进行保护，能够为了一般的劳工实现收入的再分配与调整等。虽然在当时这只是一个陌生的概念，但是我极力主张实现产业的民主化，将庞大的垄断的国营企业民营化，实现从业人员的自治体系。

我的这些构想在 1971 年出版的《金大中的大众经济 100 问 100 答》中做了系统的整理和论述。这本书是我咨询了金炳台、郑允亨、朴玄埰、崔虎镇等诸位教授以及有关经济学家，并与我的秘书房大烨、金景光等讨论后，为了广大选民而出版的问答式选举资料，出版的目的是为了使广大群众能够更好地了解大众经济论。没想到在这本书的出版过程中，我们遭到了当局情报机关的重重阻挠。为了躲避情报组织的监视，我辗转于各个旅馆之间，与各位同僚也是分组联系，单独见面。在这种严密的监视下，找印刷厂印刷也是难上加难。我们中的几个人甚至被情报机关强行带走，经历了痛苦的审讯。

第一次作为总统候选人参加选举时出版的《金大中的大众经济100问100答》，韩国27年之后才能实施这些政策

总之，这本书是为了应对总统大选而精心准备的。大众经济论是我在青年时期一边做实业，一边在国会经济委员会的活动中体会实际经济运行的规律，并进行深入研究的基础上总结出来的。在军事政府管制下运行经济，这种状态达到了其顶峰之时，我所提出的要让大众参与到经济的实体运营中来，成为经济活动的主角，就好像一阵清新的风吹进了国民的心中。当时的朴正熙政权只关注出口的增加和经济的增长，对除此以外的任何事情都漠不关心。对于谁是经济活动的主角这样的问题和分配到底要如何进行等恐怕想都没想过。

朴正熙政权对少数特权阶层给予的特惠待遇可以说是一个天文数字。朴政权的经济政策包括政府决定市场价格、优先分配、全面干预包括劳动关系在内的各种市场机能，造成了市场的非正常化成长。政府的干预使得韩国的经济朝着极其不均衡的方向发展，加剧了工业与农业之间、大企业与中小企业之间、城市与农村之间的差异。一言以蔽之，朴正熙政权的经济政策就是通过牺牲农民和工人的利益来保障大企业集团的利益。在这种特惠和特权经济体制下，劳苦大众在低工资、低粮食价格中挣扎，中产阶级的形成遥遥无期。而我所提出的大众经济论正是针对这样的问题的。

大众经济路线的构想是通过协调经济增长、合理分配和物价稳定这三个主要课题，来构建民主化的经济体制。为了个别人或者个别利益团体而实行的独裁经济政策，必然是产生极大的副作用，最后使社会经济停滞并沦落为经济落后的国家。所以要让全体国民参与到经济运行当中来，合理调整本来有着排他性特征的经济发展的三个主要课题。只有通过大众参与才能实现经济的民主化。

1970年发生的“卧牛市民住宅崩塌事件”就是暴露在这之前所积累起来的经济

层面、社会层面弊端的标志性事件。位于汉城市麻浦小山的居民住宅楼倒塌造成33人死亡。事故的原因是建筑承包商偷工减料违章施工，而汉城市的公务员对此干脆视而不见。市民高层住宅的倒塌，虽然可以看做是一种单纯金钱中毒的社会现象，但实际上其中隐藏的是对这种没有民众参与和监督、以单纯的增长为中心而构造的经济体制已经到达了其临界点的一种令人恐惧的警告。从这开始，高速成长的副作用开始明显地表现出来。在这之后，大韩民国被大型事故的恐怖阴影所笼罩。

我主张推行的大众经济路线是要把经济发展的成果归还给民众，不仅在这一代，在下一代人之间也要进行公平的分配。作为大众经济政策的主要内容，双重粮食价格政策也是遵循这一主线提出的。日本因为提出了能满足消费者和生产者的双重粮食价格体制，使得农村富足，“食粮不足”的抱怨也消失了。农民因为生活富裕了起来，购买力得到了提高，最终又使得都市产业繁荣发展。我提出的这项政策后来也被朴正熙政府所采纳。朴正熙政府一边对我进行批判和打击，一边却把我所主张的很多政见采纳为他们以后的政策。

我在大众经济论中强调了市场经济的重要性。市场经济的核心是具有真正意义上的有创造力的企业家和自由企业体的存在。从世界经济的历史中可以看到马克思主义的假想世界，也能找到凯恩斯主义的限度。市场经济是国家所不能取代的，更不是企业家和官僚们所能取代的。能有效地监管市场经济的国家正是民主主义国家，只有以大众和中产阶层的监管为依托，才能真正地维护民主主义。韩国长久以来没有市场经济的位置，也没有真正的自由企业和有创意的企业家成长的环境。在经济勾结和管制金融互相交替的权威主义时代，企业家要定期上交“黑钱”。李承晚政府以来，这一惯例一直持续着，我认为在这一点上，企业家们不应该继续容忍。

企业家们对自由市场经济应该秉持一种信念，应该有守护自由市场经济发展的使命感。企业家应该在自由经济体制中发挥自己的创造力和冒险精神。对自己有利的时候就支持自由经济，当市场竞争激烈的时候就要求政府的保护和干预，这些都是伪善的行为。

在当时的环境下，应该如何发展经济，利润是否可以回流到大众手中？作为企业家应该不畏诱惑和特权，通过培养竞争力来主导市场，改善其羸弱的特质。而解决这一问题的有效方案就是民主主义。这一点作为大众经济论的核心内容在日后的金融危机之后被强调成为民主主义与市场经济并行发展理论的哲学基础。

我的大众经济论几经修改终于以《大众经济论》为载体重生了。这本书的出版得到了当时在美国大学任教的经济学博士柳钟根的大力帮助。我的力量来自国民对大众经济路线思想的支持，这本书是我与全体国民一起著成的。在所有的真相被不正当地隐瞒的时期，在恐怖的监视和高压之下，国民们读了我的书。1980 年，新军部时期《大众经济论》被列在了禁书的书目之中。即使在这种情况下，大家也在私底下偷偷地传阅这本书，可以说没有“大众”就没有《大众经济论》。

《大众经济论》在 1985 年被美国哈佛大学以“大众参与经济论”为书名出版，作为美国多所大学的辅助教材被使用。

在我作为总统就任的初期，我在大众经济论中所强调的“分配”并没有被全面地实现，在金融危机缓和之后，分配成了政策的重点，即所谓的“生产性福利”。金融、企业、政府、劳工四大部门的改革正是大众经济论中所主张的内容。我的大众经济论在长久的岁月中成熟发展，再向“国民政府”的过渡中成为正式的国家政策焕发出顽强的生命力。

我提出的政策主张成为热点话题，相比之下执政党的政策则根本没有引起大家的关注，这真是很玄妙的现象。我的政策一经发布，政府和执政党就对我群起而攻之，处处挑我的毛病。每当我的政策提案一出来，全体执政党成员就一窝蜂地起来对我进行声讨，但是国民对我提出的政策的反应却很是热烈。我在总统选举的前哨“政策胜负”战中，压制了他们的气焰。

当时新民党还没有成立体系化的政策立案机构。那时我所提出的政策都是自己研究调查整理出来的，可以说是我汗水的结晶，是我对国家改革的远大构想，是我为我们民族的未来设计的政策。而当时的执政党共和党，可以利用政府庞大的行政机关，政党本身也有大量的预算，但是他们却没有提出任何有意义的政策。政策对决是资金和组织力量都处于弱势的在野党的最有效的选举方法和手段。

另外，执政党攻击我的政策是没有预算准备的鲁莽的行为。于是我就将政策实行过程中所需要的资金和资金筹措的方法一一地列举了出来，对我的政策持怀疑态度的人，在预算的准确来源被公布之后也都改变了看法。不仅如此，我提出了要与朴正熙候选人举行联合演说，在电视上讨论的建议，来看看谁的主张更具有公信度，可惜，朴候选人最终没有对我的提案做出回应。

民心的叛乱，由旋风变为台风（1971 年）

1971 年初，我和妻子一起到美国访问，此时离选举还有三个月的时间。作为总统候选人，我在记者会上多次阐明过我的政策主张，并在全国主要的城市巡回演说。美国政府将我作为友好人士的代表进行了关注。美国政府希望会见我这个在野党总统候选人。当时美国驻韩大使威廉·波特对我转达了美国政府的邀请，他们想见见这位在大选中刮起政局旋风的年轻政治家。我也应该见见美国的幕后人物以拓宽我的交际圈。与对韩国的军事、经济最有影响力的人物会面，讨论当前的问题，无论是对我取得大选的胜利还是对我未来的政治活动都会有深远的影响。

美国政府的官员和高层对我的到来表示了热烈的欢迎。我与以罗杰斯国务卿为首的包括马歇尔·格林助理、李欧纳韩国科科长等国务院的高级官员进行了正式会谈，也见到了美国参议院议员爱德华·肯尼迪、参议院外交委员长富布莱特等。罗杰斯国务卿毫不吝啬地对为了民主而战的我进行了高度赞扬：

“美国支持民主主义，绝不会忘记为了民主主义而战的领导人。”

肯尼迪议员给予了我温暖的鼓励与支持：

“你可谓是韩国的‘肯尼迪’，我们肯尼迪家族在迄今为止的选举中还没有失败过，所以金候选人你也一定要成功。现在的美国政府支持韩国的独裁政权，但是我们很担心，我们对韩国事态一直很关注，请安心全力去参加竞选吧。如果有需要我帮助的地方，无论什么时候请给我打电话。”

他虚心听取了我构想的政策，特别对朝鲜半岛南北和解政策表示出特别的关注，并给予了全面支持。

作为总统候选人访问美国，与参议院议员爱德华·肯尼迪（左边）、哈佛大学教授杰尔姆·科恩（Jerome Cohen）会面

与富布莱特议员的会谈也十分有意义，主持会议的富布莱特议员作为参议院外交委员长与我进行了40分钟的会谈，他给我简单介绍了外交委员长室的情况之后向我提出了这样的问题：

“作为候选人的你认为在像韩国这样的军事独裁国家，政权交替是可能的吗?”

这样的提问有些嘲讽的意味，我是这样回答的：

“你们的祖先在200年前为了自由和独立与英国进行了斗争，那时的美国人也没有得到一定会取得战争胜利的保障。美国伟大的建国领袖托马斯·杰斐逊说过，民主主义是在无数的人民的流血牺牲中成长起来的。现在我所做的事业是否能马上成功，这一点各位是无法知道的，但我相信这却是我不能不做的正确的选择！我相信杰斐逊所说的，在流血和流泪的战争之后必然迎来自由和民主主义，所以我们不会停止斗争。”

访美期间与富布莱特参议院外交委员长会面，对外交现况等交换意见

富布莱特议员认真地听我讲完了这番话，然后正色道：

“我明白了，请一定要取得成功!”

虽然会觉得有些鲁莽失礼，但我还是提出了我的质疑，是针对富布莱特议员所说的对越南出兵时征用韩国军人作为雇佣兵一事。作为在野党的我对此是持反对意见的，并且作为韩国人更是不能把这样的事当作没有一样。对越南出兵并不是我们的意愿，不协助美军出兵就会受到驻韩美军撤军的威胁，而且在朝鲜战争的时候，美国对韩国提供了很大帮助，韩国人出兵是怀着一种报恩的想法，朴正熙政权正是利用了这样一种民族感情对国民进行强行征兵，也借此来保障其政权的稳定和寻求经济上的支援。

在陌生的丛林中战斗牺牲的韩国年轻人相信他们在越南的战斗是为了守护民主主义。我们年轻的士兵即使被全世界所指责，美国也没有资格指责，他们应该感谢我们。我对富布莱特议员这样说道：

“我理解您对韩国政府及美国政府政策的指责，但是为了我们的友邦而参战，抛头颅、洒热血的韩国年轻人，被指责是用钱买来的雇佣兵，我觉得是对他们的侮辱。至少对于美国而言，韩国年轻人的牺牲是高贵的。”

富布莱特如传闻所说的一样慷慨大方，但与传闻所不同的是行事灵活。他带着抱歉的表情回答道：“如果韩国国民因为我的话而受到伤害，我表示非常遗憾，但我所指责的是美国政府的政策，和借势而上的韩国政府，绝对没有对韩国国民非难的意思。”

富布莱特议员还把我介绍给了其他的参议院议员，并且每次都这样说道：

“这位是为韩国民主主义而战的年轻斗士，请给他鼓励吧！”

富布莱特议员对韩国的历代独裁政权持批判态度，韩国政治家们屡次提出与他会谈的申请都遭到了拒绝，他对我所表示的友好真是破例的事情。

我在美国国家记者俱乐部做了演讲，对我的政策进行了宣传。我说道，民主主义是韩国国民所热切期望的，我的理想正是在韩国建立民主主义制度。各种提问迎面而来，我的演说似乎给了美国各位领导人不同的启发。尼克松总统以我是在野党的候选人的“政治理由”没与我见面，我只参加了尼克松总统主办的祈祷早餐会，但是我的夫人访问了白宫，拜访了尼克松总统的夫人帕特女士。对于我的访美，《华盛顿邮报》以《“5·16”革命以后，金大中是朴正熙最大的挑战》为题进行了报道。

美国访问结束后，我到日本进行了访问。当时与自民党的田中角荣、桥本登美三郎，民社党的西村荣一，公明党的竹入义胜、矢野绚也等政界重要人物会面座谈。

当时日本的执政党自民党和朴正熙政权有着紧密的合作关系，相对而言对我没有表示出什么特别的关注。“三选改宪”的时候，自民党的川岛副总裁的“韩国需要一个长期稳定的政权”的言论明显是干涉韩国的内政。我每次与日本政要会见的时候都反复强调：

“韩国国民不会对支持独裁政府的日本抱有好感。这次的选举是独裁政治与民主主义的斗争，我一定会取得胜利。我们要让这次选举成为光明正大、清正廉洁的选举，请各位给予关注。”

我在东京和新记者俱乐部也进行了演说，并获得了意想不到的热烈反响。我是与独裁斗争的领导人，是自由民主主义的实践者，给美国和日本留下了可以成为它们的朋友的友好印象。

在我对美国进行访问期间，在麻浦区东桥洞我家的院子里发生了一起不明物体爆炸事件，我在到达美国的第四天听说了这件事儿，并马上意识到这是权力阴谋下的蓄意行为。可以推测这次爆炸事件的目的是要我中断与美国领导人的会晤逼迫我回国。所幸没有人受伤，我就没有太在意这件事并按照日程安排完成了访问。没想到的是，这件事在我不在韩国的20多天里，连续几日成为各大报纸社会版的头条，最后还惊动了国会并组织了社会调查团。

事件发生在1971年1月27日的大年夜里，我的家人都聚集在客厅看电视的时候突然传来了爆炸声，惊恐之余大家慌忙逃到了院子里。虽然爆炸声很响，但是连客厅的窗户都安然无恙，一扇也没震碎，当然也没有什么人员伤亡，随后警察也马上赶到了。调查当局公布的结果报告书称这种制作烟花爆竹的火药是任何人都能在市面上购买得到的，那么能是谁作出这种无聊的举动呢？

我觉得“爆炸事件”是某人或者政府方面、中央情报部的蓄意行为，但警察却逼问这是不是我们阵营为了博取世人的同情而捏造的受迫害假象，并以此为方向进行调查。这是典型的单方面臆断式的调查，他们仅针对我家周围的住户进行了挨个排查。

警察对我的秘书、司机、警卫员、保姆等数十人进行了盘查，如果仅是就此次事件针对嫌疑人进行调查也说得过去，但是他们甚至问了很多涉及我私生活的问题。警察逮捕了江原道组织负责人车荣柱，新民党中央代议员金元植、韩和甲、朴大植、金圣植，新民党渔业部长官兼忠清道组织负责人金庄坤，以及我的助理严昌禄七人，进行了调查，也对他们询问了跟此次事件毫无关系的关于选举组织的相关情况。

听说他们还收买了我的司机，当时我的司机祖籍是庆尚道，警察胁迫他说：“你是庆尚道人，怎么能给来自全罗道的金大中效命呢？”并利诱说，如果作证声称此次事件是金大中方面制造的事端，就当场给他3 000万韩元现金。

他们利诱我的秘书，当知道他没能完成大学学业时，就想用钱来收买：

“现在就可以把你送到美国去留学，给你创造和政府首脑见面的机会，可以给你几千万韩元的现金。只要你作证说此次事件是金大中方面蓄意而为的。”

他们甚至对我的秘书施以暴力，这些根本不可能发生的事情居然就发生在了眼前。我周边的人把这些丑事告到了国会调查团，并将之公布于众。他们使用了威胁、怀柔，甚至暴力的手段，但事实并不是那么容易被捏造的，最后他们甚至认为我弟弟大义的长子、还在上中学二年级的金弘俊也有嫌疑。

逮捕一个年幼、胆小、没有任何过错的孩子，把他压到警察局居然动用了120名警力。更让人气愤的是，过年的时候半夜三更到东桥洞的家里搜查，像审犯人似的对我的家人进行审问。逮捕现场警察禁止记者采访报道，为此对这件事冒险进行报道的两名记者受了伤，采访车也被损坏。警察强行逼供，肆意拷问，甚至把人脑袋按到脏水里逼问。我的侄子在又惊又吓中得了伤寒入院，高烧不退，险些丧命。

我们家的保姆也被强行带走要求伪造口供：

“你只要说你看见金大中的侄子制造了那些东西就行了，如果你作证的话就把你们两个都放了。你要是不想这辈子烂在警察局里就这么说!”

我家年轻的保姆迫于威胁做了假口供，谎称我的侄子那么干了。假口供做了，但是我侄子却没被放出来。后来保姆也将被他们强迫做“假口供”事件的始末都揭露了出来。

这件事无论从哪个角度来看无疑都是有人指使的，被扔进来的爆炸物的碎片明明是都掉在门外，警察却把屋里的人都逮捕带走。结果当然是他们的圈套落空，一切在现实面前都苍白无力。犯人没有抓到，但国民们知道真相，知道这件事的背后谁是主谋，谁操纵了这场闹剧。

舆论正在因为我家的爆炸事件而吵闹不休的时候，又发生了奇怪的事情。新民党的总统候选人，担任选举对策本部长的郑一亨博士在汉城西大门区奉元洞的住宅起火被全部烧毁。对1971年2月5日发生的火灾进行调查后，警察给出了这样的调查结果：

“三只家猫从空地的垃圾桶里叼来了废纸，在炉灶附近嬉戏时引燃了煤炉里的火，引发了火灾。”

在那么冷的天气里，在家里养的猫也不知道为什么要跑到空地去叼废纸来。因为猫成了纵火犯，所以大家把这件事叫做“家猫纵火事件”，听到这件事的人都会对此嗤之以鼻。我在奖忠坛公园演讲时这样讽刺道：

“因为没法捏造出放火烧郑一亨博士住宅的犯人，所以就说是‘猫造成的火灾’，难道是郑博士家里养的两只猫叫来了邻居家的猫一起召开了会议，说‘咱们把我们家烧了吧’，然后这三只猫就去叼来废纸，用煤炉点着烧了自家的房子。警察们怎么就听懂了家猫的话了？我们国家的警察真是拥有世界上最先进技术的警察啊!”

因为这场火灾，总统选举计划书、党的机密文件、党的组织管理资料等全都付之一炬。

不仅如此，警察在选举期间不停骚扰我和我所在的阵营。那次我在汉城附近金浦邑的一个剧场举行演说，警察潜入了剧场的放映室，准备对我演说的内容偷偷录音。他们为了能录到没有杂质的清晰的声音就把麦克嵌到了墙壁里，我的警卫员在巡视剧场的时候看见了这个镶在墙里的黑色的东西，大小看起来好像是指着我的枪口。警卫员大吃一惊，一脚踹开了放映室的门冲了进去。里面的警察不但不说自己的行为有问题，反而以妨碍公务的罪名要把我的警卫员和周围的人都给抓起来。

就在双方口角争执的时候，不知是谁把警察带来的一支配枪给拿了出去，而且就扔在了我们的车里。随行人员发现后马上来报告了情况，但是警察仍旧不依不饶，还以武器遭到抢劫的罪名拘留了好几个人。被这次事件牵连的十余人不明不白地蹲了教导所，直到此次事件结束后一年才被释放。

我再列举一个警察和中央情报部的恶劣行为。我和夫人去美国访问的时候，夫人曾经跟尼克松夫人合影留念。我们有两张照片的底片，回到韩国以后打算把其中的一张洗出来，于是就把底片送到了照相馆。不知道从哪儿得到消息的警察成了照相馆的不速之客。他们以搜查偷税品为名到照相馆一通翻找，警察走后，我夫人和帕特女士洗好的合影以及胶卷的底片都不翼而飞了。他们当时认为我夫人和帕特女士的合影仅此一张而已。

我们党的发言人公布了照片失踪事件的原委，并对警察的行为进行强烈谴责。而共和党的领导人和发言人却以此召开了记者招待会，并在记者招待会上对我们恶语中伤：

“金大中候选人的夫人绝对没有和尼克松总统的夫人见面，他扯这个谎就是为了让选举形势有利于他，制造选举的有利条件。”

他们做梦也没想到我们手上还有另外一张照片的底片，所以就信誓旦旦地给我扣上了编造谎言的帽子。我们为了以防万一将洗照片的技术员叫到了家里把另外一张底片给洗了出来。两天之后，各大报纸的头版都刊登了我夫人和帕特夫人握手的合影照片，执政党对此哑口无言。

这样的事情是早就料到的。执政党方面以非正当竞争的方式紧锣密鼓地筹划进行着选举活动。朴总统可以随便使用政府的庞大预算，选举临近，他们在各个地方开始大兴土木，搞基础设施建设，每天都会有建筑或者桥梁奠基剪彩的活动，每次奠基仪式都会要求当地居民参加，以彰显总统对地方发展的关注。朴总统就这样把公务员当作自己的职员一样使唤，把国家预算当作自己的财产使用。

报纸被彻底地控制了，中央情报部在背后操纵，不按照他们的意思来就会被制裁。不仅仅是单纯地打压新闻报纸，而且新闻界的从业人员也由政府机关任用，为控制新闻出版大开方便之门，使得新闻界体制日趋腐败。政府对其掌握营业许可权的牙科诊所、洗澡堂、旅馆等环境卫生相关业所也施以压力。政府和执政党在正式选举之前已经开始做不正当选举的准备。作为不正当选举的第一步，他们把有意向支持在野党的民众在选举登记时故意遗漏掉，而把支持执政党的居民则以二次重复登记乃至三次重复登记的方式记名，虽然日后被曝了光，但当时有153个选区，每个选区一般有3 000～5 000个选民被二次乃至三次重复登记，这样计算的话，仅此一项就能确保执政党有50万张选票。

为了不让资金流向在野党，他们实施了全方位的监控。中央情报部把与我从未谋面的企业家逮捕逼问道："你为什么给金大中提供选举资金？"他们让吓傻了的企业家写下绝对不会给金大中任何资金的保证书后才把人放了。不仅是对企业家们，他们还对传达转告此事的人加以棍棒威胁，说谁也别想给在野党一分钱。当时的情况和现在完全不一样，参加选举是根本没有政府的补助的，募集选举资金则是完全不可能的苦役。

企业家想给我们选举支援资金都没有办法。某些同行业企业主之间因为利益起了争执，竞争对手就诬陷说："那个人给金大中钱啦！"连我家门在哪儿都不知道，素未谋面的企业主就被不分青红皂白地拉去拷问。

当时有政治资金净化法，就是说经济界人士把政治资金委托给选举管理委员会，然后根据国会议员的人数分配给执政党和在野党，但是在那样的黑暗恐怖环境下，谁也没有办法去委托选举资金。据我所知，执政党的选举费用在预算资金之外又多花掉了约300亿韩元（1971年的价格）。与此相比，在野党的选举资金还不到执政党的百分之一。一言以概之，就是悲惨至极。在这样的情况下，在野党想取得胜利根本就是不可能的。

其中严昌禄被他们威逼利诱后倒向了执政党阵营，这对我来说是一个巨大的打击。真是非常遗憾的事情！严昌禄是选举的奇才，他从江原道麟蹄郡的补缺选举就开始帮助我，在1967年的木浦选举中，他凭借其出众的智慧谋略，冲破利用国家行政力量组织起来的官权的壁垒。他有正确把握选举局势，洞穿大众心理的能力和智慧。这只能说是我们组织的命运不济。

在李厚洛长官的直接指示下，情报部人员对严昌禄的夫人威胁说："当心你丈夫的性命不保，你看着办吧。"身体状况本来就不太好的严昌禄最终屈服在了在金钱和威胁之下。他离开我们的选举阵营消失了，还有一段时间传闻他被情报部的人带到了香港。严昌禄，如果他能在我身边的话，至少能在对应不正当选举上给我很大帮助，也许能在选举前就打开不同的局面。对我来说的另外一个巨大困难就是不能获得党内其他竞争势力的协助，但是其中能给我安慰的是得到了很多人士的帮助，比如柳珍山总裁的支援演说和高兴门先生为选举筹集选举资金，等等。

一切都笼罩在不安的氛围中，空气中弥漫着阴谋的味道。即使这样，选举亦在如火如荼地进行着。我能感觉到民心所向、每次竞选演讲之后我就对此更加确定：虽然朴正熙政权掌握军政，集权统治了将近十年的时间，但是人民的生活却没有得到一点儿改善，每次登上演讲台，我都能感觉到人民对政权交替的热切盼望。我们大声地呼喊：

"我们不能忍受！十年已经腐烂的政权倒台吧！"

我在庆尚道、全罗道地区巡回演讲的时候，听众从四面八方赶来。在我到达会场的三四个小时之前，会场已经坐得满满的，在都市会有数十万名选民，在地方也会有数万名选民早早地等在那里。在釜山的会场聚集了50万名听众，在大邱的会场聚集了30万名听众。

与来到演说现场的民众进行即问即答式对话，感觉到民心所向、大势所趋

看着台下的听众一个个筋疲力尽、衣衫褴褛，我不由得悲从中来，但是当他们听完演说后，脸上的表情变得明朗起来时，又能感觉到有一股热情在我心中奔涌而出。向着自由的意志前进不知疲倦的国民，被压迫也不会屈服顽强站起来的国民，

为了你们，即使让我放弃自己的生命我也绝对不会后悔。

我向上天祈祷，为了您的国民请保佑我，请将胜利赐予我。我在车里祈祷、在睡梦中祈祷、在竞选演说会场祈祷。1 个小时左右的演说，每天我要做 10 多场，跑四五百公里，我在民间得了一个“铁人”的称号。

我就像这样从早上到晚上 10 点连续不断地进行着演说。有时要横穿全国，也有时演说活动要一直持续到子夜时分，但无论我到哪儿，听众都闻讯蜂拥而来。到会场的时候要换乘没有顶棚的车辆，向大家挥手致意，然后进入演说场。1 个小时的演说结束之后，在赶去另外一个会场的空当，我就在车里解决我的饮食问题，米饭、面包、水果等简单地吃一顿。一闭上眼马上就会睡过去，直到到了另外一个城市的会场被警卫员叫醒。然后再换乘没有顶棚的车辆，向大家挥手致意。就这样从早到晚演说、吃饭、睡觉、再演说地循环着。

最难解决的问题就是如厕。在演说场要与民众交流没有时间去，演说结束后边马上又会跟上来十几辆的车，想去方便一下就更难了。无计可施之下，只好在车里预备下了夜壶。

1970 年 11 月 13 日平和市场的服装业劳动者全泰壹自焚事件——24 岁的年轻生命的死亡给我造成了巨大冲击。当听说他的身体被火焰吞噬时还高喊着“遵守劳动标准法”、“我们是人，不是机器!”的口号时，我的心是如此悲痛。全泰壹，这个年轻的生命用自焚的方式不仅揭露了服装业劳动者的问题，更反映了全国劳动者的福利和人权正处在一个死角。“不要让我枉死!”这是全泰壹最后的呐喊，我暗下决心，绝对不会让他白白牺牲。

朴正熙政权在其统治的十年间，以经济开发和祖国现代化发展为名遏制着劳动工人的正常要求。他们大喊“先建设，后分配”，但是在建设成功之后，对劳动工人却没有任何的回馈。华丽的口号之后是民众悲惨的生活。60 年代的建设是用劳动人民的鲜血和汗水构建出来的，但是成果却仅被极少数人分享。现在看来，劳动基准法是那么的粗糙，但是连这样的法律在当时也不能被遵守和执行。

朴政权以城市和工业为中心的发展政策使得年轻人离开了故乡，大量的青年劳动人口涌入城市，成为体力劳动者或者工厂的劳动工人，年轻的女孩则成为用人，像奴隶一样整日劳作。而在农村，如果说“谁家的谁谁在某工厂工作了”，简直就是羡煞旁人的夸耀。善良的农民离开农村到城市终日忙碌地工作，也就是能勉强糊口而已，即便是这样他们也如潮水般地涌入城市，因为农村已经成了绝望之地。

“不管三七二十一就上京”（形容漫无目的地涌入城市），这种现象已经发展成为某种急需解决的社会问题。在城市里没有根基的年轻人，被城市中心的霓虹灯所驱逐而向城市边缘扩散。山上的棚户区，桥底下的贫民村，他们把身体蜷缩在那里度日。经济增长的口号越是被炒作得沸沸扬扬，市民的生活就越是艰辛。

然而这种以劳动者的牺牲为代价建立起来的所谓高度增长之"宣传塔"，在某一时刻必然会崩塌。以榨取劳动者的血汗为代价换来的所谓的经济增长就是悲剧的前奏。年轻的全泰壹用自焚的悲壮之举揭露了劳动工人的悲惨生活之现实，这成为劳工运动的导火线。在没有窗户无法透进阳光且尘土飞扬的工厂里，一天要劳动16个小时，而得到的工资仅仅能购买一杯茶水——50韩元，这简直就无法让人相信。全泰壹的死是无法用语言表达的悲伤，但他舍生取义的行动是劳动者不屈精神的崇高绽放。他在劳工运动史上写下了浓重的一笔。我走访了全泰壹的母亲李小仙的家，并带去了我的慰问。

我为像李小仙女士一样的遗留家属们在东大门附近准备了一所能让他们栖身的房子。在这之后李女士为改善劳动者待遇、为我们社会的民主化发展做出了很大的贡献。儿子的意愿由母亲来代为实现，我想那位儿子就活在母亲的心中。

"总统时代的到来"（1971年）

在我国的历史上，不，在全世界的选举活动史上留名的竞选游说就此展开了。那是1971年4月18日奖忠坛公园的竞选演说，这次集会聚集了100多万名听众，而此时正是总统大选10日前。

演说的时间定在现下午3点，早上9点市民们就开始从四面八方涌入演说场，到了中午12点不仅是奖忠坛公园聚满了人，从退溪路、药水洞、汉南洞方面通往奖忠坛的马路上也都是前来观看演说的市民。我2点钟从新民党党部出来，在安国洞十字路口坐上了敞篷车，需要经过钟路驶向奖忠坛。车子缓慢前进，数万名群众拥着演说车，路上都是人。我从车上下来到进入演说现场又花了整整一个小时。

可以感觉到国民是多么希望政权交替和走上真正的自由民主主义之路。这是我一辈子也不能忘记的场面。在后面跟着我一起过来的夫人，在拥挤的人群中把刚整理好的头发都弄散了。

政府和执政党为了破坏奖忠坛的演说活动，采取了一系列的阻挠措施。首先，要求在公园和公共设施工作的职工及其家属要全部参加郊游活动，不参加的人就算旷工；这天汉城的宫殿免费参观；在汉城的昌庆苑，从下午1点开始，著名歌手、喜剧演员共同登台举行“春之樱花公演”；警察总共出动了36万名；那天是周日，但却召集了乡土预备军紧急训练；汉城市内所有的剧场免费入场。这一切的一切都是为了阻止群众去奖忠坛公园。

但人们还是涌入了奖忠坛公园。这是创造奇迹的一天。当登上演说台看到下面是一片人山人海时，我激动万分。

“各位尊敬的汉城市民，大家好！在我的演说开始之前，祝我的竞争对手共和党的朴正熙候选人万事如意。

“各位汉城市民，这期间我在全国各个地方巡回演讲，现在全国所有的国民都说‘这次一定要实现政权的更迭’，庆尚道、全罗道、忠清道、江原道已经开始行动。我在全国做了巡回演说有了必胜的信念，今天在这里，奖忠坛公园聚集了百万民众，这不仅是大韩民国历史上的，也是全世界历史上史无前例的盛大集会，听到汉城市民呐喊，现在我们要实现政权更迭，我们一定要取得胜利。

“如果这次政权更迭不能实现的话，这个国家的朴正熙永久集权总统时代就会到来。共和党在上次修改宪法的时候决定要让朴正熙的总统之位一直坐到朝鲜半岛南北统一之时，但当时的情况是共和党内部、在野政党到国民都做不到，也不能使其实现。我掌握了共和党确实制定了那样的计划的确凿证据，如果这次朴正熙政权胜利，韩国今后将进入一个没有选举的、永久集权的总统时代。”

我与听众完全融为了一体。我感觉到希望政权更迭的民心好像大海般波涛汹涌。我承诺要废除中央情报部门、实现地方自治、废除乡土预备军和训练制度、废除培养费、扫除腐败、实施大众经济制度。在我大声地做出这样的承诺之后是听众震耳的欢呼声。在演说的最后我这样讲道：

“‘4·19’是学生革命运动；‘6·15’是军队的抗战。今天是为了‘4·27’，不是学生也不是军队，而是全体国民为了在我们5 000年历史上实现第一次用国民之手完成和平政权更迭的民主主义革命而呐喊，与我同心协力的各位，请为了我们共同的行动而热烈鼓掌！

“衷心感谢大家！我在这次选举中必定胜出！7月1日在青瓦台将举行新的总统就职仪式，550万汉城市民，期待我们在青瓦台见面！”

奖忠坛公园一带沸腾了，这里成了对抗独裁，寻求民权的盛大聚会，我永远也不会忘记这一刻所带给我的感动。演说在下午6点30分正式结束，我又坐上了敞篷车，一路上向听众们挥手致意。从东大门、钟路到光华门，道路两旁站满了听众。

演说的余热未散，为了避免混乱我们从新设洞方向离开会场。集会的群众已经由演说的听众突变成了示威游行的队伍，他们高喊着口号，声音响彻云天：

“金大中！金大中！”

“政权更迭！政权更迭！”

“金大中必胜！”

“反对虚假选举，反对三选！”

沿途市民高喊着口号汇集成一股洪流，游行队伍到位于钟路的团成社（韩国最初的电影馆）前面的时候已经聚集了将近1万人，直到在光华门前机动警察用催泪瓦斯、胡椒烟雾强行驱散示威人群时才渐渐散去，这时已是晚上9点多了。那次的游行从演说场附近扩散到整个汉城市区，是群众高喊“政权更迭”和“反对三选”、大声高呼金大中的第一次示威活动。

1971 年在奖忠坛公园100 多万名听众的聚会上发表演说

那天朴正熙候选人正在大邱的寿城川边进行演说，朴候选人和执政党的首脑们听说了奖忠坛演说的情况后都大感震惊。

选举后期，我们所担心的违法行为和恶意行动肆虐。“公正”这样的字眼儿完全消失了。金在俊、李丙璘、千宽宇、南廷贤等各界人士60余名成立“民主守护国民协议会”，在4月19日的宣言中这样写道：

1. 正视民主秩序被破坏的今天，为恢复民主而促进国民崛起。

2. 认识到这次选举是民主立宪史上的分水岭，对在选举中做出反民主的不正当、违法行为的历史罪人以民族的名义给予谴责。

3. 这次选举中每个国民都不畏强权镇压、拒绝金钱诱惑，积极推进构建了严肃认真行使神圣主权的选举活动。

4. 对于残忍镇压学生和平游行的政府当局的行为感到愤慨，并表示强烈抗议。

21日，民主守护全国青年学生联盟和国际笔会韩国总部为公平选举和言论自由发表了宣言。

政府和执政党对我发起了攻击，他们攻击我废除乡土预备军和韩朝和平统一的政策，把我叫做“红色金大中”，他们还制造“支持金大中就是容共分子”的恐怖氛围。

一些新闻报纸强调起了地域感情，大谈庆尚道和全罗道对立，一些文章流传说这是从朝鲜半岛三国时期遗留下的“命中注定的关系”，这明明是用小说对现实的歪曲。在李承晚政权时期这种所谓的地域感情的对立还是不存在的，一些全罗道出身的人到庆尚道以后会被选为国会议员，也有庆尚道出身的人到全罗地区生活后成为国会议员的例子。朴正熙上台以后大力举荐庆尚道出身的人担任要职，只在庆尚道地区发展企业、建设工厂、修建道路，这样全罗道就被完全放弃了，全罗道人想要就业也要离开故乡到庆尚道去。

通过电视和广播等媒体给庆尚道人树立良好的形象，让人们对全罗道人产生不好的印象，连方言也差别化对待，这是严重的文化歧视，是非常可怕的现象，是分裂国家的阴谋。连李孝祥国会议员也出来做了这样具有煽动性的讲话：

“大家要推选新罗千年来再次出现的杰出政治家朴候选人，建立庆尚道政权。”

他又这样煽动大邱市民：

“大米粒混着稻粒儿一起吃是不行的，这跟庆尚道的选票中出现支持全罗道的选票的道理是一样的，所以我们绝对不能投金大中的票。”

大邱市民并不认同这种只强调偏激的地域感情的做法，在总统选举一个月之后的国会议员选举中这位李议员落选了，这是市民们对这种妄言之徒的惩戒。

中央情报部在庆尚道地区有组织地扩散“隔绝全罗道人”的黑色选举之风使得居民的地域感情极端化，继韩朝分裂之后他们又堂而皇之地制造起了东西部，即庆尚道的岭南和全罗道的湖南地区之间的分裂。

朴正熙候选人在选举投票之前也到奖忠坛公园来举行了竞选演说，世人关心的当然是来了多少听众，于是政府和执政党开始了集中动员。奖忠坛附近的车队首尾相连，那时街头巷尾流传着“在野党的听众走着去，执政党的听众坐车去”的说法。

一般的预测都是这次会去的听众肯定要比当时参加我竞选演说的听众少得多，但是新闻报纸和广播都做了虚假报道，声称来听朴候选人竞选演说的听众人数更多。朴候选人对我所指出的“通过总统制来进行永久集权的图谋”进行了反驳：

“在野党说，我一次当选，两次当选，三连任，要到我一直集权结束的时候为止，是在搞伪选举。那么搞三选改宪的话，国民就能再投票一次，能得到大家的认可我当选几次都是好的，这并不是停滞不前，如果大家再次推选我的话，这次就是我的最后一次政治演说。”

国民们认为“最后一次政治演说”的意思是三选之后朴正熙要隐退。舆论也朝着这个方向浓墨重笔地报道。但是执政党内部从三选改宪开始，就有把这次选举作为最后一次选举，今后将采取无选举的非常措施的阴谋。所以他不说“我不会继续担任大总统一职”，而是暗示着今后他们将推行通过间接选举来决定总统的维新体制。

在同一天也就是4月25日，我在朴总统的出生地大邱进行了竞选演说。虽然是在共和党的根据地，市民们还是往寿成川边涌来。

“如果这次政权的更迭不能得到实现，我们的国家将永远地走上毁灭之路，朴正熙一人的总统制时代将会来临。我掌握了确凿的证据，共和党政权往国外的研究院派遣了研究员专门研究了总统制，在汉城市政府前面的大韩航空大楼的八层就设有这个总统制研究机关。”

演说结束后，30万名群众的反应极其热烈，这一次我要比任何一次演讲都大受鼓舞，因为这里是朴候选人的故乡。演说结束

第7届总统大选海报

之后一位公务员来找到我说：

“这次金候选人会取得胜利的，虽说总统周围大邱人比较多，但是我们办公室90%的人都支持金候选人你。”

4月27日早上，选举投票日终于来临了，我尽了最大努力，剩下的就只有阻止不正当选举了，我认为仅凭新民党的力量是不能阻止不正当选举的，我们监督投票的人数是远远不够的。以民主人士金在俊、李丙璘、千宽宇为中心展开了“选举监督人”运动，我指示金相贤首席秘书官来协助此项运动。以学生、宗教界人士、律师、文人为中心的民主人士团体约1万人自愿成为投票选举监督人，他们肩负民主主义守护者的职责。他们分布在全国各地监督着选举的过程。

当时做监督人的工作是十分危险的，监督人下到庆尚道农村的时候，村里的大喇叭就会播送广播：

“全罗道的狗腿子来啦，这次是全罗道和庆尚道的战斗，金大中如果当选了，庆尚道的公务员和职员就得全部被赶走，支持金大中的人全是叛徒，支持金大中的人都滚出庆尚道去。”

这太气人了，可是对这样的胁迫我们也束手无策。这种公开的挑衅都是朴正熙政权唆使的。也有向监督人行贿的地区，如果拒绝接受贿赂就会遭到骚扰，如果接受就只能对不正当选举睁一只眼闭一只眼，所以有的时候因为害怕而不得不逃跑，不正当选举被揭发了也只能眼睁睁地看着。

大邱的公务员们不能进行自由投票，据说执政党会提前分派给他们已经在朴大总统名下做好标记的选票，让他们把这种选票投入计票箱里，而他们自己的选票则要上交给执政党的选举对策本部。对于支持在野党的选民，里长（以里为行政区的最高行政负责人，相当于村长）和班长（相当于组长）根本就不发给选票，让他们直接弃权，而弃权的选票到底去了哪里谁也不知道。

开票的过程也不是一帆风顺。事情发生在我居住的东桥洞，我和夫人早上7点多到我家附近的东桥洞第一投票所，在国内外记者的闪光灯下进行了投票，然而连同我们夫妇选票在内的2 700多张选票却被记为了无效选票，理由就是没有盖选举委员会的印章。这是个连总统候选人的选票也被当作无效选票的世道，结果就是我自己“金大中候选人”的票没有盖印章。我和新民党人一早就对不正当选举发出了警告，此时这种不正当选举已经在全国肆虐开来。选票丢失、重复投票、替人投票等现象比比皆是。

开票也是在个别地区反反复复地进行，终于在4月29日的中午之后开票结束了。

“朴正熙6 342 828票，金大中5 395 900票。”

我在竞选中取得胜利，但是却在投票中败北。专家们说如果公正地进行选举的话我会得到约100万张选票而遥遥领先，但是中央情报部主导下的选举却尽是不正当的行为和强调某些地区的特殊性。大选结束，我回过头来再看整个选举过程，那一个个瞬间历历在目，我不后悔我为这次战斗而做出的努力。每到一处，群众的欢呼声、对政权更迭的热切盼望以及他们淳朴和焦虑的表情，让我永远难以忘记。

“如果能再努力一些，如果我们能更加严格地监督选举的不正当行为，如果我们党内再团结一些……”

但是一切已经成为定数，我们回天无力，国民们奔向民主主义的热切期望随着选举结果的公布冷却了下来。

“在‘4·27’总统大选中，全国的各界知识分子，宗教界、舆论界人士乃至学生，殷切期望能够守护国民权益和举行公正选举，并积极地参与其中，我对在朴正熙政权非法、腐败的选举中，在贿赂、暴力、恐怖的环境下毫不动摇一直支持我的国民们致以崇高的敬意和衷心的感谢。

“我个人的心情是十分淡然的，但是在这次选举中听到国民们对不能实现和平更迭政权的哀声，感受到国民们烈火般的期盼，当这种期盼和愿望被非法和非正当行为所践踏，当通过选举实现政权更迭的愿望再也不能实现的时候，我们决不能坐视容忍，决不能接受这次比‘3·15’不正当选举还恶劣的大选的结果。

“我今后的行动方向经过党内协商后，会把结果公布给大家，但是有一点是非常肯定的，那就是我已经把自己的生命献给了祖国和人民，我将为我的责任和我的信念而奋斗终生！”

从电视上看到、从广播中听到我竞选失败的消息后，数以万计的国民流下了眼泪。表面看来我是失败了，但是我赢得了民心，这分明是一场胜利的选举。选举结束之后，不仅国内甚至国外报纸都以相当的比重报道称这次选举“真正的胜利者是金大中候选人”。《东亚日报》在5月1日的报道中谴责强调地区情感的做法，登载了给我勇气和力量的专题报道。

就像有人所说的，在这么个芝麻大点儿的地方煽动民族分裂的人到底是谁？

无论怎样喜欢玩弄政治手段、贪图总统之位，也不能以民族的分裂为代价换来自己的一身荣华富贵，我们要以民族的名义对这种愚蠢的行为给予严厉谴责。不对这种行为进行严厉惩罚是不行的，如果不对这种病态现象进行及时治疗，我们整个民族的未来就看不到任何的希望。我们的国民需要开放眼界、拓宽视野，民族和国家遭遇危机的时候在科西嘉岛出生的拿破仑拯救了法国，犹太人迪兹雷利不也是交接了大英帝国的首相之位。

无论怎样，金大中候选人在这次总统大选中都打了一场漂亮仗，他作为一名政治家，以其正直的姿态尽情地发挥出了上天赐予他的度量、视野、手段和应变力，现在他像一颗彗星一样照亮了我们的民族，给这个国家已经陷入混沌的政界注入了一股清新的空气。常言道，胜败乃兵家常事，如果在战争中可能会失败也有可能取胜，那么金大中候选人的战斗也会是一样，也许金候选人在竞选失败后思绪万千、百感交集，但这正是天将降大任于他而给予他的考验。

人间万事犹如塞翁失马，人类的历史无论何时都会对“虽败犹荣”的正义之士给予特别关爱，他们不会被忘记。对一个人的评价和传记在最后一章如何总结才是最重要的。如果后人在读金候选人传记的时候，读到在对侵蚀这个国家根基的不法和腐败而勇敢地浴血奋战中有这样的一次失意，作为充满曲折的自传故事的中间章节，也许会让读者更加兴奋，从而赢得更多的尊敬。

这篇评论对我真是有些过誉了，但是也给予了我更大的责任。就像我所预感的那样，朴正熙做起了永久专断集权的春秋大梦。维新政权时代那段悲惨的时光仿佛重现眼前，面对历史和民族给予我的重大责任，真是路漫漫其修远兮。

作为总统候选人落选后在东桥洞我的家中和家人一起（1971 年）

演说大长征（1971 年）

政府宣布将于 1971 年 5 月 25 日进行国会议员选举。在总统大选后不到一个月的时间就要进行国会议员总选，在三选中成功的朴正熙政权想要一鼓作气把国会也掌握在手中。对于在野党来说又是一场艰苦的斗争，连喘口气休息的时间也没有，这是一次突袭。

这天新民党也发表了声明：“‘4·27’选举是中央情报部策划下的一场非法选举，动员了全国的力量，企图悄无声息地消灭掉一个在野党”，同时愤然谴责他们把在野党的将近 300 万张选票作为非法选票处理掉，公然煽动地域感情强行拉选票的肆意行为。

一方面在表面上对执政党的行为进行强烈谴责，另一方面在新民党内部总裁却恣意妄为做出了有利于敌方的行为，这件事情的发生犹如晴天霹雳。5 月 6 日国会议员候选人报名的最后一天，新民党总裁柳珍山突然放弃了自己的选区汉城永登浦甲区，而作为全国区 1 号候选人报了名，并让一个无名的青年朴定勋做了该选区的候选人，这就是“珍山风波”。如果柳珍山总裁出马的话，在该选区当选犹如探囊取物，可是他却另外推荐了候选人。对于他这种无厘头的行为出现了很多的臆测。在永登浦甲区，朴总统的亲戚张德镇议员成为候选人，大家都推测其中一定存在某种不可告人的交易。

正式推荐的候选人名单本来应该由党首脑和作为总统候选人的我共同协商决定，但是因为我在大选中落败，我的发言被忽视，影响力急剧减弱。那天上午，我和柳总裁虽然讨论了全国区正式推荐人员，但是柳总裁对于自己的事情只字未提，然而就在当天下午，这条爆炸性的新闻横空出世。不仅是柳总裁，甚至全党都对经过这次大选打击后是否能恢复抱着冷眼旁观的态度。听到消息的青年党员们都聚集到了中央选举管理委员会，柳总裁直到下午 5 点才和随行人员一起出现，党员们立刻将他们团团围住，要求公开候选人议员申请的材料。因为党员们的制止而无法正常报名，柳总裁一行躲进了选举管理委员长室，反锁了房门在里面报了名。最前面的第一个名字就是柳珍山。执政党领导人的品格都到哪里去了，到底为了什么自毁长城，到现在还是不为人知。

柳总裁被困在选举管理委员长室将近一个小时，他一回到家，永登浦甲区的党员们就涌向他的住宅谴责他的背叛行为，瞬间就聚集了数百人。

“柳珍山是全国区 1 号候选人！”

“柳珍山出卖了我们的选区！”

情绪激动的 100 余名党员闯进了柳珍山的房子，柳珍山的直系所属党员们上来阻止，门被撞破，玻璃窗被砸碎，前去示威党员的头也被打破了，可是却连领导人的面都没见到，这真是在野党的悲剧。

接连两天各新闻报纸对这件令人费解的事进行了严厉的批评。一时间舆论对柳珍山和在野党百般诟詈，不知天高地厚的在野党的人气顷刻间跌到了地狱，在野党陷入了绝望之中。

5 月 7 日，新民党的重要成员和元老们都聚集到了我家商量该怎么收拾残局，无论如何应该先渡过这次难关。参加会议的成员都希望我来做新民党的总裁挑起这个重任，但是我拒绝了，因为和我展开竞争的 40 多岁的同僚们还没有打消对我的戒心。我建议把这个议案正式提交到党干部会议讨论，正如我所预料的那样，金泳三、李哲承、李重载、金在光等都激烈反对，我来代理总裁的议案没有得到支持，元老们的一片忠诚之心在派系的利益面前变得那么无力。结果在全党大会上议长金弘壹当选为代理总裁。

新民党在这次国会选举中无论从哪个方面看前途都是一片黑暗。想要阻止改宪，至少要在国会全部的议席中获得 1/3 的选票即 69 个议席，而这是无论怎样努力都不可能实现的。我下定决心再一次站到最前线，为我们党而奋斗。国民们正因为大选舞弊使得政权更迭不能实现而感到无比愤怒，如果我站出来，也许能再一次聚集全国民众的力量，于是我就如总统大选时一样悲壮地挺身而出。

本来我的构想是把木浦选区交给地区党支部副委员长金敬仁，而由我来担任汉城钟路选区的代表，我觉得从钟路开始刮起的旋风自然可以吹向全国。但是柳珍山总裁对此表示反对，他们不想把“政治 1 号门牌”这样有象征在野党实际领导人身份的头衔挂在我的头上。他们推荐了自己的人权仲敦，而让我来做全国区的 2 号候选人。这样的决定其实也不是没有一点益处，不把我拴在某个选区而能在全国范围内到处走，对我来说也不错，凡事都有其两面性。我以选举对策委员的身份参加了选举。

我在全国做巡回演说的这段时间里没有得到党的任何支援，所有的费用都是我自己支付的。从 5 月 11 日到 24 日我奔波于各个演说场之间，总共跑了近 5 000 公里，比总统大选时去的地方还多。我又开始吃住在车上了。

听众的反应要比想象的更热烈。现在我们的目标只有一个，就是阻止改宪，我把朴正熙政权永久掌权的阴谋告诉每位国民，如果执政党在这次国会选举中还像总统大选时一样舞弊，我们就决意号召大家像四月革命时一样奋起反抗。我的演说在现场引起了热烈的反响，国民们高声呼喊：如果再发生选举舞弊就是朴正熙政权的末日！执政党在暗处注视着，他们意识到了问题的严重性，选举舞弊明显减少了。

庆尚道地区的演说场聚集了比总统选举时更多的狂热听众，他们似乎从助长地区情感的欺骗宣传中觉醒了。

这期间也发生了很多意想不到的事情。5 月 20 日，我们安排了从和顺出发经由筏桥、高兴、顺天、光阳、河东到庆尚南道晋州的演说日程。在顺天的演说日程结束后，我们踏上了赶往晋州的路程，路上突然无缘无故出现了一伙人，拦在了我的车前面，自称是驴州地区党的人，他们的候选人邀请我到他们的选区去做个演讲，当时的道路状况很不好，如果向光阳方向进发到晋州，很难取道驴州，因为那样的话要往相反方向走。我面露难色，那位候选人于是直接跑到我们车前一屁股坐了下去，用手拍打着车子要死要活的，没有办法我们只能掉头往驴州方向走。

像这样的不在日程之内的演讲有时候一天不止一两次，那些候选人要把听众们聚集起来作宣传，而听众们都想听到我的演讲。于是这些候选人一见到我就抓住不放，对于在野党的候选人来说，金大中的演说就是最好的武器，我没有办法摆脱他们的邀请。

在这之后我们按照日程安排在光阳、河东又做了两场演说，赶到晋州演说场的时候已经是晚上 10 点半了，按照原来的行程演说是在晚上 7 点开始，已经晚了 3 个半小时。由于来得太晚了，想来听众已经等得不耐烦都离开了，但是当我们到达的时候却发现位于南江一侧的公园人山人海，矗石楼里挤满了人。数以万计的民众没有回家而是在等着听我的演说，到处都是人，看不见一点儿空地。

晋州是一个只有七八万人口的小城市，但是这次加上从周边农村赶来的听众，有 4.5 万人聚集到了演说现场，这是晋州有史以来最大规模的集会。因为久候不至，有大约 1.5 万名民众已经散去。

听众见到我登台，一起高声呼喊：

“重选总统，重选总统！”

我有些哽咽：

“这就是民心，我应该用什么来回报这样的民心呢？”

在这浓重的夜色之中，我和国民一起呐喊着，而南江承载着我们的呐喊滚滚流淌。当天晚上，共和党的干部，诸如议长这样官员都来到了晋州，他们听到从演讲现场传来的消息气得七窍生烟。

第二天，在去釜山的路上又发生了同样的事情。途中突然冲出来的候选人把我拉到了别的地方，之后的一天连现任国会议员黄珞周也跑出来让我去说几句："无论如何就请再跑一个地方吧，总统选举的时候我为了金候选人不知下了多少工夫，所以一定要请您去讲两句。"

没有办法，我只好又到了黄候选人的选区金海、昌原地区。于是到达釜山的时间又比预期时间晚了两三个小时，釜山市内的演说场总共有 7 处，平均每处聚集了 3 万 ~5 万名群众，没想到"迟到的演讲人"却受到了如此热烈的欢迎。活动从龙头山开始到李基泽参选的东莱结束，这时已经过了午夜时分。再次来到庆尚道，这里的空气让人如此怀念，好像是总统大选被延长了一样。会场气氛比总统大选更热烈，听众们高声连呼："下届总统是金大中！"

于是更进一步的，候选人们宣誓要和金大中同志共同进退：

"下次总统大选想要见到金大中当选的，就请把我送进国会吧，我将协助金大中同志实现政权更替！"

全国各地都对我发出了演讲邀请，但是很遗憾，时间是那么的不足。

投票之前的一天，从早上开始雨就一直下个不停，我计划从木浦坐飞机到汉城，继续参加演讲活动。这次是去汉城永登浦地区对金守汉、朴汉相、尹吉重所在选区进行支援演说。为了确认预约的航班打电话到木浦机场时却被告知，因为天气原因飞机不能起飞，机场设施比较好的光州机场还能正常运营。雨并没有下得多大，飞机不能正常起飞实在是有些奇怪，但是已经没有时间去考虑那么多了，我们匆匆忙忙出发前往光州。

我们的车疾驰在宽阔的国道上，雨点儿密密麻麻地打在车身上。不知不觉中在我所乘坐的车与警卫车之间加进来一辆出租车。他们看向我，一边比画着手势一边笑眯眯的。那辆出租车上前边坐了 2 个人，后面坐了 3 个人。他们看起来好像是给办喜事儿的亲友去道贺的客人，就这样一直跟着我们的车。就在这时，在正前方出现了一辆大车，看起来那是一辆载重超过 8 吨的货车。我们漫不经心地看着它，本以为这辆车会跟别的车一样从我们旁边经过，不料在这辆大货车与我们错车的瞬间，几乎是以 90°的直角向着我们的车撞来。

巨大的货车好像一只巨兽向我们袭来，现在回想起来还会一身的冷汗。我的司机猛踩油门加速前冲，但还是没能避免事故的发生。大货车撞上了位于车身 1/5 处的后备箱，车被撞下了公路，掉到了公路左侧离路边 4 米远的农田里。这辆货车直接正面撞上了跟在我们后面的出租车，造成了包括司机在内的 2 人死亡和 3 人重伤的重大交通事故。

所有的事情都在一眨眼的工夫发生了。从事故中回过神来，我略微检查一下，发现胳膊的动脉血管两处被割伤了，腿上也都是擦伤。权鲁甲秘书和李明雨警卫两人也受了重伤。我的弟弟大熙从后面跟着的警卫车上跳下来，急忙跑来营救。之后受伤的人员都被送往附近的医院进行急救。

看见有一位40多岁的乘客被撞得血肉模糊，我感叹我真是在上帝的庇佑下活了下来，这也是惦记我的国民们的祈祷与祝福产生的奇迹。我们的车好像下边有人托着一样，直直地从公路上掉了下来。在农田的旁边就是堤坝，如果卡车再稍微撞得靠前一点，车子就会掉到堤坝上面，我想我就再也看不见这个世界了。

这天发生的事故仅在《京乡新闻》晚报上被报道了，而且只是在第一版有一个小篇幅的报道。作为总统候选人，一举手一投足都会引起瞩目的政治人物，发生这样的事故，却仅在一家报纸以极小的篇幅进行了报道，可见我们的舆论被当局控制的程度。

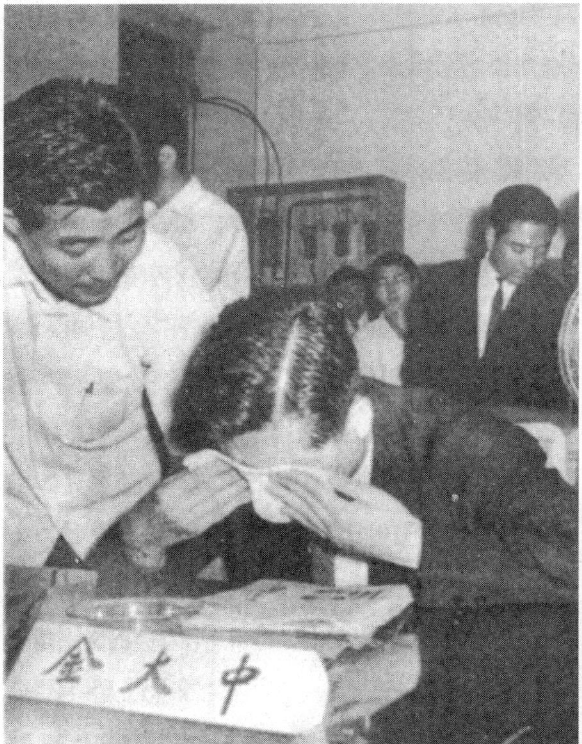

可疑的交通事故发生后，听说一起出事的出租车司机死亡的消息后流泪

但是全体国民对此次事件给予了极大的关注。所有的这一切都极不寻常。那天雨下得根本不大，却被告知飞机无法正常起飞；肇事的大型货车的车主正巧是一名身为共和党党员的律师，而他则是在本次选举中作为按一定比例推选的第8号代表，是已经正式确定成为议员的人物。在野党把此次事件成为疑点的问题一一昭告天下。然而意想不到的事情又发生了，负责这次案件的检察官突然被降职，而新来的检察官直接把此次案件当作一般的交通事故肇事案件处理了事。

那天我在医院接受了简单的紧急治疗后坐上火车赶往汉城，没有时间躺在医院的病床上去稍作休息，而是带伤进行了演讲活动。那里的听众冒着雨等了我好几个小时，他们的热情让我忘了身体的疼痛。日程虽然是定了永登浦丙区、甲区、丁区的演说，但是接替柳珍山总裁的选举区的朴定勋候选人也拜托我去做一场演说。朴候选人的母亲和姐姐也连连过来拜托我，在这样的强烈请求下我不得不去。

交通事故发生后，依旧赶往演说现场。和胳膊打着石膏的权鲁甲秘书一起坐上火车

我在朝鲜战争时的木浦刑务所集体屠杀危机之后的 21 年再次与死神擦肩而过。但是这次事故给我的生活造成了一些不便，留下了无法治愈的后遗症。最开始我不以为然，但随着时间的推移走路开始困难起来。发生交通事故之后没有得到及时的治疗，之后又一直去各个演说场做演讲一直持续到后半夜，情况就慢慢恶化了。

虽然在选举之初发生了名为“珍山风波”的恶性事件，但在野党还是决定参加选战。因为广大国民都产生了“照这样下去民主主义即将夭折”的危机感。我比在参加总统大选时更加努力地争取选票，这样的“游说长征”产生的影响也是不可小觑的。另外还有一个重要原因就是，我在每个演说现场都对不正当选举进行了谴责和声讨，这样共和党的不正当选举行为就不能更进一步地去组织实施和策划。在选举进行到中期的时候，共和党已经不能无视国民们的呼声了。他们害怕国民示威的爆发，最后不得不公开发表了“如果发现不正当选举，则不认可当选者资格”的方针。

最终在野党败下阵来。在 204 个议席中占据了 89 个，其他小政党仅获得了 2 个席位。政党得票率为共和党 48.7%、新民党 44.3%，呈现势均力敌的态势。国民们在执政党和在野党中有倾向于支持新民党的趋势。两党制强现。

选举结果中，汉城地区特别值得关注。在19个选区中除了柳珍山为了确保自己当选议员而放弃的永登浦甲区以外，剩下的18个选区都由在野党的人员当选。如果柳总裁没有那样莫名其妙的举动，就可以在整个选区获得完全的胜利。

在釜山的8个选区中在野党也获得了6个选区的胜利。而作为朴总统之“钢铁长城”的大邱，在野党在全部5个选区中获得了4个选区的胜利。特别是执政党的党务人员和重要人物被在野党的无名青年候选人击败，成为本次选举的最大冷门。高喊“庆尚道政权”鼓吹地域感情的李孝祥国会议员的落选成为8大国会议员选举的最热门话题。

在野党在都市中掀起了飓风；共和党的后院处处起火，他们束手无策。执政党内部的政治巨头称其为“五月的逆风”。按照比例代表制与计划的在野党最多能获得18个议席，我们最后却取得了24个议席的战绩。

而另一方面，执政党在51个议席中只获得了27个席位，这个结果打破了选举初期的预想。这是民心的裁决。

从舆论中消失的金大中（1971年）

1971年7月，我参加了总裁竞选。当时舆论对我领导新民党使其成为强有力的在野党寄予期望，但是党内情况却与此不同，受到万人指责而卸任的柳珍山却梦想随着时间推移而重新回归。他本人因为舆论压力不能够出面而推举了在党内没有任何基础的金弘壹，主张“40多岁旗手论”，与我竞争的人马上就形成了反金大中战线，对我进行牵制。再加上梁一东参加总裁竞选，从而形成三足鼎立。

当时由于交通事故的后遗症，我的身体很不方便。虽接受了治疗，但腿伤越来越恶化——医院诊断左腿的髋关节情况很糟糕。说实话，我精神上也疲惫不堪，选举中不能倾尽全力。此外，这次中央情报部也有组织地介入了竞选，其最终目的是使我落选，他们对我的支持者进行了明目张胆的胁迫和收买。

7月20日在汉城市民会馆举办的临时全党大会第一轮投票中，没有一个人能获得超过半数的选票。紧接着进行了第二轮投票，也没有出现过半数的得票者。两天后再次进行了全党大会第三轮投票。我输了，出现了与国民的意愿和党的决定完全不同的结果。

来自汉城和地方的数千名支持者在雨中高喊我的名字，他们都祈祷着在野党的重建。我一出场他们就呼喊万岁，而反对我的重要人物入场的时候遭到了谩骂。即使这样，我也没有成为在野党总裁。党内存活着陷入接二连三的丑闻和腐败质疑之中的珍山派系，党被其所掌握。我的失败是在派系中动摇的在野党的悲剧。

总裁竞选失败后，支持者和党员们对不可理喻的结果茫然无措，最终在会场爆发了恶性事件。警察称我在背后操纵了这次骚动和对事件进行粉饰，但搜查的结果显示，所有的事情都源于市民们的“自发性愤怒”。

虽然在党内败给牵制我的势力，但国民们的声援依旧。我本人也很吃惊。在韩国政党史上，在某个特定政党总裁选举的时候，国民们给予如此的关心和支持的情况是没有过的。然而，即使在如此的国民声援的热潮中我还是输了。

我因总统选举和刚刚结束的国会议员选举而感到疲惫不堪，再加上车祸之后伤势恶化，这些因素叠加在一起导致我卧病在床。不仅仅是身体在遭罪，我的内心也很痛苦。即使身体快要散架也穿梭在全国各地，在雨中因为大型货车撞击事故差点死掉，为了渡过千钧一发的难关而倾尽全力，但我现在在哪里，回报给我的是什么，回头想想，什么也没有，很空虚。

这样的处境是由政府和执政党要雪藏我而造成的。他们不想让我再次出现在朴正熙总统的面前成为他的竞争对手而计划制造“政治上的缺陷”，这样的事实每一位国民都知道。

不论去什么地方，我都摆脱不掉中央情报部要员们的跟踪与监视。他们 24 小时窃听我家的电话；租借我家周围的几栋房子进行全天监视；给出入人员一一拍摄照片。被称为“东桥洞”的我家胡同，用一句话来表达就是：非常恐怖。

选举结束后，100 余名商界人士被中央情报部带走，被盘问是否给我提供了政治资金，同时逼迫他们签署不会与我接触的保证书。他们还对我的秘书和警卫员等进行密切监视，不分时间进行传唤调查并对其进行威胁；如果对他们的言行不满意的话，不管是什么时间都进行拘留。

“金大中”这个人从报纸、电视、广播等舆论媒体中彻底消失了。中央情报部工作人员对每个媒体一一检查，甚至对广告也进行了控制。报纸第一版刊载的关于我演讲通知的广告，也从下一版开始一点痕迹也没留就消失了。

如果想要演讲宣传，从借场地开始就是件难事。即使艰难地借用到了场地，立即就会收到解约的电话。若发书信的话，书信会被交给邮局的专职要员，印刷品一一检查后被毁弃或者烧掉；内容被抽调，放进出处不明的、以幽灵团体名义而散布的诽谤我的印刷物。中央情报部的迫害如此残忍和执著。

人人渴望着民主化，长期积压下来的热忱终于爆发了；对独裁政权执政十年来的不满也同时爆发了。不论怎么压制，民心是没有办法束缚的。这在经济领域也是一样的。以追求暂时经济增长为主的政策，使得经济基础十分薄弱。所谓的自由经济只是个幌子，内部却因实行中小企业差别待遇和没有原则的税制等而溃烂。特别是选举当时大把大把投下的巨额选举资金，严重扭曲了善心公约资金的流动。其结果造成物价飙升，经济停滞不前；自由遭到压迫，生计困难，民众们发难也是理所当然的。

法官们首先站了出来。1971 年 7 月 28 日爆发的“司法风波”就是这样的事件。汉城刑事地方法院李范烈审查官就违反国家安全法、反共法的事件驳回拘捕令，宣布无罪。尽管他依照法官的良心按照自己的信念而作出判决，但独裁政权却认为他很可恶。这位审查官在济州岛出差时，因接受委托人的酒宴招待而被疑行贿受贿。随后，他就被拘捕了。

这是赤裸裸的报复。因此事而受到刺激的汉城地方法院 37 名审查官递交了辞呈，而地方 153 名审查官也步调一致地递交了辞呈。审查官们决议坚持司法独立，并将外部压迫排除在外。嚣张的权力被法律制约了。

8 月发生了“光州大园区事件”。汉城市决定在京畿道光州郡构建 200 万平方米的工业园区，创建收容城市贫民的新城市。在总统选举和国会议员选举之际，该计划连所需预算尚未确定就被匆忙制定。因光州大园区而迁移的 14 万余名市民在选举一结束就被搁置在了荒凉的原野上。拆迁户们成立了对策委员会，向有关机关提交陈情书，但没有收到回信。居民们改组了对策委员会变为斗争委员会。拆迁户们要求与汉城市长面谈但市长并没有出现，愤怒的拆迁户聚集在一起烧了城南的办事处。光州警察局城南支局、巡逻警车、加油站等都被相继点燃。

紧接着又爆发了“实尾岛事件”。8 月 23 日在汉城永登浦大方洞大路上出现了特殊部队的队员。仁川前海的实尾岛上警卫兵被射死，出逃的队员们与军警展开了激烈枪战后，全部身亡。

我很震惊。他们牺牲在了国际形势缓和的气氛中。他们以侵入朝鲜为目的而接受训练，但因国际形势趋缓而不再被派往北方。他们丧失了目标，当局政府将他们收容在岛上，并使之接受隔离。永无天日的日子持续着，但他们的结局不是在北边死去，而是被国家权力抛弃，那些年轻的生命何其可怜！

9 月 15 日，韩进商社的 KAL 大厦闯入了身穿工作服的工人，他们要求支付拖欠的工资。他们占据办公室并点了火。所有被派遣到越南的所属韩进商社的工人，因战争产生的巨大赤字，没有收到事先承诺支付给他们的工资，工人们只能自救。他们与警察对峙4小时，但被强制解散，有66名示威工人被逮捕。

社会上到处臭气熏天，一觉醒来发生了好多事件。甚至于汉城东大门市场的商人们集体向政府抗议，要求政府的税务行政部门不能一味地对大企业进行照顾，而对中小企业和个体户课以重税。汉城大学医学院实习人员要求改善待遇，大学教授们呼吁停止中央情报部对学院的干涉和压迫。

“实尾岛事件”、“光州大园区事件”、“韩进大厦工人闯入事件”等接连爆发，民众极度不安。在野党要求治安负责人、内务部长官吴致成和法务部长官申植秀，以及副总理兼经济计划部长官金学烈卸任辞职，但没有被接受，最终9月29日向国会提交了不信任决议案。

此时在共和党的内部流动着一股微妙的气流。当时掌握共和党实权的四人帮（党议员白南檍、政策委议长吉在号、中央委议长金成坤、财政委员长金振晚）决定利用这次机会除去吴致成。吴致成则对警察、市长、郡守进行大规模的人事调动，一举将四人帮的人赶出实权领域。

10月2日，四人帮动员自己的势力，与在野党提出的罢免建议案保持一致，对朴正熙式的统治方式表露不满；以203张投票中107票赞成、90票反对、6票无效通过议案。这一结果使得朴正熙暴跳如雷，他指示中央情报部部长李厚洛得找出此次事件的唆使人。中央情报部要员们把四人帮带到南山。议员们被脱得精光，像狗一样被殴打。金成坤议员特有的八字胡被拔掉，吉在号议员被打得半死。结果金成坤、吉在号不得不运用脱党计，自动放弃其议员职务。

四人帮向朴正熙的权威发起挑战后，受到各种欺侮和羞辱最终倒台。四人帮的碉堡还不如沙子堆成的城池来得坚固。由此，共和党中其他实权者或接班人若没有登场，谁也别梦想着动摇朴总统完美的亲政体制。

政局变得极度混乱。作为在野党的新民党失去了“野性”，换句话来说，就是袖手旁观。连这样重要的问题也放任自流。在对内务部长官的不信任决议案通过后，执政党议员们在没有逮捕令的情况下将我带走。藐视法律和秩序的违背伦理道德的谋害不知什么时候将临近在野党，“10・2”事件是动摇国家根基的叛乱，这一点非常明确。我呼吁道：

“我们全部一起到南山去。若有法律和良心的话，国会议员不能无所作为。如果被带去的议员们不被即刻释放，我们将会欣然采取相同的措施。这样违法的行为不只是执政党的问题。”

我殷切地呼吁，新民党却没有什么动静。现在属于少数派、非主流的我的声音被无视了。最终，因中央情报部的横行霸道，我们失去了一针见血指出朴正熙政权独裁的机会。10月23日我在国会上通过对政府质疑，正面谴责了中央情报部的不正现状和所做的恶行：

“如今，在这个国家，中央情报部就是一个万能的暴君，没有它不能做的事情。选举时，如果有必要，就操纵政党、选举舞弊，并介入执政党的公推，肆意操作分裂在野党……针对共产党的中央情报部完全支配了这个国家的政治。舆论因中央情报部的压力，自由报道和批判受到很大的限制。中央情报部人员随时出入舆论机关，即使不出入也用很多方法进行刁难。

“无论是文化艺术界人士，还是教育工作者，不合中央情报部的心思，都活不下去。甚至，中央情报部干涉演员们聚在一起选拔演员协会会长。在这个国家，国民们又或者政治人宁可谩骂国务总理或总统，却因害怕中央情报部而不敢对其进行批判。中央情报部拥有无所不能的权限，凌驾于这个国家的三权之上。

“对于国会中的反对中央情报部三选改宪的人受到了其殴打和胁迫，这次也是这样。立法部完全遭到中央情报部的蹂躏。如果继续这样下去，我们将会成为中央情报部的奴隶。

“虽然政府的金钟泌总理在这儿，但真的很抱歉地说，现在这个国家的各行政部门都无法拒绝中央情报部的指示或要求。

“不只这样，大家每天都因担心被中央情报部叫去接受调查而心惊胆战。在这里有政府的总理、各部的长官、执政党和在野党的议员们，你们说，现在还有没被中央情报部窃听的人吗？我们现在连隐私权都没有。这就是我对中央情报部的谴责，即使为此我会失去生命，即使我会成为情报政治的祭品，我也忠诚于我的信念，不能够不说。就是这样。”

此时大学生的动向也不寻常。现役军官去学校进行训练教育，马上引起学生的集体排斥。朴正熙政权试图将学校兵营化的企图从正面遭到抗议。连日来，学生们都进行了示威活动。总统选举时，承诺取消军事教育“训练”的我对此十分关注。

1971年10月15日，朴正熙政权以反对训练的借口发布了卫戍令。卫戍令是军队驻扎在特定地区，保护地区设施的总统令。朴正熙政权在大学校园里布置了武装军人，增加了装甲车。小规模的示威中武装军人向示威人群发射催泪弹。不仅讲堂，连只有女学生的研究室也因催泪弹而烟雾迷蒙。检察总长宣称一旦示威激化，不可避免地会在没有拘捕令的情况下逮捕学生。数千名学生被逮捕。

即使这样也看不到让步。新民党在这时反而发表声明称存在“部分学生的示威过度”行为，和政府的见解没有区别。在野党的这种消极的态度，使得执政党毫无顾忌。1971年末国会预算案审议上，在野党也表现得软弱无力。总统声称，到11月

2 日为止，如果预算案不能通过，将会采取重大措施。在这种胁迫下，预算案勉强通过。执政党利用权力推动政权，而在野党则只能远远观望。

我的身体因交通事故后遗症而变得愈加糟糕，11 月 9 日前往日本治疗。我在日本的庆应大学附属医院里接受髋关节痛症的治疗。与一直保持通信交流的田中和福田赳夫外务大臣见面，并对韩国的现状进行了意见交流。12 月 6 日，我听到了朴总统宣布进入紧急状态的消息，理由是朝鲜的侵略为期不远：

“为了在朝鲜的侵略下保卫祖国，短时间内将限制国民的自由，限制舆论的自由、集会的自由，同时预算的一部分总统可以根据需要自由使用。”

朴总统进入紧急状态的命令超越了总统的权限，我认为这正暴露了朴总统长期执政的欲望。治疗还没有结束，12 月 16 日我就紧急回国了。

我出国虽不到一个月，但韩国社会发生了很大变化。朴正熙政权捏造了朝鲜马上就要入侵的假象，在剧院或通过电视放映朝鲜军方有条不紊地行进或训练的场面。国民们陷入大混乱，有人认为朝鲜真的会侵略而准备避难。

我对朴总统打的如意算盘了如指掌。民主化需求到了再也不能压制的极限，朴正熙政权目前为止的行为方式不能再维持其体制了。为了永久执政所采取的最后手段就是把朝鲜拉进来制造紧张气氛。

此时，就整个世界来说，两大阵营尖锐对立的局势有所缓和。1971 年 1 月，东西柏林时隔十几年重新开通了电话，而且在 4 月中国邀请美国的乒乓球队，开始了“乒乓外交”。尽管如此，朴总统仍采取了这种强硬措施与缓和的世界发展趋势背道而驰，其中存在的阴谋昭然若揭。

“一系列强硬措施不过是朴政权觊觎独裁体制强化的虚伪宣言。朝鲜的大军压境在现实上是不可能的，根本没有这样的征兆或证据。所有事情都没有根据。”

我冒着生命危险告知广大国民。可是这样的呼吁是不能传达给国民的。即使举行了记者见面会或发表了声明，在报纸上也看不到与此相关的一行文字，谴责政府执政党的声明不能公开报道。无可奈何的情况下，我打算通过全国巡回演说，亲自向国民们传达真相，但连这也未能如愿。大众集会，特别是我出面的集会都被彻底封锁。

我洞察着急剧变化的世界局势，决定访问美国和欧洲。坦白地说，也有躲避独裁迫害而自由呼吸的想法。我访问了美国、英国、瑞典、丹麦、联邦德国和法国。此行我见到了很多国家的领导人并与他们交换了意见。他们一致鼓励我。对朝鲜半岛南北对话和增进交流，还有和平统一的构想，我知道会得到世界各国的支持。

这样在发达国家眺望祖国，韩国显得更加悲惨。引领冷战潮流和策划独裁的朴正熙政权真让人感到寒心。一方面，觉得他们的行动很可笑；另一方面，想到在此过程中遇到挫折和痛苦的国民们就很心痛。

朴总统张口闭口提倡的“朝鲜侵略说”，不仅美国，连日本都漠不关心。世界各国也直接或间接地谴责朴总统，韩国渐渐在国际上被孤立，国民们也慢慢察觉到了真相。

我的三阶段统一论（1972 年）

政府提前一天就发出了通知，将在 1972 年 7 月 4 日这天发表重要决议，然而国民们却没有像他们想象的那样对这个所谓的重要决议给予足够的重视，因为在此之前实在是有过太多的重要决议，所以国民们早就淡然到麻木了。朴正熙政权动不动就宣告进入紧急状态，动不动就到处散布紧急情况的消息，并且因为执政党在处理危机时都会颁布用于改变紧急局面的镇压性政策，所以国民们对于这些所谓的重大决议自然先入为主地已经给予负面的认识。

但是这次却有所不同，中央情报部部长李厚洛先生通过记者会发表了所谓的“7・4”《南北共同宣言》，所有的人都被震惊了。聚集在收音机和电视机旁的国民们听到这个突如其来的震撼性消息，都不知道该说什么，只能面面相觑。报纸杂志也发布了特刊和号外，国民们的脸上于是立刻浮现出了朝鲜半岛南北方似乎瞬间就能统一表情。

我对这个所谓的在南北自主、和平统一的大原则基础上商议协定的“7・4”《南北共同宣言》诞生的周边环境做了详细的观察。

在刚刚步入 20 世纪 70 年代之时，国际社会就有着破冰的迹象。1968 年 11 月 6 日，尼克松当选为美国总统。他在 1970 年 2 月 18 日发表了被称为尼克松主义（Nixon Doctrine）的外交白皮书，声称美国决定不再在亚洲地区投入陆军军力，并且将改变对社会主义国家的看法。美国方面还决定退出在越南的战争，以及将要大规模缩减正准备派遣到韩国的驻韩美军。

1974 年 4 月，出战日本名古屋世界乒乓球选手大赛的美国代表团共 15 名成员以及记者团 14 名成员随后对中国进行了访问。美国代表团访问了北京、上海、广州等地，并与中国各地代表团进行了友谊赛，这也就是所谓的“乒乓外交”，也是曾经竖起“竹帷幕”的历史性的事件。美国总统尼克松曾在1971年7月派遣了非常优秀的密使基辛格先生去中国进行访问，次年2月尼克松亲自访问了中国。

持续了几十年的两大阵营的对立开始瓦解崩溃。此时在已经将朝鲜半岛的驻韩美军缩减了将近2万名的美国总统尼克松的内心也十分期待着朝鲜半岛紧张局势能够得到缓和。

朴正熙政权也非常清楚地看到了在刚刚过去的总统选举中出现的民心背离现象，所以也非常清楚此时最紧迫的是能够扭转局面。于是朴总统在1972年5月2日派遣密使李厚洛先生去了平壤。与此同时，在5月29日，朝鲜方面派副总理朴成哲先生秘密进入了汉城。韩国方面的中央情报部部长李厚洛先生和朝鲜方面的劳动党组织部部长金英柱先生在汉城和平壤同时发表了共同签署的“7·4”《南北共同宣言》。

宣言主要的内容包括自主、和平地实现统一，互不诽谤，不实施武装挑衅，进行多方面的交流，汉城与平壤之间安装直通电话等事项。在宣言末尾记载的是南北双方的承诺，着实令人感动不已：

“我们确信，韩朝双方以上的协议事项，符合望眼欲穿地渴望祖国统一的全国同胞们的一致愿望，并且我们在全民族民众面前严肃地承诺：我们会诚实地履行承诺。”

《南北共同宣言》一经发表，整个国家就沉浸在热烈期盼的气氛中。这是比什么都令人感到高兴的消息，但是坦率地说我感到十分混乱。虽然我知道中央情报部部长李厚洛先生去过朝鲜的事实，但是却不知道他们怎么能如此之快地制定出协议。朴总统为了应对朝鲜的威胁已经颁布了“国家紧急总统令”。6月25日，正值朝鲜战争22周年之际，那时韩国方面还向朝鲜做了措辞强硬的演讲。

在发表《南北共同宣言》的9天前，朴总统还做出了这样的判断：

“绝对不能相信共产主义的话，那些话是毫无诚信可言的。从现在算起的22年之前，当时朝鲜方面提出用被朝鲜扣押的爱国主义人士曹晚植先生交换正被韩国方面逮捕拘留中的共产党员的提议之后，却突然对韩国发起了攻击。”

朴正熙政权一边做着这样的演讲，一边却在背后听取密使的报告后在《南北共同宣言》上签了名……怎能做出如此欺骗国民之事？对我来说这是根本就无法理解的。

曾经无数次地呼吁南北和平统一的人们都被拉到了教导所里面。之前就算是谈及朝鲜的事情就会以容共的名义把你推倒镇压的执政政权，现在却突然决定与朝鲜进行交流并且实施和平统一了，实在令人震惊。要是我们呼吁南北统一就会被判有罪，难道政府不问国民们的意愿就那样随意地更改政策也是可以的吗？

“到底什么才是真实的？朝鲜方面为什么要签订这样的协议呢？朴总统是真的有和朝鲜和解的意愿吗?”

疑问一个接着一个，然而我却接受了这一现实。南北和解与和平地解决南北统一问题是我在上次的选举中就提出的主张。现在出现了与我的政策一模一样的宣言，我又怎么能不支持呢？于是我最先表示了欢迎的意思，但我也附加上了一项条件。7月13日，在汉城举行的外国人聚会上我发表了一篇关于“《南北共同宣言》和我的主张”的声明。

“对于《南北共同宣言》，我的结论是原则上对此表示支持并且欢迎，但是朴正熙总统却没有促进与我的主张相同的政策的资格，事实上我深深地怀疑他现在是否为了自己能够永久掌权而滥用此项整个民族神圣且重大的任务。”

《南北共同宣言》给这个经历了27年相互之间完全隔绝和彻底憎恨、对立的民族带来了重大转机，并且对亚洲的和平和缓解紧张的局势作出了相当大的贡献，也迎合今天世界上流行的“承认现状之下的和平方向”。不管怎么样，这次的宣言与我一直以来的主张有很多相似的地方。

我那段日子一直对朴正熙总统的战争指向型和封闭型的对北政策持反对意见。我主张和平、开放型的政策，特别是在1971年的总统选举期间我一直主张促进南北交流以及与社会主义国家的交往，并且推崇构建以美、日、苏、中四大国为基础的朝鲜半岛和平保障体系。以南北间的和平共存、各种交流的扩大以及和平地统一为主的我的三阶段统一论也在此期间被提出来。

朴总统对我这样的主张持反对态度，不仅仅是在选举期间，而且自那以后一直对我进行强烈的谴责，甚至还表示了对朝鲜方面出兵的迫切期望以及发布了“紧急总统令”。现在朴总统终于能放弃曾经一贯的政策转而发展与我的主张方向相同的重大政策，我认为这件事是很值得欢迎的。

尽管如此，我还是听说了三种关于朴正熙总统没有促进这个政策的资格的理由：

第一，他欺骗了支持他的选民，愚弄了所有的国民。朴总统在选举期间堵住了南北之间接触的所有可能性。他在“5·16”军事政变以后，对所有的统一论者都毫不手软地进行了处罚，不仅如此还一贯性地把统一论视为容共诗，一律禁止。

第二，朴正熙总统的这次措施在方法上十分非民主，并且也很危险。他实施这一重大的改变其性质的政策，事前没有一句向国民请求谅解的陈词，不仅如此，对国会和执政党也没有做出任何通告。

第三，朴正熙总统清晰地挑明了《南北共同宣言》是强化他独裁性的支配体系和想要永久掌权的想法。

于是我对朴总统提出了三个要求：

第一，撤回现在已经丧失了名分和理由的“紧急总统令”，并且按照国家现实情况况法，对反共法和国家保安法进行修订或废除。

第二，应当立即废除覆盖今天的大韩民国的不幸的影子，要勇敢坚决地扬弃所有的独裁体系，尽全力保障国民的“自由”，扔掉贫富两极分化的特权经济以保障体现大众经济的民众“生活”，一律清除腐败，实施保障我们的“良心”的民主性的内政改革。

第三，朴总统作为主权在民的民主国家的总统应当以更加正直和谦虚的姿态面对国民。朴总统首先应该明确地表明他会遵守在过去选举时的承诺：1975年不再参与选举，而是按照国民的决定移交政权。

同时我又在记者招待会之前提出了韩朝共同加入联合国的提议。这真的是一个破格性的提案，执政党反对此事是很正常的，然而野党也十分反对这件事情。他们认为朝鲜是“傀儡政权”，无法承认这样的政权。然而这件事在11个月之后，通过朴总统的“6・23”宣言成为公开讨论的事情。

使得整个朝鲜半岛变得不平静的“7・4”《南北共同宣言》发表之后，曾经有几次韩朝双方都表现出想要会面的样子，但结果只是强化了韩朝双方阵营的权力基础，最后这试探还是悄悄地消失了。在“7・4”《南北共同宣言》发表三个月之后，朴正熙政权厉行“十月维新”，开始了恐怖性的政治统治。朴正熙政权维新体制的准备工作在“7・4”《南北共同宣言》发表之日前就已经开始，从这一事实上来推断，我们不得不判定这些家伙就是通过用像玫瑰光芒一样的统一论来麻醉民心，上演了独裁剧的假情假意。12月27日，朴总统通过所谓的统一主体国民会议这样的管制机构设立了“终身总统”日，这一天朝鲜方面也公布了新设“国家主席制”的最高人民委员会修订法案。

这样看来，“7・4”《南北共同宣言》只不过是趋缓的国际交流局势中瞬间出现的一道彩虹，然而实际上我认为这只是欢呼声停歇之前消失的海市蜃楼而已。

我想阐述一下自己关于统一的蓝图。我一直坚信没有民族统一是绝对不可能拥有真正的民族和平和繁荣的。我们是在新罗统一之后经过一千多年又迎来了单一民族的统一国家，所以那些分段的历史实际上只不过是刹那而已。统一不只是通过赏心悦目的希望就能实现的，而是应该更具体现实一些。

朴正熙政权在联合国的监督下通过选举提出了所谓的统一方案。然而在这个提案里面首先从选举程序和过程附加的一些条件来看，朝鲜方面根本就不可能接纳。我在第六、第七次国务会议上批评了朴正熙政权的统一提案，为此下了很大工夫。我虑及韩朝20多年间已经固定化了的现实情况，得出了南北方通过和平与协作能实现和平统一的阶段论性的统一方案才是现阶段我们民族能实施的最准确方案的结论。我曾做出与此相同的构想——1971年2月访问美国期间，在美国国家记者俱乐部里发表了关于这方面的演讲。我对来自国内外的记者们说："放弃使用武力缓和韩朝之间紧张局面，促进非军事化性质的记者、书信、体育等方面的交流，试图做出政治以及经济方面交流的尝试等三阶段内容，为韩朝的统一打下基础。"

三阶段统一论是我构思了好久才成形的。在朴正熙政权进行的反共和灭共政策的现实情况下，现在反过来回想一下我的三阶段统一论也是非常具有现实意义的。因为提出了这些主张，之后受到了很多的镇压和暗算，但是这些主张在后来成为最具有和平性的统一方案，得到了国民们的支持，也在全世界产生了共鸣。我与国内外的专家们进行了讨论并且分析了当时的国际趋势，得出了三阶段统一论，具体内容如下：

第一阶段，为了和平共处，同属一族的韩朝应该承诺不发动战争，同时为了缓和紧张局面，双方应缔结和平协定。相互承认对方现实性存在的问题，并停止对彼此的诽谤。应该避免像清日、俄日战争时一样把朝鲜半岛作为强国之间战争舞台的事情再次发生，为此美、中、苏、日之间也应该签订协定，承诺不在朝鲜半岛发动战争。我殷切期望韩朝双方相互共存的方案得到国际社会的承认。具体的就是指前面提及的四个大国在朝鲜半岛内的战争得到控制的保障和南北方同时加入联合国的方案。同意韩国方面在北京或者在莫斯科等地设立大使馆，朝鲜方面往东京或者华盛顿等地派遣外交使节，双方同时构建外交关系。

第二阶段，扩大和平性的交流。首要的是促进记者交流或者文化、艺术、体育等方面的交流，并且使得双方可以自由地收听对方的广播等。哪怕就是经济上的交流这一个方面，也是非常重要的、阶段性的、有实质意义的合作方式。

这样的话，南北方之间的交涉就会取得成功，南北之间的民族之爱以及民族之间的信赖也可以得以恢复。只有完全统一的民族的协议成功，才是达到了最后的三阶段的和平统一。那就是我在很早之前就已经阐明的关于统一的一贯性的立场。

"韩国的国民们对像这样的统一没有任何机会发表自己的意见和见解。统一是韩朝之间民族的统一，绝对不是简单的双方政权之间的统一。”

我认为，应该寻找统一后双方可以共存的模式，一方胜利、一方委曲求全式的统一显然会带来很严重的后遗症。统一之后根据国民们的自由意志决定体制。并且我认为在统一的前一阶段，韩朝双方应互相承认对方是独立存在政权，这样才是合理的。为此我认为应该走一个民族、两个政府体制的发展方向。

德国虽然现在统一了，但是在当时它们也是分裂的国家。德国趋向了“一个民族、两个国家”的体制。两德不是为了联邦德国和民主德国的统一而接触的，而是为了共存而接触的。两德统一时，苏联等国一直是对其加以阻碍的。

然而我们的统一没有任何国家会加以阻碍，并且我们也没有受到阻碍的任何理由。那是因为朝鲜半岛周边的那些强国绝对不会害怕朝鲜半岛统一。就算它们有所顾忌，那也是担心统一后的朝鲜半岛会被某一个特定的国家给利用了。若是这一点得到了保障，统一是不会受到任何一个国家阻碍的。

此外，因为德国是战败国，所以不能堂堂正正地贯彻自己的主张，而我们既不是战败国又不是被占领的国家，朝鲜半岛的分裂是由外部势力造成的，所以对于统一，它们有协助的理由却没有阻碍的理由。在这一点上我们和德国是截然不同的。只要我们有信心，我们的统一会比德国的统一更容易实现。

朴正熙政权对于我的三阶段统一论找出了无数的瑕疵来进行攻击。朴正熙和共和党以及日本的舆论扭曲地来介绍我的主张，把我和容共分子强压在一起。我的和平统一论在这之后成了朴正熙政权通过绑架、软禁、拘留等方式迫害、镇压我时滥用的主要借口。然而我对和平统一的信念却从来都没有改变过。

我的三阶段统一论在不间断地进化发展着。当然这取决于朝鲜半岛所处的国际环境的变化，也缘于我从未间断地研究摸索这一统一方案。

我在1980年修补了三阶段统一论，并提出了“共和国联邦制统一论”。这个方案就是通过“和平共存与交流——联邦——完整统一”三个阶段来完成和平统一的进程。

第一阶段是在象征性的联邦机构下的共存与交流，实质上是指南北联合的阶段。韩国和朝鲜在理念和体制完全不同的独立政府管理下维持外交、内政、军事上的独裁性，联邦政府作为象征性的机构掌管和平共存与交流。第二阶段的联邦阶段就是联邦政府掌管外交、国防、主要内政等方面，南北方设置地域自治政府。第三阶段就是在和平共存与交流的基础上实现和平统一。

与之前的统一论不同的是韩朝双方在维持原有基本权限的形式上保有各自的独

立政府，并且建立由双方代表组成的象征性的联邦机构。

在监禁、流亡以及被软禁等迫害中，我对统一问题从来都没有放弃过。无论多么艰难，我都在努力地思考这一关于我们民族的最根本性的、最纯洁的课题。不管是国内还是国外，只要有人才我就会去拜访他们，寻求他们的意见，再三地思考和咨询。

1995年8月出版的《金大中的三阶段统一论》满载了我在过去30多年里整理过的已经成熟了的统一方案。这篇宏观综述向着实践性方案的方向发展，变得更具体化了。它是在自由、和平、民主的三阶段原则下形成的，以第一阶段南北联合、第二阶段南北联邦、第三阶段完整统一的三阶段统一论为基础构成的。

在南北联合阶段，韩国、朝鲜作为独立的国家以保留主权和所有权限的形式设置南北联合正常会议、南北联合会议、南北联合内阁会议等协作机构。这些联合机构承担实现和平共处、和平交流、和平统一三大行动纲领的重要任务。

在南北联邦阶段，联邦政府保留外交、国防、重要的内政权等，并且构成联邦总统、联邦议会等，南北方设置地域自治政府。

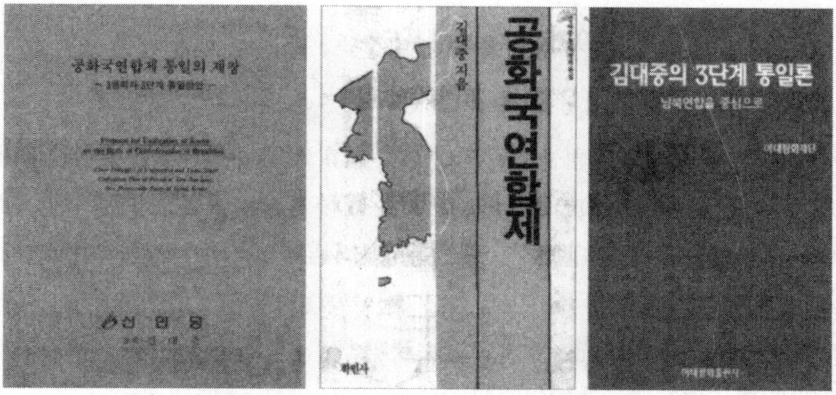

关于纯洁的课题“统一”，我几经思虑，三阶段统一论慢慢成熟

最后在完整统一阶段实施中央集权制或者设置职能细分化的联邦。统一国家的理念和体制必须把民主主义、市场经济、道德性的先进国家、和平主义等视为基本原则。

1972年5月10日，我的母亲去世了。母亲是在我们东桥洞的家里闭上双眼的。她在去世之前不久刚刚加入了天主教会，母亲的洗礼名是“泰丽莎”。母亲在青葱的5月，依偎在了宽容的上帝的怀抱里。如果没有我的母亲，今天就不会有我的存在；如果没有母亲的教导和温暖的爱，我怎么能够在这个世界上发出光芒呢？我能站出来维护这个世界上的正直与正义，应感谢我的母亲。

如果不是母亲说服家人搬家到木浦去生活，我说不定就会在那个孤岛上生活一辈子。对于这样伟大的母亲，我却只是让她受尽了苦，没有一次真正地尽过孝道。我在选举时总是落选，被关在教导所里面，并且两次徘徊在死亡边缘，害得母亲一直跟着担惊受怕，这是多么不孝啊。母亲应该总是生活在心惊胆战中吧，但她从来都没有流露出不安，而是坦然面对逆境。回过头来想一下，待在母亲的身边给了我无穷的力量和勇气。

包括副总理、执政党以及在野党的重要议员在内的很多人来进行了吊唁。现在回想起来，当时母亲的去世从某种程度上可以说是件庆幸的事情了。我的人生在那以后变得更加艰难险恶，如果母亲这时还守护在我身边，又得操多少心啊。如果5个月之后跟随着我以流亡者的身份离开自己的祖国在异国的土地上去世，母亲又该是多么悲伤啊。

十月维新与流亡（1972—1973年）

1972年10月11日，我再次去了日本。在东京停留期间，庆应义塾大学的五岛雄一郎教授为我治疗了腿病。通过他的治疗，我行走起来比以前方便多了，并准备19号启程回韩国。在回国的两天前，我在帝国酒店接到了汉城朋友崔书勉的电话。那时是下午5点。

“您知道今晚7点朴总统要发表重大决议吗?”

“我没听说，你知道具体的内容吗?”

“我也只是听说。好像形势不太乐观，大概是要解散国会，宣布戒严令。”

我有一种不祥的预感。我挂了电话便陷入了沉思。这时约见我的一位日本记者来到了酒店，他也跟我说了同样的事情。

“我所预想的终于到来了。”

我料到朴正熙政权在选举后一定会处心积虑地维护独裁体制。此时我再次想起了选举期间我曾强调的一句话：

“如果这次选举无法实现政权更迭，那么在朴正熙政权的统治下，我们再也无法通过国民选举来实现政权更迭了。”

预感正成为现实，我感到非常恐惧。晚上7点那项重要决议发布了。我与金钟忠一起收看了电视（金钟忠是我小学时的朋友。我到日本的时候，他非常细心照顾我）。不知为什么，我在异国他乡看到朴总统时竟感到十分陌生，他依旧面无表情地读着发言稿：

“亲爱的国民们！我遵照所有国民对追求祖国和平、统一和繁荣的愿望，为了成功开创我们的民族历史，我向国民郑重宣布重大决定。”

朴正熙通过总统特别宣言解散国会并在全国宣布紧急戒严令。这真是可恨至极！他竟然还说是为了祖国的和平和统一而解散国会和宣布戒严令，真是太令人气愤了！

他以实现和平统一与韩国的民主主义为借口再次发动政变，真是可笑之极。朴正熙政权修改宪法并重新将其命名为“维新宪法”。

维新宪法规定，通过统一主体国民会议可以间接选出总统，总统可以推荐国会议员中1/3的席位，甚至附加了总统可以终止宪法效力的非常措施权。总统可以统辖行政、司法、立法三权，并且废除了六年任期的连任限制，使终身执政成为可能。他们通过正当的方法不能延长政权，所以就断然采取了这种“军事政变”。

我闭上了眼睛，金钟忠也什么都没说。这使我想到上次发布“紧急总统令”也是我不在国内的时候，为什么他们总是趁我不在国内的时候制造事端呢？

宣布维新宪法的朴正熙总统

我给汉城家里打了电话，妻子让我不要担心家里反而替我担心：

“事态很不寻常，您最好不要回汉城。”

所有事情比我预想的还要糟糕并且快速地进行着。我边听着朴总统的特别宣言边想起了支持我的国民们，他们是那么渴望实现政权更迭！我独自在异国的酒店里踱来踱去，无法入眠，总统大选时那么多人支持我的景象一直在我眼前浮现。

这样渴望民主主义的国民，此时此刻会以什么样的心态接受这次事件呢？他们该多么绝望和义愤填膺呀。我感到有一股热热的东西涌上心头，那是悲伤和愤怒。

我决定与朴正熙政权进行斗争。斗争对我来说是对国民的义务和责任，即使付出生命也要进行。问题是怎样进行斗争呢？

“在韩国谁也不敢对独裁有一句不满，也几乎没有那种民主人士。幸运的是我在国外，我可以自由发表我的见解。我要向美国、日本等世界舆论进行呼吁；我要向全世界揭露独裁政权的丑恶以便断绝他们与朴正熙政权的连带关系。如此，国内也会鼓起勇气进行反对维新的斗争。即使为了争取民主化的国民，我们也要在海外进行抗争。为了民主斗争我决定组建一个国际组织，与志同道合的侨胞们一起进行抗争。”

我是这样想的：我不在国内时，朴总统的特别宣言让我察觉到了某种暗示，那就是所谓的亡命。但在此之前亡命我想都没有想过，这使我茫然无措。钱也不充足，一旦开始亡命生活，就不知道什么时候会结束。我不知道亡命后在日本或美国会受到怎样的对待，侨胞们是否会帮助我，还有中央情报部会搞什么阴谋诡计……

我非常担心在汉城的妻子和儿子们，还有亲戚和同志们。若我不在，他们就相当于人质，不知道中央情报部会怎样迫害他们。亡命还是回国，我陷入了苦闷之中。我彻夜未眠，凌晨赋予了我勇气——东方渐白时，我决定开始我的流亡生活。

第二天早上，我与旅日的在野党议员金泳三、李哲承、宋元英、梁一东等进行了联系。朴正熙政权的暴行使民主化的希望不断消失，我提议大家留在日本一起进行反政府斗争，但谁都没有响应。

我发表了反对“维新政变”的首次声明。因为我是上届选举中与朴总统进行对峙的最大政敌，所以引起了几处舆论的注意，但紧急戒严下的国内舆论对此只字未提。我向记者揭露了这次总统特别宣言有着实现永久执政的图谋，并朗读了声明。

关于戒严令

朴正熙总统的这次举措说是进行统一，实际上是以他本人进行永久的独裁执政为目的的反民主的举措。

这完全是违反宪法的行为，站在了与朝鲜对决的立场上，践踏着国民希望早日恢复祖国统一的愿望。

我坚信朴总统的行为将得到世界舆论的严厉批判。像打倒李承晚独裁政权一样，渴望民主自由的韩国人民也一定会打倒朴正熙政权的。

金大中

1972 年 10 月 18 日于东京

事后我得知，在韩国的同一时间，军队刑警突袭了我家和与我同派议员的家。金相贤、赵有亨、李终南、金禄永、赵渊夏、金敬仁、朴钟律、姜根镐、李世圭、金汉洙、罗硕昊议员等被带到军部。权鲁甲、韩和甲、严永达、金玉斗、房大烨、李守东、李允洙秘书等也都受到了侮辱。当然他们也没有逮捕令。军队刑警们对他们进行严刑拷打；盘问与我的关系。他们被施以各种暴行，或扒下衣服，不允许睡觉；或用方板或棒子抽打；或放躺后往鼻子里灌水；或像烤鸡似的倒挂着拷打；或用锥子扎脚底……

之后朴正熙政权召开了紧急国务会议，并公开发布了宪法修正案。至此，为了朴正熙个人的独裁维新宪法登台了。我随即发表了反对声明。

关于改宪

1. 总而言之，此次改宪满足了朴总统独裁统治和永久执政的欲望。他无法通过直接选举取得胜利，便谋划着可以间接当选的一种总统制改宪。因此去年总统大选时，他向国民呼吁三选。并说“这是最后一次”，他将对国民和世界的承诺视为无物。我在选举当时不断地警告：如果这次不能通过和平选举进行政权更迭，以后也很难对朴正熙政权进行更迭，总统制时代将会到来。不幸的是，竟被我言中了。

2. 朴总统只要一有机会便声称民主体制比共产主义体制更加优越，并主张竞争共存中的胜利，但这次改宪否定了议会民主主义和三权分立这一民主主义的核心。对于朝鲜的全面接触，不但违背了之前的主张，而且使忍受27年祖国分裂和同族相残的痛苦、为了自由而奋斗的韩国国民的抗争名分和信念丧失了。

3. 朴总统在不断地谈论着为了统一而改宪，但改宪结果却完全与统一无关，他只是为了他本人的永久权力而进行改宪。对于朴总统违背对国民的承诺、践踏民主主义的建国理念和宪法的行为，我将继续进行抗争，同时我坚信他将受到热爱自由的，展开了一系列行动，国民的庄严审判。

金大中

1972年10月27日于东京

我决定拆穿朴正熙政权的阴谋和野心，通过日本新闻媒体、日本国内的集会，展开了一系列行动，并强调韩国国民最终不会放弃自由民主主义。首先我在《朝日周刊》上撰稿《直言韩国戒严令》。日本人和在日本的侨胞了解韩国的独裁真相后感到非常惊讶，我告诉他们韩国存在与独裁政权作战的民主势力。我通过不断地撰稿和接受采访揭露维新政变的真实面目：《我对韩国的戒严令愤愤不平》（《Sunday每天》，1972年11月5日）、《金大中先生，呼吁韩国的危机》（《周刊时报》，1972年

11 月 17 日)、《愤怒，呼吁韩国的现况》（《世界》，1973 年 1 月号)、《祖国——韩国的悲痛现实》（《中央公论》，1973 年 1 月号)、《民众不再沉默》（《朝日》，1973 年 2 月 2 日)、《民主化即是南北统一的前提》（《经济学家》，1973 年 2 月 6 日)。

我即将离开日本流亡美国。我认为华盛顿比东京更利于将独裁政权的真面目告知天下。美国仍对朴正熙政权有着强大的影响力。

我到达美国后与熟人进行了联络。与李根八、林炳圭、林昌荣、柳基洪和内弟李圣镐见面后一起讨论了今后在美国要展开的行动。我表明了我将在美国为了韩国的自由民主主义和打倒独裁而进行抗争的立场，他们是在美侨胞中对韩国的民主化非常关注的人士，所以我决定与他们一起为寻找方案进行奋斗。

我会见过许多美国人和韩国人。其中我常与赖绍华（Edwin O. Reischauer）教授见面。担任哈佛大学日本研究所所长的他，在这之前便与我认识。他坚信民主主义，并且是虔诚的基督徒，他赞赏我是个信念坚定的政治家。赖绍华教授向我介绍了民主、共和两党的领袖。民主党领袖即后来的驻日大使曼斯菲尔德（Mike Mansfield）先生。共和党领袖是斯科特（Hugh Scott）先生。我向他们说明了韩国的独裁政权，并提出了请求。

我在华盛顿首先见到了参议院议员爱德华·肯尼迪。他仍然很信任我，并且对我说，我在美国若有需要帮助的地方可随时找他。

我首先在美国的大学讲堂上开展了民主化运动。1972 年 12 月 14 日，在纽约哥伦比亚大学进行了首次公开演讲。我想最多也就会来 100 人，但实际上聚集了 500 多人。我的演讲非常成功，反响非常热烈，这使我对斗争的胜利充满了信心。我辗转美国各地进行演讲，密苏里州立大学、华盛顿大学、芝加哥大学等地都留下了我的身影。我不遗余力地向美国人和在美国的侨胞说出我对韩国民主化的意见和主张。

此时，我收到了妻子托人带来的信。当时国内外记者谁都不敢去我家，只有日本的 TBS 三善记者和美国 CBS 的韩永道记者找到我家。他们将我的近况告诉妻子，并答应会替我们转送书信。我们夫妇通过两位记者和妻子的梨花女子高中的学妹禹顺尔得以互相通信。偶尔也可以躲开中央情报部人员的监视，就像进行谍报战一般，妻子曾在第三场所给我打来电话。

> 我们的秘书、亲戚还有司机都被拉去接受了严酷的审讯，所有的人都遍体鳞伤，身心备受折磨。所有这些人都被拉去审问，如果想要出去，必须写下以后不再去东桥洞的保证书。
>
> 从我们家拉去的这些人连内室里我和秘书的谈话都知道。甚至婆婆去世时

的赙金名单他们都有复印本。所有人都非常惊讶。可能内室里安装了窃听器，他们才能那么详细地了解情况，并且他们调查的材料堆积如山。

现在也只有您能代表韩国讲话，任何人都不敢说实话，只能憋在心里。政府非常恐惧您在国外发表的声明和国际舆论。

这个国家只有朴正熙，他的话就是法律。这儿就像墓地，连大声呼吸都怕会被处罚。特别是他仇视的对象是您。所以您要进行更强烈的斗争，为了解放国民并使国民能真正地呼吸，请您一定不要焦急。

不管是在美国还是在日本，您都不要独行，饮食也要多加小心。不管什么时候、在哪儿，您都要小心跟踪您的人。请您务必注意身体。

我读着妻子的信，想象着韩国的情景和东桥洞家的状况，朴正熙政权的暴行使我全身发抖。

12 月 23 日，根据维新宪法韩国召开了统一主体国民会议，朴正熙被选为第 8 届总统。从宣布维新宪法到总统就职仅用了两个多月的时间。我在美国和日本注视着韩国事态的发展，并对此进行了谴责。

朴正熙在加强独裁体制的同时对民主人士进行逮捕、审问和软禁，但却与朝鲜协议进行了红十字会谈，并组建了南北共同委员会。不仅如此，朝鲜还配合朴正熙政权修订宪法的行为，将朝鲜的宪法也进行了修改，让人感到非常奇怪。

朝鲜的这种态度使在美国和日本的部分知识分子认为“可能南北都在渴望统一”。美国和日本也以安定和安保为名默认了朴正熙政权为加强独裁统治所进行的一系列举措。但实际上这只是独裁政权通过统一来遮掩国人的耳目，进而巩固自己的权力根基。

借着统一而进行的一系列举措使国民对独裁政权的责难暂时得到了缓和。对我与民主势力来说这是个黑暗的时期，我们被彻底孤立了。

1973 年 1 月 5 日，我再次回到日本。在东京停留期间我得知了韩国国会议员选举的结果，维新体制下首次选举以反对党的胜利而告终。实际上这次选举是执政党和反对党相互策划的选举。总统已经推荐了 1/3 的议席，确保多数已经不是问题。在一个选举区里要选出两人，但执政党只有一人参选，剩下一席让反对党或无党派当选。反对党在政府执政党的这种“关照”下苟延残喘。

但值得一提的是，地区选举中执政党虽然获得了多半席位，但投票率竟然没有达到 40%。反对党的出人意料的取胜再次确认了国民的意愿，这也算是个安慰。

我在日本继续着反对独裁的抗争。我孤军作战，但我无法停止。我向我见到的每一个人说明独裁政权的弊端及其对以后的韩国——美国——日本三国的共同利益会带来的危害。自民党议员中也有同意我说法的人。当时日本的执政党自始至终支持着朴正熙总统。前建设大臣木村武雄听了我的话后非常惊讶：

“本来我对韩国没太关注，但现在看起来不能再耽搁了。韩国问题的真相超过了我的想象。”

前农林大臣赤诚宗德表现出了非常大的关心：

“为了遵守韩日协议我们费尽了心血，但朴正熙政权却并非如此。我们所提供的贷款都用在不相干之处了。这样我们的努力都白费了。”

《时间》杂志东京分局局长常（S. Chang）向我介绍了宇都宫德马议员。常是韩籍日本人，曾经来韩国采访过我。宇都宫议员是亚非研究会的负责人，这个团体的成员中共有几十名议员。我向他说明了日本政府支持韩国的独裁政治，经济上韩日相互联系的真相，他大吃一惊。我强烈指责了日本对韩国的独裁政治的漠不关心：

“我希望日本在对亚洲政策方面不要重蹈过去美国的覆辙，实行‘只要是反共，即便是独裁政权也给予支持’的错误政策。美国对过去韩国的独裁政权并没有进行无原则的支持。在李承晚政权末期，美国为恢复韩国民主提供了帮助，并反对军事政变。从军政恢复到民政，美国起到了很大的作用；三选改宪时他们也进行了制止；对紧急状态宣言也表示了反对；对于维新体制也表示了正式或非正式的不满；参议院外交委员会报告中也评价‘朴正熙政权是继李承晚政权以来的最恶劣的独裁者’。

“相反日本政府与美国的态度有着明显的差异。日本一直支持朴正熙政权，借1971年总统大选对其进行了经济援助，汉城地铁就是其中的一个项目。从某种程度上说，日本对韩国的民主主义发展漠不关心。

“当然我知道有很多知识分子和反对党的国会议员也在思考着韩日两国的未来，问题出现在眼下日本政府的政策上。在亚洲，日本与中国日益发展壮大，日本只有采取正确的亚洲政策才能使共产主义与民主主义体制共存，这样亚洲人才能获得真正的幸福。”

我为了纠正日本人对韩国人的错误认识而四处奔波。日本人在得知韩国独裁政权的真相后，一般都是大吃一惊。我向日本知识分子寻求帮助，同时拿出了日本国内的亲韩派与朴正熙政权相关的实例，并指出了其弊端。我还说明了日本政府协助独裁和腐败的结果是韩国国民们正经受着巨大的痛苦。

在日本停留期间，我与包括社会党书记石桥政嗣在内的很多议员见了面。像对在美侨胞们说的一样，我向在日本的韩国人呼吁为了恢复祖国的民主，请给予关注。

我在日本执笔写下了《独裁与我的抗争》。虽然写的是我，但目的是为了向日本人说明独裁的真相。

之后，此书被金文堂社长金炯文以“行动的良心”为题在国内翻译出版。

3 月 25 日，我再次去了美国。4 月 28 日，我在芝加哥进行了演说；5 月 18 日，在旧金山国际会议大厅进行了演说。当时在侨胞圈里有名的韩籍暴力分子十几人坐在了讲演台前。我经前民选汉城市长金相敦的介绍而走上讲台，他们一起叫喊起哄，向我投掷番茄酱瓶和鸡蛋。此时侨民中有位叫宋善根的人站起来指责他们——他真的是非常勇敢。结果当地警察也出动了。但我还是将演讲圆满结束了。这些暴力分子是韩国领事馆副领事带来的，他们分明是受了中央情报部的指使。我知道即使远在天涯海角他们也会追踪我的，但看到他们的暴行后，我还是直打寒噤。

有一次，我收到了美国各大学里的基督教学者聚会的演讲邀请，我欣然同意了。但主办这次演讲的学者收到了终止演讲的威胁电话，电话是被派到美国的中央情报部人员打来的。学者非常勇敢地披露了此事。消息传开后侨胞圈一团混乱，结果连美国国务院都知道了。国务院韩国科长雷纳德向韩国使馆方面提出了严厉的警告：

“金大中先生在美国属于合法居住，对他的任何活动进行妨碍是明显的干涉美国内政的行为。以后若再有类似事件发生，我们绝对不会坐视不管。”

美国国务院的举措迅速产生了效果。虽然中央情报院人员一直在我周围却没对我怎么样，我真的非常感激国务院的这一举措。

就这样我在美国不断地进行活跃的活动。6 月 23 日，朴总统发表了七项关于“和平统一外交政策”的特别声明。“6 · 23”声明指明了以后的外交政策的基本方向。值得注意的是第四项“不反对朝鲜加入国际机构”和第五项“不反对同时加入联合国”，这意味着韩国承认了朝鲜政府，这是将“一个国家、一个政府”变为“一个国家、两个政府”的重要政策转变。韩国国会越过党派采纳了决议案，美日两国也表示了支持。我上次提出此主张时政府曾表示了反对。

我在美国的演说继续进行着。我的意见和主张得到了很多人的认同，反响也越来越热烈，我充满了信心。我想乘兴组建一个反独裁斗争的团体。值得庆幸的是这个设想得到了在美侨胞的热烈拥护，该组织名称定为“韩国恢复民主促进统一国民会议”（简称“韩民统”）。

1973 年 7 月 6 日，在华盛顿五月花大酒店（May flower Hotel）召开了创办人大会。金相敦、李根八、文明子、前联合国大使林昌荣参加了大会。饱含着韩国民众的民主热情的韩民统成功组建了。

我在大会上阐明了韩民统的宗旨：（1）绝对支持大韩民国；（2）先恢复民主，

后促进统一。当时在美国也有一些人看到了韩国的独裁政权，就提出统一的口号，认为应该先进行统一运动。我对此表示了反对。因为这样会陷入朴正熙政权的阴谋里——朴正熙政权一贯以统一为借口践踏民主政治，不知道什么时候又会将统一势力陷害为容共分子。

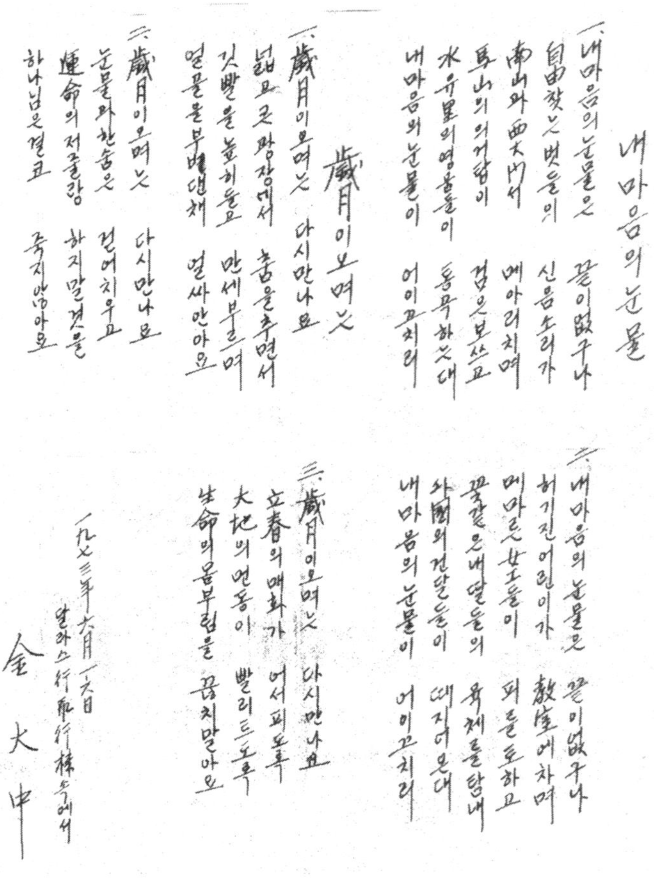
내마음의 눈물

一、내마음의 눈물은 끝이없구나
自由찾는 벗들의 신음소리가
南山과 西大門서 메아리치며
馬山의 의거탑이 검은보쓰고
水유里의 영혼들이 통곡하는대
내마음의 눈물이 어이그치리

二、내마음의 눈물은 끝이없구나
허기진 어린이가 教室에 차며
메마른 女工들이 피를토하고
꽃같은 내딸들의 육체를 탐내
外國의 건달들이 떼지어 온대
내마음의 눈물이 어이그치리

歲月이 오며는

一、歲月이 오며는 다시만나요
넓고 큰 광장에서 춤을추면서
깃발을 높이들고 만세부르며
얼굴을 부비댄채 얼싸안아요

二、歲月이 오며는 다시만나요
눈물과 한숨은 걷어치우고
運命의 저주랑 하지말것을
하나님은 결코 죽지않아요

三、歲月이 오며는 다시만나요
立春의 매화가 어서피도록
大地의 연동이 빨리트도록
生命의 몸부림을 끊치말아요

一九七三年六月一六日
달라스行飛行機속에서
金大中

用诗歌来表达流亡的悲伤

最终人们同意我的意见，即“先恢复民主化，后促进统一”。恢复民主与促进统一的顺序最终在以民主为首的“恢复民主促进统一国民会议”的名称中得出了结论。

这时我向《纽约时报》投稿，主要内容是“原则上赞成美国向韩国派遣驻军”，但美国须对独裁施加压力。我也向美国阐明了我的“先民主后统一”的方案。

在组建韩民统的过程中也出现了成立流亡政府的意见，特别是将军出身的崔硕男先生对此表现得非常积极。他对我的民主化斗争大为赞赏：

“金先生，我们在这儿建立流亡政权怎么样？”

我断然拒绝了。

“不可以。将军和我都想结束朴正熙的维新体制，为了民主主义而斗争。但我们绝对是一个独立的国家。韩国不是殖民地，民主主义总有实现的那一天。成立流亡政府反而是韩国独裁者所希望的：如今国民们支持我们在海外所进行的活动，但如果我们建立流亡政府，还有谁会相信我们呢？朴正熙政权会将我们诬陷为受共产党的诱导，这样的话国民将会多么失望，相信我们而等待我们的同志们将会多么绝望。我了解将军您的心意，但还是请您收回您的想法。”

因为崔先生表达自己意见的时候别无他意，所以他马上就同意了我的说法。不管有多么仇视朴正熙，不管他怎么把我们迫害得成为流亡之人，我们最终将会回到我们的祖国——实行民主主义的我们的祖国。

7月10日，我为了在日本组建韩民统而回到了日本。在日本筹备韩民统时，我接受了报纸、电视、杂志等媒体的采访。在这里我每天过着平静的日子。接受《世界》杂志的主编安江良介采访的场面我仍记忆犹新。他在访谈结束前问我：您的信念是什么？我是这样回答他的：

即使夜晚再漆黑，第二天早上太阳也一定会升起。我相信即使到了由恶魔控制的地狱也一定会有神存在。我相信历史，正义绝对能够战胜邪恶。而且我认为国民才是唯一的英雄，国民才是最后的胜利者、良心的源泉。我以这种信念生活着。

我的妻儿、我的兄弟，还有81岁高龄的老父亲现在都在国内。我哥哥在去年2月去世了，我连葬礼都没能参加。这也是不得已的。

在我们国家被日本占领时，除了少数的独立战士外，我们的先辈没有勇气，致使百年过去了国民仍生活在痛苦中。若当时没被日本侵占，国土也不会分裂。我们怨恨先辈们没有雄心。我们不愿步先辈们的后尘，让子孙后代怨恨。在残酷的现实中，即使是对自己的安慰，至少也应有这种信念。

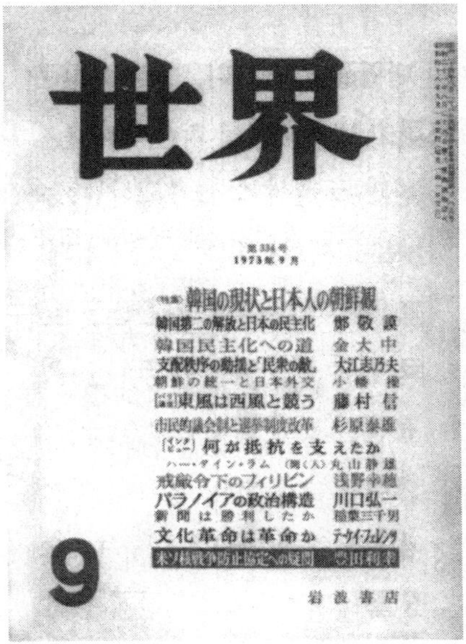

我对安江良介主编的回答，登载在了《世界》杂志上

7月13日，我与裴东湖、金载华、赵活俊、金钟忠在东京见了面。我说明了韩民统美国本部的组建经过，并呼吁在日本的韩国人能互相团结。我提议在日本也组建韩民统，打倒独裁政权，恢复民主主义。此提议得到了大家的积极拥护。

我在组建韩民统时，除了以我在美国所主张的“绝对支持大韩民国”和“先恢复民主，后促进统一”为原则以外，还附加了“与朝总联①划清界限”。另外还取消了原定在8月15日与朝总联举行的庆祝仪式。对此东京民团中仅有一小部分提出了强烈抗议。在国内，在与朝鲜协议统一这一问题上也没什么异议。

但这随时都可能成为被朴正熙政权滥用的素材，因为这触犯了韩国的现行法律。我在表达了如果我的要求得不到贯彻将不能共事的意见之后就从会议场出来了。就这样我采取强硬的态度最终使我的想法得到了实现。

为了韩民统的创建而进行的五人会谈最终在山野（地名）的池端旅馆召开，我们将在日本准备的所有事项都摆到桌面上展开了讨论，并最终相互得到了认定。

首先我们决定将韩民统的创立大会定在8月15日于日比谷公会堂举行，达成了推选金载华、郑在俊、金庸源为副议长，裴东湖为常任顾问，梁山基、金济述、俞锡濬为顾问，赵活俊为事务总长，金钟忠为组织局长的协议。在就纲领达成协议之后五人相继签了名。这五人包括金载华民团顾问、郑在俊民团东京本部团长、裴东湖民族统一协会首席议长、赵活俊事务总长和我。虽然我身在异国，但能为了恢复祖国的民主而成立如此珍贵的组织而十分感动。

我构想着将韩民统发展成世界性机构。首先我想先创立美国、日本、加拿大支部后再慢慢进行扩展，并内定美国支部由安炳国牧师、日本支部由金载华先生、加拿大支部由李尚喆牧师任支部长。日本的韩民统创立后我决定去加拿大。加拿大有我尊敬的金在俊牧师，还有他的女婿李尚喆牧师，他们在侨胞圈里威信很高，我感到非常踏实。但我没能直接到加拿大。

我的流亡活动唤醒了侨民们潜在的民主化意识，他们通过我看到了祖国。也许应该说是他们自己觉醒更为恰当。旅居美国和日本的侨民们原本对于国内的状况并不关心，就像听其他国家的事一样。于是，我向他们准确转达了祖国的实际情况：国民们在独裁政权下痛苦呻吟，他们热切地渴望着民主化。我在侨胞们的心中撒下了“民主化的种子”。

虽然每天都过得十分忙碌，但是流亡生活仍让我感到非常孤寂，没有家人陪在

---

① 朝总联，全称为“在日本朝鲜人总联合会”，是一个成立于日本的朝鲜人组织。由于朝鲜一直未与日本建立正式外交关系，此组织事实上承担着维持日朝关系的外交机构的角色。——译者注

身边，四处漂泊，到了晚上这种感觉愈加强烈。身边没有亲人的日子实在令人难以忍受。想到会有人在监视我，我总是感到周围阴森森的。不过还好在美国身边有李根八秘书，在日本有金钟忠。他们两位都很精明，并且做事很可靠。

虽然抵制反独裁的民主化斗争未取得什么进展，但朴正熙政权已迫不及待地对我进行威逼利诱。那年3月，亲朴的自民党干部询问我是否有向朴正熙政权妥协的意向，称朴总统非常想和我共事，并明确说过要重用我为副总统。虽然我心中感到不快，但还是好言谢绝了。

“我不是为了功名利禄而展开政治活动的。我做什么并不重要，重要的是实现民主化。”

我非常客气地拒绝了他，但实行民主主义对于独裁者来说就像刺痛他们心肺一样疼。也许朴总统是在那时下决心要杀掉我的吧。

在国内，中央情报部六局局长找到我妻子，让她劝我回国。

“还是快让您丈夫回国吧。这样继续进行反政府运动的话，不知会发生什么事情呢，也许会有生命危险。”

这分明是在威胁我。听到这些后，我还是相信日本和美国的治安水平的，也许是不得不相信。如若像中央情报部之类的国家机构想利用它们的情报网伤害一个手无寸铁的流亡之人，那简直是太轻而易举了。对于这点，我深有体会。

第四部 1973—1980年

被扔到海里的那一瞬间，我拼命地想要活下去。即使是被鲨鱼吃掉了下半身，带着剩下的上半身我也要活下来。就在这个时候，上帝出现了，他就出现在我的眼前。“救救我吧！还有很多事情等着我去做。我还要为我们的韩国国民做许许多多的事情！”

上帝出现了（1973年）

到处都躁动不安，我愈发担忧自己的处境。1973年7月10日，我从美国再一次到日本的时候，来到机场迎接我的同志们忧心忡忡地悄悄对我说：

“在日本的韩国暴力组织行动十分可疑，好像在策划着什么阴谋，在日本逗留的这段时间请您一定要多加小心。”

很明显有人在暗中监视着我的一举一动，我能猜到这是有组织的行动。妻子在寄来的书信中，也向我传达了这样的感觉。

中央情报部好像要有什么行动。他们不仅密切注意着您在国外的各种活动，而且好像还要不惜一切代价地阻止您。他们说不定也会委托您的亲信去说服您，记得格外注意一下。

那些人现在的确是因为您而十分头疼，但越是这样您越不能回国。就算他们说会保障您回国之后不会有事，也千万不能相信。

您在国外的名声越高，获得越多的民心，那些人便越是想要对您和家人们下手，所以您一定要更加小心。不管出现什么情况，请您都一定不要回国。

虽说这些只不过都是托人捎来的便笺的内容，但在字里行间都透露着她对我现在处境的担忧，这也许就是所谓的夫妇间的默契吧。

在东京的时候，我也不能在酒店里久留。一是因为酒店的费用高；二是因为酒店也不是办公室，无法用来作为反政府斗争的根据地。于是，战友们为我在位于高田马场地铁站附近的原田公寓找了一处住所。那是一个坐落在还算比较繁华的大街上的12层建筑。我住在11楼的7号，这里既是我的住所，也是办公室。在办公室的入口处挂着“韩国民主制度·统一问题研究所驻东京办公室”的小招牌。由赵活俊同志担任首席秘书，并以办公室主任的身份辅助我做事。

战友们最先做的事情就是为我雇用警卫员。警卫员是从在日本的韩国青少年组织——韩国青少年同盟会的成员中筛选出可以胜任的合适人选。金钟忠等人出面大声呼喊着“让我们一起来保护进行反独裁斗争的旗手金大中先生吧”的口号，让选拔现场的气氛顿时热烈了起来。最先报名的是一个叫金君夫的青年，他担任了我的警卫员兼秘书。

一个名叫金康寿的青年也同样担任了我的警卫员兼秘书。他的身手很好，作为家中独子，他肩负着要照顾父母的重任，但他毅然决然地担负起了警卫员这一极其危险的职务。他远离家人，一直守护在我的身边。事实上，我们手中并没有什么像样的武器与装备，有的只是那无限的热情。换句话说，他们根本就是“光杆警卫员”，万一出现突发状况，那将会是多么的危险啊！但在当时，对他们我唯一能做的就只有感谢和信任。

因为与个人安危相关，所以我尊重了周围人的意见，没有一直住在原田公寓，而是经常在坐落于市内的酒店和原田公寓之间往来投宿，大概每隔两三天便会换一次。这也算是为了防范我身边的突发事件而采取的安全防护措施吧。

大概是在原田公寓住了近一周的7月23日这一天吧，金钟忠发现有人正在监视我们所住的公寓。他正准备外出，看到一辆私人出租车停在人行横道上。在向酒店的管理处打听后才知道，原来那辆出租车已经停在那里很久了。他觉得有些奇怪，于是便装作若无其事的样子经过出租车旁边，这时他突然看到一个男人在香烟店里边一边注视着公寓入口，一边跟谁打着电话。金钟忠一眼便看出那个男人正在监视着我们的公寓，他立即放弃外出，用电话向我汇报了这件事情。

情况十分紧急。首席秘书赵活俊认为现在的情况很危险，必须立即增派警卫人员保护我，还说也许他们正在伺机寻找暗杀我的机会，这句话听得我毛骨悚然，但我并没有表现出来。因为如果我表现出紧张的话，就会让我身边的同志们更紧张，这样会加重他们的负担。战友们嘱咐我绝对不能在同一地点久留，一定要集中精神多加注意。

虽然我表面上看似十分平静，但事实上每天都精神紧绷，紧张得好像快要爆炸了一样。7 月 29 日，我与民主统一党的总裁梁一东进行了会晤。也许是因为他乡遇故知，在异国的土地上见到梁总裁感到既高兴又温暖，他平时都是叫我贤弟的。这次他是为了治疗糖尿病而来到东京四处求医。之前梁总裁退出新民党，召集了一部分反对珍山派的成员创办了民主统一党。会谈结束之后，在我与梁总裁分手时，我们相互约定了在回国之前一定要再见一面。

8 月 4 日晚，首席秘书赵活俊称从驻日韩国大使馆的有关工作人员口中得知，有人打算要绑架我。如果这真的是从大使馆那边泄露出来的消息的话，那么这个情报还是有一定可靠性的。如果这个情报属实，那么一定是韩国的中央情报部插手参与了这件事情。我们几乎每天都会更换住处，8 月 1 日住在原田公寓，那么 2—3 日就住在大仓饭店，4 日就住在太平洋酒店，5 日再重新回到原田公寓，6 日到太平洋饭店，7 日到希尔顿酒店，但是命中注定的那一天还是到来了。

1973 年 8 月 8 日，东京的早晨十分阴沉，又燥又热，可能是因为这个原因，街道上也感觉格外沉闷。像往常一样，我在希尔顿酒店里又迎来了一个普通的早晨。10 点 30 分，为了与民主统一党的梁一东总裁会晤，我走出酒店房间，金君夫秘书与金康寿秘书也紧随在我的身后。在酒店的大门口叫了辆出租车后，我嘱咐金君夫秘书待在酒店里，便与金康寿一起坐上了出租车。金君夫秘书默默地看着坐在出租车上的我，一脸的担忧。

过了 11 点，我们抵达了东京的格兰皇宫大酒店。我与金康寿一同乘电梯到达了 22 层。22 层的楼道里并没有可以坐下来等人的地方，所以我就让金秘书到楼下的大厅里等我。

之后我便敲响了梁总裁所在的 2211 号房的房门，梁总裁非常热情地接待了我。我和梁总裁谈论了一些有关韩国的政治与时局情况之后，梁总裁问我是否考虑现在回国。我这样回答了他：

“我也想要回去，可是现在国内的在野党都是御用在野党，我这个时候回去又有什么用呢？”

说完我又向梁总裁提出能否暂时借给我一些流亡资金的请求，但他并没有欣然答应我的请求。又过了一段时间之后，门口传来了敲门的声音，随后金敬仁议员就出现在了我们的面前。虽然他的到来令我感到十分意外，但是也非常高兴。身为国会议员，从属民主统一党的他和我也算得上是亲戚了。

当时金议员外出买书去了，但回来的时间要比预计的早了不少，也因此我们才能有机会见面。于是我们三人共进了午餐。那天下午我还约了自民党的木村俊夫议员在赤坂见面，所以下午1点15分的时候我就从酒店的房间里走了出来。金敬仁议员也紧随着我走了出来。就在这个时候，不知从哪里突然跑出来6名高大威猛的壮汉，其中的两人突然抓住了我的领口。

我被这突如其来的袭击吓了一跳，金敬仁议员也跟着喊了一声：

"这是干什么！你们是谁？"

壮汉们慌忙堵住我的嘴，拖着我进了旁边的房间。看样子是他们早就计划好了，已经事先订好了那个房间。只要我稍作反抗，他们便会用脚踹我的膝盖，顶我的下颚，看来他们都是打人的老手。我无法反抗，只能任由他们处置。他们把我扔到床上之后就用手绢捂住了我的嘴巴，在那一瞬间我猜到了这肯定是麻醉药。昏迷了不久后，我又重新清醒了过来，虽然意识还是有点模糊。在这么短的时间内就能醒过来，看来这麻醉药也不是很毒，又或者我本身对麻醉药就不是很敏感。

"老实待着！不听话的话就杀死你！"

他们说的是非常流畅的韩语。我马上想到"出大事了，他们说不定过一会儿真的会杀了我……"脑海里瞬间闪过了一道红光。虽然意识稍微有点模糊，但我还是故意装成完全昏迷的样子躺在那里一动不动。不知道过了多久，壮汉们打开了房门，确定过道上没有人后从两边架着我走向了电梯。这些壮汉的力气不是一般的大。

电梯好像停在了17层或18层，两个年轻的男人走了进来。我觉得时机成熟了，就用日语大声喊道：

"杀人啦，快救救我！杀人啦，快救救我！"

两个年轻人因为我突然的大叫受到了惊吓，慌忙在7层下了电梯。绑架我的人反扳过之前抓住的我的手臂，又开始了一顿拳打脚踢。

他们刚把我带到地下室，就有车在等着接应。他们把我塞到了车后座，左右各坐一个人，把我夹在了中间，并用手按住了我的脑袋。前座上也坐了两个人，也就是说除了我之外大概还坐了4个人。车从地下停车场驶了出来。虽然我被按着头，看不见外边，但是我还是能感觉到这辆车正在驶出地下。这时的感觉就像是从在22层的酒店房间离开瞬间掉到地下一样，刚才还萦绕在我耳边的梁总裁的笑声现在已经消失得无影无踪了。我就这样被绑架了。

壮汉们用衣服挡住我的脸，还用布条堵住我的嘴。只要我稍微动一下，他们就会用脚狠狠地踹我。车一直不停地向前行驶，好像已经上了高速公路。也不知行驶了多久，车停了下来，好像是因为路被堵上了。我还在想会不会是因为我而设了路卡。但就在此时，绑架犯中的一个人下了车，好像在向路边的人问路。我听得不是很真切，但能听到几句日本话：

“这边是大阪，那边是京都。”

我当时真应该大声求救，但最终还是没能喊出来。我祈求警察能向车里看一眼，但事与愿违，壮汉又回到了车上。车又开起来了，大概又行驶了一个小时车才开始减速，下了高速公路来到了市内。但我实在是无法辨别这儿到底是哪里，只听壮汉中的一个人说：“去安的家吧。”但司机吞吞吐吐地说不知道具体位置，接着就听到一个人用很不耐烦的口吻回了一句日语——“安川”。车不知道在哪里停了一会之后又重新驶向另一个地方，好像不是去预定的地方。不一会儿车便停在了一座建筑物的停车场里。他们拉着我让我下车。下车的时候我向上瞄了一眼看到了一个钢架结构的天花板。虽然有顶棚，但是好像并没有进到建筑物里边，应该还是在建筑的外边。

走进建筑物，坐上了电梯。从电梯下来后，我又被押到了一间有榻榻米的房间，而且还听到了年轻女人的声音，但是具体在说些什么我就听不清楚了。壮汉们解开了我的绳子，脱下我的衣服，也拿下了堵在我嘴上的布条。他们翻遍我的西服口袋拿走了我全部的现金、身份证、名片等物品，又给我换上了一件破旧的衣服，鞋也给我换成了运动鞋，还用绳子捆住了我。最后再用用来包装的强力胶带，把我的全身都结结实实地缠了一遍，就露一张脸。之后我就再次被关到了房间里，又过了两个小时左右，外边的天开始渐渐变黑了。

壮汉们又一次架起我往外走。我被捆得结结实实地放到了车里。车行了 30 分钟左右，就听见了海浪的声音，这肯定是到了海边。这次在码头，我又被押上了快艇，我看到附近还有别的船舶停在那里。

到了快艇上，壮汉们就把一个像瓷器一样的东西扣在了我的头上，四周突然变得一片漆黑，我听到了死亡的脚步声。我用绑住的手指画了一个十字架。不知道是不是因为察觉到了我这样的举动，其中一个壮汉突然狠踩着我的肚子骂了句脏话：

“这个狗崽子！”

快艇行驶了一个小时之后又换乘了大船。换乘之前有人问时间，其中有个人回答说 12 点 50 分。他们除了必须要说的话之外一直保持沉默，所以我感觉他们应该是受过专业训练的情报人员。在船上他们又打了我，我说话了：

“住手！你们没必要打我。我已经是一个将死之人了，你们打一个将死之人又有什么用呢?”

他们停了下来。从东京把我抓来的那伙人好像把我又转交给了其他的同伙。我听到了他们互相打招呼问好的声音。船没怎么摇晃，我想这至少是一条载重500吨、性能在1 000马力以上的大船。曾经在海运业工作的我能通过船只的运动，判断出船只的大小与性能。

我被拖到甲板下边的船舱，他们让我躺在了那里。躺着躺着我迷迷糊糊地睡着了。等到我睡意渐浓的时候，壮汉们又来到了船舱里，他们撕掉贴在我脸上的胶带，解开了捆在我身上的绳子。我才刚感觉到身上轻快了不少，他们又把我捆得更结实了。

我的双手被绑在了胸前，脚也被绑得结结实实。他们把我按在了类似七星板的板子上，像送葬似的把身体的上中下三个部分牢牢地绑在了板子上。他们还往我嘴里塞了一个木块，并用绷带缠得严严实实。我觉得自己就像是一具尸体一样。双手被绑上了三四十公斤重的石块或者是铁块一样的东西。

他们什么话都不说。我猜不到他们下一步要做什么，也什么都做不了。五六个人只是用绳子把我绑得结结实实。绑完之后他们就开始用各自的庆尚道、忠清道、全罗道的方言聊起天来。从他们的说话方式来看，他们绝对不是日本侨胞。

“这样弄的话，就算扔到海里也不会松开吧。”

“听说用棉被卷起来扔到海里的话也绝对不会浮起来，因为棉花会吸水。”

但是他们并没有用棉被把我卷起来。他们的对话里还涉及了鲨鱼，看来他们真的是想要把我扔到海里。听到这里，我想自己可能真的会成为鲨鱼的一顿美餐。我是天主教徒，每天都会祈祷，在被绑架后进行转移的途中我也在不断地向上帝祷告。但在这最后一刻我连祈祷的想法都没有了，比起祈祷来我脑子里想的更多的是马上就要到来的我生命的最后一刻。

在水里能不能把缠在我身上的铁（石）块甩掉呢？应该不会那么容易。所有的一切会在我被扔进大海之后的几分钟内结束，疼痛也将不复存在，我那忙碌而又疲惫的人生也将就此画上句号。

想到这儿，我脑海里又浮现出另一个念头。

“不行，我要活下去！我还有很多事情要去做。即使是被鲨鱼吃掉了下半身，带着剩下的上半身我也要活下去。”

想到这一点，我的手腕使了使劲，但是绑着我两个手腕的绳子动都没有动一下，毫不起作用。我的眼前一片漆黑。就在这个时候，上帝出现了，他就出现在我的眼前。啊，上帝啊！和我在教堂里看见过的一模一样，那模样、那表情、那衣服全部都一模一样。我抓住了上帝那长长的衣袖。

“救救我吧！还有很多事情等着我去做。我还要为我们韩国的国民做许许多多的事情。快救救我吧！”

这是自我接受洗礼之后，第一次求上帝帮助我活下来。就在那一瞬间，我的眼里闪过了一道红光。突然间，发动机像炮声一样震耳欲聋，船也跟着摇晃了起来。船舱里边的壮汉们大喊着“飞机，飞机”，然后跑了上甲板。似乎还能听得见炮声，船全速行驶了起来。好像是出了什么紧急情况，但具体是什么事情我就无从知晓了。船只就这样以全速行进了三四十分钟之后，速度又放缓了下来。好像刚才的一切从来都没有发生过，四周又安静了下来。

“是金大中先生吗？”

突然间我听到了庆尚道方言。被强迫躺在船舱地板上的我听见声音好像是冲着我来的，勉强点了点头。

“上次总统选举的时候我投了先生您的票。”

听到这一席话我仿佛看到了一线生机，眼前顿时亮了起来。那个青年俯下身来对我耳语道：

“先生这下有救了。”

他拿掉了我嘴上的胶带，又点了一支烟给我。接着把捆着我手脚的绳子全部都解开了。

“哦！我还活着，还在抽着烟。”

他又给我拿来了一杯果汁。我于是问他：

“这里到底是哪儿？”

“这里是德岛近海。”青年回答道。

“哦，是这样啊。那这船肯定会去港口的，到了港口的话请立即帮我报警，报警之后日本警察会帮助我的。”

青年说知道了。具体的时间我也不清楚，但应该是傍晚时分。

9—10日，船已经在海上行了两天。年轻人们在给我送水和饭的时候对我非常亲切。我算是躲过了生死大劫，但我还是不知道未来等待我的会是什么样的路。我的命运就像这样一直在海上漂浮不定，死亡随时都可能会像大浪一样向我劈过来。醒醒睡睡地过了两天。我的眼睛还是一直被蒙着，什么都看不见。

11日清晨，周围很乱，但我听见有人在说韩国话。大概是船停在了韩国的某个港口。有个医生来到船舱里为我检查身体，还为我处理了手上和脚上的伤。他告诉我需要打针。我虽什么都没有说，但因为不知道他要给我打什么针，所以心里还是很害怕。后来才知道当时我的身体很虚弱，医生给我注射了葡萄糖。

又在船里待了整整一天，夜彻底深了之后，他们过来带走了我。虽然他们这次并没有绑我，但是我的眼睛还是被蒙得严严实实，嘴也被堵着。港口有车在等着我们。好像是美军主要使用的吉普车，车上铺着板子，他们示意我让我躺在那上边。我按照他们的指示做了。车又开了几个小时之后才停了下来，车上的人让我换乘另一辆车，车上有床，我想那一定是辆急救车。

又不知道开了多远，我告诉他们说我想小便。厕所里边的便池是用切成一半的炮弹做成的，这是当时的农户普遍使用的厕所。通过这我推测这次大概是停留在某个农户家里。他们中某个像是负责人的告诉大家说，屋子虽然狭小一些，但还是请忍耐一下。接着让我吃下两片声称是营养剂的东西，吃完之后我便睡着了，原来那是安眠药。

等我睁开眼睛的时候，已经是8月12日早上了。过的时间久了，蒙在我眼睛上的绷带渐渐松开，能看到外边一点了。不管怎么看都不像是昨天逗留的那个农家。我躺在一个西式建筑的二层。在我睡着的时间里他们又把我转移到了现在这个地方。军人模样的几个短头发青年看守着我。他们用的是野战式电话，看起来跟部队也有一定的联系。这里大概是中央情报部或者情报机关的附属建筑。我又在这里度过了一天。

被绑架的第六天，即8月13日，下午的时候一个青年过来跟我说：

“金大中先生，我们谈谈吧。”

停顿了好久之后他又问我：

“先生您在国外为什么要从事反国家的运动呢?”

我答道：“不是这样的。事实上我反对的是朴正熙政权，并没有反对自由民主主义或否认反共体制。我从没有反对或者想颠覆韩国。我反对的是独裁政权，并不是单纯的某一个国家。”

“现在的国家就是政权，国家与政权又有什么分别?”

他很明确地顶回了我说的话，我也没有再说什么。青年突然转移了话题：

“金大中先生，我们商量一下吧。”

“您请说……”

“上面命令我们用车把您送到您家附近之后再放了您。允许您回家，但是一下车你就要在那儿小便。这段时间里您不能解开绷带，不能出声，小便完之后才能让您回家，怎么样?”

我点了点头。

于是，他们又把我移到了汽车上，车又开始奔驰了起来。开了大概两个小时。中间我跟他们聊了一些，他们说他们是“救国同盟行动队”的。问他们所谓的“救国同盟行动队”具体是个什么样的组织，他们回答说要保密，不能告诉我。过了很久一段时间他们才告诉我说它是捍卫民主主义、反对共产主义的组织。在高速公路收费站处，他们把我的身份证和名片还给了我，并告诉我说钱和钱包以后再还给我。但是被拿走的钱和表在那之后一直也没有还回来。

过了不久，车停了下来。他们让我下车。我听从他们的指示按照约定小便后，他们拿下了蒙在我眼睛上的绷带。过了好久，我才慢慢能睁开眼睛看到周围的一切，首先映入眼帘的是一个很陌生的加油站招牌。

站在我家附近东桥洞的一个胡同里，能看到天空隐隐约约地挂着一轮满月。月光洒落在胡同里，让整个胡同看上去很清寂。我活着回来了。是的，朝鲜战争的时候，从生死一线上被救下来最终离开教导所的时候，月光也是这样的明亮。月光为何要照耀着我这艰险无比的人生呢？

第三次从死亡边缘逃了出来。自从 1972 年 10 月 11 日离开，10 个月之后我又回到我的国家、我的家。在此前的那一段岁月里，我一直辗转美国与日本。现在想起那段充满了激情与感动的时光，会突然感觉离我十分遥远，只存在于记忆的深处。

远处隐约可见出来乘凉的人。“在我身上到底发生了什么事……”我往家走去，周围的一切对我而言都是那么的熟悉，就好像晚上散完步回家一样。

夜深了。站在大门前的我仰视着我家的门牌，而上书“金大中 李姬镐”的门牌则静静地俯视着我。胡同里一片寂静，各家各户的窗户露出丝丝光影。大韩民国，夏日的夜晚，我摁响了门铃，如同刚下班回来的家长……

绑架事件后的韩日媾和（1973—1974 年）

从门铃的对讲机里传来问我是谁的声音。

“我，是我。”

大家怎么都没有想到我还能活着回来，甚至还独自一人站在大门外。过了很久之后，才从里面听到“议员回来了”的叫喊声。房子里所有的人都一股脑儿地挤了出来。我看到了我的妻子和我的小儿子弘杰都是光脚跑出来的。我很口渴，走到客厅，要了一杯水。家人和秘书都围在我的四周，见此情景，我开口道：

“我的的确确感受到了上帝的存在，是上帝的恩宠让我活了下来。让我们一起祈祷吧！”

所有人都随我双膝跪地，对上帝做了感恩的祈祷。结束了祈祷之后，仔细看看我的身体才知道，原来我遍体鳞伤。下嘴唇已经化脓了；双手与脚脖子上满是红红的血痂；左边眼眉上方还在出血，连着红红的血丝；胡子也稀稀拉拉地长出来了不少。就在这时电话突然响了起来。金玉斗秘书接了电话，但紧接着他又把电话挂掉了，并转头对我说：

“说是爱国青年救国队，问您回来没有……”

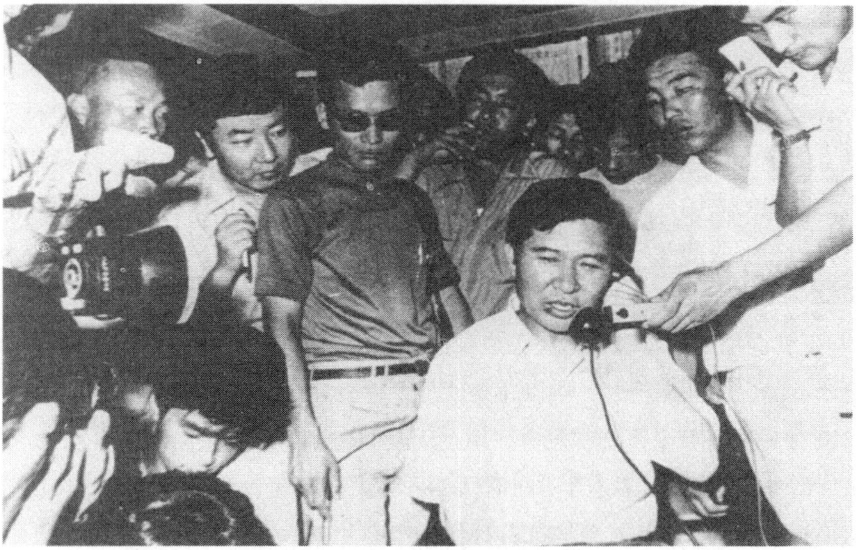

1973 年 8 月 13 日晚，在绑架结束被释放回到家中接电话的情景

大儿子弘壹跑了过来，随后邻居们也都接踵而来，说是从东亚电视台的新闻速报里听到了我回来的消息。过了不一会儿，国内外的新闻记者们出乎意料地聚集在了我的卧室里，有 50 多人吧，连站的地方都没有了。我向记者们详细解释了从被绑架开始，直到回来的整个事情经过。我很平静地向记者们描述了这六天的时间里，在我身上发生的所有的事情。令人意想不到的是，凭着我的记忆讲述出来的绑架过程，与之后日本警察调查的结果基本相似。

虽说是来了很多记者小组，但现场的气氛却十分庄重。记者会从晚上的 11 点开始一直持续到第二天凌晨的 2 点 30 分左右。

“被转送到大船之后，那些陌生的壮汉想把我扔到海里喂鲨鱼，那时我向上帝虔诚地祈祷过。”说到这里我哽咽了，最后还是没能忍住，让取材的记者们看到了我的眼泪。

事实上，绑架事件后有很多人都对当时身处事发现场的梁一东总裁和金敬仁议员投以怀疑的眼光，对此我为他们作出了十分积极的辩解。关于我被绑架的整个过程，根据许多证据与证言重新梳理一下的话，应该是这样的。我从金敬仁议员和梁总裁的房间里出来的时候，旁边 2210 号房间前就有 2 个壮汉，梁总裁房间对面的 2215 号房间前有 3 个壮汉。其中的三四个人把我拖到了 2210 号房间，剩下的两个人又把大声呼救的金议员与梁总裁推进了房间。梁总裁受到惊吓大声喊道：

“你们在做什么？你们是从哪儿来的？”

其中一个壮汉用很纯正的汉城话（标准的韩语）回答道：

“梁一东先生，我们是从汉城来的。这是我们自己国家的问题，还是让我们悄悄地解决吧。过不了多久就会结束的，请您耐心等一下吧。”

不管怎么看这都是一个韩国人。“我们自己国家的问题”这句话让梁总裁和金议员冷静了下来。那些壮汉的腕力很大，金议员只是被抓了一下手臂，手臂便肿了起来，直到回国的时候，手臂上的伤也没有痊愈。我在 2210 号房间里待的时间越长，金议员就越担心我的安危，按捺不住的金议员几次试图进到我所在的 2210 号房间，但每次都会被看守在门口的壮汉拦下来，并被告知事情还没有结束。

“马上就会结束的。您在这里大声喊的话只会丢我们韩国人的脸，也会让事情发展成更严重的国际外交问题，所以还是请您再耐心等一会儿吧。”

2210 号房间里什么声音都没有，束手无策的金议员只能重新回到自己的房间里。虽然最好的办法是打开 2210 号房间确认一下有没有问题，但是看守在门口的壮汉们没有给他机会。所以金议员每隔几分钟便往过道上望一望。

这时，守在 1 层大厅的金康寿秘书看我在上边待的时间过长，就有些不安起来。1 点 20 分左右，他用酒店的内线电话打到 2211 号房间。电话那头不知道是谁，接了电话之后说了一句就又把电话挂掉了。金秘书本是生活在日本的韩国侨胞，韩国话说得不是很好，并没有听懂那个人说的是什么。事实上金秘书没听懂的那句话是：“快上来。”待在梁总裁房间里的金议员重新回到过道，走到 2210 号房间的时候，堵在门口的壮汉们已经全部消失了。看守着金议员的壮汉们也告知金议员要到酒店楼下的车里看看再回来，之后就出去了。最后，2210 号房间里剩下的壮汉们也在接过电话之后便消失了。

金康寿在大厅里一直等到下午 2 点，发现我还没有下来，便立即上到 22 层。他敲响了 2211 号房间的房门，这时房间里就只有梁总裁和金议员了。金秘书表明了自己的身份，说是来找我的，金议员让他去隔壁房间看看。金秘书觉得这很不平常，他跑到2210号房间门口，试图打开2210号房间的门，可是门被锁上了。金秘书立即跑出房门，寻找酒店的工作人员。幸运的是，金秘书在22层的空客房里找到了正在整理客房的工作人员，请他帮忙打开了房门。

一走进房间他便闻到了一股奇怪的味道，是药味。金秘书在房间里找了一圈也没看到我，最后他在床缝里找到了一个纸袋，并在放在房间角落的桌子上发现了瓶子和军用手枪的弹夹。知道出了大事的金秘书用电话向首席秘书赵活俊报告了情况。我失踪的消息这才从酒店传到了外边，时间是下午2点5分。

梁总裁也在几乎差不多的时间向韩国大使馆和自民党议员宇都宫德马报告了发生的事情。金君夫秘书从办公室里跑到酒店的时间已经是报告到大使馆的20分钟之后了。金秘书仔仔细细地翻遍了2210号房间，却没有发现其他任何东西。一直到这时，酒店房间里的药味都没有消散。

走出房间走到过道上之后，他们看到对面的2215号房间的门开着，后来才知道那个房间原来是中央情报部情报员们用的房间，进去之后看到房间里边整理得很干净。梁总裁与金议员茫然无措地呆坐在2211号房间里。不久后，接到梁总裁电话的驻日大使馆的金在权公使赶了过来。金君夫秘书等人对着金公使大发脾气，要求快点把我找出来。首席秘书赵活俊报了警。大约是下午2点40分，警察与记者几乎在同一时间赶到了格兰皇宫大酒店的绑架现场。

警察到达现场之后展开了详细的搜查，他们在两张床的中间发现了两个大号的空背囊，一个小号背囊，还有一条13米长的绳子。在房间角落的桌子上还发现了一个装有7发子弹的德制手枪和弹夹，以及一个看起来像是装麻醉药的小瓶。除此之外，还有一个大号的褐色口袋和两支朝鲜香烟。房间的地上掉落着纸巾和我的烟嘴。那个烟嘴还是我几天前在上野的侨胞店里买到的。

光凭着这些线索根本无法推测出绑架我的人到底是谁。他们是为了打乱警察搜查的视线而故意留下这些物品的——手枪里的弹药产自联邦德国，但实弹中的三发产自英国，四发产自瑞士。其中还有三发子弹是很早以前日本的暴力团体广泛使用的子弹。药瓶里剩下了大概1/3的溶液。这分明是他们想故意伪装成朝鲜间谍或者黑社会所为。

他们拿的空背囊，大概是想把我杀了分尸之后，用来搬运我的尸体。我推测他们计划失败的原因在于金敬仁议员的出现。外出买书的金议员提前回来见到了我。如果没有金议员送行，是我自己一个人碰见他们的话，我的下场不知道会是怎样。他们发现我与金议员同时出现之后，才改变了要在酒店杀掉我的计划，决定把我扔到海里。从这些方面来看，我是托了金议员的福才能免去一死。

日本警察在水槽边提取了绑架犯的指纹，其中一个指纹正是韩国驻日本大使馆第一书记官金东云的。金书记官的指纹更有力地说明这次绑架是韩国中央情报部所为。另外，经确认在绑架发生的两天前，即8月6日，金东云在酒店附近的登山用品店里买了两个背囊。通过这些更加可以确定是中央情报部介入了这次事情。

如果以上推测完全属实的话，中央情报部的情报员是如何知道我与梁总裁见面的呢？梁总裁在东京的一家医院看病时，韩国大使馆得到消息，公使曾经到医院探望。他曾经在医院问过梁总裁如何才能与我见面。梁总裁告诉过他，马上便会与我会面。当时的那句话又不知怎么传到了中央情报部情报员的耳朵里。他们从那时候开始认为只要守在梁总裁周边，便会有机会抓到我。

中央情报部情报员们一直守在梁总裁所在房间旁边的2210号房间，以及正对着的2210号房间的2215号房间里。正好在这个时候我出现在了他们的眼前，确切地说梁总裁的确给他们提供了绑架我的线索，但事实上梁总裁与这次的绑架事件并没有任何关系。

不管怎么说，即使我不在那个地方被绑架，那群人也不会放弃对我的追捕。由此可见，这些人本来的计划是在现场就把我杀掉，却因意外出现的目击者，而把计划改成了“绑架后再杀死我”。

我被绑架的事情被日本的NHK综合电视台用字幕滚动新闻的形式播了出来，当时的时间是8月8日下午3点50分。那时我正在被壮汉们踩在脚下，躺在在高速公路上奔驰的汽车里。

我戏剧性地被释放的原因是由于美国政府的介入。美国驻韩国大使馆在我被绑架的8月8日下午3点才得到消息。美国中央情报局最先把我被绑架的消息告知了哈比卜（philip Habib）大使。哈比卜大使召集了美国在韩国的所有情报组织。大使馆的政治参赞、武官、文化公报院长收到消息后纷纷奔来，其中还包括刚刚上任仅仅一个月的美国中央情报局韩国负责人唐纳德·格雷格（Donald Gregg）。哈比卜大使向他们下达了紧急命令：

“金大中现在被绑架了，估计韩国情报部门有所介入。大家尽快搜集所有的消息，不管怎么样都要把他救出来。”

哈比卜分析了搜集到的情报，立即向韩国政府的高层报告了我被绑架的消息，紧接着又向其转达了美国对此的忧虑。在后来唐纳德·格雷格的证词当中也提到哈比卜大使其实早就对此有所察觉，在我结束了日本和美国一行的演说之后，政府的动作有些异常。其实在我被绑架之后，他们没有片刻犹豫，能坚定并迅速地做出反应，也是因为有了这样的情报基础，给他们提供了确切的证据。哈比卜大使把我从死亡的门槛边拉了回来，可以说是他救了我。

我推断在千钧一发那一刻出现的飞机是日本派来的，美国政府向日本政府迅速地通报了我在日本被绑架的事实，并要求日本政府迅速采取后续措施。“金大中暗杀计划”走漏风声之后，焦急的韩国政府也向日本报告了船只的位置，并要求日本政府立即从海上出动。

杰尔姆·科恩教授也接到了当时正好逗留在日本的林昌荣的电话，他把我被绑架的消息立即报告给了美国国务卿基辛格。当时正在参加联合国会议的基辛格先生随即发动一切力量以立即掌握事情的真相。在日本的韩国民主化运动家们也在解救我的过程中提供了巨大的帮助。裴东湖、金载华、郑在俊、金钟忠、郭东仪、赵活俊等人在8月8日绑架事件发生后，就立即召开了新闻发布会，通报媒体韩国中央情报部就是这次绑架事件的罪魁祸首。这对绑架事件发生初期的舆论倾向起到了决定性的作用，也正因为如此，朴正熙政权打算在绑架我之后将我杀掉的阴谋才得以破产。

搜集到的有关“金大中绑架事件”的各种证词与文件表明，绑架事件是在中央情报部部长李厚洛的指挥下由46名情报员分成9个组实施的有组织的犯罪行动。在经过周密的事前准备和数月间的潜伏等待之后，他们才开始正式行动。

1998年6月10日，美国的机密文件得以公开。这份文件也指出，绑架事件是依照中央情报部部长李厚洛的指示所为，并指出朴正熙总统也直接或间接地认同了绑架事件的可能性非常大。在我看来，这事十有八九是朴正熙总统指示的。

作为此次绑架事件总指挥的李厚洛在1980年“汉城之春”时，曾做了值得关注的证言。当时他把事情对同乡好友崔泳谨议员和盘托出，说绑架金大中为朴正熙总统所指示。有一天朴总统突然把他叫去并说道：“让金大中消失！”听到这话之后他很惊讶，把这件事拖了一天又一天。过了大概一个月之后，把又被朴总统叫去劈头盖脸地大骂了一顿。

“我让你做的事你为什么没有做？我已经跟总理商量好了，你赶紧把事情给我办了！”

李厚洛最后还说，虽然他的部下们当时对要绑架我的事情提出了强烈反对，但他实在是没有办法，只能按照总统的指示去做。他还加上了一句其实自己并不想这样做的话。我相信了他所说的话。常言道世事无常，李厚洛这是向我乞求原谅。事实上他们是在朴正熙的指示下要杀了我。这样来看，并不能简简单单地把这件事情视为绑架，事实上应该叫做“金大中暗杀未遂事件”。我并不想把此次绑架事件牵扯到的所有人都在我的自传里一一列举。我早已原谅了他们，并且知道他们所有人都觉得绑架我这件事非常不妥，并都对此事表示极力反对。绑架事件公之于世后，世人都会对此事有自己的判断。只不过我现在还对在整个事件水落石出后，因为政治上的考量仍在极力掩盖的韩日两国低级官员们的丑态感到极度的愤怒。

到家后的第二天早上，朴顺天女士、郑一亨议员、李兑荣女士等人都到我家来看我。过了不久，自称是木浦警察局局长和汉城市政府刑事长官的人来找我，要求我对绑架事件作出陈述，并开始做笔录。作为证据，我向他们出示了绑在我身上的绷带和我眼角的伤痕，很配合地接受了调查，并把他们带到了我被放出来的胡同做了现场指证。木浦警察局在开设了“非法逮捕监禁事件搜查本部”的同时，警察总长和文公部长官都对此事表示十分重视。他们指示：

“动员一切搜查力量，一定要挖出绑架犯们的真面目”。

活着回来后的第二天，郑一亨议员来到我家，对我进行了慰问。

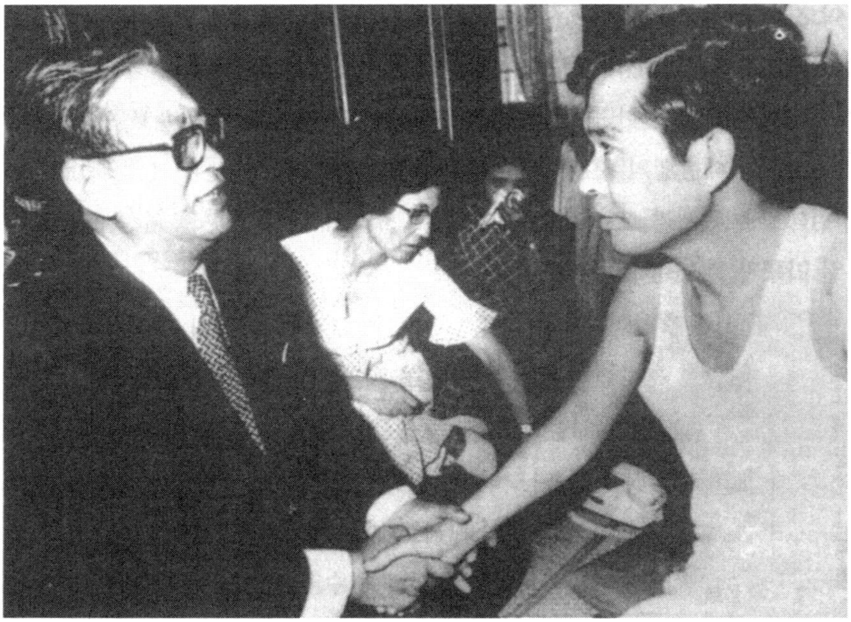

活着回来后的第二天，郑一亨议员来到我家，对我进行了慰问

没过几天，我感到了一股诡异的气息。木浦警察局局长来到我家，要求家里只能留下我们夫妇二人，包括司机和保姆在内的其他人全部都要从家里离开，连我的秘书也不能出入我家。国内外的记者也被要求不许出入，东桥洞通向我家的所有胡同都被设上了栅栏，他们完全斩断了我与外界的联系。我和我的家人也被软禁了起

来，就连当时读小学三年级的小儿子弘杰在上下学的路上也都会被警察跟着。就是这天下午，警察占据了我家的房屋。调查方向也突然有所改变，没有任何人问我绑架经过，也没有要逮捕犯人的意思。他们反倒开始对我在国外的活动开始穷追不舍，警察与中央情报部的情报人员开始一起对我刨根问底地询问。这样的调查大概持续了一个星期。

与“金大中绑架事件”相关的所有消息，在国内的报纸上没有任何的报道。日本《读卖新闻》的汉城支局也被要求关闭，原因就是《读卖新闻》报道了“在日本格兰皇宫大酒店的犯罪现场发现了第一书记官金东云的指纹，通过这些可以断定此事与韩国政府存在一定的联系”。包括支局长在内的三名特派员都被同时驱逐出境。

绑架事件掀起了轩然大波。毫无疑问，这次绑架就是朴正熙军事政权所主导的极其卑鄙的政治恐怖事件，是会令全世界各国人民都感到惊讶万分的无耻行为。韩国国会里也发起了连日的攻坚战，执政党指责绑架事件完全是我在自导自演，并以此大肆攻击我，说我在日本和美国购买了豪宅，在那里过着奢侈的生活。虽然这只不过是不攻自破的谎言，报纸却对此进行了明确的报道。可是更严重的攻击不是来自执政党议员，而是来自反对党议员。就连新民党都认为绑架事件完全是我个人的所作所为。即便是这样，郑一亨也一直为我主持正义，高调向公众陈述事情的真相。郑议员在国会也委婉地指责了政府的所为：

“我们头顶上有太阳，这是永远不变的事实。这与这件事情又有什么不同吗？这是任何人都能看出来的不争的事实。现在你们的所作所为就像是故意用手挡住了太阳，然后告诉大家天上没有太阳一样。这不都是明摆着的事情吗？执政党分明就是在编造谎言。”

此发言一出就在国会激起千层浪。在言论自由受限、杀气弥漫的社会里，郑议员一人独行于世。郑议员真的是一位很有勇气并令人尊敬的人。

9月5日，日本搜查本部公布了对绑架事件的搜查结果。正式发布了在犯罪现场发现了第一书记官金东云指纹的事实，并要求金书记官接受调查。韩国大使馆出面出示了外交豁免权，拒绝了日方的请求。韩日关系立即变得十分紧张。在绑架事件中韩国政府的参与变得越来越明显的同时，韩国政府也开始采取了保守的方式。日本政府将真相昭告于世，要求重新把我送到日本，并要求韩国政府对我进行正式的道歉。

日本搜查队根据我向媒体舆论所作出的陈述，展开了调查并确认了几项事实。其中包括当时告知绑架犯“这边是大阪，那边是京都”的人是明神高速公路大津收费站的工作人员。

1973年9月7日《朝鲜日报》刊登了十分引人注目的社论。该社论是第一个报道绑架真相的社论，作者是鲜于辉主编。鲜于辉主编声称要亲自执笔写一篇社论，并以“又逢秋日逍遥时”为题。我个人认为，这个主题足以瞒天过海。因为当时驻守在报社附近的情报人员经常出入报社，他们的目的就是要监视新闻和社论的刊登。鲜于辉主编为了稳住情报部情报人员，就用预先写好的这一主题来应付他们。而最终刊出的社论便是从正面分析金大中绑架事件的《我们迫切期待着当局能够尽快给国民们一个交代》。

> 最近我们于欲知而不得知、欲言而不能言的现实中郁郁而无法自拔。你要问我到底是什么事让我们如此好奇，又是什么事让我们如此地想要讨论，简单地说那便是金大中绑架事件。如果你要问“现在此事尚在调查当中，我们不是只能耐心等待调查结果吗?”，那么我们无法再继续深究这件事情更是令人郁闷不已。从这些方面来看，彻底地弄清事情的真相以恢复我们国民自身的人权并提高自身的道德水平比考虑我们的友邦——美国和日本的对韩情绪及对韩措施更加重要。
>
> 在这个重要的时间点上，我们更加期盼当局能够放眼长远，当机立断。现在先人为我们留下的大好河山绿树成荫、五谷丰登。天上百鸟齐鸣，地上牛羊成群，开车穿过山野，路面开阔令人心旷神怡。我们现在已然得知每当我们祭祀先祖的时候究竟是什么令我们的良心如此不安，但是到底为什么还要让无辜的国民们为此饱受良心的谴责呢?
>
> 神啊！请您原谅我们的国民并赐福予他们吧！

鲜于辉主编通过充满睿智的社论让已经渐渐心如死水的人们又重新振奋了起来。事实上举国上下都渴望知道绑架事件的来龙去脉和事实的真相。但是社会上到处都是中央情报部的监视网。他们知道的不敢说，不知道的也不敢问。

暑假过后，学生们陆续回到了学校。10月2日，汉城大学文理学院的大学生约300人发表了宣言，进行了示威游行。

“我们再也无法对威胁着全体国民生存权的残酷现实视而不见，良心让我们不得不站了出来。”

学生们要求“揭露金大中绑架事件的真相”、“解散中央情报部”、“终止法西斯式政治”。这是维新政权上台后出现的第一次学生示威。在维新政权时代，集会与示威是违法的。学生们接连被捕，但是一心要打倒维新独裁的决心却没有丝毫的动摇。

日本无限期地推迟了预订于秋季举办的韩日内阁部长会议，这分明是对绑架事件的一种抗议。两国关系开始出现裂痕，这是自韩日邦交实现正常化后，双方关系首次面临的最大难关。为了缓和局势，韩日双方还互遣了密使。时至11月1日，外务部长官金溶植公布了与日方达成的最终协议的内容，即“11·1”措施。

第一，给予与此事相关嫌疑巨大的第一书记官金东云免职处分，最终将根据搜查结果依法进行处理。

第二，不再针对事发之前金大中先生在美国与日本的言行进行追究，并不再认定其言行为反政府言行。

第三，国务总理金钟泌访日时，务必携带朴正熙总统的亲笔道歉信。

金总理在第二天便出访日本，向当时的日本首相田中角荣先生转交了朴总统的亲笔信，并对此事表示了深深的歉意，看起来是想要彻底洗刷掉绑架闹剧的丑态。

当时向日本首相转交的朴总统的亲笔信，在事件发生33年后的2006年得以公开。朴总统的亲笔信内容大概是这样的：

韩日两国乃一衣带水的邻邦，我们应当忘掉那些令人不快的过去，通过双方政府坚持不懈的努力加深两国国民之间的友谊，促进两国政府在政治、经济、社会文化等多方面展开互利合作。因最近意外发生的金大中事件对两国关系造成的不利影响，我本人对此深表歉意。绝不能因此事而破坏两国自古以来的友好关系。韩国政府一定会通过坚持不懈的努力来杜绝此类事件的再度发生，并以此巩固彼此之间的信任，增进双方友谊。

对此田中首相回了信。

因金大中先生的被绑架事件，而使我们两国之间的友好关系产生了一定的裂痕，对此本人深表遗憾。日本政府在事件发生后一直着手寻求对国内外都能有所交代的解决方案。此次金钟泌总理亲访我国并带来您的亲笔信表达了您对增进双方友好关系的期待，对此我深表感谢。希望通过金大中事件能够拉近两国的外交距离，达成两国人民就促进日韩关系能够向公正顺利的方向发展的共同心愿。

绑架事件就这样在双方高层一来一往的协商中通过政治手段得到了解决。但实际上这并不是解决，只是短暂的“媾和”而已。事实上我对日本这样的政治态度感到相当失望。我之前就曾听说日本的调查当局几次三番地因政治人士的干预而不得不暂停对事件的搜查，而且我还听说田中首相曾说过这样的话：“把金大中重新送到日本只会令事态变得更加混乱，因此还是不要再把他送回来。”

在这次的政治媾和里，也有其中暗藏金钱交易的说法，我开始并没有相信。但是后来出现的一系列证词，让我不得不相信了这个事实。美国国务院韩国科科长雷纳德在美国议会上曾指证道，在实现政治媾和后韩国政府曾向日本首相田中角荣转交过 3 亿日元。不仅如此，从旅美媒体人文明子的报道以及曾任田中首相秘书的木村博保的坦白当中也可得知朴总统确确实实曾向田中首相转交过巨额资金。这就是韩国的独裁政权与日本的金权外交。

这样的政治媾和不单单对我，对韩日两国的国民也同样是一件令人感到十分遗憾的事情。日本的主权分明受到了侵犯，在日本境内发生的事件不按照国际法处理，草率达成的政治协议分明就是在欺骗双方的民众。这样的政治媾和让日本政府曾经探求真相、还原事实的主张就此化为泡影。就因为这样模糊不清的政治媾和，让我在日后更是经历了重重苦难。

我依旧被软禁在家中。此时我接到了赖绍华教授要专程前来汉城见我的电话。

绑架事件后被软禁在东桥洞自己家中时的记者会。随时会见外国记者告诉世界朴正熙政权的独裁真相

他此行是为了向我转交哈佛大学的邀请函并督促我的美国之行。可能是因为碍于赖绍华教授的面子，当局在他到来的那一天解除了对我的软禁。于是我和妻子便一起到机场迎接了赖绍华教授的到来。

那天汉城下了那年的第一场霜。尽管天气情况并不良好，但聚集在机场的记者们还是把机场围了个水泄不通。结果在机场我也没能和赖绍华教授说上几句话，就总是被不愿放过任何一句话的记者们和在现场维持秩序的警察们推来搡去。最后我们在从金浦机场到汉城市区的车里才开始了正式交谈。一回到家我就把收音机的音量调大以防隔墙有耳，之后才开始继续交谈。因此，我还一直对赖绍华教授感到十分抱歉。

赖绍华教授为我写下了保证我身份的担保信。但是事先约好要与教授见面的外务部的工作人员最终没有出现，在那之后我的软禁也没有被解除。

我家的周围被警察包围得严严实实，戒备实在过于森严以至于有人开玩笑说“你们家是世界上最安全的地方”。软禁实在是让人痛苦，家里就跟地狱没有什么两样。一天天都是怎么过去的，时间又是怎么流逝的，我整个人都是稀里糊涂的。

朴总统在12月3日追究了绑架事件相关人的责任，并停了李厚洛中央情报部部长一职，金钟泌国务总理也受到了留职查看的处分。但是仅仅这样并不能让国民大众信服。12月24日，以前总统尹潽善为首的反对党人士30名组成了“呼吁改宪行动总部”，并开展了签名活动。他们的目标是得到100万名群众的签字。

新的一年到了，我待在家里郁闷地迎接了新年的到来。说是新年，但我不能随便去见其他人，其他人也不能随便来我家见我。我真的很向往外面的自由生活。当时社会各界对民主化的渴望就如同新年的太阳一般充满了力量。新年伊始，政局的气氛就有些不同寻常，因此朴总统根据维新宪法在1974年1月8日颁布了“紧急总统令”，即“紧急措施第一号”与“紧急措施第二号”。关于改宪的讨论和报道就这样被从源头上封住了。根据朴正熙的“紧急总统令”，改宪运动的几位主谋被抓了起来。张俊河、白基玩等知识分子、宗教界人士、政治人士被接连带走。张俊河、白基玩等人受军法审判被处15年监禁，但我也只能待在家里，听着这些消息束手无策。

1974年2月，从故乡荷衣岛传来了噩耗，我的父亲去世了。我一直被监禁着，听到父亲病危的消息也没能回去看过他一次。朴正熙政权不允许我参加父亲的葬礼，我连父亲的最后一程也没能送一送。我实在是不明白他们到底为什么要这样做，也许是怕如果我出现在荷衣岛或是木浦，会引起民众的自发集会，他们害怕民众运动。但是不管怎么样，我成了连父亲的葬礼都没参加的不孝子。对此我悔恨终身，每每想起此事都会心如刀绞。父亲临终前该是多么焦急地等待着我，最终却只能抱憾而去。

“紧急措施第九号”（1974—1975 年）

1974 年新年伊始，坊间便传出了“三四月危机”的说法。大学路上的活动总是让人觉得很不对劲。实际上紧急措施第一、第二号反倒促进了学生们进行有组织的示威游行活动。能站起来和军阀独裁势力作斗争的，还是这些学生。学生们尝试着把全国的大学生联合起来，一起进行反独裁斗争。虽说是在摸索建立全国性的秘密组织，但实际上情报部门不可能对此一无所知。因此全国民主青年学生总联盟（民青学联）计划在 4 月 3 日召集全国大学生一同举事的计划很容易就露出了马脚。

4 月 3 日，汉城大学文理学院的示威游行仅仅召集了不到 70 名学生。校园里埋伏着比参加游行的学生人数还多出 3 倍的便衣警察，他们一直在监视着学生们。正当学生们高喊着“废除维新”口号的时候，突然被逮捕了。但是这件事情并没有就这样简简单单地结束，这只不过是个开始。朴正熙政权把这个当作反对维新运动的大好时机，在 4 月 3 日晚 10 点左右发布了“紧急措施第四号”。

“紧急措施第四号”禁止了与民青学联有关的一切活动。学生如有违反该条令的任何行为，可以在没有逮捕令的情况下对其进行逮捕或拘留，并同时在紧急军法会议上执行审判。量刑标准也被设定为死刑、无期徒刑、五年以上劳教。违反该条令的学生所属的学校，也有可能被责令关闭。这些全都是些闻所未闻、让人毛骨悚然的内容。

5 月 27 日紧急军法会议监察部宣布把“民青学联事件”定为阴谋叛乱国家的事件。当局声称徐道源、都礼钟等人民革命党（人革党）一派的地下共产势力，朝总联部分人士和部分宗教界人士与反政府势力勾结在一起试图通过流血与暴力的革命手段控制政府，企图重新建立起共产主义政权。可是当局却未能对此罪名出示任何物证。

人革党的相关人士受到了毫不留情的严刑拷打，据说当时有人的肠子都被打了出来。审问的人企图把民青学联的形成归结为是受到了共产党的唆使。

当局对民青学联的第二次审判结果，更是令人咋舌。他们总共指认了 1 024 名嫌疑犯，经调查后将其中 253 名送到了紧急军法会议上。紧急军法会议判处人革党相关人员 8 人死刑。同时柳寅泰、李哲、金秉坤等 6 名民青学联的主要负责人被判处了死刑。余下的相关人员则分别被判处无期徒刑或 10 年以上有期徒刑。他们判处金芝荷诗人无期徒刑，又以协助民青学联谋反的罪名，判处金东吉教授、池学淳主教、朴炯奎牧师等人重刑。辩护律师姜信玉看到如此令人瞠目结舌的审判结果后，在二审法庭上叹道：

“你们还不如让我和被告人一起坐在被告席上接受审判，这样我的心里才会更好受一些。”

刚一说完他们就连他也一起拘捕了起来，这真是司法史上前无古人、后无来者的闹剧啊。

6月1日，汉城地方法院突然向我下达了要求出庭协助调查的命令，其原因是我在1967年大选期间游说尹潽善候选人的途中，某些行为涉嫌违反选举法的有关规定。这简直是太荒谬了！他们分明就是想把7年前的事情再翻出来，企图以此来束缚我。我内心十分了解他们的根本目的，无非为了限制我的活动，不让我出国，只准留在国内。韩胜宪、朴世径、柳宅馨、李宅敦组成了我的辩护律师团（这几位律师也成为在日后的民主化运动中与我并肩作战的革命同志）。

与法院实属一丘之貉的司法部行事也同样令人心寒。不过看到他们找到那些旧得泛黄的资料，也让我觉得他们的确很不简单。当局政府指示，如若日本政府以重现绑架事件的原貌为由邀请我出国协助调查的话，即回复日方：“因金大中正在接受二审，所以无法允许他出国，同时也无法向其发放护照。”这样一来，日本政府也就会无可奈何地选择放弃。

日本与韩国政府经常会因为某些问题而互相声讨对方，但在紧要关头，往往也会对彼此做出让步。两国看起来很是不合拍，但是有时候却又很合得来。我的出国计划根本就是在韩国与日本政府的互相包庇下，就这么不了了之了。每逢举行公开审判的时候，我都必须出现在法庭之上。

那年的8月15日是韩国的第29个光复节，对我个人来说也是个有着意义非凡的日子，这天我的长子弘壹结婚了。也是在这天，在位于汉城奖忠洞的国立剧场举行的汉城光复节纪念仪式上爆发了重大事件。我在书房听到秘书慌忙进来对我说在纪念仪式上发生了枪击事件。我立即来到客厅打开了电视机。通过电视，我得知陆英修女士被坐在观众席上的大汉开枪击中，正被送往医院进行急救。会场内充斥着悲鸣声与枪声，整个场面乱七八糟。总统迅速地躲到了演讲台的后边，而被转移到医院的陆英修女士则在晚上7点左右停止了呼吸。这就是所谓的“文世光事件”。

犯罪分子被当场逮捕归案。随即朴正熙政权就宣布说，嫌疑人是名为文世光的第二代在日侨胞，用从日本警察局里偷出来的美制手枪实施了犯罪。同时还迅速公开了此次事件受到了在日本的亲朝鲜团体的指使。陆英修女士的被害令我备受打击。

我对陆英修女士的印象一直非常好，1968 年我参加青瓦台贺年典礼的时候，陆英修女士带着她那温婉的笑容迎接了我，同时还亲切地向我问候了我的夫人。她被称为“青瓦台内部的在野党”，一直深受国民们的爱戴。而如今她就这样地走了，我对朴正熙政权的前途深表担忧。

弘壹的结婚仪式场离枪击发生的现场——奖忠洞国立剧场并不远，是在位于笔洞的大舅子家的庭院里举行的。弘壹一直坚持不在自己父亲被软禁时大动干戈地举行婚礼。因为下雨的关系，婚礼没有办在庭院里，而是在客厅里举行的。整个仪式在郑一亨先生的主持之下开始，到场观礼的都是两家的直系亲属，整个婚礼庄重而又严肃。亲家是上海临时政府①时期担任过金九主席警卫队长的尹庆彬先生。我的儿子，27 岁的空军中尉——弘壹显得威风凛凛，新娘也貌美如花。我内心十分感谢亲家能把儿媳妇培养得知书达理，并送到我家里当我儿子的新娘。在当时的情况下，就算双方都彼此满意，只要一听到与金大中结亲就会多有迟疑，但是亲家没有任何犹豫，马上同意了他们的婚礼。我的长媳名叫惠罗，她的父亲也就是我的亲家后来在国民政府担任光复会长一职。

朴正熙政权正式要求日本政府对枪击事件做出道歉，并要求对幕后主使朝总联一派做出相应的强制措施。但是日本政府以文世光是韩国人，缺乏逮捕朝总联的合法依据为由草草了事。通过政治联合使原本陷入僵局的韩日关系刚刚得到缓和，却又因此事而出现了更紧张的局面。就这样，我的绑架事件再一次成为两国间的悬案。

1974 年 4 月，新民党总裁柳珍山病逝。在其患病期间，我曾经打算到医院探望他，却被医生告知不能见面。但即使这样，柳珍山总裁还是一直坚持要与我会面。看到躺在病房里的总裁，之前我对他曾怀有的那些不好的感情全都消失了，剩下的只有心酸。他对我说了这样的话：

“现在为这个国家的未来着想的人，只有你我二人。今后我们也继续努力吧!”

但是柳珍山总裁最终还是没能站起来。在彼此的政治生涯中，我们一直保持着敌对，一直在争吵，但在这最后的时刻我们还是和解了。想到这儿，我的心情一下子好多了。

为了填补柳珍山总裁去世之后总裁位置的空缺，新民党在 8 月 23 日召开了全党大会。而中央情报部连在野党的总裁选举都要求介入。为了推举符合他们利益的候选人，他们对新民党的部分党员进行了收买与威胁。情报部的力量还是一如既往的

① 上海临时政府，又称“大韩民国临时政府”，1919 年 4 月在上海法租界成立，是一个在中国长期坚持反日独立运动的流亡政府。——译者注

强大。我因一直处于被监禁状态，所以无法站出来，只能嘱咐东桥洞派的同志们一定要推举金泳三议员做总裁。金议员是党内最积极地与朴正熙政权展开斗争的人。

金议员的上道洞派（金泳三居住在汉城的上道洞，因此追随他的政治人士被称为上道洞派）与东桥洞派是当时新民党内的两大主要派系。不知从何时开始，新派张勉一派的我与旧派柳珍山一派的金泳三成了党内的竞争对手。但是在我看来，要想打倒独裁统治，我们就不能分帮结派。在这一点上，金泳三议员应该和我想的一样。

当选为党总裁的金泳三议员立下了三个政治目标：第一，为了和平实现政权交接，修改维新宪法。第二，释放现在收押中的政治犯。第三，保障金大中顺利出国。金泳三总裁在9月份的定期国会代表会议中也提议设立“宪法修改基础审议特别委员会”。而就在此时，渴望实现民主化的各界人士的根据地——“恢复民主国民会议”这一组织于11月27日宣布成立了。虽然我依旧被软禁在家，但我也积极参与了进去。“修改维新宪法”、“保障舆论自由”、“释放被捕人员”的呼声被广泛地传播开来。

1974年末发生了政府向《东亚日报》广告施压之事。《东亚日报》的记者们为了舆论自由而聚集在一起报道了反政府示威，随后政府便对广告商们施加了压力。12月15日前后，大型企业的广告商们就像事先约好了似的纷纷要求与《东亚日报》解除广告合同。不用猜也知道这一定又是独裁者朴总统捣的鬼。广告商与负责广告事宜的职员一起被叫到了情报部。《东亚日报》最终别无他法只能发放了没有广告的报纸。这就是那起著名的“白纸广告事件”。

紧接着又发生了当局和东亚日报社所意想不到的事情。学生与市民们的鼓励广告犹如潮水般涌来。这是民众对当局压制舆论自由所进行的一种抵抗。“白纸广告”是将独裁暴行暴露于光天化日之下的另一种广告形式。空白的广告栏上开始刊登一些鼓励人们的语句。

“舆论自由万岁！”“我们终将迎来民族的晨曦！”“白纸广告的意义，我们明白！”“我们绝不会无视你所经受的苦难！”

这个时候的《东亚日报》广告栏成为渴望民主主义的人们那充满热情与希望的广场。读者们一拿到报纸最先要看的就是广告，而不是纪实报道。人们通过广告传达并确认了彼此的民主化意志。

我得知“白纸广告”事件之后，马上在广告栏上刊登了鼓舞士气的广告。同时联系我认识的人，拜托他们都刊登广告。虽然我很想直接站在大家的面前去鼓励大家，但是因为一直处在被软禁的状态，所以我只能让金玉斗秘书帮我去做。我把广告费和亲笔写的广告语一起寄了出去。我写的激励广告在1975年1月1日的《东亚日报》第八版面以“一个希望保护言论自由的市民”的名义被刊登了出来。如果把我刊登广告的事实传出去的话，可能会招来朴正熙政权更加残酷的镇压，对刊登广告的我也会有更大的危害，所以考虑到这些，他们便把我的名字隐藏了起来。以“让我们来共同保护言论自由吧”为题的广告具体内容如下：

> 言论自由即是我们的生命。没有言论自由也就谈不上人权、社会正义、学院与宗教的自由，甚至连需要国民自发参与的国家安保也无从谈起。言论自由即是民主国民的魂，是所有希望的源泉。保障言论自由是我们每一个人都应承担和具备的神圣不可侵犯的义务与权利。《东亚日报》的空白广告栏既是揭露权力的阴谋与傲慢的明显证据，又是出于谋取国民知情权而发起的正面挑战。这不仅仅是《东亚日报》的问题，也是关系到我们每个人生命的重要问题。
>
> 作为一个急切盼望恢复舆论自由与民主的市民，为了让刚刚开始燃烧的舆论自由之焰越来越旺，特地自掏腰包刊登这则广告。

如此一来，全国人民们被动员了起来，对抗广告镇压，守护言论自由。但让我感到极其意外的是这则广告竟然成了鼓励广告中的“1号广告”。那时候身为《东亚日报》广告局局长的金仁浩先生在2006年还专门找到我，将此事告知了我。我当时的经济状况虽然不是很宽裕，但还是用了不少的钱登了这则广告。

朴正熙政权看到广告镇压非但没有奏效，反而促使了鼓励广告发展的事实之后，找到东亚日报社的高层试图进行磋商。其结果为，政府终止对广告的镇压，但报社须解雇具有批判性的记者。这是拿金钱与舆论自由进行交换的丑恶交易！报社一方以经营环境恶化为由解雇了18位记者。之后记者们马上召开了紧急会议，决定拒绝参与报纸制作编辑工作。为了抵抗金钱与权力之间的苟合，记者们开始了静坐示威。宋建镐编辑局长写下了这样的新闻稿：“东亚（日报社）必将受到日后历史的审判”。我也对东亚日报社这种与权力之间的苟合，感到极其失望。

记者们静坐还不到5天，便被赶到了大街上。市民们聚集在东亚日报社的大门口，一部分人激动地要求返还鼓励广告费。鼓励广告在1975年5月8日以后的报纸上就完全销声匿迹了。那之后，东亚日报社分7次赶走了共计100多名记者，这是史无前例的针对舆论人的“大屠杀”。

言論의 自由를 지키자

言論自由는 우리의 生命이다 그것 없이는 人權도 社會正義도 學園과 宗教의 自由도 그리고 國民의 自發的參與에 의한 國家安保도 存在하지 않는다. 言論自由는 民主國民의 魂이요 모든 所望의 根源이다. 이것을 지키는것은 우리의 絶對的義務요 양도할수 없는 權利다. 東亞日報의 白紙廣告欄은 權力의 음모와 오만의 端的인 證據이며 國民의 알權利에 대한 正面挑戰이다. 이는 東亞日報의 問題가 아니라 우리 모두의 死活에관한 問題인 것이다.

나는 言論自由와 民主回復을 熱望하는 한 市民으로서 모처럼 타오르기 始作한 言論自由의 촛불을 지키기 위하여 이廣告文을 有料게재한다. 그리고 다음과 같이 우리의 協力方案을 밝히고 뜻있는 國民의 빠짐없는 參與를 呼訴하는 바이다.

1. 모든 民主市民은 言論自由를 위해 분투하고 있는 東亞「매스컴」에 대하여 積極的인 聲援을 보내자.
2. 宗教團體, 法曹人, 文化著作者, 中小 商工業者와 有志市民은 業務廣告, 新年祝賀, 東亞의 健鬪를祝하는 廣告 캠패인을 東亞「매스컴」全體에 대하여 大大的으로 展開하자.
3. 東亞日報의 當面한 財政難을 돕기위하여 구독료 先拂및 誠金각출운동을 적극적으로 펴나가자.
4. 東亞「매스컴」當局이 必要하다고 決定하면 구독료의 引上, 放送聽取料制의 채택을 기꺼히 받아들여 協力할것을 다짐하고 東亞日報에 알리자.
5. 앞으로 어떤 言論機關이라도 이와같은 試鍊을 겪을 때는 똑같은 方法으로 協力할것을 모든 言論機關에 電話, 便紙등으로 알리고 言論自由를 위해 분기하도록 촉구하자.

1975年1月1日

言論의 自由를 지키려는 한市民

我在《东亚日报》上佚名刊出的鼓励广告

“白纸广告”事件就这样在牺牲众多记者利益的情况下，被报社高层强制画上了句号，成为争取舆论自由的一颗珍贵的麦粒。被解雇后赶到大街上的记者们在日后的民主化运动中起到了巨大的作用。我到现在还在为他们的勇气与正义感感到无比的敬佩与惊奇。

还有一点令我感到十分惋惜。我曾让金相贤、李兑荣二人分别接触东亚日报社的高层，希望能够阻止他们大规模地解雇记者。原本这次协商进展得十分顺利，彼此约定除了已被解雇的三四名记者之外其他人都会恢复原职。而那三四名记者也会在几个月之内全数复职。我们马上把这一好消息告诉了那些被解雇的记者。但令人意外的是这些记者的态度很强硬，他们生气地说："谁说要金大中帮助了？All or nothing!"并主张一荣俱荣、一损俱损，要求同时复职。不得已我又重新派人去说服那些记者：

"记者的武器就是手中的笔杆子，放下它你又能做得了什么？只要坚持几个月，所有的问题都可以迎刃而解，现在那三四名记者的生活费，可以由先期复职的同志们帮忙接济一下。"

可是就这样他们也不听我的劝告，最终警察介入了静坐，所有人都失去了复职的机会。虽说我也知道他们心中愤愤难平，但是另一方面我也对他们的最终选择感到惋惜。

东亚地区发生了令人难以置信的事情。越南战场上，越南民主共和国的胜利指日可待。美国接连败退，最终于1975年4月30日，以西贡的沦陷为标志，越南战争落下了帷幕。听到这个消息我的脑海里立刻浮现出那时我们到前线慰问我军将士时看到过的越南共和国高层领导人那华丽而奢侈的晚宴的情景。油腻腻的餐品与高官夫人们华丽的着装已经暗示了越南共和国的败落。把国民们推进炮火激烈的战争中，自己却过着豪华的生活，他们又怎么会了解国民们的心情呢？不了解民情的政府不管有多么强大的军队也保护不了自己。

越南共和国的战败对朴正熙政权具有重大的影响。韩国是已经向越南共和国派出了30万名将士的同盟国，同样属于分裂国家，同样在美军的保护伞下，也几乎同样地不得民心。虽说朴总统表面看来很是泰然，但是心里却因为这一重大变故而战战兢兢。

朴总统发表了《关于越南战败的特别谈话》，强调要加强国家安保。如果战争真的爆发，将与650万汉城市民共同死守汉城。被认为像钢铁一样无坚不摧的美国在战争中失败了，国际社会在走出战争阴霾的同时，也不再相信朴正熙政权了。任何地方都写着"全力保护国家安全"。就在这时，朝鲜的金日成主席了出访了以中国为首的，包括东欧在内的一批社会主义国家。朴正熙政权因此受到了打击，连日向大家鼓吹朝鲜可能会发起正面战争。

1975年5月13日，朴总统颁布了“紧急措施第九号”。这个条令里的14条内容更加让人觉得杀气腾腾。禁止否定、反对、歪曲、诽谤、修改或废除维新宪法的一切行为，同时禁止上访、煽动或报道与之相关内容的所有行为。如有违反，在未持有逮捕令的情况下也可以进行逮捕。禁止学生们组织集会、示威游行和各种政治斗争，禁止肆意编造或传播流言蜚语，禁止扭曲事实。

如果严格遵守了这些，那么舆论本身就将不复存在，更别说什么舆论自由了。国会议员也被剥夺了免责特权，同样适用于“紧急措施第九号”。在国会内部发表与政府规定相抵触的发言就会被处以相应的处罚。报社记者们把“紧急总统令”的内容贴在编辑部的墙上后再去做事，甚至还设立了专门负责分辨是否带有违禁内容的专项小组。这样一来，韩国就成了连说话的自由都没有的世界。

自“文世光事件”之后，韩日两国之间的关系就一直处于停滞不前的状态，但朴正熙政权在绑架事件上却一改从前的立场。1975年7月22日，朴正熙政权向日本政府传达了非正式文件，其内容是：“关于金东云个人，我们停了他的职，并展开了调查。但其间我们并没有获得任何确实有效的证据，因此不得不停止了调查。但金东云作为国家公务员，其言行有损国家的颜面，所以我们决定对他作出免职处分。”日本外务大臣宫泽喜一先生接到该文件之后表示：“日方对如此解决危害日韩关系的金东云问题表示理解。”之后，在7月23日他来到汉城会见了金东祚外务部长官之后又与朴总统进行了会谈，宫泽长官表示“关于金大中先生的问题这样就可以完全解决了”。就这样，韩日政府进行了第二次政治媾和。

最初我还一直认为日本政府在绑架事件上会首先从人权的角度去考虑这个问题。真想不到一个成天鼓吹着重视人权的发达国家会做出如此卑鄙无耻的下流勾当。即使在犯罪现场发现了情报人员的指纹也不按照应有的程序进行处理，反倒在民众的背后进行讨价还价。这不仅无法说服事件的当事人，就连邻国的国民对此也无法信服。最后，因为“文世光事件”陷入僵局的韩日两国关系，又因政治媾和而重新达成了谅解。

2007年10月24日，“通过追究国家情报院旧案真相发展委员会”（国情院旧案事委）在绑架事件发生的34年后第一次以政府的身份正式发表了绑架事件的调查结果。事实上我对国情院旧案事委的调查结果不抱很大的期望，但当时发布的结果却令我非常失望。调查的核心放在了谁指使了绑架与绑架的目的上。

国情院旧案事委就绑架事件的幕后主使一项指出，“不能排除朴总统直接指使的可能性，最少也做出了默许绑架的暗示”。随后又表示，“如果朴总统真的与这次绑架事件没有任何联系的话，事件发生后应立即处罚情报部部长，但他却没有这样做，朴总统在事后隐瞒事实等行为充分地说明朴总统可能是绑架的共犯或主谋”。

如果是这样的话，这个事件其实是受朴总统的指示要来暗杀我的事件。根据当事人的推测来看，这也是事实。

韩国与日本政府都没有明确地解决我被绑架的问题。两国都有澄清事实真相的义务。绑架事件的本质是“韩国的国家机关人员跑到另一个国家绑架了自己国家的人”，从日本的立场上看，是自己国家的主权被他国侵犯了，同时日方本来具有保护我的义务却没有尽到，在置之不理的同时也侵犯了我的人权。

1967 年“东柏林事件”发生的时候，中央情报部也从欧洲绑架过韩国人，但因为联邦德国与法国政府的强力抗议最后把绑架人员全部释放了。我以为日本政府也会像他们那么做。

我在任职总统期间，曾经受日本政府的邀请以国宾的身份访问日本。从被害人转换为总统的我是不是应该首先谈论我自己的问题呢？我认为不是这样，如果我这样的受害人成为总统，重新踏上日本的土地，日本政府应该首先做出相应的应对措施，而不是我主动地提出要求。

我在总统任期内曾经有过试图去了解绑架事件的想法，但最后我还是忍住了。至少我们不应该用另外的权力去介入一个已经被权力介入的事件之中。作为一个国家的总统，我也无法就前任总统想要将我杀死的这件事向自己道歉。我知道自己一上任，情报机关就立即开始销毁关于我的一切资料。

虽然已经重复了好几遍，但我还是想强调我是因“让金大中消失”这句由总统下达的指示而被绑架的。我会等待着有人能告知我整个事件的真相，同时我也希望接到来自韩国与日本政府的道歉。也许在有生之年我这个愿望都无法实现，但是终究有一天，真相会水落石出。我会等待着真相大白的那一天，因为我坚信只有真相才能载入史册。

维新的杀气再度降临（1975—1977 年）

朴正熙总统提议通过投票来决定是否实行维新宪法，而这次投票的结果直接关系到他能否连任。朴正熙之所以这样提议其实是为了摆脱各界对维新体制的谴责和消除“自由反对权”而策划的一出欺诈剧。民主势力拒绝接受就维新进行国民投票这一提案。我同新民党总裁金泳三进行了紧急会晤，在这次会晤之后，我们联合发表了强烈反对进行国民投票的声明。前总统尹潽善也对我们的声明表示同意：

"朴正熙政权为了维持庞大的国民苛捐杂税体系，导演了所谓的国民投票这一场政治闹剧。我们要把接下来的12日的国民投票日改成'反对国民投票日'。"

1975年2月12日上午7点，我和妻子到明洞教堂做了绝食祈祷。天主教和基督教教徒们把这一天定为"救国祈祷日"。大家纷纷奔向教会和教堂向上帝诉说民主主义的死亡并祈祷民主主义的复活。9点整教堂里响起了整点报时的钟声。为了祭奠死去的民主主义鸣钟3次，为打倒独裁鸣钟3次，紧接着又鸣钟30次。之后我就发表了如下声明：

> 这次的国民投票是军部无法承受来自国内外对独裁的批判而实施的，而且这分明是事先已经计划好的，所以我们对这样的结果实在无法认同。我们的国民亲眼目睹了整个投票过程中所暴露出来的活生生的舞弊违法行为，所以国民们对当局发表的结果坚决不能认同。世界舆论也会站在我们这一边，作出与我们相同的判断。

声明发表之后，我接受了驻韩日本特派员、法国《世界报》、《华盛顿邮报》、《纽约时报》、《洛杉矶时报》和来自联邦德国的电视记者们的连续采访。

第二天，政府发布了投票结果，该投票结果在占全体选民总数79.8%的投票率中赞成票数占73.1%。朴正熙总统坚持说这次的投票结果准确地反映了全体国民的意愿，并立即采取紧急措施释放了扣押的各界人士。

2月15日，白乐晴、咸锡宪、金观锡、高银、金相贤等人被释放，我亲自去迎接他们出狱。因"民青学联事件"被捕的诗人金芝荷也被释放了。诗人来到了我家，我对他被捕这段时间以来所经受的苦难进行了劝慰。

朴正熙政权命令因"民青学联事件"被捕而现在又获得释放的教授和学生们一律不准再回到学校，也不准恢复原职，学界因此而再次沸腾了。这时，示威游行队伍也开始高喊与时局相符的口号了。学生们高喊着"终止打压舆论"、"废除维新"等口号。然而当局却指出纵容学生开展游行示威的大学没有存在的价值，并下达休校令。

在4月7日和8日两天内高丽大学的学生们举行了要求独裁政权下台和废除维新的游行示威。朴正熙政权马上发布实施了"紧急措施第七号"，对高丽大学下达了休校令。军人们纷纷持枪驻守在高丽大学校园内。紧接着，朴正熙政权又于5月13日发布实施了"紧急措施第九号"。

8月13日，独立运动家、民主斗士张俊河先生突然去世且死因不明。张俊河先生在很早之前就揭露了朴正熙的亲日经历，并对其伪善的政治活动进行了强烈的谴责。他一直以来都在为终止独裁实现民主而东奔西走。

张俊河先生为了更有效地开展民主化斗争，提议促进实现民主势力单一化。我们对他的提案表示高度赞成，并举行了由尹潽善、梁一东、金泳三以及我四个人参加的四人会谈。但这一系列的努力最终因新民党总裁金泳三提议要与朴总统进行单独会谈而付之东流。然而金总裁从青瓦台回来后，对与朴正熙的会谈内容却闭口不提。就这样，改宪斗争也被无限期保留了下来。当然，这同时也引起了世人们怀疑的眼光。

对金总裁立场的突然变化和当前的时局表示无限沮丧的张先生找到了我家。事实上，在这之前张先生和我曾经有过一些恩怨。那是在1971年总统大选时，张先生加入了与我不同的另一个阵营，并曾经参与过一些攻击我的活动。听说张先生就是为了解释当时的那些事情而来到我们家的：

“从今以后我一定会竭尽全力帮助金先生的。我很想和金先生并肩奋斗终结维新体制，开创民主社会。”

我不仅在张先生所经营的期刊《思想界》上刊登过文章，也曾在财政方面帮过他很多的忙。《思想界》作为时事期刊勇于直面挑战独裁，这在当时的舆论界尤为可贵。但是最终《思想界》却因为刊载了诗人金芝荷的《五贼》而被朴正熙政权勒令停刊了。

我同张先生共进了午餐，其间我们谈论了很多事情。张先生讲了许多他登山的趣闻，还有他自己因为登山又重新恢复了健康的事情。他一一列举了在此期间他所登过的所有山的名称，就好像韩国境内所有的山都已经被他登过似的。听着这些，我很担心地问了这样一句：

“您这样四处活动没关系吧？”

“光天化日之下那些家伙又能把我怎么样？”

“即使是这样，您也别再自己一个人行动了，毕竟时局动荡世事难料。”

这竟成了我和张先生的最后一次谈话。张先生的音容笑貌犹在眼前，我却听到了在京畿道抱川郡的药师峰山谷里发现了他的尸体的消息。那时我真应该强烈地阻止他，不让他“独自一个人登山”才对。我对那时没有挽留他而感到后悔莫及。

如果张先生是不慎失足坠崖的话，那么他的身上一定会留下很多伤痕，但是据说在张先生身上并没有发现任何伤痕。听到张先生身亡的噩耗之后，大家不约而同地想到了他杀。虽然大众对张先生的死亡充满着疑问，但毕竟尸体是不会说话的。

先生的一生实在是奔波劳累的一生，是反抗李承晚、朴正熙独裁统治的一生，是值得世人尊敬的光荣的一生，迄今为止还熠熠生辉。确信张先生是被独裁政权所害的咸锡宪先生曾经这样说道：

“张俊河是因为与金大中和解才招致了死亡。就是因为那些家伙知道如果他们两位携手合作的话，后果将不堪设想，所以这两位当中必然要有一位死才可以。”

虽然这句话的真伪不得而知，但是张俊河先生匆匆离我们而去却已成事实。他是那么向往自由的天空，最终却还是没能实现梦想含冤而逝。

独裁政权制造的恐怖氛围越来越浓厚，手段也越来越凶狠。当局实施的紧急措施破灭了所有领域的热情和希望。人们好像得了失语症一样默默无言，知识分子们在进行自我检讨时因意识到了这一点而感到十分羞耻。在当时的一片沉默里还夹杂着受压迫的屈辱。

年轻人之间开始弥漫着一股虚无的气氛。他们把自己比喻为“紧急措施的一代”——被独裁政权布下的天罗地网紧紧地困着，只能在网中苦苦挣扎的现实让人愤愤难平。每个胡同里面都驻守有警察。他们站在那里监督着大众：头发要是长了的话，就会被拉到派出所里面撕扯一番；裙子要是短的话，也会被抓到派出所去；歌词要是有一丁点的异常，立刻就会被烙上不良歌曲的烙印。在这种情况下，人们既不能正常地说话，也不能放开嗓子大声歌唱。

在当局实施紧急措施的情况下，进行反政府示威活动是要付出生命代价的重大事件。学生们终日彷徨不安，强大而邪恶的暴力集团也正怒视着国民们。

想来想去不管怎样我还是觉得这时我应该挺身而出，于是我开始行动了。我首先去了明洞教堂去找红衣主教金寿焕，那时我是怀着交代遗言的心情去的：

“绝对不能让时局就此继续发展下去，我不入地狱，谁入地狱？这次我特意提前来告知主教您一声。”

红衣主教沉默了很长时间没有说话，此时任何话语都显得多余。红衣主教紧紧地抓着我的手。时局本来就处处凶险，我又找到他自告奋勇地说要下地狱，这些都让红衣主教感到心痛不已。

在三一节到来之际，我准备好了要公开发表的檄文。三一节是国民们最准确地回想起国歌的独立纪念日。我们认定要是此时正面攻击维新体制的话，肯定要比其他任何时候都会更容易引起人们的共鸣。结果果然不出我们所料。虽然我因此进了教导所，但是我们的正义之举引来了全国人民和全世界人民的高度关注，尤其是在美国和日本引起了巨大的反响。前总统尹潽善和前总统候选人金大中被抓的事件引起了轩然大波。

1976年，“3·1”民主救国宣言在一大批在野人士的心照不宣中悄悄诞生了。我是在与郑一亨先生和前总统尹潽善进行商讨时，偶然得知了在野民主人士们正在策划着某种宣言一事。我把初稿极其秘密地交给了郑一亨先生和李兑荣女士，他们又将其交到了文益焕牧师的手中。在野人士们将整理好的檄文又发给了我。文牧师提出的草案中有许多言辞恳切的激烈语句。这篇檄文就这样在我们这些人的相互更改中完成了。

3月1日晚上，700多名教徒聚集在汉城明洞教堂做弥撒，我和妻子也参加了。在弥撒结束后，新旧教会的教徒聚在一起参加了祈祷会。文益焕牧师的弟弟——文东焕牧师主持了这次活动：

“带领着以色列的百姓们从走出埃及的犹太人领袖摩西在进入迦南之前就把整个民族的指导权交给了约书亚。正因如此他才成为人人称颂的伟大预言家受人敬仰。正所谓‘急流勇退谓之知机’，朴正熙如果能在这个时间点退出的话，那么他也会成为韩国历史上人人称颂的大人物。”

听到这些，教徒们的脸色变了，个个浮现出惊恐的神色。紧接着，一位个子不高的女士站了出来，这个人是李愚贞教授。她虽然文文静静的，但却铿锵有力地宣读了我们事先准备好的檄文，这就是所谓的“民主救国宣言书”：

> 今天我们迎来了第57个三一节。在1919年的3月1日我们伟大的民族呐喊声曾经响彻全世界，一直高呼独立自主的这声声呐喊绝不能消逝在我们这一代的手里。我们绝不能麻木不仁地让救国先烈们的血白白流掉，所以我们综合了我们的共同意愿决定面向国内外郑重宣布我们的民主救国宣言。
>
> 我们忍受着国家南北分裂的巨大悲剧所带来的痛苦，虽然历史一再给予这个民族考验，但是我们最终还是没有放弃希望。站在“6·25”朝鲜战争的废墟上，通过“4·19”学生运动推翻李承晚独裁政权的我们，实现“自由民主主义”的信念又悄然苏醒。
>
> 然而胜利竟是如此的短暂，这个民族又再一次被禁锢在了独裁的铁链上。如今“三权分立”也只剩下了个外壳。在借口保障国家安全的独裁统治下，信仰和良心的自由一日一日地萎缩，舆论的自由和学界的自主性也被一步步封杀。
>
> 为实现我们“民族统一”的夙愿，在我们培养和聚集起国内外各界的民主势力一步一步将其向前推进之时，我们的国家却因一人大权独揽而使得人权受到蹂躏、自由惨遭剥夺。

就这样，这个民族逐渐丧失了目的性、方向感和对民主主义的信念，一步步地走向衰颓。身为这个国家的一员，我们绝不能对此坐视不管，因而我们越过这个国家的政治常态展望未来，特发布“民主救国宣言”。

就这样，我们共提出了三项要求：

第一，这个国家必须以“民主主义”为立国之本。

第二，经济立国的构想和实际内容必须从根本上再做讨论。

第三，民族统一是所有同胞肩负的无上使命。

最后，我们以高呼“民主主义万岁”作为结尾。咸锡宪、尹潽善、郑一亨、我、尹攀熊、李愚贞、文东焕、安炳茂、徐南同、李文永十人在宣言上署了名。文益焕牧师因为当时正在翻译《圣经》因最后一部分的原稿整理未能结束，所以没有出现在署名者的名单上。

这篇檄文在被宣读的瞬间，场内立即陷入一片寂静，大家都在屏息聆听。弥撒结束后紧接着就在明洞教堂内举行了蜡烛示威活动。我在回家的路上突然转过头看了一下建在山坡上的明洞教堂：

“何时才能再次来这个教堂祈祷啊？”

妻子好像读懂了我的心思，也停下来站在那里回望着教堂。

明洞教堂建于1898年。作为韩国最早的本土天主教堂，曾因为尖塔屋顶比皇家宫阙还要高而引起了不少争论。受到迫害的天主教是同样受到迫害的这个时代人们的避难所。这一方山丘以殉教者的鲜血、圣母玛利亚的圣洁，宽恕了加害者的爱，净化了这个世界。

被列为第258号历史遗迹的明洞大教堂里除了设有埋葬殉教者遗骸的地下教堂，还设有教堂主保圣人——无染原罪圣母的雕像（童真圣母像），还有红衣主教金寿焕的雕像。从这以后，明洞教堂总是会出现在韩国现代史的各大历史事件里。可以说，正是明洞教堂孕育了民主并唤起了大众对新社会的向往。她抚慰了时代的伤痛，点燃了民主圣火，也为百姓们拭去了伤心的泪水。

我也不知道自己又会在什么时候被带走，但我的内心却极其平静。最后我预想的事情还是发生了。文公部（文化公报部，现文化体育观光部）长官却批评民主救国宣言的发表是“意图破坏宪政秩序的非法行动”，检察机关也指责其是“煽动颠覆政府的反政府事件”。随后准备弥撒的文益焕、咸世雄、申铉奉、文正铉、金胜勋、张德弼、金泽岩、安忠锡神父、孔德贵、李兑荣女士、李海东牧师等人遭到了起诉。相关人员被一一逮捕了，我也于3月8日凌晨被带走。文益焕、文东焕、尹攀熊、徐南同、李海东牧师、文正铉、申铉奉、咸世雄神父、李文永教授、安炳茂博士等共计11人被当局拘留。因为尹潽善的身份是前总统，而咸锡宪又年事已高，加上郑一亨是现任议员，李兑荣和李愚贞是女性，所以这些人被释放了出来。

发表“3·1”民主救国宣言之后在明洞教堂前参加蜡烛示威活动

与民主救国宣言相关的任何哪怕是带有暗示内容的报道都不能刊登在国内的报纸上。然而韩国政府一次性地逮捕人数如此之多的民主人士还是引起了世界舆论的注意。因为我们一被捕，以外国传教士和朴大仁牧师为首的众多宗教人士就把这一消息传到了世界各地。

我马上被押往位于西大门的汉城拘留所收监，并与文益焕、文东焕、李文永、咸世雄神父等人一起换上绿色的囚衣被关进了单独的牢房里。教导所里面十分寒冷，因为骨关节变形的原因我坐在地上感觉十分不方便。不管是采取何种姿势都无法安然入睡，甚至有一天因为疼得太厉害而不得不睁着眼熬了一夜。每到疼痛难忍时，我都会祈求上帝希望能治好我的病，而且每每祈祷的当时痛症都好像真的消失了一样。因为我的膝盖不能弯曲，所以吃饭的时候更是十分痛苦。我曾经要求他们至少给我一套吃饭用的桌椅，但是被他们断然拒绝了。

法庭成了唤醒时代良心的民主主义教室。神父和牧师们有条不紊的发言反而使整个法庭成为审判维新体制的现场。未被收押的被告人咸锡宪先生每到开庭时都会穿着丧服出现在庭审现场。文奎铉神父在检察机关一发表不当的言论时就找到检察机关与他们对峙。申铉奉神父则在每次审判长叫他名字的时候都会唱着悲歌走上前去，他说：

“我是感叹于韩国的人权和民主主义已死而情不自禁地唱了出来。”

文益焕牧师也这样说道：

“能够让我享受到与这么多的民主战友共同度过牢狱生活的特权，实在是感激不尽。”

李文永教授最后也做了这样的陈述：

“我把牢狱生活当成是与耶稣共同承受苦难的过程，所以感觉更加开心，现在我反而担心审判长判我无罪而将我释放。”

我申请对维新宪法和紧急措施最为了解的朴正熙总统出庭作证。检察官和审判员们听后全都大吃一惊并面面相觑。审判员和检察官们的气焰被我们打压了下去，而作为被告的我们仍然一片泰然。

我们这些被捕人员在每周六开庭的日子都能在护送车里见面。每到这时大家都别提有多高兴了，借机互相问候并彼此安慰，车厢里一片温馨，大家聚在一起就又有了勇气，有了力量。

其实，家人们比我们这些被逮捕的更加痛苦。我们获准与家人见面的时候已经是在被捕的54天之后了。开庭审判的那天其他的所有审判都不得进行，法院周围严禁一般人通行，法院方面还加强了警卫。

被捕者的家属们在复活节前夜即4月17日举行了通宵祈祷会，随后又在凌晨爬上了汉城拘留所的后山。在那里，她们向着拘留所的方向用尽全力放声高唱了复活赞歌，边唱边哭的场面实在让人于心不忍。但那饱含深情浸着泪水的赞歌最终还是没能传达到教导所里面。

第一次公开审判是在5月4日，汉城地方法院下达了限制发放旁听券的通知。家人们虽然申请了旁听公开审判，但是申请没能被批下来。家人们为了表示抗议聚集在法院前面用黑色的胶带做成十字架贴在了嘴上。他们是想表达民主主义和言论自由是不能被钉在十字架上面的，终有一天民主主义和言论自由会再度复活。

第二次公开审判时，旁听券都在大街上被大火烧光了。旁听席上坐着的全都是机关要员而并非我们的至亲家人，这是因为他们不想给我们真正的家人旁听券。在那之后，每逢开庭日家人们就都穿上用浅紫色尼龙面料做成的韩服，并且在身上挂着写有“进行公开审判”、“恢复民主”等字样的缎带。我们这些被捕人员在被送上运送车辆前往法院时就能听到家人们站在法院外面高唱赞歌和高喊口号的声音，但还是看不见家人们的样子。

有一天他们手持写有“进行公开审判”、“释放民主人士”等口号的白色扇子进行了示威游行。在此之前他们也曾把巨大的紫色十字架贴在衣服上一起攻入法庭最终导致审判人员受惊而宣布休庭。

每到进行公开审判的日子，法院周围总是会发生被捕者家属引起的示威骚乱。当局者因为不知道示威会以怎样的形式出现，所以总是战战兢兢。以至于后来只要是一有家属出现在法院附近，当局就会把他们装上车运到郊外去隔离起来。当局把家属们装车运到儿童大公园或者是泰陵等附近之后，就像扔行李一样把他们扔下车去。孔德贵女士、李兑荣女士，还有我的妻子李姬镐等人都曾经经历过这种被扔在荒郊野外的遭遇。

法院加快了进行公判的步伐。12 月 20 日，我在所谓的“民主救国宣言事件”抗诉求刑法庭之上做了最后陈述。100 页的最后陈述内容最终还是没能被国内舆论公开报道，但是与此相反的是，外国记者们却对此表示了高度的关注，像日本的《朝日新闻》就用了两个版面来刊登了专门报道。在这里我选取部分内容进行摘录：

> 我加入天主教会已经有 20 个年头了，但我却从来没有像最近在教导所里度过的 10 个月这样切身感受到了身为天主教教徒的快乐，从来没有像现在这样对上帝如此心怀感激，也从来没有像现在这样每天向上帝虔诚祈祷，更没有像这样每天和上帝真诚对话过。我非常感谢上帝把我送到教导所里来。凭借我的经历和尚未泯灭的良知，我来到了我应该待的地方。虽然现在我还是疾病缠身，最近夜里还是会起来吃三四次药，但我还是感受到了一种释放的快乐。要是没有参加此次“3·1”救国宣言活动，以未被捕的自由身份站在这个法庭上的话，我的心该有多么的痛苦啊！所以，真的很感谢你们把我抓进教导所。
>
> 我从来没有关心过判决的结果会是怎样，检察官虽然就这件事觉得对我非常抱歉，但是实际上我却从来没有怪罪过任何一个人，因为我所信奉的上帝不

允许我那样做。来探视时，我的妻子给我看了《罗马书》中的第12章第14节。上面这样写道："逼迫你们的，要给他们祝福，只要祝福，不可咒诅。"我每天都在为了民主的恢复，为了那些被扣押人员的早日释放，为了教会，为了总统以下的那些集权主义者能站在民主主义和良知以及正义的角度在现有体制下开展施政而用心祈祷着。

我很清楚地知道，现在的执政政府不仅仅只是想要逮捕我，也曾想过要置我于死地。我认为这一想法到现在依旧没有消失，而且他们随时都能杀了我。但是不管这些人要对我做什么，都不会改变我对国民的忠诚和对子孙后代的责任感。我已经决定为此奋斗终生绝不动摇了。

在座的各位，还有法庭外的国民们，真心希望大家能携手并肩超越各自的立场突破偏见，建立一个正义的社会，这个正义的社会能够在政治上保障国民人权自由、在经济上保障平等经济条件的新型经济秩序，在这个正义的社会中正直勤劳具备基本良知的人们能够获得成功。我的最后陈述到此为止。

我一审被判有期徒刑8年（检察官向审判长求刑10年），在抗诉审判时被判有期徒刑5年（检察官向审判长求刑10年）。1977年3月22日，大法院驳回了上诉，确定了终审结果为有期徒刑5年。与此同时，其他18名被捕人员的上诉请求也全遭到了驳回。

在这次事件中我真正感悟到了在野宗教人士和知识分子的赤子之心，他们对于民主的真切渴望给我留下了深刻的印象。他们中有很多人都与我素不相识，但通过这个事件我和这些在野的民主人士开始互相沟通构成了最初的联系。与他们这些人的缘分在每次民主化斗争的最艰苦的时候都得以以同志战友情的形式复活。他们仅仅因为与我相识就招致了不幸，在后来由新军部一手策划的事件中也受到了打压。他们是真正的勇士并真正地爱着国民们。也正是因为如此，他们才能在面对独裁时堂堂正正、大义凛然。

特别病房＝特别教导所（1977—1978年）

1977年4月14日，我被送到了晋州教导所，那是离汉城最远的一处教导所。我换上了囚衣剃了头发，被隔离关在一间单独的牢房里。左右和前面的牢房都是空的，几个看守日夜轮流监视着我。在我和律师会面时，教官们会站在一旁，必要时他们还会出面干涉，这些家伙无时无刻不在践踏着人权。为了表示抗议我决定绝食。来到晋州教导所已经有两个多月的时间了，能对付这些家伙非人的暴行的就只有绝食了。听到我绝食消息的家人和各界人士纷纷对教导所方面进行了抗议和呼吁。红衣主教金寿焕也出面寻求从人道主义方面来解救我的措施。自5月7日开始的绝食，在进行了六天之后就结束了。

朴正熙政权虽然把我隔离在这么偏僻的晋州教导所，但是各地的民主人士为了激励我都聚集到了这里。尽管他们见不到我，但还是互相询问着我的情况，随即对教导所方面的处置方式表示出了极大的愤怒。他们向被关在教导所里的我不断地发来慰问信。虽然各界人士为了见我而来到这里，但是最终没有一个人能见到我。因为我被允许与律师会面，所以我当时只见到了洪南淳、李基洪、尹哲夏、金光一、朴世径、李宅敦、柳宅馨、金寅起、金基洙等律师。有很多人都是从釜山、金海、河东郡等地闻讯而来的。金玉斗和金炯国秘书代替我交替着接待了这些远道而来的人士。每天都有几十名各界人士来到教导所的墙下高唱着赞美诗和口号。间或我在教导所里还会听到这样的高声疾呼：

"请不要担心，还有我们！"

这是多么令人欣慰的呼声啊！因为我，教导所的工作人员经常精神高度紧张。据说他们曾多次要求将我转送到其他教导所。

我能与外界保持联系的唯一途径就只剩下书信了。我把那些能使我心神安定的内容、留在心中的念头、纠结在心中的想法统统写下来寄了出去。教导所会严格检查我寄出的信件，凡是涉及议论当今时局的，或者是政治和社会敏感问题的信件全部不予寄送。

在教导所的那段日子，我也获得了两样非常宝贵的东西：一是敦笃的信仰，二是由阅读而得来的知识和智慧。

我在那冰冷的牢房里感受到了耶稣的降临。我真正感受到了耶稣不是来接受侍奉的而是来造福人们的，我也把这一体会写在信里寄给了妻子。

> 今天的耶稣是感性的耶稣，这从一开始就是他的真面目。不是为了接受奉养而是为了造福世人而来的耶稣，将最卑微的人视为最高尚的人的耶稣，记录在《路加福音》第1章第51节到53节中的耶稣，为了拯救那些被压迫的人而来，为此他献身被钉在了十字架上。

妻子认真地推敲了我的话并给予我鼓励。这段时间，妻子的信常常是我勇气和力量的源泉。

您身处困境还心怀感恩在忍耐和祈祷中度日，我在脑海里一直描绘着您那庄严圣洁的模样。从人性的角度想，您在未能接受任何治疗并且营养不良的情况下忍受着常人难以想象的病痛，这种痛苦真的是无法言喻。

可是就像奇迹一样，您精神的力量反而变得更加强大，这种战胜了肉体上的疼痛的力量在我看来是来自上帝的恩宠。

数十年来您都只是简单地测量脉搏和血压，或者被不知名的病折磨，从未好好地接受过检查和治疗，在这种状态下又遭受了牢狱之苦，这是双倍乃至三倍的痛苦啊。您代替这个民族承受着今天的痛苦，又默默地在最低微、最卑贱的位置上再次学会了谦逊……您那拥有笃实的信仰的崇高形象令我由衷地感到自豪和钦佩。

我甚至可以感受到，因为您特别是因为您所经受的困难，使我的人生也显得更加珍贵而富有意义；我能感受到您用最真诚的爱对待世人，甚至还能感受一种幸福，那是与您一同用坚持和希望期待光明未来、走上布满荆棘之路的幸福。

妻子即使在寒冬也不在屋里生火取暖。她说她一想到怕冷的我在教导所中因为冷而哆嗦的样子就怎么也不能暖暖地入睡。妻子被允许每月和我见面一次。即使是那样，妻子还是经常待在晋州。她认为自己在我身边的话，我就能得到些许的安慰。有时她还会带着面包和点心在教导所的墙外踱来踱去。妻子给我带来了她亲手织的毛衣和手套，内衣也都熨好撒上了香水。我害怕香气散走便把它贴在胸口，这是爱的香气，这样的内衣我都舍不得穿。

在教导所里我最想吃的就是泡菜，最想喝的就是咖啡了。我问他们能不能买来吃，他们却对我不理不睬。每次我就只干吃他们送来的大豆饭和大麦饭，因为那些小菜全都散发着令人作呕的气味，实在叫人难以下咽。

在教导所里读书是很有益的。虽然说读书是在获得间接经验，但是在教导所中读的书远远不止那样。因为能够不受任何干扰地进行精读，所以有时我甚至能感觉到和作者进行着对话。历史、宗教、哲学、文学等方面的书籍我都很爱读。我定下每天读20～30页书的目标，就这样读了好几本书。

特别是阿诺德·约瑟夫·汤因比（Arnold Joseph Toynbee）写的《历史研究》

(12卷)给了我特别的灵感和对未来的坚定的信念。他认为神给人们试炼,人们通过对此的回应而获得成长和发展;文明是应对挑战的产物这样的主张真是真知灼见。他让我知道了不能以宿命论来理解兴亡盛衰,只有积极应对环境带来的挑战才能推动文明的飞跃性发展。这仿佛为我打开了照亮我们民族及正经受试炼中的我的未来之路。

10月的最后一天,金寿焕红衣主教来找了我。韩国有一句话叫“晋州在那千里之外”,他不辞辛苦远道而来让我非常感动。我想到我在准备民主救国宣言时,曾对金主教留下了近似遗言的话语——“我不入地狱,谁入地狱”。金主教和一起过来的妻子携起了手,为我做了祈祷。这次的见面虽然时间短暂,但是意义深远,让我满怀感激之情。

1977年12月19日,我突然被转移到汉城大学医院。他们说这是为我专门采取的人道主义措施。因为那时妻子已经好几次向当局申请让我入院接受治疗,所以我也以为是这个原因。然而这不过是出于缓解国内外要求释放我的压力的缓兵之策而已。和“民主救国宣言事件”相关的被囚禁人员都在不久后的圣诞节被释放了,只有我独自被留在医院里。汉城大学医院里有间特别教导所,是201号病房。他们把我关在这间病房后,对我进行了比教导所更加严密的监视。

我和外部的接触完全被阻断了。教导所负责人、中央情报部要员、警察等20多人常常轮流看守着我。在晋州教导所的时候,每天我都有1个小时的运动时间,出去踩踩大地、看看天空。可是在医院里这一切都被禁止了。医院里的特别病房实际上就是特别的地狱。

在晋州教导所里我可以大声地朗读《圣经》或者唱赞美诗,也可以学板索里,也可以哼唱民谣。可是在医院里看守们隔着一张薄薄的板子盯着我,即使是翻一页纸的声音他们都能听见。窗户被完全封了起来,连一丝阳光都照不进来。病房里24小时都开着灯,我过着昼夜不分的生活,只能通过吃饭的时间来大体推测几点钟。这里从表面上看是病房,实际上却是拷问室。不过唯一的一点好处就是每天都能见到妻子。

妻子准备好饭菜,在中午和傍晚过来和我见面。我看不了报纸,甚至连收音机也听不了,因此只能把每天聆听妻子传达的各种新闻作为唯一乐趣。妻子对我这个病人的照顾使我十分感激。她在上午准备好饭菜,中午12点左右来医院。和我一起待2个小时,然后回家。下午看看晚报并做好记录再准备好晚饭,在5点左右带着饭过来。在7点左右来到医院等待被囚禁者的家人聚会。

她参加每周四、五的祈祷会，并与其他人深入讨论对策，不知不觉夜就深了。这样一来久而久之，有一天妻子的腿突然肿了起来。去医院检查说是得了关节炎，原因是营养不良。日夜照顾我的妻子自己都没能按时吃饭，因此导致营养不良。妻子这样到处奔波，就连自己的身体毁了也不知道。

一天天对于我来说真是太难熬了。这样的生活持续下去的话，我一定会身心俱疲，不知道会发生什么事。我请求法务部长官和汉城看守所的长官将我送回原来的教导所。可是他们没有做出任何答复。是啊，他们又能做出什么决定、什么答复呢？

1978 年新年，秘书和熟人们来医院看我。他们只是想来给我拜年而已，但是教导所负责人和情报部人员拦着他们不让接近我。韩和甲、金玉斗秘书等人请求在稍远的地方给我拜个年。教导所负责人让他们等，可是等了好久也没有答复，因此他们又问：

“为什么让我们白白坐着，就是不给我们答复呢？”

就因为这一句话，两位秘书就以妨碍执行公务罪而被拘禁了起来。年初就发生这样让人无可奈何的事情。

别说让我下床活动了，就连信他们都不允许。我想通过写信告知外界一些事情，但是他们连一个铅笔头都不让我拿。看出了这一点的妻子有一天找来一个小钉子偷偷递给我。我和妻子见面的时候也有一两名教导所负责人跟着进来，他们竖着耳朵听着我和妻子谈话的一切内容。我们的一举手一投足都被他们看在眼里。

我在口香糖的包装纸或者包着食物的纸上使劲地按着钉子写信，这样写出来的字是白色的。我将用钉子写的信放进卫生间里卷轴卫生纸中间的洞里。妻子悄悄地将事先准备好的剪报也用这种方式传给我。通过这种方式我知道了世态的变化。在见面时，我避开教导所负责人向妻子使眼色，妻子就走进洗手间把信拿出来分藏到口袋和袜子里。有时也会把信放到吃完饭的空碗里。

这样写好的信再由妻子重新抄写后分发给志同道合的人们。我借此来向民主人士传达我的意念并确定斗争的方向。为了以防万一，主要人物只用特殊标记进行了标注。

我再一次向法官递交了请求转移到教导所的申请书并开始绝食，那是 1978 年 9 月 7 日。从我百般请求返回教导所一事，可见当时我所处的境况有多么的凄惨。

躺在医院里就像是活人躺在棺材里一样。我无法忍受他们那些卑劣的欺骗行径。虽然他们口口声声地辩解说让我入院治疗是出于人道主义上的安排，但实际上是让我一天天地接近死亡。其实，我从未得到应有的治疗。他们每天只是给我测体温来虚情假意地检查我的身体状况。对于真正意义上的治疗，他们一点都不关心。

我开始绝食的消息一经传开，医院前面马上又展开了连续几天的集会游行。被释放的民主人士及其家属们聚集在一起手举条幅高声呼喊着："立即释放金大中先生，否则我们代他入狱受束。"同志们一边要求当局将我释放，一边联名上书抗议绝食或者开展静坐罢工斗争。因此，尹攀熊、文益焕两位牧师也被捕入狱。

绝食斗争的消息传到了海外，海外人士也接二连三地谴责韩国政府的非人道主义行为。韩日共进委员会访问日本外务省时，正式申请给我提供保护。我于9月22日在辩护律师和家人的劝说下停止了绝食抗议。

12月的一天，正在睡梦中的我被教导所工作人员叫醒了：

"今天释放你。"

这好像是在做梦，朴正熙就任第9任总统，对我进行了特赦。在森严的警备监视下我返回了东桥洞的家中。1978年12月27日，时隔两年零十个月之后我得以重返家园。我发表了出狱声明：

> 我现在重获了自由，但最令我痛心的是在释放函中没有看到金芝荷诗人、李泳禧教授、尹攀熊、文益焕、朴炯奎、高永根、赵和顺、姜希南牧师等人的名字，还有众多神职者、教授、学生、工人等民主义士未能同我一起出狱。
>
> 我愤慨于政府的这种狭隘的半民主主义态度。
>
> 在民主主义受难的当下，无数在野人士和学生甘受囹圄之苦的时候，我作为曾经参与过国家政事并于1971年广受国民推崇参加总统选举之人，过去的近三年牢狱生活成了见证我们风雨同舟的事实，对此我感到非常的荣幸和骄傲。

朴总统于1978年7月6日在统一主体国民会议上当选第9任总统。大议院2 578个议席中无一人投反对票，只有一票弃权，这促成了他的顺利当选。12月12日第10届国会议员选举，全国154个地区当中民主共和党占68个，新民党占61个，这是新民党的一大进步。从得票率上看，共和党31.7%，新民党32.8%，相比之下在野党反而略胜一筹。选举结果也反映了官权、金钱选举正在背离民心的现象。

另外，朴正熙政权和美国的关系急剧恶化。1976年10月《华盛顿邮报》的整版头条披露的"朴东宣韩国门事件"加剧了韩美关系的紧张，自此韩美关系开始急剧下滑。韩国商人朴东宣和韩国政府官员为了得到美国国会的支持，向议员行贿的报道对韩美关系产生了巨大的冲击。

韩国政府有组织地进行的此项活动也被称为"韩国门"，牵涉其中的参议院议员约有115名，每年行贿50万至100万美元。这是为维护独裁政权的统治而使用金钱收买友邦议员的丑陋事件。

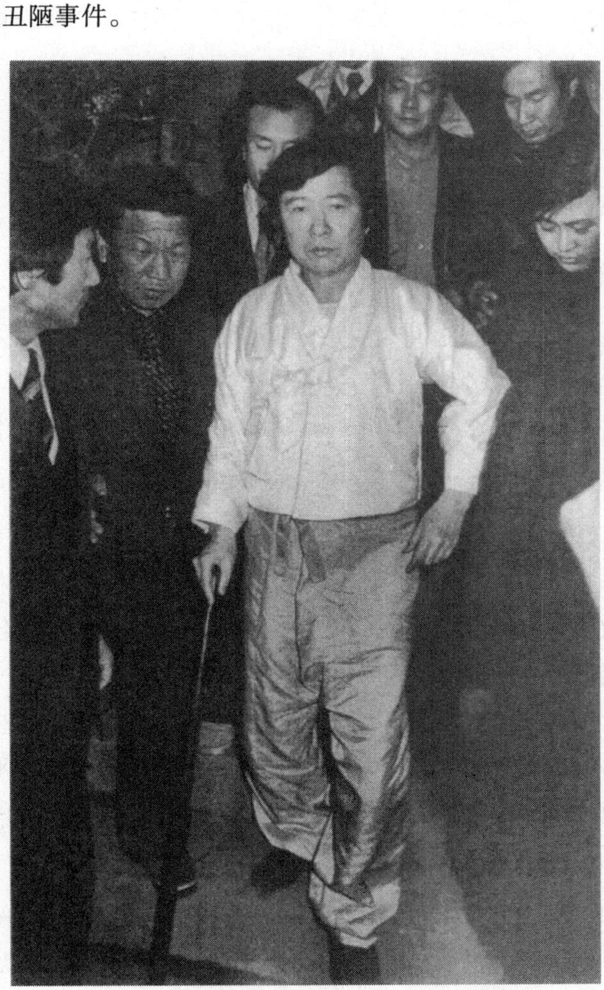

我作为第9任总统就任时的特别赦免者第1号从汉城大学医院里被释放了出来。两年零十个月的牢狱生活，令我的腿脚行动极其不便，要靠拐杖才能走路

朴东宣即刻回国了，韩美两国并没有对朴东宣提起诉讼，但需在美国众议院和法庭上进行陈词。“韩国门事件”后经两年零六个月的拉拢，直到两国政府发表共同声明经历一系列的迂回曲折之后，到1979年这一裂缝才得以弥合。但是两国间的信赖已经出现了裂痕。

流亡美国的前中央情报部部长金炯旭，于1977年6月22日在美国众议院做了证词。其实就是揭露了所谓的“金大中绑架事件”的真相。会场自开会前两小时就已经座无虚席了，金炯旭在宣誓后做了证词并发表了以下声明：

> 朴正熙总统最害怕的是在1971年与他同台竞选的在野党总统候选人金大中先生，以及左右美国政策的美国国会。朴总统企图通过“金大中绑架事件”来解决掉自己的劲敌——金大中先生；而对于他最害怕的集体——美国国会，他则希望借“朴东宣贿赂特工”加以解决。

他对我和朴总统的关系也直言不讳：

> 1971年总统选举之时，如果没有那场史无前例的选举舞弊，那么金大中先生当选的可能性很大。金大中先生对朴正熙先生的感情，不仅仅是停留在单纯的政治层面上。

绑架事件如果没有朴正熙总统的首肯是不可能发生的，并且参与绑架事件的人员名单也已经提交给了小委员会。另外，所谓的“韩国门事件”的参与人员中也有从属中央情报局的大约25名情报要员。经调查还发现旅美侨胞也有相当数量的人员给予了协助。还有，日本的媒体也披露了在绑架事件中使用的船只名为“龙金号”，以及朴正熙在此前担任部长时进行了一系列的针对朝鲜的特工行动。

金炯旭在流亡途中发行了回忆录，里面披露了朴总统的一系列卑劣行径。虽然朴正熙政权通过各种手段对他进行了劝诱和胁迫，但最终也没有改变他的想法。他于1979年10月1日突然只身飞往法国巴黎，然后于10月7日莫名失踪了。

对于金炯旭失踪事件仅限于推敲和臆测，谁也没有公开过事实。他的失踪直到今天也是一个未解之谜。他创造了担任中央部门长官的最长纪录。站在权力中心的他，权力曾经大到可以为所欲为，但最终还是遭到了权力的遗弃和惩罚。但令人吃惊的是，他的这种憎恶是朝向着曾支持他的朴正熙总统的。虽然他曾经是独裁政府的爪牙，但他应该也很想找一个安静的地方平静地度过余生吧。

1977年1月就任美国总统的吉米·卡特曾声明要撤回驻韩美军。朴正熙对此大惊失色。推崇“道德政治”和“尊重人权”的卡特与独裁者朴正熙是无法达成共识的。因平民形象当选为总统的卡特马上对朝鲜半岛阐明了人权外交和撤军政策。卡特曾就驻韩美军撤回和有关人权的问题书信一封给朴正熙，但朴总统对此回应“在韩国没有政治犯”。

1979年6月，卡特访问韩国。国内的民主人士和学生对卡特访韩抱有很大的期望，因为他也曾高喊人权，但是卡特访韩的最终结果是美国再次默认了朴正熙的独裁统治，反而助长了其独裁的嚣张气焰。较之以前的期待，国民们的担忧更大了。

卡特的访韩决定在韩国国内引起了强烈的反对运动。几乎所有的民主团体都发表了反对声明。被捕者的家属以及民主人士聚集在美国大使馆门前开展了示威游行，焚烧了欢迎拱门甚至还烧了卡特的肖像。就在这样强烈的反对声中，韩美首脑会议于6月29日召开了。美国收回了撤回驻韩美军的决定，但是要求韩国改善人权并提高美军的防备资金。

访问韩国的卡特总统想见见我，但是朴正熙政权彻底地阻断了其与我接触的途径。虽然那时我们不曾谋面，但后来我与卡特彼此熟悉私交甚笃，我们携手为实现朝鲜半岛的和平稳定与发展做出了很多的努力。

听见维新的嘶吼（1978—1979年）

我一回到位于东桥洞的家中就遭到了软禁，还受到了莫名其妙的舆论攻击。说我是“进行政治犯罪活动刚出狱获释的某人”、“党外人士”、“东桥洞某人”等，而我的名字“金大中”三个字在媒体上完全消失了。看来这也是中央情报部的指示。我已经被检察机关传唤审问了三次。他们责问我为什么总是违反“紧急总统令”，并抓住这一点不放。

“我到底犯了什么罪?”

检察官翻着美国和日本比较权威的报纸给我看，那都是些责难批评维新体制的报道。

“再这样的话，我们只能把先生您再送到教导所。现在我再宣布一次现在是刑期中止执行的时间点。请遵守法律!”

“我从来没有认为我犯过法。这个国家犯法的人是朴正熙总统。请想想看，总统擅自解散国会，停止使用宪法，在戒严令问题上单方面地赞成，单方面地决定实施维新宪法，这在原有宪法中哪条哪款规定了?”

之后检察机关的视线渐渐转移到了别处。实际上他们拘留我的目的在于制约我的活动，我早已非常明确地知道了这一点。

1979年3月1日“为了民族主义和民族统一的国民联合组织”创立了。前总统尹潽善、咸锡宪先生、文益焕牧师等“民主救国宣言事件”的相关人士参加了这次活动。我被推举为共同议长。和三年前一样，在同样的3月1日我们准备发表另一篇救国宣言。但是我和同是共同代表人的咸锡宪先生的住宅都被严密地监视着。无可奈何之下，前总统尹潽善只能在汉城安国洞的自家宅院前发表了成立宣言。

但是这次谁也没有被关押。这是因为当时的国际舆论再不会容忍朴正熙政权这种对人权的镇压行为。他们深知是没有办法通过拘留我们来达到阻止民主化运动的目的的。

当时协助维新体制的新民党总裁李哲承的政治路线所希望发展的方向已经完全脱离了国民们对民主化的期待，根本得不到任何人的认同，简直就是空中楼阁。李总裁主张“中道统一论”并提出“参与下的改革”的号召。

新民党选举新任总裁的全党大会定于1979年5月30日举行。我打出了“鲜明的在野党”的条幅支持金泳三参选总裁。金泳三虽然被软禁，但只有他提出了明确反对维新体制的主张，一定要助他一臂之力。我在家依次招待了这次的总裁候选人。我诚恳地拜托候选人朴永禄、赵尹衡、金在光主动辞去他们的候选人资格。虽然他们连续几个月一直坚持宣传演说，这一次却接受了我的意见放弃了参选。

大会前夕在中国餐厅雅瑞园举行了全党议员团结大会。我的出现出乎意料地受到了议员们的热烈欢迎。看来在宣布维新之后，我的名字虽然在媒体上消失了，但在同志们的心中还是依然存在的。我做了演说，号召大家积极支持候选人金泳三，过去的一页翻过去了面对激烈的斗争，应该不计前嫌、团结一致推举金泳三成为总裁。

我对李哲承主张的“中道统一论”中的不合理之处和虚构性痛下针砭：

> 中道统一论是什么？中道统一在政治学里不是没有的。从相同的原则和角度来说中道统一是有的。对于从不同的原则和角度的出发的人来说是没有中道统一的。孔子和强盗之间怎么样中道统一？拿人来说，两个人中有一个人活着，一个人死了，你怎么让他活一半死一半去中道统一？所以说民主主义和独裁之间也是不可能“中道统一”的。

虽然当时我和金泳三是竞争关系，但还是真心希望他竞选成功。实际上，党内其他候选人都说“如果金泳三当选的话，你们一定会后悔的”，但是我回答说“为了推翻维新，我应该放弃所有的私心”：

> 请不要把我和金总裁看成站在对立面的敌手。国家的强大需要更多的领袖

人物出现。民主恢复前谁能保障我会幸存下来，又有谁能保障金总裁会幸存下来。必须要有第二个、第三个像金大中这样的人。就算一个倒下了，另一个生病了，我们也能推出新的对策。民主能够恢复的话，有些东西就没有必要去追究，那些就都是根据国民的舆论和大家的想法来决定的。哀悼前争吵到底是用谁的名字是没有必要的。金总裁的当选不是因为只有今天需要，而是为了国家的将来。

笑声和掌声雷动。

议员和党员看到在宣布实施维新宪法以后渐渐在媒体的声音中消失的我露出了欣喜的表情。我也抓住他们的手感慨万分。

第二天在全党大会中进行总裁选举投票。在第一轮投票中没有人的得票数超过一半。淘汰其他候选人之后仅剩下金泳三、李哲承、李基泽三人。这样分散的选票对于掌握党权的李哲承是绝对有利的。但是如果李基泽辞去候选人资格，并且“支持金泳三”的话，金泳三的胜算就很大。我赶紧给李基泽写了纸条并委托他的夫人转交予他。李基泽的夫人在给丈夫送药的时候借着拿过去保温瓶送水把纸条一起秘密地转交给了他：

“为了支持民主主义，请推举金泳三作为候选人。否则我们都是失败者。李基泽同志也是为了民主主义而站出来的，我相信你。”

看过纸条的李基泽候选人登上讲台了，大家都十分紧张，然后他表达了支持金泳三的意向并退出了竞选。我们真的非常感激他。虽然付出了巨大的努力和牺牲，但是金泳三候选人的当选前景依然不明朗。最后，开票的结果是金泳三仅以 11 票的优势险胜。当时青瓦台的警卫队队长车智澈站在会场前面，可以说是公开性地在做破坏在野党选举的工作，我们在这样的情况下巧妙地取得了这次珍贵的胜利。

动摇朴正熙政权的重大事件接连爆发了。朴总统已经没有了管理国家的战略和蓝图，剩下的只是对权力的贪欲。丧失民心的政权正在走向崩溃，凡事只是强制推进。在这种情况下，发生了 YH[①] 工会的新民党龙城事件和釜马民主抗争事件。

从事假发出口的 YH 贸易公司是依靠垄断利益成长起来的典型的出口依存性企业。1970 年的时候其职员人数已有 4 000 名左右。但是该公司老板利用外汇资本抽逃和资金贪污等行为使得经营状况急速恶化。于是，公司创始人卖掉了它。负债累累

---

① YH 是因公司老板名叫 YongHo。——译者注

的公司换过几位老板后就只剩下了空壳。面临破产危机的工人们多方奔走要求使其正常化运作，可是公司却单方面宣布破产倒闭。工人们组建工会，并展开了撤销停业的斗争。工会成员全部是当时被称为“温顺女人”的女性劳动者。

在失去工作的四个月时间里，她们到包括劳动厅在内的相关机构去上诉、呼吁并进行抗议，但没有任何作用。最后来到了在野党新民党的党部。这是她们的最后战场也是最后的避难所。工人们高举“要与公司共存亡”的旗帜在门前静坐示威。

1979 年 8 月 11 日凌晨 2 点警察闯入了位于麻浦的党部，用棍棒殴打了无辜的劳动者，把他们强行拖出。在这次事件中金景淑工会执行委员长在警察丧心病狂的殴打镇压中死亡。

警方并没有就此停手，他们还闯入了 2 层的总裁室和会议室。会议室里有金泳三总裁和 10 余名国会议员、记者及党员。警察殴打了除金总裁以外所有的人。黄珞周院内总务被他们踹倒在地上，朴权钦发言人血流满面。记者和党员们也被警察粗口相向，还被警棍一顿乱抽。这种镇压持续了 20 几分钟。大韩民国的第一在野党党部像遭到炮击似的凄惨。

警察闯入在野党党部恰恰证明了这种维新政权除了使用暴力就不能生存的事实。大部分的年轻人都是来汉城工厂打工的工人，挣得钱来支付父母的医药费及弟弟妹妹的学费，像我们善良的女儿一样的女工们，却遭受了这样的暴行。警方还拘留了工会干部及组织者印明镇、文东焕、徐京锡牧师、李文永教授、诗人高银等八人。

第一在野党付出了惨痛的代价，但是对朴正熙政权却无计可施，能做的只有静坐示威而已，丝毫动摇不了朴正熙政权。当局却利用这个机会捏造了另外的政治事件。他们指使 3 名新民党编外地区党的委员长提交了要求对金泳三实施撤除总裁职务的政治处分申请，因为参加全党大会的一部分议员在其参与资格上出了问题。法院于 9 月 8 日接受了处理申请。

朴正熙政权的镇压并没有到此结束，共和党把对金泳三总裁的制裁通过案提交给了国会。他们指出金总裁在接受国外媒体的采访时说“卡特政府应该停止对朴正熙政权的支持”这一主张存在问题，理由是这种主张存在通敌卖国、请求外国干涉韩国内政之嫌，并有损国会议员身份。10 月 4 日，共和党和维新政友会的议员不在主会场而在国会 146 号会议室里紧急处理通过了同意处罚的提案，这样在野党总裁被赶出了国会。新民党对此表示强烈抗议，所属 66 名议员向国会提交了辞职报告。

1979 年 10 月 6 日在釜山爆发了大规模的学生示威游行，17 日市民也大举加入了这一行列。由此，朴总统在 18 日宣布了戒严令，并紧急投入空运部队。与此同时，民主化的火焰也蔓延到了临近的马山市。从劳动者到高中生都走上了街头。示威队伍横扫共和党党部、派出所、电视台等地。朴总统再次在马山和昌原一带宣布了戒严令。这就是所谓的釜马民主抗争事件。

从南边传来示威的消息使我想起了“4·19”示威，事情发展到如此境地谁都会奋起反抗。我在担任共同议长的凝聚在野民主势力的“为了民族主义和民族统一的国民联合组织”中发表了对釜马民主抗争事件和相关内容的声明，强烈要求政府进行深刻的反省、解除紧急戒严、不要动用军队进行安全警戒并修改维新宪法等一系列事项。

民主化斗争的热潮渐渐蔓延到了全国。光州和汉城等地也要举行大规模的示威游行。像“4·19”示威那样，国民的抵抗热潮正向北推进。

独裁的维新体制使得青瓦台和那几位当权人物的地位变得岌岌可危，已经失去民心的朴正熙政权只能苟延残喘。越是这样，维新独裁的体制越是惊恐地睁大双眼，发出凄厉的嘶吼。今天焦躁，明天不安。

突然有一天，汉城深夜的宫井洞响起了一声枪响。

宫井洞的枪声（1979 年）

清晨 4 点左右电话铃响了，是从旧金山打来的。朋友的声音听起来却有些刺耳：“昨晚朴正熙总统被杀了！”

穿越大洋的消息就像是平地一声惊雷。独裁者朴正熙于 1979 年 10 月 26 日晚被最信任的心腹开枪打死。就同历史上所有独裁者的末路一样，他最终的结局也是很悲惨的。在釜山发生了反政府的示威游行，现在已经波及了光州和汉城，我认为就应该像“4·19”革命一样，依靠国民的力量结束朴正熙的独裁，而不是以这种方式结束。“10·26”事件令我有了前所未有的危机感。

朴总统经常饮酒。自陆英修女士辞世之后，他就每天沉溺于酒中。10 月 26 日他和首席秘书官、警卫室室长、情报部长官以及两位年轻貌美的女子在一起喝酒。席间，话题自然地转到了釜马民主抗争事件上，情报部长官金载圭报告说事态非常严重。警卫室室长车智澈立刻毫不迟疑地说：“他们要是再胡闹的话，就用坦克把他们轧死！”金部长立刻说：“阁下，您带着这种废物搞政治能搞好吗？”一边掏出手枪。

枪声划破了平静的暗夜，鲜血从车智澈的身体里喷涌而出。随后枪口指向了朴正熙总统，枪声再起。金载圭“以野兽般的心情击碎了维新的心脏”。通过1961年的“5·16”军事政变上台的朴正熙长达18年的独裁统治至此落下帷幕。

权力是无情的。看起来那么忠诚的车智澈警卫室室长也放着流血的总统不管，自己逃到了卫生间。“树倒猢狲散”，曾经围绕在朴正熙四周的追随者们也就一哄而散了，长达18年的铁拳统治也像海市蜃楼一般消失了。

独裁政治就是如此的虚妄。独裁者死了之后什么也不会留下。荣华都是过眼烟云，权力也不过是水中月、镜中花。那些曾将维新体制视为“救国灵丹妙药”的政治人士、学者、高官此时也不知都到哪里去了。维新体制就这样被弃于市井中。

我和朴正熙总统有过一面之缘，那是在我刚当选木浦国会议员的1968年新年。当时我去青瓦台拜年，站着和朴大总统谈了5分钟左右的话。他对我十分亲切，并且很有诚意地回答了我的提问。

进入1979年，朴正熙政权颓势明显，乱象丛生。我认为应当去见见总统探讨一下当前时局。国内形势不容乐观，国际形势亦如一团乱麻。完全丧失民心的维新体制向着悲惨的结局飞速前进，不管怎么看都是死胡同。我想知道朴总统到底在想什么。

在朴总统被害前的三四个月，正值炎夏。当时我让经常进出东桥洞我家的芮春浩、杨淳稙、朴钟泰到青瓦台，和车智澈警卫室室长见面请求车室长介绍他们和总统见面。当时他们把我要求见总统的意愿向当时当政的二把手——车室长做了如下传达：

“我不提任何条件。请将想对我说的话都说出来吧。即使是批评指责，我也全部虚心接受。我也会讲明我想要说的话，表明我的爱国忠诚之心。如果我们能找到契合点的话固然最好，但即使达不成一致也没关系。只有这样我们才能知道到底为什么我们彼此意见不合互为政敌。

“我与总统对立了近20年，在这20年间我们从未面对面地坐下来对话过。现在看来我们似乎已经过了必须互相警戒、互相竞争的时候。我认为看着对方的眼睛面对面谈话是非常重要的。正面对话无论对国家还是我们两个人来说都是十分切实且必要的。我们应以国家为重，回避责任是非常可耻的、有罪于民族和历史的行为。”

我真的想和朴总统进行对话。可是在那之后很久我收到了拒绝的答复。不知道是车室长没有如实地传达我的意思，还是他自己认为不妥后直接进行了拒绝。我至今还对在朴正熙总统被害前未能与他展开对话而深表遗憾。

大独裁者朴正熙。

他蓄意引起的军事政变师出无名。他一举捣毁了学生们用鲜血换来的神圣的民主主义，犯下了令人无法饶恕的罪行。朴正熙没有遵守他对国民的约定。不管是要在肃清腐败之后重返军营的约定，还是声称第三次参选将是最后一次的约定都成了一纸空文。

在一定程度上，我认同朴正熙政权促成了韩国经济的发展。他将“有志者事竟成”的信念深植于国民脑中，这也是事实。但是我不赞成只有独裁政权才能更有力地促进经济发展这样的见解。从1950年下半年开始，韩国的经济就从援助型经济变为了自立型经济。当时虽然经济发展缓慢，但是一直呈现上升趋势，经济发展势头良好。朴正熙总统提出的“经济开发五年计划”是先前张勉政权早已经提出的经济发展政策。朴氏政权只是将其原封不动地抄录并沿用了下来。

就像前面说的一样，“经济开发五年计划”是张勉总理当初计划访问美国寻找好投资者之后就开始正式实行的计划。美国方面也表示将积极帮助韩国实施该计划。社会开始找回了安定，国民开始信任政府。可就在那时，在张总理即将访美之际，韩国爆发了“5·16”军事政变。

假如当初是信奉民主主义的张勉内阁促进了韩国经济复兴的话会怎么样呢？虽然我无法确信地说，但是通过国民的参与和支持或许能超越现在获得更好的成果。军事政变反而可能会导致经济发展停滞一段时间。似乎只有一件事情是清楚明了的。如果说是民主政府的话，最起码不会偏向于某个阶层或者某一特定群体，而是期盼经济全面而健全地发展。如果只给财阀提供特别优待，推进以城市为主的开发政策的话，毫无疑问会遭到国民的抵抗。这样一来，民主政府又怎么会对此置之不理呢？

朴正熙政权一边促进张勉政权的“经济发展五年计划”，一边又在妨碍着这个计划的实施。他们只是一味追求扶持大企业和城市的开发。“独裁的土地”上长出了特惠的果实。凭着各种经济发展特惠政策，企业们飞速发展，企业又成为政权特惠的一部分。

贫富差距在不断扩大。通过低粮价和低工资政策使大企业赚得盆满钵满，而中小企业从属于大企业。在这样的构造中，中产阶层是无法成长的。只有拥有足够的中产阶层才能形成“钻石形”的理想化经济构造。由于收入分配的不平等，两极分化严重，贫民增加，结果造成社会的中流砥柱——中产阶层的不足。我称这样的经济构造为“长鼓形”，并对此早有警惕。

农村开始大规模地开展新农村运动。每天早晨村子里都会响起新农村的歌声。可实际上农村经济已经病入膏肓了。除了将草房屋顶换成了石板瓦房顶之外，农村没有任何变化。所有的扶持政策都被应用于城市发展，农民不得不背井离乡。通过新农村运动使农村生活更好的宣传只不过是障眼法罢了。从这时开始，农村经济逐渐没落。

朴正熙最大的错误就是制造了地域间的对立。这是可以与李承晚总统庇护重用亲日派的错误比肩的重大错误。他赤裸裸地偏袒庆尚道排斥全罗道。

朴总统对全罗道实施了三种差别待遇。一是文化差别，二是地域开发差别，三是人才录用差别。这些都被固执而有计划地进行着。他动用了一切手段并将地域差别就此固定了下来。电视剧、电影、歌曲里的小偷或者骗子几乎都操着全罗道方言。与此相反，庆尚道的青年们全都被描述成神采奕奕而富有男子汉气息的高大形象。文化差别实在是太可怕了。这样的形象一点点地、不知不觉地渐渐侵入国民们的感情之中。

所谓的地域感情原本并不存在。在推翻李承晚政权的时候，庆尚道和全罗道并没有分裂两处各自为战。即使是这样朴氏政权每到选举时还是会拿地域感情来刺激选民。朴正熙掌权时第一次出现了各选区选票明显集中于各自候选人的情况。朴正熙土生土长的大邱和庆尚北道被称为“TK”，这里是朴正熙政权的实际势力的大本营。政治人士仅凭 TK 出身就能成为政权的上层。

朴正熙一生都对日本抱有好感，甚至近似于忠诚。他生于大邱的农家，是家里的第五个儿子，比我大七岁。他毕业于大邱师范学校，当过小学教师，然后进入军官学校学习。他因学习刻苦还曾获得过优秀奖，后来他从日本陆军士官学校作为特例毕业，于解放前被分配到日本关东军任中尉。

在我看来，朴正熙掌权后对日本几乎是到了顶礼膜拜的程度，国家政事几乎全盘效仿日本。虽然他对于实现韩日关系正常化作出了一定的贡献，但韩日之间并未达成互惠的关系。

张勉内阁理直气壮地要求日本帝国主义对因其侵略而带来的伤害进行赔偿，但是势单力薄的军政势力对此却如同是在乞讨一般。受害者对加害者施以宽容，因此协商的结果才会那么惨不忍睹。而且每次遇到国家大事需要抉择的时候，都会先选择对维护政权有利的方面而弃国家利益于不顾。这就使得韩国的经济成了日本的附属品。

朴正熙政权一直对我百般排斥。我在麟蹄补选中获选国会议员的第三天，国内便发生了军事政变，从而把我拒在了国会议事堂的大门之外。那天以后朴正熙和我经常出现意见相左的时候，我赌上性命与军事独裁展开了斗争，这也是与朴正熙的斗争。由他成立的中央情报部不管在哪里都对我进行着密切的监视和胁迫，并曾两次欲置我于死地。虽然我曾命悬一线，但最终还是奇迹般地活了下来。

时过境迁，当朴正熙的大女儿朴槿惠再来找到我的时候，那已经是朴正熙去世25年以后的事情了。朴槿惠是大党——大国家党的代表。2004年8月12日在金大中图书馆我见到了朴代表。我真诚地握住了朴代表的手。出人意料的是，朴代表就她父亲的事对我道了歉：

"在我父亲执政时期，您受到了许多迫害，吃了不少苦，作为他的女儿，对此我深表歉意。"

我对她满怀感激，"世界上竟还有这样的事情"，我好像感觉到朴正熙复活对我伸出了和解的手一样高兴不已。虽然道歉是从独裁者女儿的嘴里说出来的，但实际上似乎是我获得了解脱。

朴代表对我就任总统后着手建立朴正熙纪念馆表示了感谢。实际上在当时考虑到国民情绪设立朴正熙纪念馆可不是件容易事，但是我想我作为当事人，应该算是决定此事的最佳人选。虽然我和朴正熙是政治上的劲敌，这是众所周知的事实，但我觉得通过建立纪念馆，把朴正熙的功过直接展现在世人面前，这也是历史的进步。

我嘱托朴代表要致力于消除地域矛盾，在促进地区居民间的和解上身先士卒。我认为虽然其父亲曾于民意背道而驰，但是如果他的女儿能出面纠正过来，也未尝不是一件意义深远的大事。

崔圭夏国务总理依据宪法的规定成为代行总统职责的代理人，政局再次陷入危机。实际上对金载圭的正面评价也有很多，有一部分人还称其为民主义士。在"10·26"事件之后，我在与《新闻周刊》记者进行交谈时曾有过这样的对话：

"许多人称金载圭为民主主义英雄，对此您怎么认为?"

"民主主义不是由军事政变或是暗杀来完成的，而应是依靠全体国民的力量来造就的。"

我的发言再次与当时的气氛不相融合，舆论对"击碎了维新的心脏"的金载圭抱有好感。但是我还是坚定我的信念。以民众之力实现民主主义的伟大时刻已经到来了，但是独裁者最终不是受到民众的惩戒，而是被部下杀死，这表明我们还未能实现民主主义。对金载圭的功过众说纷纭。从情感上来说，我是怜悯他的，但是对于他的行为我还是不能赞同。

虽然朴正熙的国葬结束了，但是代理总统崔圭夏对于民主化日程却不管不问。崔代理总统11月10日依据维新宪法在统一主体国民会议上，表示了当务之急是要先选出总统，收集民意实施改宪。虽然这一内容听起来似乎很有道理，但仔细追究起来却是与民意完全背道而驰的。

因反维新运动而被捕入狱的“民主青年协议会”（民青会）成员召开了紧急运营委员会，民青会的主力是被大学开除学籍的学生们。他们聚集在体育馆讨论得出了必须阻止进行总统大选的结论。由于戒严之下是不可以进行集会的，所以经过深思熟虑之后，他们决定举行假结婚典礼。

11 月 24 日，发生了基督教女青年会假结婚事件。在统一主体国民会议正准备选举崔圭夏为正式总统时，在野人士举行了以结婚典礼为伪装的集会对此进行了强烈的谴责。

集会人员刚朗读完宣言，警察就突袭现场抓走了 150 多人，其中有 14 人被带到保安司令部受到了严刑拷打。实际上情报部门对此次事件早有介入，他们向民主人士散播了集会的消息，企图借此机会将民主人士一网打尽。虽说民主人士满腔热情只为早日实现民主，但这份民主热情还是被情报部门利用了。

我持续处于被软禁的状态，但依旧时刻关注着军部的一举一动。戒严司令官郑昇和于 11 月 28 日召开了记者座谈会。当记者问及对我的软禁何时才会结束时，他却给出了奇怪的答复：

“这个我不清楚，这是政府的事情。如果战争爆发的话，军人应该上阵御敌作战，正如对于军人不管是过失还是有其他理由只要跟共产主义沾上了边就无法晋升为将军一样，国家元首也不能交给无法信任的人。”

郑昇和分明视我为眼中钉，他曾三次邀请媒体界的干部到陆军本部座谈，毫不掩饰地表达了对我的排斥。不知不觉间局势陷入了奇怪的状态，紧急戒严下的戒严司令官象征着绝对的权威。这时候美国驻韩大使格莱斯廷为我挺身而出。他听说了戒严司令官的事，通过发言人表明了美国的立场。

“关于金大中，美国大使馆的意见与戒严司令官的截然不同。我们认为金大中先生是值得信赖的民主主义者，是共产主义的反对者。如果军政当局公布扭曲事实的见解的话，我们也将公开表明美国的立场。”

在美国表明立场之后，戒严司令部不再对我妄加诽谤，虽然发生了这样的事情，我还是被软禁着，而当时的新民党并没有表明任何立场，也未发表任何声明。

虽然大众舆论是希望宪法得到修正，但是崔圭夏还是依据维新宪法于 12 月 6 日宣誓就任了第 10 届总统。甩掉“代理”帽子的总统在第二天通过国会决议于 12 月 8 日解除了“紧急措施第九号”。长达 4 年 6 个月的“紧急措施第九号”就这样被取消了。结束了长达 226 天的软禁，我终于重获自由。随即我在家里发表了如下声明：

> 今天紧急措施终于得到了解除，有相当一部分的民主人士重获了自由，虽然有些亡羊补牢，但我对此还是表示欢迎。但是到现在还未能恢复他们的职权，也未对以其他罪名收押的人士进行释放，对此我感到十分遗憾。
>
> 我信奉自由民主主义和自由经济，热切盼望能建设福利社会。“早日建立民主政府”是我坚定不移的信念和目标，而且我坚信这必须通过和平的方式来实现，且必须在有序的引导之下进行。
>
> 我们正经历着史无前例的危机和重大的历史时刻。这正是犯下过错的人进行反省、受苦受难的人以宽容之心来克服危机的展现我们民族的智慧和力量的时刻。虽然我也在朴正熙掌权之时遭受了不少苦痛，但是我真心希望我所经受的心酸痛楚不会在这个国家重演。

随后我还向崔圭夏总统提出了当下要立刻实施的五条建议。第一，释放因紧急措施以外的名目而被关押的政治犯，并恢复他们的职权；第二，面向国民公布年内进行改宪和实施选举等建立民主政府的各个阶段；第三，建立国内所有政党共同参与的中立内阁；第四，马上解除戒严令；第五，建立过渡政府下体现民意的合议机构等。

“汉城之春”（1979年12月12日—1980年5月）

戒严司令官郑昇和被捕了。这个消息一经传出就在全国上下引起了轩然大波。在依旧实行戒严的情况下，戒严司令官怎么会被捕？这分明是以下犯上，是叛乱。1979年12月12日，汉城市内发生了激烈的枪战。联合搜查本部部长全斗焕先生派出了宪兵队突破了警卫队的阻拦，冲进陆军总参谋长的官邸，强制押走了戒严司令官。这一行为没有经过崔圭夏总统的批准，完全是非法的行为。“10·26”事件以后全斗焕将军在权力空白的这段时间里粉墨登场了。

郑昇和在担任戒严司令官的初期，曾表示过要清除混迹在政府内部的政治军人。他本打算要撤掉全斗焕的保安司令之职。全斗焕收到这个消息后，马上出动同心会出身的部队指挥官们，非法拘押了戒严司令官。

同心会是以全斗焕、卢泰愚等陆军士官学校第11期毕业生为中心而成立的一个秘密组织。每届都会特别挑选三四位庆尚道出身的军人入会，在朴正熙的庇护下享有各种特权。这些政治军人运用从朴正熙处学来的手法，趁国家权力空白时期发动了军事叛乱。这是政治军人的后继，也是独裁政权的后裔。

“12・12”事件极不寻常。戒严军联合搜查本部部长全斗焕将枪口对准了自己的直属长官——戒严司令官郑昇和。这件事真是令人瞠目结舌。我已经依稀感觉到全斗焕和他周围的政治军人们的力量正在日益壮大，另外我也感受到了全斗焕的野心，他很快就会成为戒严司令官。

全斗焕和他的同党们通过发动军事政变掌握了军权。现在能牵制他们的只有政界了，政界必须团结起来，通过国会的力量废除戒严令，这才是最有效的办法。由于我尚未恢复职权，还不能直接进行政治活动，所以我联系了金钟泌先生领导的民主共和党和金泳三先生领导的新民党。

“如今民主主义已处于危急时刻。全斗焕司令官大权在握，他的武器就是戒严令。解除了戒严令，就如同猛虎没有了牙齿。”

但是，共和、新民两党根本没把我的话放在心里，我真是白白为他们担心一场。甚至有人说我这是为了要重新进入政坛而耍的手段。终日无所事事的政界只将注意力放在了新宪法上，都埋头于拟订新宪法草案。虽然新闻媒体应该专注于向民众报道这件事的动向，但却始终没有登载我所说的“民主主义已处于危急时刻”这句话。

1980 年的新年到了，政局也陷入了不安和混乱之中，情况错综复杂。没有人知道权力的中心在哪里，也没有人知道究竟是谁在掌权。政局迷失了方向，就好像身陷迷宫不得出口。因此，人们称这段时间为“雾中政局”。

崔圭夏总统的行为越来越奇怪。当时履行直接选举制度是众望所归，即总统必须是由国民直接投票选举出来的。但是崔圭夏总统组织了一个宪法研究小组，并强调“现在的政府不是过渡时期的政府，而是危机管理政府”。崔圭夏总统开始实行与“4・19”革命后许政过渡政府不同的路线。在年初会面时，崔圭夏总统曾声明“改宪是由总统提议、国民投票来决定的”，但是随着时间的推移，他开始对此说法矢口否认。

1 月中旬的时候，“二元政府制”的构想渐渐浮现出来，也不知道这是由谁最新提出来的。其内容大概是总统负责外交和国防事务，由国会选举产生的国务总理负责经济和治安等内政事务。我也察觉到崔圭夏总统周边的人想要借此再次推举他为正式总统。但是崔圭夏优柔寡断的处事方式和贪婪无边的欲望，还有对政治圈盲目乐观的行事作风，最终导致了他后来的不幸。

1 月末，全斗焕将军托人联系我，说想和我见一面。于是我来到了位于安国洞后胡同的联合搜查本部，但全斗焕将军并没有到场，而是派他手下的权正达和李鹤捧来接待我。这两位都一脸严肃，特别是李鹤捧，他和我交谈的时候表情非常威严。

在结束礼节性的谈话后，他们突然拿出一份保证书，并声称只要我在保证书上签了字，他们就可以马上恢复我的公民权。我迅速浏览了一遍，其内容大致是：“绝不逃往国外；在政治上保持自重，绝不策划参与引起社会动荡不安的骚乱活动；与政府积极配合，协助安定时局等。”我把保证书推了过去，果断地说：“如果是这样的话，不恢复我的公民权就不恢复吧。你们现在剥夺我的公民权，这本身就是一个错误，明明是你们的错误，为什么还要我来写保证书。不恢复我的公民权就算了。”

我想现在还不是恢复我公民权的最佳时期，但是仔细一想我又突然意识到恢复公民权一事应该是由总统下达命令的，全斗焕他们现在居然敢这么做，这件事绝对不平常。“他们现在会不会是为了抓住权力，而停止行动呢?”我大概明白为什么过渡政府依照维新宪法选举总统了。崔圭夏总统正在渐渐失去实权。

我又通过韩完相先生邀请首都警备司令官卢泰愚会面，我打算见面后一定要与他开诚布公地谈谈。我还打算跟他说，国民们是绝对不会接受独裁政治的，让他全身心地重新投入到军队事务中不要再插手政治了。但是，卢泰愚先生并没有与我见面，他们最后还是发动了军事政变，牺牲了无数人，篡夺了政权。他们最终选择成为历史的罪人。

在此期间，当局赦免了包括我在内的678名在野政治人士，恢复了我们的公民权。这一天是1980年2月29日，自推行维新体制之后时隔7年，我终于又再次站在国民面前。心中有太多的话要对国民们倾诉，于是我发表了一篇长篇声明：

> 我无时无刻不在想念着你们，经过7年的煎熬，如今我终于又能与大家见面了，现在我实在无法用言语来形容这股来自我内心的激动之情。
>
> 自去年的“10·26”事件以后整个民心基本呈现出了两大方面：一是实现全体国民都热烈盼望的民主主义；二是希望现在的崔圭夏政府不是单纯地继承前朝遗产——变形的维新政府，而是为成立人民当家作主的新型民主政府而成功管理好过渡期的过渡政府。现政府依旧推行不合时宜的紧急措施，继续限制言论自由，继续推迟释放民主人士，这些都让国民感到焦虑和不安。
>
> 令国民和我深感遗憾的是维新体制的主角们在国民和历史面前没有表现出丝毫的自省和自重的谦虚态度。我从来不主张对犯错误的人实施报复，如果他们真的想参与新民主政治的话，应该在国民面前明确地表现出愿意自省和改过的决心。

这天之后，我们迎来了“汉城之春”。

新民党希望我尽快加入到他们当中去，金泳三总裁于3月6日和4月4日两次与我进行了单独会面。我们就恢复民主的措施方案进行了深入的讨论，他还催促我尽快入党。但这件事我自己无法决定，我必须同一直以来与我同生共死的在野民主人士们商量一下。在政治圈保持沉默的时候，是他们在奋力抵抗独裁、高呼自由，我应该同这样的同志们一起完成民主化的目标。

新民党打算吸收在野人士入党，党内高层指示说“能纳入我们旗下的在野人士也没几个人”。这些一度对独裁统治毫不关心的人现在却要对曾因反对独裁而身陷牢狱之苦的民主斗士们的入党申请进行审查。这一点实在让我无法接受。

当“紧急措施第九号”吞噬这片土地上所有的自由的时候，民主人士们怀着必死的决心与独裁政府展开了斗争，给予国民无限的希望和勇气。我认为只有让这种救国的信念和哲学渗透到政治圈里，新政府才能具备民主主义的正统性。

3月26日晚上7点，在基督教女青年会举行了我复出后的第一次演讲——“民族魂”。我登上了阔别8年之久的演讲台，听众的热情瞬时被点燃了：

“我们在民主主义斗争中已经失败了两次。‘8·15’日本投降以后的民主主义是美国给的，而不是通过我们的努力得来的，所以李承晚毫不犹豫地践踏了它。‘4·19’革命后的民主主义不是以国民整体而是以学生为中心的，革命结束后学生又回到学院学习，因为是没有革命主体的民主主义，所以很容易地就被朴正熙将军镇压了。我们在维新的统治下进行了反省并且最终明白了，没有付出而得来的民主主义不是真正的民主主义；没有鲜血、汗水、泪水浇灌的民主主义也不是真正的民主主义。”

就这样，民众们在牧师等人的带领下，去教导所或者以组织露天祈祷会的形式进行了抵抗，无法直接参与其中的国民们也在心中支持这场战斗。无数国民的力量聚集到了一起，最终爆发了釜马民主抗争事件。“10·26”事件可以说是爆发在困扰了我们民族整整7年的半维新半独裁体制的延长线上的事件。

政坛上，大家则就我和在野人士的入党问题进行了连日的争战。终于在4月7日，确认了新民党一方并没有积极吸收在野人士入党的意思，于是我发表声明，宣布放弃加入新民党。

李文永、朴炯奎、徐南同、文益焕、李愚贞、桂勋梯、高银、金允植、金钟完、金胜勋、咸世雄、芮春浩等人紧急集合到了一起就我的声明进行了讨论，最后他们一致表示“对此表示理解和支持”。这些人大部分都是一直以来与维新体制进行斗争并曾因此蒙受牢狱之灾的各界人士。当时，在野民主人士中有大部分人都认为我会成为总统，为了我，他们什么事情都愿意做。特别是文东焕、李文永、韩完相、朴钟泰、芮春浩等人更是非常积极，这几个人意气相投，为了将我推上总统之位而四处奔走。芮春浩曾在共和党内任职，独裁政府统治时期他感到自己的理想破灭，于是辞掉了党内职务，他是一位有志之士。我打算充分发挥他的才能重用他。

4月14日，联合搜查本部部长兼保安司令全斗焕，又被崔圭夏总统任命为中央情报部代理部长。就这样，全斗焕控制了这个国家的情报机关。权力和情报网络集中在他一人之手，这种情况令我感到十分忧虑。一直以来我都在提醒当局民主主义的前途可能会再次陷入危机，但他们却还是抱着乐观和安逸的想法，对我的提醒不予理会。我认为，与国民一起，运用国民的力量，揭发军队的阴谋是我最后的手段。于是我开始准备面对大众的演讲。

于是，我接连参加了由天主教农民会主办的演讲（4月11日）、韩国神学大学演讲（4月16日）、东国大学演讲（4月18日）、宽勋俱乐部（中立的言论人团体）的邀请演讲（4月25日）、忠南礼山尹奉吉义士义举48周年纪念演讲（4月29日）、井邑同学会演讲（5月11日），听众们的反应也十分热烈。在东国大学进行演讲时，一般的市民听众比大学生人数还要多。1971年，为了获得总统候选人支持，我在100多万名听众面前进行的奖忠坛公园演说也恰巧发生在4月18日。时隔9年，在同样的日子同样的地点（奖忠坛与东国大学距离很近），又一次进行了演讲。我活下来了，并且再一次站在民众面前：

“我认为以后的民主政府，必须要以那些在与独裁政权的斗争中被迫害、蒙受牢狱之灾，并被剥夺公民权利的人为中心，一定要形成一个受国民认可和爱戴的具备正统的民主主义精神的政府。

“因此接下来我们也要努力走好每一步。如果我们的政局再度陷入混乱的话，那将不仅仅会发生动乱，还会给那些暗中觊觎我们革命胜利果实的宵小之辈以及期盼我们一败涂地的别有用心之人提供绝好的时机。这一点希望大家一定要明白。”

学生们纷纷走上街头要求那些意图建立校园民主化和维新体制的教授下台。一直以来他们都是在校内进行示威游行活动，但是在5月7日之后，学生们的活动开始扩展到校外。由于以改宪为首的民主化议程完全不值得相信，成千上万的学生走上街头，高声谴责“可疑的政局”。

他们高呼“解除戒严”、“全斗焕下台”、“严惩全斗焕”。

在紧急戒严时期开展的示威活动范围日渐扩大，但奇怪的是军队对这些示威活动一直不管不问。学生们的集会和示威游行慢慢地向反政府斗争方向发展。我感觉到学生的这种行为十分危险。

“如果示威活动愈演愈烈，这无疑会向反对民主主义的邪恶力量暴露我们的秘密。现在广大国民对此也非常担忧。”

在迎来“汉城之春”后，我通过演讲再次出现在了大众的面前，提醒民众们小心新军部势力卷土重来

我如果能想到办法，就一定会出面劝阻这些学生。现在新军部正在伺机寻找借口以离间国民和民主化势力之间的关系，这个借口便是社会混乱，因此，此时学生们的过激示威行为对新军部来说无疑是绝好的时机。

5月13日，我在家中召开了记者会，提议召开由崔圭夏、金泳三、金钟泌、全斗焕和我参加的五人会谈。但是这一消息并没有报道给国民。当天晚上，示威人群在汉城广场和南大门一带聚集。同时，全国各地的大学生代表也聚集到了高丽大学学生会馆，他们决定在第二天发动全国大学生进行反政府示威游行。

5月14日下午，汉城、大邱、光州等全国主要城市都爆发了数万名学生参与的大规模街头示威。

他们高喊“解除戒严”、“全斗焕下台”、“打倒维新余党”、“保障言论自由”、“停止政府改宪”等口号。

学生示威队开始涌向永登浦、清凉里、新村、忠武路、光化门等地。在与警察发生的冲突中，600多名学生被捕，受伤人员不计其数。但是市民对此的反响却并不怎么热烈。

美国大使格莱斯廷代表美国总统卡特来我家找我谈话。他说：“政变是绝对不能被容忍的，因此无论军部以任何借口企图进行政变，都是不被允许的。”同时他对当前学生示威的日益激化和由此引起的武力冲突深感忧虑：

“目前事态非常严重，你应当出面，发挥你的重要作用。”

我也是这么想的，于是马上召开了记者见面会：

“关于解除戒严令的事情，我们会在20号召开的国会上进行讨论，请同学们耐心等待。”

由于当时所有的报纸都要先经过戒严司令部的审查，所以我的声明并没有被重视，只是发布在了报纸的一角。

记者见面会一结束，《东亚日报》的记者就找到我说，现在能说服学生们的只有我一个人，他希望我能写一篇文章，把它刊登在报纸的头版上。这对我来说当然是好事，不过我担心的是我写的文章是否真的能够刊登在报纸上。毕竟报纸上刊登的所有内容都要经过戒严司令部的审查，他们能让我的文章通过吗？那个记者爽快地说：“这是为了维护秩序，阻止示威行为，为什么不让刊登？”

我将写好的8页稿子交给了记者，不过果然不出我所料，这篇稿子并未能够刊登在报纸上。

5月14日，这一天发生了很多事情。下午2点左右，在野党领导人文益焕、李文永、芮春浩、李海东来找我，他们前一天在汉城站附近参加了一场大规模集会深受鼓舞，好像世界马上就要变了，特别兴奋。文牧师拿出一份声明书，让我签字，我看到前总统尹潽善已经签字了。这份声明书的内容在我看来，非常不得了：

> 所有的军人都请放下武器，走出军营吧！所有的工人都请放下锤子，离开工厂吧！所有的商人都请关上店门，罢工吧！所有的国民都请在胸前系上黑丝带，到奖忠坛公园集合吧！

看完声明书的内容后，我震惊得久久说不出话来：

“你们还想活吗？你们到底有几条命？”

他们已经明白我的意思了：

“但是，前总统尹潽善已经签字了。”

“前总统尹潽善不管做什么事情都不会被捕的，但是我们不一样。戒严时期，军人放下枪走出军营的话，会被立即处决的。你们现在是想帮助谁呢？难道国民们盼望的就是这个？难道他们想看到工人罢工、商店关门吗？国民不希望国家陷入混乱，但新军部最希望的却是局势混乱。趁着社会一片混乱，他们正好可以伺机行动。这简直就是送羊入虎口啊。”

我强烈反对他们这么做，并且让他们把国民的要求压缩成“立即解除戒严令”、“全斗焕、申铉确下台”，并立即重新写一份声明。如果当时他们没有修改声明而是照原有内容直接发表的话，我们就是再有几颗脑袋也不够。后来我被抓到新军部的时候，负责我的搜查官告诉我了一个内幕：我们的一举一动其实都被人监视着，当时我们没有按照原稿发表声明，令他们非常失望。

15 日那天，汉城站附近又爆发了大规模的示威，这次参与的人数超过了 10 万名。大学云集的大邱、光州、釜山、仁川、木浦、清州、天安等地也出现了与此相似的情况。

那天晚上，学生代表们突然决定终止街头示威自 16 日起开始返回学校。各大学的总学生会代表们都决定离开汉城班师回校。在没有市民响应的情况下和军部爆发冲突是非常不明智的，况且这段时间大学生们已经把自己的意愿明确地表达出来，只等结果了。所有重要城市的外围都集中驻扎着部队，军队的这种不寻常行动都是为了扼制大学生们的行动。我无法和学生们一起行动，只能在家里会见他们，并对他们的这一决定表示欢迎。

16 日这天，大学路一片安静。学生们的街头示威无疑是给政府维新复活阴谋一记重锤，仿佛民主阵营里又注入了新的活力。但是全斗焕的新军部仍然在严密地进行着偷天换日的阴谋。

所有的事情都显得极其不寻常。我一大早就联系了新民党总裁金泳三先生，金总裁来到我家，就“整顿时局六大项”与我进行了讨论。我们主张立刻解除紧急戒严令，释放所有的政治犯，并恢复他们的职权，政府放弃改宪，同时要求学生停止示威游行。我对他说：“说不定会发生无法举行选举的情况，我们一定要团结起来。”

下午在北岳公园宾馆，30 多名新民党议员和政务委员聚集在一起召开了会议。“最近的形势非常严峻。我们最担心的事情似乎就要变成现实了，从现在开始，我们一定要时刻关注当前局势，从而制定明确的应对方案。”

但是那天晚上，新军部便开始了行动。示威扩散、混乱升级，他们开始明目张胆地进行政权掠夺。崔圭夏总统结束了出访中东的行程，刚回国便连夜召开了治安对策会议。国务总理申铉确、戒严司令官李熺性、国防部长官周永福、内务部长官金钟焕参加了这次会议。全斗焕为了扩大紧急戒严，决定于第二天召开全军指挥官会议，并通过申铉确向总统转达了这一消息。

全斗焕开始掌握国家权力。5 月 17 日召开了全军指挥官会议，当晚 9 点 50 分的国务会议通过了国防部长官提交的紧急戒严扩大案。朴正熙“5・16”政变以后，紧接而来的便是全斗焕的“5・17”政变。

第五部　1980—1986 年

这是身陷教导所的儿子给同样身陷教导所的父亲写的信。光看信封就足以令我心如刀绞，握着信件踌躇万分。直到晚上我才鼓起勇气蒙着被子拆了信。泪水模糊了眼睛，让我不得不频频擦拭。

纯洁的“五月光州”（1980 年）

星期六晚上 8 点，我坐在客厅。秘书金玉斗急匆匆地走进来，他向我报告：“有消息说现在有重大变动，您快避一下。”大概过了十分钟，赵世衡议员打来电话让我注意安全。该来的终究会来，正如我所预料的那样。

10 点刚过门铃就响了。警卫员郑胜熙小心翼翼地把门打开。一群黑色的身影瞬间破门而入，用 M16 的枪把儿对着警卫员的脑袋劈头就是一击，警卫员应声倒地。警卫员李世雄试图阻止他们，也被他们用枪把儿击倒。每一把枪上都插着刺刀。秘书们都惊慌地跑了出去。

“你们这群小兔崽子，再不老实就把你们统统杀死！”

40 多名军人冲进了客厅。有几个人还拿着手枪。两名军官和五六个军人用枪口瞄准了我的胸口。刺刀比枪口更让人恐惧。一名军官恶狠狠地说：

“我们是联合搜查本部派来的，您得跟我们走一趟。”

我反问他：

“哪里？”

“就是戒严司令部。”

我转身去卧室拿了上衣，一出来就被那些军人擒住了双臂，我把手臂甩开：

“我会用自己的脚走路，不用你们动手。”

我拿起桌子上面的香烟放到口袋里，军人们跟在后面用枪抵着我，妻子见状大声喊道：

“你们让他跟你们走，他就会跟你们走，为什么还要用枪抵着他呢！”

妻子又对我说道：“上帝会与你同在。”

他们让我坐上了一辆黑色的汽车。家里的秘书和警卫员也被一起带来了。秘书韩和甲、金玉斗，警卫室室长朴成哲，警卫员咸允植、李世雄、弟弟大贤、大儿子弘壹也被带走了。戒严司令部正式发布了“金大中逮捕令”。

我被关进了位于南山的中央情报部地下室。他们突然把我抓到这里接受调查，真是太无理取闹了。他们让我把从出生到最近经历的所有事情都详细地列了出来，说我是密谋推翻政权，并对此进行了反复盘问，甚至还拿出50年前的资料与我对质，追问我是否参与策划了内乱。这些根本就是无稽之谈。因此无论他们怎么问，都抓不到任何蛛丝马迹。我对面露难色的他们说：

“你们不是不知道我呼吁学生和市民不要采取过激的方式进行示威，而是应当寻求安定。我想要在《东亚日报》发表文章，是你们不让我发表。现在反而给我扣上密谋内乱的帽子，真是太卑鄙了。”

他们不让我睡觉，反复询问同一个问题。我只是个凡人，每次的回答不可能都完全一样，他们就抓住不放，穷追不舍地问我原因。审问人不停地更换，但是回答的人只有我一个。一天里他们审问我二三十遍，比严刑拷打更加残忍。

地下室紧挨着审讯室，即使不想听，惨叫声也会不绝于耳。我很想知道他们都是谁。开始时我并不知道，后来才知道他们都是与我有关的人，也就是被所谓的“金大中阴谋内乱事件”所牵连的人们。

被抓去的人说在那里太痛苦了，还不如死了算了。诗人高银说他曾想过自杀，但是母亲出现在梦里阻止了他。他们经受了常人所无法忍受的侮辱和痛苦。所谓的“金大中阴谋内乱事件”其实是在南山的地下教导所里捏造出来的。虽然我对他们感到十分抱歉，但是却无法知道当时被带走受尽了折磨的到底都有哪些人。

有一天，搜查官突然向我问道：

“你知道在光州发生了重大事件吗？”

“我不知道。”

“那你认识全南大学的学生郑东年吗？”

“你不是给了他500万韩元，让他进行反政府运动吗？你还是赶快招了吧！”

我连见都没见过那学生，没有什么好招认的。我说没有这样的事儿，他威胁要对我进行严刑拷打。

“你们还不如给我用刑，其他人都被用刑了，只有我没事儿，我良心上还真是有些过意不去。你们快给我用刑吧。”

他们把我的衣服全都脱掉，给我穿上军装。就在那时，门开了，有人走了进来。他们嘀咕了几句，又让我把衣服都换上。好像是上头下达了不许用刑的命令。我推测他们随时都在向以全斗焕为首的新军部领导们报告审讯室里发生的一切。

接下来我想说一下“5·18”光州民主化运动。我在运动爆发的前一天被逮捕，所以对此事一无所知。我被新军部逮捕一事则成了光州运动的导火线。

新军部早就料到如果我被捕一事被传开，光州和木浦的市民们肯定会奋起反抗，从他们早就在光州城外部署好了精锐空降部队这一点就可以看得出来。他们派出的就是特战司空降7旅的33大队和35大队。

很显然，新军部从一开始就是针对我和光州。从“10·26”事件后我就一直警惕新军部介入政治的可能性。这一点好像刺激了新军部。新军部最担心的就是在野人士和市民运动势力联合起来。而我就是这一联合的中心。新军部发动“5·17”政变就是为了把国民中的民主势力隔离出来。

新军部制造了学校骚乱，夸张了来自朝鲜的威胁，并以此作为干涉政坛的借口。最后又为了削弱民众、民主化阵营的力量，为了更加容易地掌握政权，他们发动了“5·17”政变。新军部瞄准了我。

从5月18日到27日在这十天的时间里，光州发生了惨绝人寰的事件，每当听到这件事我都会悲愤不已，心情久久不能平静。全副武装的空降部队的士兵们用内部灌铁的棍棒和枪把儿不分男女老少对游行队伍实施了血腥镇压。参加抗议的老爷爷、逃跑的女学生、年轻的学子都被他们施以暴行。军人们就像嗜血的野兽一般，把浑身是血的伤员装到军用卡车上拉走，谁也不知道那车将开往何处，每一家医院都躺满了重伤员。

光天化日之下发生如此骇人听闻的暴力事件，政府居然没有采取任何措施，也没有表明任何立场。新闻媒体没有对此进行任何报道。光州人民只能用自己的力量拯救自己的家庭、朋友和同事们。他们纷纷拿起了铁管、木棍、镐头和菜刀与空降部队进行了殊死抵抗。这次事件让光州市民们团结到了一起。

抗争进行到第四天，联合搜查本部发表了关于“金大中阴谋内乱事件”的中间搜查结果。

> 金大中认为“10·26”事件是夺取政权的大好时机，他认为通过正常政党活动和合法契机不能如愿夺取政权。他加深了公民对政府的不信任，煽动引发了违法革命事端。他的目的就在于制造掌握政权的时机，为此他利用所有跟随他的势力和个人组织。为了煽动群众推翻政府，他将复职的教授和复课的学生们编入个人组织，企图通过学校的骚乱来诱导民众起义。

明眼人一看就知道这份拼凑出的中间搜查结果实属捏造，而且这只会更加刺激光州市民。市民们高喊着“释放金大中”、“全斗焕滚蛋”等口号与其对抗。

不久之后，得到实弹的空降部队开始对聚集在道厅门前的市民们进行狂轰滥炸，造成死伤无数。空降部队再也不是所谓的“国民的军队”了。市民们找到预备军武器仓库，拿起了步枪武装自己。在光州的全南路道厅门前，市民军和经过特殊训练的空降部队展开了激烈的枪战，市民军英勇无畏毫不退让。最终戒严军用机枪扫射才使得市民们开始撤退。市民们用自己的力量把戒严军赶出了光州战区。接着，戒严军开来坦克和装甲车把光州市内的所有道路都封锁了。市民军把道厅定为本部，开始自觉维持治安，市民军的行动方针就是“绝对不使用暴力”。

由神父、牧师、律师、教授、政治人士等20余人组成了“5·18”收拾对策委员会。“5·18”收拾对策委员会向政府提出了“在事态稳定前不得动用兵力”、“释放所有被捕人员”、“承认军队过度镇压”等六条要求，但是政府却没有做出任何回应，反而由国务总理发表讲话，“部分嫌疑分子袭击政府，盗取武器并向军人开火，军人在政府的指示下并未向市民开火”。不久，戒严军发布了归还武器的最后通牒。市民们高喊着“保卫光州”、“战斗到底”、“戒严军撤退”等口号进行了游行示威。

在最后一天，戒严军切断了光州市和全南一带的所有电话。凌晨4点钟，特工队员闯入道厅，开始了武力镇压，市民军根本无法与之抗衡。“5点22分，潜伏在道厅的暴徒清除完毕。”戒严军留下了这样的记录。持续了十天的光州民主化运动就这样结束了。

政府发布公告指出在光州民主化运动中普通群众148人、军警26人共计174人死亡。但是，这个数字根本没有可信度，实际死亡人数比这个要多得多。被装到军用卡车上的市民，不知道他们被运到了哪里，也不知道他们是死是活。死者不能诉说，我只能对他们表示深深的同情。

光州民主化运动必将在历史上留下光辉的一笔。光州市民在这十天里做了一件无比崇高的事。他们手握着武器，却只是要求对话；含冤而死的人们的尸体躺在面前，却没有去报复任何人；他们遵纪守法，没有人做鸡鸣狗盗之事。道厅公务员放在书桌抽屉里装满工资的信封原封不动的放在那里。他们维持着良好的秩序，商铺和银行都正常开门营业。

市民们贯彻了非暴力、非反美主义，这样的民主革命是史无前例的。虽然在近代史上这是一个悲剧，但毫无疑问在历史上这是一次伟大的运动。果断地与恶势力抗争，忠于现实的光州市民，我对他们表示深深的敬意和热爱。

后来，当我第二次逃亡到美国的时候，金应泰等人曾给我寄过许多记录光州民主化运动的视频和音像制品，我却一直不忍心去看。后来我参加研究光州民主化运动的研讨会，才鼓起勇气和别人一起看了视频。那时，泪水模糊了我的双眼，根本无法看清画面。

27 年后的 2007 年 8 月，电影《华丽的休假》再现了“5 · 18”光州民主化运动。“华丽的休假”就是镇压光州民主化运动的新军部的作战名。虽然已时隔多年，当看到这部电影，我依然能感觉到当年那深深的痛楚。当记者问我作何感受时，我回答道：

“能和光州市民一起生活过，我感到十分自豪。”

淳朴的人民，真正热爱和平的人民，如同无等山一般高大的人民，我至死都不会忘记光州。纯洁的鲜血最终打败了独裁者的戾气，光州永远都是孕育民主的沃土。

我在 7 月 10 日才知道光州民主化运动这件事，也就是在运动爆发的 50 多天之后。我之所以能如此清楚地记住这个日子，是因为那天幕后主使人——联合搜查本部大校李鹤捧来找我。他让我与他，也就是新军部进行合作。

“只要你与我们合作，除了当总统，其他的职位任你选。如果你拒绝的话，我们没法再留你，你一定得死。所谓的审判只不过是走个形式而已，跟我们合作，你就能活命，否则就是死路一条。”

李大校话说得十分决绝，或者说是十分直接。当时已经接受了 50 多天审讯的我感到十分疲惫。听到这一出乎意料的提议后，我一时间竟有些恍惚。于是李大校说他过几天会再过来。

“你好好想想吧。过两天我会再来的。”

他走后没过一会儿搜查官扔给我一捆报纸，是关于光州民主化运动的报纸。或许是为了我与他们的合作做准备，给我灌输一些预备知识。白底黑字的题目全都是“光州”，就好像是为光州写的大型讣告。报纸上的消息全都是爆炸性新闻。听说我被逮捕的消息后，光州市民们奋起反抗，举行示威要求释放金大中，解除戒严令。100 多名市民丧生……突然我感到眼前一片模糊，报纸上的字都看不清楚了。最终，我失去了意识。

醒来时我正在打点滴。医生们在我身旁。我真想就那么死了算了。光州市民们为了我，为了民主奋起反抗，甚至牺牲了生命，这该如何是好啊。用武力践踏正义之士的家伙居然在跟我谈什么合作……真是太可恨了。

在光州牺牲的人们啊，我怎么能苟活于世。我也应该在教导所中拼死抗争。

三天后李大校来了。我告诉他我的决定：

“我不能跟你们合作，要杀要剐随你们便。”

李大校一脸的惊慌。两天后他又来到审讯室，我则更加干脆地拒绝了他。

“金大中，死刑”（1980 年）

1980 年 7 月 15 日，我被移送至城南市的陆军教导所。在被关在中央情报部地下室里的 60 天之后，我得以重见天日。现役大校兼教导所所长来找过我几次。他没有说任何话只是盯着我看我的脸色，显然他是来察看我的心境是否产生变化的。

“我知道你为什么来，但请你回去转告你的上司，我的心意没有变化。”

“先生您真是不简单啊！我由衷地敬佩您！”

所长有礼貌地答道。他还给我带来了我要求的书、咖啡和香烟。

8 月 8 日，陆军教导所打电话到我家，通知我的家人说可以前来与我见面。我和妻子在放有录音机的书桌两侧相视而坐。我们彼此心中都有千言万语，但却相对无言。妻子只是结结巴巴地说着儿子弘业被通缉的事。

8 月 14 日上午，陆军总部召开了针对“金大中阴谋内乱事件”的初次戒严普通军法会议，法庭上杀气腾腾。但被此次事件牵连的 24 个人也得以在此相会。我和文益焕、芮春浩、李文永、高银等人均因涉嫌阴谋煽动内乱而被收监于陆军教导所，其他人则因为涉嫌违反戒严法而被收监于汉城西大门救治所。他们起诉我们涉嫌“阴谋内乱，煽动内乱，违反戒严法，教唆违反戒严法，违反国家保安法、反共法、外汇管理法”等。有关“金大中阴谋内乱事件”的公诉状内容如下所示：

金大中在全南大学复课学生郑东年于 4 月 12 日登门拜访自己时，与之

> 讨论了光州地区大学生示威的相关情况，激励他们为了恢复民主而继续斗争，并赠送了圆珠笔以表纪念。在随后的5月5日，郑东年和金相贤再次到访金大中家时，向金大中索要500万韩元作为光州地区学生运动的运作资金。金大中起初只拿出了300万韩元，在5月8日又拿出了剩下的200万韩元以此对学生运动提供资金支援。金大中在给郑东年500万韩元的同时，吩咐其将包括“金大中绑架事件犯罪人名单”在内的金大中个人著作和宣传册、带有煽动性内容的文稿在全南大学和朝鲜大学内四处分发。他命令郑东年将解除戒严令、反对二元执政府制改宪以及缩短政治日程等争议内容作为反政府示威的重点来进行教唆和煽动。于是郑东年根据金大中的指示来到光州，于5月6日向全南大学的总学生会会长朴宽贤提供了270万韩元的资金援助，5月10日又向朝鲜大学的示威负责人尹汉奉提供了170万韩元的资金支持。金大中在背后操纵了被视为“5·18”光州民主化运动导火线的全南大学街头示威活动，紧接着朝鲜大学的学生们也加入了全南大学的街头示威活动，由此引发了光州民主化运动。

我根本不认识叫做郑东年的学生，也从来没有见过他。虽然之前在中央情报部地下牢房里曾有人问过我是否给过光州学生500万韩元这件事，但是我对于光州民主化运动的本身其实是一无所知的。

联合搜查本部在我家的访客记录上找到了郑东年的名字，可事实上郑东年来访的时候，我家正好没人因此他只能无功而返。但所谓的500万韩元的活动资金完全是子虚乌有之事，完全是他们为了陷害我而肆意捏造的。后来才知道，搜查官一开始想说我给了郑东年1 000万韩元，但后来又觉得学生开口要1 000万似乎太多，于是就改口说成了500万。在严刑拷打之下而不得不做了伪证的郑东年因为此事一直十分痛苦，在教导所曾多次试图自杀。日后我结束了在美国的逃亡生活之后初次见到他的时候，他对我说，虽然当时是在严刑拷打之下不得已而作出的伪证，但是仍对我十分抱歉。可这一切都是因为独裁政权对我们的迫害而造成的啊！我和郑东年开玩笑说：“把那500万里剩下的钱再还给我吧。”他回答说：“您都还没有给我500万呢，现在给我吧。”说完我们便哈哈大笑。

来到法庭之上，我才知道凡是与我有关联的同僚、朋友、秘书和家人们全都被抓来了。但在这当中，被告薛勋与我却是素昧平生。

当局甚至还剥夺了我们选择辩护律师的权利，给我们指派了公派辩护人。我们被各自分开并分别接受了隔离审讯。检察方一开始想要给我们强加上“阴谋内乱罪”

的罪名，但他们自己可能也觉得这件事荒唐至极，就将罪名改成了“煽动内乱罪”。虽然他们手里除了郑东年的“自白书”之外没有任何别的证据，而且即使在平日里这个罪名最高量刑也不过只是无期徒刑，因此我放心地认为他们没法置我于死地。

但是最后当我收到起诉状时，看到上面赫然写着《国家保安法》第一条第一项，即涉嫌“进行反国家活动的集团首犯”。显然他们要想置我于死地仅凭“煽动内乱罪”是远远不够的。他们硬是把“韩国恢复民主促进统一国民会议”定为反国家团体，并且捏造事实说我是韩民统的议长。这样一来，再依据《国家保安法》就可以将我处以死刑了。

来到汉城之后，我曾几次向韩民统的组员表明过我的立场。我曾先后两次给在日本的金钟忠写过信（1975 年 6 月 21 日和 26 日），强调“关于韩民统日本分部的活动路线，一是要确立支持大韩民国的立场，二是要以‘先恢复民主，后促进统一’为原则，三是要与共产主义划清界限”。另外在 1975 年 12 月 21 日的信中除了传达韩国的韩民统被污蔑为容共势力之外，同时还嘱咐他在编辑《民族时报》时一定要加倍注意。即使我如此坚定地划清了界限，小心行事，他们还是给我下了圈套。

我既没有担任韩民统日本分部议长一职的想法，也不够那个资格。我本打算在美国、加拿大、日本分别成立韩民统，出任总领这三国分布的总部议长一职。因此说我在日本被绑架前已经担任了韩民统日本分部议长的这一控诉自然也是子虚乌有的。而且在我被绑架后，虽然因为违反大总统选举法和“3・1”民主救国宣言而受到审判，但是这其中没有任何细节是与韩民统有关的。而且正如李鹤捧大校所说的那样，捏造事实的目的就在于要置我于死地，很明显法庭审判只是走一个过场而已。

他们固执地追踪了我在日本期间的一切活动，但这与日本政府的“联合政治”是相违背的。两国在绑架事件之后决定不再将我的一切海外活动当做问题。我认为新军部之所以如此密切关注我在日本期间的一切活动一定是出于日本政府对我言行的重视。这对当时的我来说是最大的支持，也是能给我带来希望的唯一的救命稻草。

审判也不过是预先定好了剧本从而按照剧本走的一个过场。律师们的辩论只是装模作样，或者是与检察官的公诉内容近乎一致地进行了辩论。我觉得还不如干脆取消辩论更让人心里舒服。其实也并不是不存在勇气可嘉的有识之士，比如苏宗八律师就与众不同，他能够准确地指出检察官方面的荒诞无稽。

在整个诉状里没有任何有关被告们拿着方木或火焰瓶的证据，就连拿着一根烧火棍和饮料瓶的证据都没有。那么，被告们到底是拿着什么挑起内乱的呢？

据理力争的肖律师在庭审途中被赶走了，他与我们失去了联系。这怎么看都不像是一次正规的庭审。发生这件事后律师们的辩护听起来让人觉得十分生硬。实在看不下去的宋基元被告大叫道：

“喂，你真的是律师吗？实在让人听不下去了，快闭嘴吧。我叫你们不要再辩论了！再怎么编造也得有个度吧？你们现在说的这些简直连三流小说的情节都不如。”

宋基元被告当时就起身想要冲到律师面前，但是最终被宪兵制止坐了下来。在旁听席上的家属们也都一致强烈抗议：“打住！”但即使是这样，庭审还是照常进行。律师继续说着明显拥护检察方的话。忍无可忍的金钟万被告大叫道：

“你们这群混蛋！叫你们闭嘴为什么还在一直说？被告都叫你们不要再辩护了为什么还在这里说废话?”

被告与律师们唇枪舌剑，法庭上一片混乱。文益焕牧师站起来说：

“我申请审判员回避。我们不想接受这种审判!”

这根本不能叫做审判。听完文牧师的话后，我也立刻起身走出法庭。其余的人也都跟着我一起退庭了。

被囚禁人员家属们的痛苦是难以言喻的。亲人被抓走后没有任何音讯，只有各种传闻闹得人心惶惶。光州民主化运动刚一爆发，亲属们就陷入了极度的不安之中。他们千方百计四处寻找各处打听，但依然无法获知亲人们的下落。为了获知这些人是死是活，他们甚至找到了联合搜查本部，可是谁都没有向他们透露任何消息。另外，被囚禁人员的妻子身边都安排有两三名情报人员监视。被囚禁人员在从中央情报部转移到教导所后，家人们便可以前去探视。

被囚禁人员的家属们想要约见有关人士，但是人人都对他们避之唯恐不及。时局不稳，人心不古，有谁能站出来哪怕是请他们喝一碗温水呢？他们的心里该是多么的伤心和悲痛啊！他们要与那无形的巨大力量展开斗争，心中该是多么的恐惧而又孤独啊！

后来我还听说有这么一件事。被囚禁人员的妻子们用计支开了监视者聚到了一起。她们火速乘坐租来的大巴去了江陵镜浦台。在那宽阔的白沙地上，不知是谁先开始的，大家都在使劲地大声呼喊。她们呼喊着丈夫的名字，大声叫着我爱你，其中也掺杂着对某些人的辱骂，也有人只是悲泣。最后大家抱头痛哭，回应她们的只有阵阵涛声。可是李姬镐——我的妻子连这种聚会都无法参加。

我的家人被完全而彻底地软禁在东桥洞。谁都没有向我的家人通报有关我的任何消息。在光州民主化运动爆发后，妻子通过《美国之音》的深夜广播才得知了我的消息。当时的广播内容是由于涉嫌“阴谋内乱”，我很有可能被处以死刑。妻子无法得知世事到底发生了怎样的变化，我又在什么地方。不安和焦躁的日子在无尽地持续着。妻子回忆起当时的情景，说那是“紧张得心脏都萎缩的日子”。

7月12日，我家收到了一封通知书，其内容为“金大中被收监于陆军教导所，即将送交军事法庭，因此要选定辩护人”。妻子立刻向警察提出要求外出聘请律师。可是警察对此置之不理。

8月16日，崔圭夏总统突然辞任。他通过发表特别声明提出自己对于没能妥善解决“5·18”光州民主化运动等一系列事件从而引起社会混乱负有责任，同时声明支持全斗焕担任总统一职。8月27日，统一主体国民会议选举全斗焕为韩国第11届总统。

9月8日，针对我的长子弘壹、弟弟大贤等10人召开了戒严普通军法会议，决议将刑期由3年改为4年。这些事实完全没有被媒体报道出来。

9月11日，检察机关针对因涉嫌“煽动内乱”而被收监的24人曾进行过求刑。检察官以“组建反国家团体韩国恢复民主促进统一国民会议并成为其议长，威胁国家安全”提起公诉，因违反国家保安法、阴谋内乱罪而被请求处以死刑。

那天，除了我之外的23人都进行了最终陈述。李海东牧师揭露了在中央情报部地下室中进行的拷问细节，以及被搜查官打得皮开肉绽的事实。被告和旁听席上的家属们都呜咽了。被告们回想起了被拷问的瞬间，也将那种苦痛真切地传达给了家属们。李牧师说出了自己的肺腑之言：

“我在这种情况下进行了与自己意志相悖的陈述。身为圣职者的我成了写虚假陈述书并在上面按上自己指印的胆小鬼和变节者。我对此事一直耿耿于怀，内心处于深深的痛苦和悔恨之中。”

其他的被告也在法庭上说出了自己曾遭严刑拷打的事实。回顾当时他们在面对威逼利诱和严刑拷打之时也是堂堂正正的。如果硬要说他们有罪的话，那也只是因为认识了我，与我的奋斗目标相同，信奉民主主义罢了。我的亲信们没有一个人变节或者对我说谎。他们从不怪罪怨恨任何人，即使是在承受严刑拷打和侮辱谩骂的苦难时也在为我的安危担心。

虽然我们没有共同谋划过“内乱”之类的事情，但是我们在教导所里成为一体。他们在历史上将永远作为“金大中阴谋内乱事件”的受连累者，我对于他们将被冠上罪人之名而感到十分抱歉，但是他们对此并不埋怨，在那之后毅然与我共同踏上了民主主义的征途。我深深地感谢他们。在此我要把他们的名字都一一列举出来：

文益焕、李文永、芮春浩、高银（高银泰）、金相贤、徐南同、金钟完、韩胜宪、李海东、金允植、韩完相、俞寅浩、宋建镐、李嚎哲、李宅敦、金禄永、赵诚宇、李海瓒、李信范、宋基元、李锡杓、薛勋。

在两天后的军事法庭上，律师团展开了最后的辩论。我的律师辩论说："在戒严令之下金大中被告通过学生运动企图颠覆政府是不可能的事情。我方对检察方认为的金大中资助500万韩元煽动光州一带的反政府示威的主张提出异议。"

轮到我进行最终陈述了。我对毫无根据的"金大中阴谋内乱事件"的谎言一一进行了揭穿：

在起立作最后陈述之时，我突然忆起去年11月5日在家目不转睛地收看朴总统的国葬的情形，至今令我记忆犹新的是金寿焕红衣主教所说的话："请上帝告知我们所有人朴总统之死的真正意义所在吧。"朴总统的死从个人角度来看虽然是非常不幸的，但这正是挥别前朝、迎来全新的民主时代的伟大历史性契机。可是随着"5·17"戒严令在全国的扩散，我们的民主主义也迎来了不同寻常的考验。

我认为在"10·26"事件之后，国家安保、稳定经济、恢复民主尤为重要，为此我判定应当与崔奎夏过渡政府展开积极协作。我一贯主张没有政治报复的国民和解，从这种意义上来说，我期待着与崔政权进行对话，同时我将原谅所有参与我的绑架事件的人。在我们国家，以前总统为中心的遗留势力明显存在的同时，指向民主主义的多数民主势力也是存在的。我确信无论哪方势力都不能压制另一方而单独引领国家前进。我们整个国家已经具备了必须实行民主主义以及能够实现民主主义的能力。

虽然这次事件被称为"金大中阴谋内乱事件"，但是如果断定仅凭我一己之力就能够煽动和动员广大学生和国民的话，那么为什么政府不报道我发表的要求学生们克制自我的声明书，为什么对我应《东亚日报》的要求而撰写的稿件不准予发表？我希望当局能够深思熟虑一下，对我行刑不是不可能的事，但究竟这件事是否符合司法正义，对于一个民主国家而言这样的行为是否正确呢？我不求当局能够对我宽大处理，但求可以对因我而受牵连的无辜人士从轻发落。因为这一切的责任都在我一个人身上。

最终陈述的结尾部分是这样的：

我很有可能被判处死刑而且也毫无疑问会被行刑，其实我是从一开始就已经做好了会被处决的心理准备。我只想借此机会向各位共同被告说几句遗言。

依我的判断，在不远的20世纪80年代民主主义终将得以恢复，我坚信这一点。我想拜托各位，到了那时不论是为了先走的我，还是为了其他任何人都不要再在这片土地上进行政治报复。

这正是我留下的最后愿望，也是以上帝的名义留下的最后的遗言。

旁听席上间或有人抽泣不已，在我结束最终陈述之后他们更是全体站了起来。裁判长催促他们安静但是毫无作用。法庭里传出了国歌声，宪兵们慌忙跑进法庭进行阻止。一部分家属咬开捂住他们嘴的宪兵的手。国歌结束后他们又唱起了《我们一定会胜利》。宪兵们将家属们一个个拉出法庭带上了车。家属们挣扎着不愿上车，他们一边被拉着一边大叫：

"民主主义万岁！""金大中先生万岁！"

被告们也都唏嘘不已。一起被带走经受各种拷问并饱受牢狱之苦的韩完相教授在日后这样回顾了那个瞬间：

我们24名共同被告最不能忘记的瞬间可能就是DJ（金大中）做最后陈述的时候。那天我们唱了国歌。虽然这触犯了法庭之上禁止喧哗罪，但是瞬间涌起的那股义愤无法抑制，那真是生平第一次用五脏六腑唱出了国歌。不，应该说国歌是从我们的内心深处自然而然地喷涌而出的。DJ（金大中）在将近1个小时40分的长时间里堂堂正正地陈述了自己的意见。我惊异于他的沉着。没有达到所谓圣人境界的话，被判处死刑的被告人是无法泰然地说出自己的心境的。我们全都不知不觉地默默流下眼泪。我们虽然处于手无缚鸡之力又受人压迫的境地，但是无论从道德上还是精神上我们都已经获得了胜利。那时的热泪也是在高度胜利的层面上流下的。虽然短暂的春天过去了，漫长的冬季来临了，但是我们在这股热泪中预感到在经历这漫漫寒冬之后必将会迎来更长的春天！

9月17日举行了公开审判。我穿着韩服在宪兵们的搀扶下进入了法庭，文益焕牧师比我先到一步。军法务官宣读了判决要旨和量刑的理由。过了一会儿文应植审判官站起来了。

40余名被告人的家属和驻韩美国、日本大使馆的职员们，《华盛顿邮报》等外媒记者们一起关注着公判的进程。自8月14日初次公判开始后的第34天一审才结束。这一天我的家人并没有能够来到法庭上。因为他们只不允许我的家人前来旁听。在最后一刻获得旁听允许的妻子最终也没有露面。她说她实在是不忍心看到我戴着手铐进入法庭的样子。

这世上哪有人想死呢？我也想活着。我曾恳切地盼望千万不要判我死刑。到了法庭之上我的内心也一直在默默祈祷。我死死盯着审判长的嘴型。如果嘴唇往两边咧开就是“死”——死刑；如果嘴唇往前伸出就是“无”——无期徒刑。他的嘴唇伸出就是生，咧开就是死。

这时，审判长的嘴唇咧开了——

“金大中，死刑。”

世界疾呼，“拯救金大中”（1980—1982年）

我将要被处以死刑，接受死刑而死去会是什么样子呢？其实如果我配合他们的话，完全可以免去一死，但我还是毅然决定赴死。也许只有死去才能真正地活着。如果死去，我将为争取实现国家民主而永远地被载入史册。金大中将作为一个堂堂正正的历史人物永远留在国民的心中。一个人可能会在交通事故中死去，可能会因摔倒而死去，也可能在睡眠中死去。我活到了这个年龄也该满足了，现在该是我能够心安理得地死去的时候了。不过值得庆幸的是，我对于自己坚持的理念从未有过丝毫的动摇，而且以后我也会继续昂首挺胸地向前进。

我被判处死刑的消息很快就传遍了世界各地。世界各国的主要媒体都对此事进行了及时的报道，世界多国的领导人都对此表示了忧虑和关注。美国国务卿埃德蒙·马斯基（Edmund Muskie）在华盛顿发表声明：“美国就金大中被判处死刑一事深表忧虑。”联邦德国外长汉斯·迪特里希·根舍（Hans Dietrich Genscher）提议所有欧共体国家对韩国政府进行抗议。民主德国官方媒体、莫斯科广播、北京广播也公开发表了对韩国新军部的谴责。而韩国国内的媒体对于我被判处死刑的消息只是进行了机械式的报道，但没有对此进行任何相关的评论。

与我一同成为被告的人，在判决出来后马上进行了上诉。上诉申请必须在一周之内向高等军法会议提出。为了尽量拖延我的时间，共同被告人一致要求律师在最后一天的最后截止时刻为我申请上诉。可是律师偏偏没有按照我们所要求的进行申请，而是在第一天就提起了上诉。律师们在审判期间受到了巨大的压力，为了不受外界的威胁和干扰一定吃了不少苦。二审公判于11月3日在陆军大法庭进行。二审维持了一审的原判，宣布维持死刑。

我在教导所中的生活陷入了一片绝望之中。“死刑犯金大中”，让我如何接受这样的一个现实啊？我突然对上帝存在的真实性开始怀疑起来，意识也变得异常混沌。如果我死了，上帝又若是不存在，不仅仅是我个人，连同我曾经为民主事业而做出的努力又会变成一个什么样子呢？我的整个人生将会变得毫无意义。

我的精神濒临崩溃的边缘。为了寻找人生的意义，我遍读了柏拉图、亚里士多德、奥古斯丁、笛卡儿、康德以及其他哲学家的著作。可是我并没有从他们那里找到关于上帝是否存在的答案。信仰之路才是解决这一问题的钥匙，耶稣基督就是解决这一问题的决定性的所在。如果耶稣是上帝的儿子，那么我们就可以判断上帝是存在的，而耶稣是不是上帝又取决于复活。因此我对如何看待复活的问题进行了周密而深刻的思考。

我将我的疑问和自己找到的答案写在了给夫人的信中。这是新军部把我送入教导所后我在教导所中写的第一封家书。这是我渴望已久的，以至于机会来临时对我来说就好像是获救了一般。

> 我曾经一直以为我已经在信仰上有一定的心得了。可当我直面死亡的时候才发现原来自身的存在竟然是如此的渺小，如今我每时每刻都对此有着切身的体会。
>
> 在内心经过了无尽的彷徨和挣扎之后，我得出了这样的结论，“所谓信仰，并非是建立在自身感知或是所学知识的基础之上，而是随着人类自身自由的意志决定形成的。这里的意志决定是一种意识形态，并且应该是自发的。我们的幸福、感恩和赞颂应该先通过我们的意识去实施，然后再通过我们的感知去感受”。因此我们必须忠于上帝，不可轻易动摇，并祈求神灵帮助我们。
>
> 我的意志决定中最根本的是主的福音，而核心则是相信耶稣的复活。我认为如果相信耶稣复活，也就自然而然地会相信有上帝的存在、罪的束缚、与神灵的共存以及他们的引导，还有无处不在的上帝的关爱，以及天国永福的祈望等。
>
> 耶稣的复活在我的信仰中可以称得上是一件非常神秘的事，不过作为历史事实，有大量的客观事实证据可以进行证明。那些在耶稣受难时抛弃了耶

稣只顾自己逃生的门徒，他们能够在耶稣悲惨地死后以全新的姿态，冒着生命危险克服重重困难传播福音，如果不是因为他们亲历了耶稣的复活，这一切将不会成为可能。另外，曾对希腊教徒进行迫害的门徒保罗在耶稣在世时未曾与其相识，但在耶稣死后，保罗却凭借着其超凡的热忱和使命感，带着无限的忏悔进行着那超凡而坚定的传教活动，直至最终因此而殉教。这一切若不是因为他经历过耶稣复活见到了神迹，又怎么能够对此进行解释呢？

确信耶稣的复活是支撑我信仰的最大力量。我一心一意地侍奉着上帝，为了能够紧紧抓住他的衣角，我使出了浑身的力量。我一直在祈祷："我坚信主对我的爱惜。我现在的一切都是您赐给我的；如果您认为这对我来说依旧不是最好的，是绝对不会允许我去做的。我的能力尚浅还不足以参透主的意思以及对未来的计划，所以只能接受主的爱护，忠于主并赞扬主。"

我在1980年11月21日写了这封信，过了几天就收到了妻子的来信。但令我吃惊的是，妻子写信的日期同样为11月21日。妻子和我分明是在同一时刻对"神和死亡"进行了深刻的思考。妻子是这样与我交流她的感想的：

我尊敬着您善良的品性还有那为了脚踏实地地生活而付出的汗水与努力，但我想问："上帝怎么了？"我曾这样想过，宁可您是那种热衷于暴力的人，或者是那种对民主主义事业毫不关心的人，那么也就没有必要经受这种刻骨铭心的痛苦了。

但是您一定要知道，还有那么多您我素不相识的兄弟姐妹正在为我们进行着彻夜祈祷、登山祈祷、里屋祈祷、禁食祈祷等。这是多么值得我们去感激的一件事情啊？如果您没有处在这样的极度困难之中的话，又怎么会有人为您做出如此虔诚的祈祷啊？所以我们一定要满怀信心期待明天。请相信那时救您出茫茫大海的上帝依然守护在您身边，这次也定会解救您，让我们一起来祈祷吧。

我无法知道自己什么时候会被送上刑场，因此我每天只能感受着死亡的步步逼近而战战兢兢。每次只要外面传来走路的脚步声，我都会惶恐不安。

1981年1月18日，情报部门的工作人员将我带到了有关部门。他突然要求我给总统写恳求减刑的信。我毅然决然地拒绝了这种荒唐至极的要求，但他还是不肯放弃，不停地催促我赶紧写信：

“金先生，你现在是一介死刑犯。你应该很清楚若是想要获得减刑就必须获得国务会议的同意。因此你必须要写一封包括对过去所犯错误的深刻认识，以及保障将来不再参加政治活动的保证书。当然，这些其实都只是形式上的过程。现在政府内部也存在着一批反对减刑的势力，我们不得不据此说服他们。但是我们保证绝对不会公布这封信的内容。”

他说的似乎有些道理。现在似乎的确需要找个理由去说服强硬派。然后他又说自己也是天主教徒，并以主的名义保证绝不会把这件事情公之于众。于是，我写了如下的要点，

“从今以后，我将尽量注意自己的言行，保证绝不参加政治活动。另外，为了发展民主主义保障国家安全，我也将积极配合各方。”

写完后，我又重新整理了一遍自己的思绪，还是觉得有些不妥。这一切仿佛是总统故意要把我送上绞刑台，以此来对我进行威胁一般。就算是我不参与政治活动，但为了民主主义事业的发展配合别人进行工作也是一件理所当然的事情。我要求把写好的保证书进行销毁，他们也再三向我保证已经销毁了那封信。

从有关部门被转移到陆军教导所的时候，我要求他们把那封保证书退还给我，但是他们却漫不经心地回答我说：“刚才把材料忘在桌上了。我们已经禀告给了上级进行了处理，所以不用太担心。我们走吧。”

可最终他们还是没有信守诺言，竟然将我所写下的内容全部公之于众。我自此真真切切地体会到全斗焕政权完全是一个不值得信任的政权。在他们看来，只要能曝出有损于我名誉的事件就有利于维护他们的政权。因此他们精心设计了这一系列诱骗我乞求饶恕的剧本。相较于他们以那份保证书做要挟，时不时地对我加以威胁并伴有怀柔手段，我宁可让他们对我进行恐吓施以重刑。因为这样，我的心里反倒更加舒服畅快一些。不过唯一的遗憾是，当时我无法将这整件事情的始末向世人说明。后来在妻子前来探视的时候，我才得以将整件事情的始末和盘托出。

大法院规定的上诉日期为1月23日，但他们并没有把我带到审判庭上。当天下午，妻子前来探视，她哭着对我说：“你的上诉被驳回了。现在我只能将一切都寄希望于上帝了。”

其实，我早就预料到会是这种结果了，也早已做好了心理准备。我默默地听着妻子的话，妻子带着弘壹的妻子、弘业以及小儿子弘杰一起跪在了冰冷的水泥地面上。他们泪流满面地为我进行着祈祷，最后以“一切由主决定”结束了祈祷。这一

刻，我由衷地感受到我的妻子真的是一位令人敬佩的女性。如果没有来自家庭的亲情，我实在是无法想象自己如何能够经受得了这20多年来的苦难。一直以来我的身边都有令我尊敬又珍爱的妻子陪伴着。

可令我感到意外的事情发生了，当天下午我被告知改判为无期徒刑。我获得减刑的原因正是来自世界舆论的压力，经过了各个民主国家领导以及有良心的正义之士们的不懈努力才使这成为可能。作为“在野党的领导者”、“反政府运动的领导人”而名扬海外的我是“绝不能被判处死刑的”，诸如此类的书信函件如潮水般地涌至青瓦台。

卡特政府的行政部门发表声明称对我的所有指控均属虚构的事实。当时作为白宫国家安全委员会委员的唐纳德·格雷格（Donald Gregg）陪同美国国防部长哈罗德·布朗（Harold Brown）一同访问汉城并与全斗焕总统进行了会谈。他们以“处死金大中必然会在全世界范围内造成不良影响”为由对全斗焕总统进行了劝导，不过全总统并没有对此作出痛快的回复。全斗焕政权似乎是在等待着美国的大选出结果之后再下定论。美国大选的结果正如全斗焕政权所愿，以共和党候选人里根的成功当选而告终。这时卡特总统强烈呼吁当选人里根着手解救金大中。在政权交接过程中，卡特总统把“解救金大中”作为主要内容传达给了下届政府。

推行武力执政的全政权此时急需获得国际社会各方的认可。为此他们急需同美国的新任总统里根进行会谈，以拉近韩美两国的关系。于是这时，里根总统便把“金大中减刑”作为了会谈的首要条件。卡特总统在回忆录中做了如下的记载：

> 我们将长久以来为解救韩国反政府运动的领导人金大中的生命所做出的种种努力向里根总统做了说明。另外，我对里根总统向全斗焕总统传达了我们要求保障金大中生命安全的信息表示由衷的感谢。

除此之外，联邦德国社会党国际（Socialist International）主席维利·勃兰特（Willy Brandt）也在全党代表大会上通过了“解救金大中同意案”。理查德·冯·魏茨泽克总统也参与了这一解救活动。奥地利前首相布鲁诺·克赖斯基（Bruno Kreisky）将自己设立的和平奖授予了在教导所中的我。美国参议院议员爱德华·肯尼迪等人以及各团体也纷纷提出请求，要求韩国政府马上将我释放。日本政府暂停了对韩国的贷款，同时日本最大的工会总评议会也宣布拒绝购买韩国商品。另外，旅居美国、日本、欧洲等地的民主化运动人士们也举行了各种各样的集会、示威和演讲活动，积极开展了对我的救援活动。

我在服刑期间，新军部推举全斗焕出任新创立的民主正义党（民正党）总裁。金钟泌总裁则创建了韩国国民党，柳致松总裁创立了民主韩国党，金义泽总裁创立了民权党。乍一看新创建的政党中，两个倾向于执政党，另外两个则更倾向于反对党，不过所有的政党都是由政府所衍生出来的党派。因为保安司令部直接参与了创党的整个过程，所以这些新党实际上无异于“第二中队”。

以总统七年单任制和选民间接选举制为核心的宪法修正案已经准备完毕。言论基本法的创立将新报纸、广播、电视等各种媒体进行了整合。全斗焕政权对国内所有的舆论媒体都进行了空前严密的控制。全斗焕政权不仅伪造事实、掩盖真相，还不断地就悬案对大众进行误导。

全斗焕政权大量削减了公职人员并创建了三清教育队。三清教育队肆意横行毫无人道可言，打着对暴力集团进行再教育的幌子在全国上下强制带走了6万多人。通过一系列的努力争取之后，戒严令终于得以解除，总统大选活动也如期举行。1981年3月3日，全斗焕成功就任第12届总统。第五共和国正式成立。

1982年3月，位于釜山的美国文化院的图书馆发生了火灾，当时在图书馆内的一名学生不幸遇难。于是开始有人在美国文化院前面的剧场和百货商店内散发写有“将反美斗争进行到底”的传单。这就是“美国文化院纵火事件”。天主教的神父们把这一事件的通缉犯保护了起来。全斗焕政权于是污蔑天主教会以宗教为盾牌窝藏左倾反政府分子，并以此为由要对天主教采取强硬措施。

天主教正义司祭团对此首先采取了观望的态度。可随着同僚们一个个地开始被带走遭受严刑拷打以及严重歪曲事实的报道不断涌出来，天主教组织决定从正面采取积极措施应对政府。最终教会的社会传教协会在4月15日发表了声明。釜山“美国文化院纵火事件”正是在美国对光州抗争采取不关心态度、驻韩美军司令约翰·A·威克姆和驻韩美国大使理查德·沃克等人公开发表贬低韩国的言论以及韩美之间关系不平等等背景下发生的。正好可以借由此次机会好好反省一下到底为什么会发生这样的事情。威克姆在公开表示支持以发动兵变获取政权的全斗焕时曾这样说道：

“韩国人的本性就如同墙头草一般，谁成为执政者他们就会听从谁的指示。从这点来看，韩国根本不适宜发展民主主义。”

另外，美国大使理查德·沃克也曾经这样大放厥词：

“韩国国民根本就没有享受民主主义的资格。那群缺乏教养的野孩子正在玩着危险的民主主义游戏。”

我们的民族自古以来就是一个有着强烈自尊心的民族，怎么能容忍他们对我们进行如此肆无忌惮的诋毁和亵渎呢？

检察部门起初只是传唤了有关的宗教界人士，对他们采取了强硬措施，不过最终还是把他们都放了回去。因为这些行动无疑会令人联想起光州民主化运动，而光州民主化运动又恰恰是最令全斗焕政权紧张又害怕的事件之一。将整个事件的外衣一件件剥去，最核心内在就显露了出来，那便是光州民主化运动。光州民主化运动的余波实在不容小觑。首先在这场攻坚战中，天主教打破了自光州民主化运动以来在政局上长久保持的沉默，这同时也给其他民主势力以极大的鼓舞，这也成为帮助国民克服对军人政权的恐惧、摆脱1980年“汉城之春”所带来的挫折感的大好时机，同时这也成为促进日后踏上打倒独裁、争取民主的长征道路的重大转折点。

狭小却深广的大学，教导所（1981—1982年）

1981年1月31日我被减为无期徒刑后转监到清州教导所，在这里我作为受刑犯被剃头而不是作为死刑犯被关押。我的眼泪在眼眶里打着转，不是因为冤枉而流泪，是对免去一死的喜悦。死亡太可怕了，在等待判决的几个月里，我瘦了十多公斤。我在陆军教导所作为死刑犯见到妻子时，我们谁都没有流泪。在清州见到妻子的时候我却禁不住泪流满面。这是生者的眼泪。他们曾试图让我妥协，说那样便会留我一命时，我断然拒绝了。而我为了能活下去进行着挣扎。我把这一切都视为上帝对我的爱，我非常感谢上帝让我也感受到了他在十字架上所受到的苦难、耻辱和孤独。

我一到教导所就要求他们给我提供电炉，因为实在是太冷了，虽然我知道他们应该不会给我提供的。晚饭似吃非吃，我就钻到被子里茫然地哭，哭累了就睡着了。梦中我听到教导所外边好像有施工的声音。掀开被子一看，他们在进行安装电炉的工程。我本没期待他们会在当天进行施工，当时我觉得他们就像天使。我感觉上帝是与我同在的。但在这样严寒的冬季，一个暖炉是远远不够的。即使开着暖炉，教导所里也结冰了。

在清州，我的牢房有三间，我被收容在中间的一间。对面旁边的一间放着我洗澡时用的一个小铁桶。我的牢房和其他囚犯的牢房是完全隔离的。走廊用混凝土堵着墙。牢房周围也用墙堵上了。这儿简直可以说是教导所中的教导所。

1981年冬天我在清州教导所

白天有两个教导所工作人员看着我，晚上有三个，共有五个全职教导所工作人员。牢房前面有一扇很厚的门，后面还有个小窗户。透过窗户可以看到天空。窗户是用很粗的铁丝网围着的，因此只能透过铁丝网的空隙看到天空和月亮。透过许多铁丝网孔我可以看到很多月亮。我自我安慰可以看到很多的月亮。

我腿不方便不能坐在地板上。教导所为我做了劣质的椅子、书桌、木头床。伙食也糟糕透顶，几乎不是咸就是辣，甚至还经常给变质的饭菜。如果是在日常生活中，不管怎么饿也不会吃那样的饭菜吧。我从没好好地吃过一顿像样的饭。

来清州教导所的几天后，我做了一个梦。梦见自己被劳工们拖出牢房，装上大车后出了教导所。大路的右边是茫茫的田野，他们想把我杀死在田野里。但他们忽然改变了行动，竟把我扔在路边，然后又将我装上了板车。天气特别冷，我几乎是赤裸的。即使能够再回到市内，我也肯定会被冻死的。忽然上帝所赐的光芒降落，两束红光降下来，但红光的那一边被云彩遮住看不到是什么。那束光落到装着我的车上，像云彩一样蜿蜒曲折地围绕在我周围。这使我浑身都热乎乎的，非常暖和。连推着车的劳工也说很暖和。就那样，他们将车重新推回了市内，来到了一座像工会似的韩屋前。之后，梦就醒了。虽然这只不过是个梦，但这个梦却使我非常高兴。我将我的梦写在信上寄给家人了。我想妻子和子女们都会很喜欢这个梦的。

春意盎然的4月，一天，我收到大儿子弘壹寄给我的信。信是从大田教导所寄来的。从1980年5月17日分开到今天，大约1年了没有任何消息，现在忽然接到信我感到非常激动。光看到信封就足以令我心如刀绞，握着信件踌躇万分。直到晚上我才鼓起勇气蒙着被子拆了信。泪水模糊了眼睛，让我不得不频频擦拭。

即使在梦里我也殷切地希望能见到父亲，想着要给父亲写信，泪水就在眼眶里打转。首先最要感谢的是保佑我们家人和父亲生命的上帝。上帝与父亲同在，就像《以赛亚书》第48章第10节的“我熬炼你，却不像熬炼银子；你在苦难的炉中，我拣选你”所说的那样，我坚信上帝是希望我更有成就而让我经历这些考验的，但或许是我自己比较脆弱，这种考验对于我是多么难熬，现在想起来我还浑身发抖。

可能是因为我太想念父亲，我经常想起母亲去世后，我们兄弟牵着父亲的手爬到南山八角亭照相，还有很多父亲疼爱我们的往事。我从母亲、弘业、弘杰和妻子与父亲会面后，知道了一些父亲的消息。知道父亲身体不好，我非常难过。我相信上帝会保佑父亲的，而且我一直在内心为父亲祈祷。希望父亲也能振作起来并多保重身体。

今天是最高法院审判的日子。尽管还不知道会有怎样的判决，但我也不期待什么。另一方面可能因为我是软弱的人，因为有上帝的恩惠，我为家人以及和父亲一起受苦的人祈祷，祈祷有“见面”和“自由”的好消息。

孩子们在吃饭和睡觉时都在祈祷“让爷爷和爸爸都能健康并尽快回到我们身边来”。我恳切地希望孩子们的祈祷能尽早实现。

我把信一个字一个字地读了又读。父亲与儿子在教导所里互相担心着，一个在大田，一个在清州呼唤着对方。由于作为父亲的我的原因，我对要在教导所里度过青春的我的大儿子弘壹，感到非常歉疚。因为儿子知道信会被检查，所以在信尾加了这样的附笔：

“收到这封信的人士——请务必将这封信妥善处理以便我的父亲能看到。”

我将弘壹的信放在胸口便躺下了，但怎么也不能入睡。教导所里的春夜是那么的令人心酸。

在教导所里我对神做了很多的思考，“上帝善良而全能，但为什么这个世上会有恶的存在呢？”我真不明白为什么像朴正熙、全斗焕那样的人会得势，而正直的人却受到迫害。我从妻子那儿或从书里了解了一些外面的世界。虽然稍有差异但大体上的答案是这样的。

“上帝允许这个世界存在恶，是因为要考验人们自由的意志。”

我怎样也接受不了这一点。因为只用善上帝就完全可以实现目的。比如，从十等到一等，为了各自的自由意志，通过功劳一个台阶一个台阶地往上走便可以实现，为什么要制造悲惨的恶呢？对于那些天生残疾或翻肠倒肚而死的人，对于因广岛原子弹而牺牲的几十万生命，上帝还怎么考验他们的自由意志呢？

我一直在烦恼，此时德日进（Pierre Teilhardde Chardin）神父的话令我茅塞顿开。德日进神父通过进化论的世界观大致得到了这样的结论：

上帝创造了这个世界，这是事实。但上帝没有创造一个完整的世界，而是创造了一个不完整的世界，现在这个世界正在走向完整。疾病、人类的罪行、社会的不义等是世界走向完整的过程中所出现的摩擦现象。

耶稣站在世界的中心，以便把我们引向耶稣复活的那一天，因此耶稣需要我们的参与和协力。事实上通过人与人之间的协作才使得这个世界变得更耀眼。人类的自由和正义也得到了实现，天花等很多疾病也都能根除或治愈，人类的寿命也延长了很多。奴隶制度被废除了，女性和儿童的权利也有了很大的增强。

人类在世界上诞生后，得到了上帝的邀请，人类带着参与历史的目的而诞生。在世期间，不管发生什么事，只要为耶稣的正义的实现而做出努力，那他就是很好地参与了耶稣的历史。这样人相信耶稣的拯救而活着直到个体的死亡。先天残疾或社会上的战争及疾病，以及因恶劣的政治而受委屈牺牲的人，都会通过上帝的全能，在耶稣复活时得到拯救。

我悟出这些是在我被新军部宣判死刑时，我内心呐喊的“这是罪恶的胜利、善良的失败吗？上帝在哪儿呢？”的答案。

人的适应能力是惊人的。不管在多么恶劣的环境下，随着时间的推移，最终将获得适应的方法。这是生存的本能，也是智慧。起初，我不能容忍与世隔绝。因为我没有任何错误，这更是我难以接受的。

但思想给了我自由。“受冤枉之人的苦难”最终使我接触到了神学和历史，由此终于慢慢找到了内心的和平。之后，单调的教导所生活也开始变得愉快。也许你会问昨天似今天、今天似明天的教导所生活会有什么乐趣，但教导所里分明是有乐趣的。

最大的乐趣便是读书。1977 年，在晋州教导所生活时也是如此，在清州教导所的两年间我沉浸在读书中。哲学、神学、政治、经济、历史、文学等各方面的书我都有涉猎。我把汤因比的《历史研究》重新读了一次，又拜读了罗素的《西方哲学史》、柏拉图的《理想国》、奥古斯丁的《上帝之城》、德日进神父的著作、莱因霍尔德·尼布尔（Reinhold Niebuhr）与哈维·考克斯（Harvey Cox）所著的神学书籍和希腊文学书籍等。

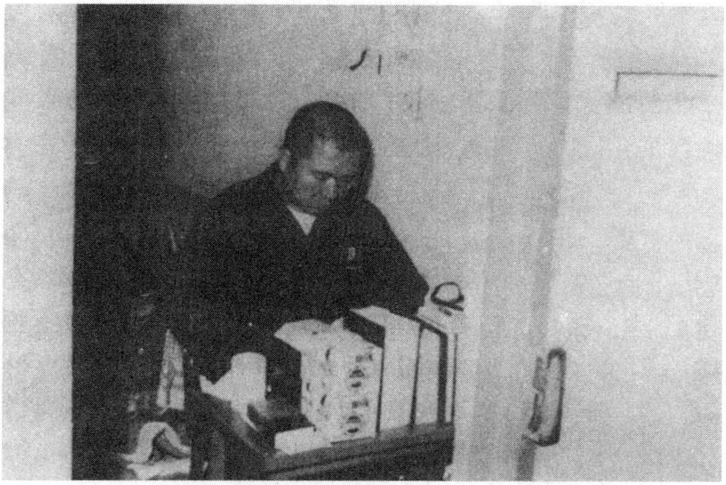

在教导所里我也为了明天而积极学习

在文学书籍中，俄国作家的作品给了我很多感触。我读了普希金、陀思妥耶夫斯基、托尔斯泰、屠格涅夫等人的作品。《论语》、《孟子》、《史记》等东方典籍及元晓①和栗谷②的著作我也进行了通读。除此之外，我还阅读了朝鲜时期的实学书籍。这段生活对我来说是不会重来的重要学习时间，是精神饱满、因汲取知识而感到幸福的日子。教导所对我来说等于一所大学。

妻子尽力将我想读的书给我找到。她送给我的书大概有600本。即使我不说，她也会买下对我有帮助的书籍。其中一本是阿尔文·托夫勒（Alvin Toffler）所著的《第三次浪潮》，实际上我根本不知道有这本书，开始不经意地读了读，便被书吸引住了，这是新时代的指南，我打起精神开始认真阅读。这本书的内容是，目前经济的核心要素是资本、劳动、土地等，但在未来，信息、知识和创意是核心。以后我的“信息化大国”的梦想便是从这儿来的。

我没有进行浏览，而是仔细地精读。我在读完书后，都要进行整理，这本书的核心是什么，应该记住的是什么。我每天都读十几个小时的书。为了使自己不觉得枯燥，我调好难易度，将各领域的书打开三四本。教导所里只允许放十本书，经过

① 新罗时期的僧侣，以和净思想为核心，为了佛教的民众化而努力，留下了很多著作，对韩国佛教思想的发展作出了积极贡献。——译者注

② 朝鲜中期的儒学家、政治家。——译者注

我的不断要求，才允许我放三十本书。

我读着西方的书，“若我不到这儿，我是不会悟到这些真理的”。那时我感到教导所生活对我来说是幸运的。在教导所的六年间我学到了很多的知识。

出狱后我没时间看书时，说实话，我真的怀念教导所中不受任何限制的读书生活。甚至偶尔还有想再次回到教导所的冲动。在那里获得的珍贵的那些关于生活的真理，使我感到即使是在教导所那样的逆境，我也是可以承受的。

其次的乐趣便是与家人的会面。我与家人的会面是每个月一次，每次只限10分钟，这比法定的时间要少20多分钟。我一直跟教导所方面展开舌战，最终会面次数调整为每月两次，每次20分钟。会面结束后，我就数着下次面会的日子。

说是会面，其实我从没看清家人的面孔。因为会面地点经特殊改造，我与会面人之间设置了一个又宽又厚的玻璃。当然对话内容都被录音和记录。用对讲机和家人进行谈话。正说着话，但若规定时间到了，工作人员就会立刻将对讲机切断。我们经常连话都没说完，连招呼都没打就被迫转身离开。对我来说，所有这些都是特别的。

虽然我们连手都没握过，但是与家人的会面对我来说是从未有过的喜悦。对血肉亲情的爱与思念刻骨铭心。与家人的精神交流，是即使把我关在封闭的空间里，也会让我活下来的另外一个重要力量。

第三个乐趣是收到信的时候。我只收到了妻子、儿子们还有我的兄弟和侄子给我写的信。妻子在两年的时间里不停地给我写信，后来一数竟有649封。儿子和兄弟、侄子们的信竟也有600多封。

妻子李姬镐总是担心我的健康并嘱咐我不要丧失勇气。除了家人的消息，包括身边的亲人还有我珍爱的花草和小狗的状态都会写信告诉我。春天她把东桥洞我们家院子里开的丁香花折了一支夹到信里寄给了我。为的是将微不足道的花香传到教导所。有时还在信纸上贴上漂亮的小狗的照片或是用带花的信纸给我写信。我读信的时候就像妻子在我面前说话一样。有时还将国内外的政事和社会悬案分析后给我发过来。以“尊敬的您”开始的妻子的信，是将世上的消息传给我的信息的源泉，是喜悦。我挑选了几处摘录如下：

> 因为您的生活不平坦，所以我会更加爱您并尊敬您。为了克服各种苦难，您带着信仰抓住耶稣基督的衣襟而恳求的您的模样比享受荣华富贵更加虔诚和肃穆。您总是下苦功，侧耳倾听良心的声音，为了能正直地生活而不断挣扎。对于祖国和民族的热爱之心格外强。因此得到了苦难的奖励。

(1980 年 12 月 6 日)

您可能认为我是没有眼泪的人，实际上我的眼泪是很多的。我为了在他人面前不流眼泪，强忍着泪水。另外我怕您担心，在您面前我尽量不流眼泪，但此刻眼泪却不知不觉地流了出来。最近我去教会唱圣歌时，我经常忍不住地流下眼泪。(1981 年 2 月 26 日)

我很高兴今天要购买的东西里有大蒜。您就把它当药吃吧。可能的话，您可以多要求提供大蒜。类似的有腌大蒜和薤。不管怎样，您一定要健康。(1981 年 5 月 18 日)

今天我开始织您的袜子。以前的那双穿得太久了，不暖和了。我一边织着袜子，一边在心里为您的健康以及所有的愿望都能马上实现而祈祷。(1981 年 10 月 28 日)

儿子们的信里也都充满了爱：

在我受苦和受罪的日子里，我将父亲对我说的“所有的事不会都是好事，也不会都是坏事”，“上帝！请赐予我改变的勇气，若我不能进行改变，请赐给我能以平和之心接受的智慧”之类的话牢记在心。正如母亲所说，这次考验对我们全家来说，是在上帝面前以坚定的信念团结在一起的珍贵的时间。(摘自二儿子弘业的信)

在上次会面后，我始终牢记着父亲所说的话并努力去实现。因为我了解父亲是不贪图权力和富贵，只是为了上帝与国民而工作，我为拥有这样的父亲而感到自豪。(摘自三儿子弘杰的信)

我也给家人回了信。我每个月只能寄一封信，而且只能在一张明信片上写信。那种限制在法律上是无任何依据的。我向他们要求多给我几张信纸，但却遭到了拒绝。我没办法只能减少字数，其实想把字写小也需要一定的技术。无期徒刑的囚犯每个月只有一次与外界交流的机会，所以信的内容不得不写得很长。我集中精力写着密密麻麻的小字。一张明信片上竟写下了 14 000 个字。这等于在一般稿纸的每个四方格里写了 22 个字，若没有放大镜是读不了的，我是修炼到了一定的境界。

我写信费了很大的劲儿，但想到会对妻子和儿子们有所裨益，我就用心去写。特别是我在教导所里所读的书而获得的知识会对儿子们有所帮助，我为了告诉他们而努力。动笔半个月前我就考虑在信里写些什么。教导所方面不给我一张纸，所以我无法做笔记，也不能边改边写，所以即使文章不流畅也只能那样发出去了。

我一共写了 29 封这样的信。1980 年 11 月 21 日，从在陆军教导所里发出的第一封信到 1982 年 12 月 16 日转到汉城大学医院的前一天为止，共发了 29 封信。后来，这些信被集结成书出版了。1983 年在美国以《带着民族的遗憾》为题出版，接着由和田春树教授等人翻译成日语以《狱中书信》为题出版。崔成日教授与戴维·麦卡恩教授还将其翻译成了英文版出版。1984 年，在国内以《金大中狱中书信》为题面世。

书在出版之后掀起了一股热潮。《金大中狱中书信》一书中提到的我所读过的那些书，很多人也纷纷找来读。这使得警察将书店里的书都没收了，甚至施加压力将那些书籍从畅销书中剔除，更有甚者出版社的社长还被拘留。

照顾花坛是我的第四个乐趣。每天午饭后有一个小时的运动时间。我利用那个时间养花。我负责的那个花坛宽 2 米、长 30 多米。花坛里有牵牛花、杜鹃花、蒲公英、雏菊、一串红等。我最喜欢杜鹃花和大波斯菊。

养花是我最大的爱好，我每天对种的花草说话

我用心浇水、拔草。在照顾花的同时，我也将伤心和忧虑都甩在了脑后，这是花对我的报答。

1982 年深秋，不能在外边花坛里养花了。我就把花坛里的一株杜鹃花移栽到了花盆里。我将花盆带到牢房，下午出太阳后我就让它晒太阳。杜鹃花秋天结骨朵，春天开花。11—12月杜鹃花在牢房里晒太阳，花骨朵越来越大。12月16日我的杜鹃花绽放了。我非常高兴便把花给教导所工作人员看，要是可能的话我真想给全世界看。我自言自语道：

“冬天还能开花，是不是有什么好事呢?”

真的传来了好消息。那天下午我被释放，然后转送到汉城大学医院。杜鹃花可能提前知道我会转到他处，所以提前开花给我看。

1982年1月6日是我的生日。儿子们都来向我行礼祝寿。透过玻璃窗我看到了他们，心里有说不出的温暖。我回到牢房后写了一首诗，写着写着竟成了36行诗。我只将前4联转写到这儿：

会面室地板上三个儿子向我行大礼
新年和生日祝福令我断肠
妻子，别伤心，我们还有儿子们呢

若问我活着的意义是什么
我们不能做将过去的伤心往事
推卸给后孙们的没出息的祖先

漫长的秋夜我独自躺在牢房里
考虑着国家大事辗转反侧不能入眠
明月满天，我心黯然

飘飘悠悠的云，带着我转转吧
我想看看江山，也想找找同胞
若这不是真的，是梦又会怎么样呢

我将这篇短诗写在信里想寄出去，但被检查出来了。他们让我删掉这首诗。若那首诗被公开的话，不知道会引起什么反响，会牵涉什么。他们害怕了。

妻子为了怕冷的我费尽了心思。像在晋州教导所时一样，她织了毛手套、毛裤子、毛袜子、毛帽子给我送来。尤其是毛手套的右手食指留了一个小洞，便于我在看书的时候右手食指可以很方便地翻书。我为妻子的智慧和真心而感叹。

囚犯间有一个说法，若在梦里见到钟表就意味着会被释放。我被遥遥无期地关在封闭的空间里，那个说法竟也成了希望。我也开始期盼梦里出现钟表。每天在睡觉之前我都看着钟表然后闭眼，但钟表却始终没在我的梦里出现。

后来有一天，我终于做了关于钟表的梦。这不是一般的关于钟表的梦，而是每面墙上都挂着钟表的房间的梦。我认为这是个非常不平凡的梦。

“这可不是一般的梦，值得期待。”

之后我就焦急地等待着释放的消息，但是第二天、第三天也没有任何消息。回想着那时的我，只有苦笑。

岁月如梭。我在读书与思考中充实着精神仓库，但肉体上却非常痛苦。长期的牢房生活使我的健康不断恶化。我患上了神经性障碍以及左耳耳鸣的症状。骨关节痛症加重，腿也经常发麻。这使我一天比一天难以忍受。妻子向法务部长官多次申请进行治疗，但都遭到了拒绝。教导所里的饮食糟糕透顶，我无法吃顿像样的饭，经常挨饿，所以我就买了很多甜点吃，这使我的体重增加并导致骨关节病症恶化，使我受了很多苦。妻子见到我体重骤增后吓了一跳。她带着担忧和指责的语气对我说：“您变得这么胖，谁还会认为您是在教导所里受苦呢。”

1982 年 2 月的一天，与妻子会面的时候她说见过了全斗焕总统。她说她怀着期待与总统见了面，但却没有谈什么特别的。但不久后的三一节我从无期徒刑减到了 20 年徒刑。

1982 年 4 月 25 日，郑一亨博士去世了。我收到妻子的信后才知道这个令人悲痛的消息。郑一亨博士是我政治之路的老师，同时像父亲一样待我。但我不能去灵堂行礼，这是多么无情的世界啊。

姜元龙牧师对我说，我被宣判死刑时郑博士在病床上受到了很大的打击。他去探望时，虚弱的郑博士握着姜牧师的手，流着眼泪说：

“救救大中，救救大中。”

听着听着，我禁不住流下了眼泪。1970 年总统候选人竞选时，为了儿子辈的我，他走到大街上举着牌子喊着我的名字。他不顾年龄和辈分却只为了我。回想起来我只能默默地流泪。

1982 年 12 月 10 日，国家安全企划部（国家情报院的前身，简称安企部）的干部找到了我。他问我想不想到美国去。

“听说您身体不好，您想不想到美国去接受治疗呢？”

身体不好但也不至于出国。教导所里很多同志因为我而正在受苦，还有那么多为了民主化斗争而正在遭受牢狱之苦的学生，我也不能丢下因民主化斗争而入狱的光州市民们。我委婉地拒绝了他并殷切地向他请求：

"若您真想帮我请放了我，让我在国内接受治疗吧。"

几天后妻子来会面了。与平常不同的是，周围没有任何人，而是单独会面。妻子说几天前见过国家安全企划部长官卢信永，卢长官说他希望在他任期内能解决金大中的问题，所以他让妻子劝说我到美国2~3年接受治疗，并向总统建议让我与家人一起到美国去。但他又说这是他的个人想法要保密，还不知道能不能实现。

妻子想治疗我的病，建议我和家人一起去美国。弘壹和弘业与已经出狱的安炳茂、芮春浩先生等商量后，都劝我去美国。我没有回答。我不想去美国同时也没必要去，而且含冤入狱的同志们都在狱中，我不能丢下他们。妻子无可奈何地走出了会面室。

不久，妻子又来了，这次是和国家安全企划部人员一起。妻子再次执著地说服我：

"在这儿什么也做不了，大家都说在国外能唤起国际舆论的只有您。更重要的问题是，只有我们去美国他们才会释放被拘留的人。"

我目不转睛地看着妻子。她的话没有反驳的余地。我确认他们的许诺属实后答应了他们的要求，但我提出了在我出国之前要释放所有被拘留的人的要求。同行的国家安全企划部人员说释放拘留的人的问题以后再说，首先要办理出国手续，并说服我给出明确的答复，边说便将一张纸递给我说是让我"只专心治病不参加政治活动"的建议书。我拒绝了他：

"即使我去美国我也不能不谈论人权问题。您想想，我现在这样去美国后，如果我什么都不说，大家可能会认为我被政府收买了。反正我被限制是不能进行政治活动的，即使不写也不会有问题的。"

可国家安全企划部人员还是坚持要我写。他说为了出国，这是必需的，是政府要求的。我把他要加的语句写到建议书里。

妻子带着建议书进了京。之后我才知道妻子拿着建议书给弘壹看了。那时弘壹担心建议书里没有释放拘留的人的内容。第二天妻子见到卢信永部长诉说了实情，并请求对我的特别会面以便修改建议书。但卢部长不以为然地回答：

"建议书只是为了向总统进行建议而用的，不会在任何地方发表的。若担心那个问题的话，您绝对放心。如果需要的话，我可以当证人。"

妻子相信了卢部长的话。妻子说"我相信卢部长的人格"。但结果是，他们竟将建议书公开了。为了不让我进行政治活动，为了给我戴上有形或无形的枷锁，他们竟然言而无信。

12月16日，我被转到汉城大学医院，住在贵宾用特别病房（12层1病房21号）。这与之前住院时的单间房简直是天壤之别，但警备和之前一样森严。从清州来的教导所工作人员十多人和西大门警察局的警官十多人看守着入口和通道，以便阻止意图接近的人。几百名警察包围着医院周围。外部称我的出国日期为12月23日。我很惊讶，这比预想得要快。

那天，文化公报部长官召开紧急记者会并发布公告：

“因金大中先生家人的要求，出于人道主义的考虑，已将他转到医院并很快将和家人一起赴美。政府考虑到金大中本人和家人的希望，包括在美国的治疗，采取这种宽大措施是由要清算旧时代的残余、获得国民的和睦的第五共和国的意志以及全斗焕总统的特别人道主义而决定的。”

我无法接受“因金大中本人和家人的希望”而去美国的政府公告，因为那不是事实。

全斗焕政权加快我的美国之行有另外一个理由。全斗焕政权一上马便对政治人士和民主势力进行扼杀的铁腕统治，在国内外引起了强烈的反抗。张玲子、李哲熙“期票欺诈事件”等特大不利因素使他们想利用释放我来扭转在国内外的形象，另外他们抵抗不了国际社会要求释放我的压力。

我对他们像发善心似的行为非常不满。我想拘留的人还没被释放我没必要像逃跑似的急着走。我让妻子中止出国手续。这回是政府出面承诺我出国后的第二天将释放所有被拘留的人。妻子这次又恳切地说服我出国：

“以后的事听天由命吧。既然决定离开，我们就离开吧。”

还有我的主治医生也极力劝我到美国接受治疗：

“骨关节状态很不好，若不进行治疗的话可能会恶化到连路都不能走。”

几经思虑后我最终决定出国。大儿子弘壹继续留在韩国。

23日下午4点多，妻子和儿子弘壹、弘业、弘杰来到了病房。弟弟金大贤也到了医院，但是他们没让他进来，只让在机场见面。6点多，一家四口出了病房。他们让弘壹坐其他车到机场见面。走廊很静，只能听到我们的脚步声。便衣警察站立两边，我们跟着他们走，坐着大电梯下楼。可能因为刚过冬至，太阳很早就落山了。护卫因天黑分不清哪儿是哪儿。我们登上了拉着窗帘的救护车，救护车好像没有直接去机场而在绕行。同乘的人员用暗号“蟾蜍”、“猫头鹰”进行联络。

不多久他们让我们下车。金浦机场的路灯都熄灭了，我们一下车便看到了飞机。在舷梯前，才知道我们坐的不是大韩航空而是西北航空的飞机。我们买的是大韩航空的票，行李也都寄到了大韩航空，但却让我们坐外国飞机。这是他们为了防止会有同行的记者进行采访而采取的计策。刚坐下就有人来到我们面前。来者是清州教导所的二把手，他从口袋里拿出一张纸读了起来：

"行刑终止，获得释放。"

他下飞机后，其他人将护照和机票给了我们。我们和谁都没能见上面，也没能看到大贤和弘壹。飞机在黑夜中起飞了。这样我再次离开了祖国。妻子轻轻地拭去了眼泪。

激情的第二次流亡生涯（1982—1984年）

载着我们全家人的飞机于12月23日晚10点45分抵达华盛顿国际机场。虽已是深夜，但仍有300余名旅美侨胞守候在机场外。文东焕牧师、崔星一博士、韩完相博士、李根八秘书、哈维（Pharis J. Harvey）牧师、爱德华·肯尼迪议员的首席助理等人也一同来到机场迎接我的到来。他们举着我的照片和写有"行动的良心"的横幅与标语牌，高喊着我的名字。

文东焕牧师在机场致了欢迎词：

"于狮穴中拯救了但以理的主啊，是您把金大中先生从邪恶的全斗焕手里解救了出来。那是因为在未来的日子里，金大中先生将为实现韩国民主化和统一作出巨大的贡献。"

文牧师那善良的双眼中闪烁着晶莹的泪光。我身边聚集着来自世界各地的记者，闪光灯不停地闪烁。我应群众的要求进行了即兴演讲：

"首先我真诚地感谢主拯救我的生命。同时我也要感谢里根总统、肯尼迪参议员、史蒂芬·索拉兹（Stephen Solarz）议员等人。感谢世界各国人士为了争取我的自由而作出的不懈努力。待治疗结束之后，我将尽快回到我的祖国——韩国，重新投入到民主斗争当中去。"

我真诚地感谢各界人士为我所做的一切。妻子看到这一情景感动得情不自禁地哭了起来。文牧师推荐了那天一同前来欢迎我的崔星一博士[①]出任翻译官。崔星一博士不仅精通英语，还精通德、法、日、中等六国语言，具有惊人的语言天赋。在抵达美国的第二天，我就收到了留在韩国的被押人员获得释放的消息。

我在华盛顿的一家宾馆中度过了圣诞节前夜。我祈祷主赐予我、我的家人、我们国家、我们民族与我的流亡生涯以恩典。尽管大家对我进行了殷切的款待，但一

---

① 崔星一，霍尔巴特 & 威廉·史密斯大学教授。——译者注

股茫然不安感再次涌上了心头。我暗地里下定决心，虽然获得了自由，但这自由中包含了太多的东西。只要主与我同在，我就可以变得无限强大。

我又迎来了1983年的新年。新年的第一天我与侨胞们一起度过。我与文东焕牧师、李根八、安炳国、金东玄等人见了面，又见到了内弟李圣镐和外甥李英作博士。他们给予了我们一家人巨大的勇气，他们的祝福给予了我们希望。1月3日，索拉兹议员还为我们举行了欢迎晚宴。1月8日，虽然只是月租房，但我们还是拥有了自己的家。它位于华盛顿近郊的弗吉尼亚州亚历山德里亚市的水门公寓的16层。这座公寓因尼克松总统的窃听丑闻而闻名于世。这里配置有警卫员，对出入者身份进行确认，还设有会议室，只需要花很少的钱就可以使用。在这里我也栽种了各种花草。公寓里的花草一直郁郁葱葱、欣欣向荣。

爱德华·肯尼迪参议员于2月15日在美国参议院议事厅内的曼斯菲尔德厅为我们举行了欢迎宴会。美国前国务卿马斯基和美国安保顾问理查德·艾伦（Richard Allen）等数百名人员参加了此次宴会。我所深爱的祖国成了我的死地，他们热情接待了我这个从死刑中脱身的异国逃亡客。但作为离开祖国的异地人受到当地人如此的欢迎却不能算是一件值得开心的事。我在这里演讲时对美国政府提出了如下要求：

"我不希望美国出面干涉韩国的内战问题。我也不要求美国代替我们把恢复民主主义作为首要大事来进行。我只想对美国政府提出两点要求，一是精神上支持我们的民主主义热情；二是希望美国政府不要以维护安保的借口，使独裁合理化或者鼓励发展独裁。"

美国是为实现韩国的民主化对独裁者施加压力的最好地点。我一直在探索着实现国内民主化的有利方案。我决定选择最有效的手段即让美国议会的领导者们了解韩国独裁的实际情况。同时，强调支持独裁对美国的国家利益没有任何帮助。我请求新闻媒体、学者、宗教人士对独裁政权施加压力，支持韩国的民主势力。

抵达美国后不久，我在华盛顿召开了记者见面会，会上日本记者做了这样的提问："大约在一年前，乔治敦大学曾提议为您进行免费手术，请问您知道吗？"

大概是我在教导所服刑期间，因髋关节不好而吃了很多苦的消息被广泛流传后，同属天主教阵营的乔治敦大学提出了这个免费手术的建议。但是我并没有接到任何通知。当时我考虑在美国的陆军医院接受治疗，但很担心手术费用的问题。我对提出要为我进行免费治疗的乔治敦大学无比感谢。

我立即与乔治敦大学取得了联系，校方很快确认了此事，并表示这一方案依然有效，我随时都可以入院接受治疗。很快我就在乔治敦大学接受了诊治，并受到了

流亡美国后，爱德华·肯尼迪议员为我举行了欢迎宴会

主治医生的欢迎。医生说手术和术后恢复大概需要六个月的时间，但即使接受治疗也无法完全根治。其实我的髋关节已经有了明显的好转，在教导所中所感受到的强烈痛楚现已消失大半，医生建议与其马上实施手术不如先入院观察采取保守治疗更加有效。

本来是为了早日治好病痛而来到美国，现在这一目的却突然消失不见了，但我不能以接受观察治疗为借口闲散下来。此时韩国方面传来了我从政府那里拿到了20万美金的毫无依据的传闻。韩国的国家安保部门居然作出这种下流之事真是可耻。我向位于华盛顿的韩国驻美大使馆通报了我的想法：

“我本是为了根治疾病而来，但当下看来似乎没有这个必要了。既然已经来了，我就不能终日无所事事地进行自我放松。此时此刻还有很多人正在为了韩国的民主化而进行着努力奋斗，我的良知不允许我独自保持缄默。我现在要在这里继续展开民主化的战争，即使被指为‘再度参政’，我也在所不辞。当然我在美国进行民主斗争的责任由我个人来承担，我绝不会做出有损大韩民国声誉的事情。我会堂堂正正地表达我的反全斗焕政权的主张。因为我坚信此举最终会提高我国的国际形象。如果我的做法有错，回国后我将接受法律的制裁。”

3月，我在位于佐治亚州亚特兰大的埃默里大学举行了以“韩国基督教与人权”

为题的演讲。在演讲结束之后，我与校长莱尼（James T. Laney）先生一道前往卡特中心拜访了卡特前总统。在卡特中心见到的卡特先生就像一位善良的邻家大叔那样和蔼可亲。我对他表示了由衷的感谢：

“衷心地感谢您为了救出身为死囚的我而不辞辛劳四处奔走。其实当得知您在大选中输给里根的时候，我还以为‘这次真的死定了’而放声大哭。”

在谈到这些事情的时候，我的眼中情不自禁地泛起了泪光，周围的气氛也渐渐变得严肃起来。卡特前总统对我低声说道：

“我十分钦佩您在独裁者的威逼利诱之下绝不屈服的勇气和坚忍的精神。希望这以后我们也能彼此保持紧密的联系。我们是并肩战斗的同志。”

当天晚上莱尼校长在自家的住宅款待了我和我的家人。

不久后，埃默里大学授予了我名誉法学博士学位。莱尼校长为我举办了祝贺午餐会，一同出席的有亚特兰大市市长安德鲁·杨（Andrew Young）和当地侨胞、美国人权团体等。我应与会者的要求，用尚显生疏的英语简单地介绍了我一直坚持的民主化道路。

在美国埃默里大学获得名誉法学博士学位，授予我学位的詹姆斯·莱尼校长日后赴任驻韩美国大使，为韩美关系的发展作出了杰出贡献

我在教会、大学、人权团体和协会等地做了巡回演讲。在美国的2年3个月中，我做了超过了150次的公开演讲。通过演讲向美国政府及议会的相关人员、宗教界、旅美侨胞和世界舆论讲述了韩国的实际情况。演讲的主题主要是民主主义和人权。

有超过20所大学向我发出了邀请。不论到什么地方，我都能收到来自当地广播电台或者报社的采访邀请。每当这个时候，我都会借机广泛宣传韩国的实际情况，并呼吁支持韩国实现民主化。

我总是在不停地奔走着。哪里需要我，我就赶到哪里去。与在家的时间相比，我在车上度过的时间更长，所以我总是感到十分疲惫。虽然很多人对我的演讲和生活方式表示赞许和激励，但回过头来我总是感觉到孤立无助。在那之后，我常常独自一人流下眼泪。有时连常伴左右的妻子都不知道。

在我进行演讲时，现场人少的时候有数百名，人多时会聚集上万名。美国人把我视为人权运动的英雄。我也参加了许多的宗教性集会。

从美国的立场上综观韩国政局，那真是令人绝望。舆论自由被无端剥夺，人权也遭到肆意践踏。虽然也有在野党，但却起不到任何反对党的作用。民主义士被关押在教导所或软禁在家中。我在1983年6月成立了在美韩国人权问题研究所，以此为起点在美国全境散播韩国民主化的热情，我计划将此热潮传入韩国。这个研究所在美国是以正式的社团法人而登记的，享受免税的待遇。我担当所长，同时设有十余名理事，其中包括李英作、李根八、金景梓、李在铉、崔星一等。身为美国人的哈维牧师也加入了我们。在美韩国人权问题研究所定期发行名为“行动的良心”的期刊，编辑由沉起燮、郑东采等担当。

研究所的运营和期刊的发行等都花费不菲。我虽然掏出了举办书法展的收入、演讲费等，但还是杯水车薪。多亏旅美侨胞积少成多的帮助才得以渡过难关，特别是纽约的珠宝商郑炯基对我和研究所提供了热情的帮助。现在回想起来，在美国停留的那段时间里，真是获得了大批侨胞的无私帮助。身在异国他乡的生活难免艰苦，但大家都期盼着能为祖国的民主化建设事业作出贡献而纷纷慷慨解囊。真的是太感谢他们了，如果没有他们的无私帮助，流亡的日子该有多么艰苦啊！即使是在回国之后，我也不从未忘记他们的热情声援。

对我来说，保障旅美侨胞的人权也是一件非常重要的大事，因此我一直向侨民强调“参与论”：

“人权是重中之重。为了保障人权，我们需要民主主义。而实现民主主义就需要大家的积极参与。”

当然我进行各种活动的最终目标是撼动美国舆论，利用舆论动摇美国国会和政府的对韩政策。为了达到这一目标，我们的侨民必须积极参与到美国的民主主义当中去。

我接连在纽约、华盛顿、洛杉矶等地举办了书法展。我挥毫泼墨书写了“敬天爱人”、“事人如天”、“人乃天”、“实事求是”等书法作品。虽然写得不是很好，但是大家都纷纷慷慨解囊购买。我妻子也出版了自己的书法作品，书法展所到之处所有的作品一律被抢购一空。书法展的收入比我们预计的还要多，所以我用这些钱设立了“民主化基金”。

在纪念“5·18”光州民主化运动三周年之际，前新民党总裁金泳三发起了绝食斗争。其后金泳三就被禁止参加一切政治活动，并被软禁在家中。绝食作为一项极端的斗争方式，也是最后的手段。我深受感动，并体会到了革命同志间的连带关系。金总裁宣布绝食斗争的同时，要求释放所有在押学生、宗教人士、知识分子、普通劳动者，保障受制于政治活动限定法的所有政治人士和民主市民的参政议政权，恢复因政治问题而被撤职的教授、学生以及劳动者的身份和职位，实行舆论整顿公开化，恢复被解雇的媒体人的职位及职务等。

我认为金泳三的绝食斗争具有重要的政治意义，此举是全斗焕政权统治下在野党作出的首次反抗。绝食斗争成为凝聚在野民主势力的初期手段。但因舆论被封锁，金总裁的绝食斗争没能在国内报纸和广播上报道出来。绝食斗争进行到第 8 天，即 5 月 25 日，政府当局强制将金泳三投入汉城大学医院，此消息经美联社、路透社、共同通讯社等海外媒体的报道而被全世界所知。

我为支持此次绝食斗争而写了题为“金泳三的绝食斗争”的文章并登在了《纽约时报》上。这次我不是以读者的身份而是以专栏作家的身份进行了投稿。因为是英文原稿，所以我拜托杰尔姆·科恩教授帮忙修正。杰尔姆·科恩教授严肃地对我说道：

“我一直以为您与金泳三是敌对的关系，现在您为了他而写出这样的文章真让人吃惊。即使身为美国人的我，也为您的气度所折服。我真的备受感动。”

科恩教授与金泳三也私交甚笃。这篇专栏文章于 1983 年 6 月 9 日被发表。

> 我们所希望的是美国能对 35 年的友邦——韩国的民主化发展伸出援手。说不定在美国社会当中也存在那种虽不满于韩国的独裁政权，但认为为了保障国家的安全和社会的安定还是应该选择保持沉默的人。
>
> 但是我不能同意这种观点。没有民主主义，也就不会有持续性的安定。最好的证据就是现在的韩国政局不稳。难道因迫于苏联的威胁而让美国国民接受独裁政权也没关系吗？
>
> 或许有些人会认为韩国还没有做好实行民主主义的准备。但是，现在的韩国无论是在教育文化水平还是经济水平上来看，都要比 200 年前确立民主主义的美国要好得多。这样来看，前面的论调就丝毫没有说服力了。

现在的美国政府必须重新确认韩国国内自由的重要性，若不恢复民主政府和民主制度，韩国是没有办法安定下来的。金泳三的绝食斗争及其带来的后续影响，使美国政府直面着重新考虑政策的严峻挑战。

为了声援金泳三的绝食斗争，居住在华盛顿和纽约的侨胞们举行了街头示威活动。6月4日，示威人群聚集在华盛顿的杜邦环岛（Dupont Circle），他们或手举“拯救金泳三”的牌子，或将标语挂在了脖子上。游行的人群不仅集中在韩国大使馆和国务院附近，也聚集在了白宫附近。6月9日，金总裁结束了绝食斗争。

此后，我与金泳三就当前时局进行了深入细致的讨论。同年的光复节，在汉城和华盛顿我与金泳三一起共同发表了题为“民主化斗争是为了追求民族独立和解放的斗争”的声明。在声明的结尾，我这样写道：

1980年春，当时在野党的政治人士们凝聚成一个整体，全体国民团结一致满怀激情地走上了民主化道路。失败造成了成百上千的民主群众死伤。我们不仅没有能够阻止国民持续受难，同时也无法阻止政局与民主化渐行渐远这一事实的发生，在这一点上我们负有不可推卸的责任。我们真诚地向国民们表示忏悔，面对全体国民对民主化的无上热情，现我们俩决定携手并进，齐心协力一起朝着我们民族史上的最高目标大步向前。

我们俩向国内外表达了为民主主义战斗到底的决心。

6月初，日本《世界》杂志的主编安江良介来到纽约对我进行了专访。1973年我在日本被绑架前曾经接受过他的采访，当时的采访内容在我被绑架的8月8日出刊。这次是我们时隔10年之后再次见面。

我以为再也没有机会见到您了。心中有万千思绪，但却难以说出口。过去的10年是动荡的10年，也是韩国经历了众多艰难险阻的10年。

安江主编就这样打开了话匣子。他表情生动而富有感染力，我们谈论了很长时间。他问了我怎样看待光州民主化运动的本质。

我认为光州民主化运动综合了我们民族100年来所殷切盼望的民众、民族、民主三大夙愿。爆发于1894年的东学革命①，最终虽然因日本的干涉和甲午中日战争的失败而宣告破产，但它是10万农民发起的近代农民争取权利和民族解放、反对帝国主义的伟大的正义抗争。也有许多评论家认为，以农民为基础的解放罗马奴隶的斯巴达起义，还有1517年德国宗教改革激进派的领导人闵采尔，这些人引导的斗争是具有深远意义的正当斗争。

但东学革命虽然较之于官军是取得了胜利，但是面对日本军时却遭遇了惨败。同时，正如大家所知的1919年的“3・1”独立运动，这次也因为日本的武力干预而遭遇了失败。在李承晚背弃了国民的期望，强制独裁并利用反共安全来稳定自己政权的时候，国民发起了四月革命，但这次革命也因第二年的朴正熙军事政变而夭折。这三次革命的结果都以失败而告终。但是东学革命的民众、“3・1”独立运动的民族、四月革命的民主，在朴正熙遭暗杀之后，民众、民族、民主受到了国民的普遍关注。现在我们应该依靠民众建立民主政权，通过该民主政权实现自由、正义和做人的尊严，再以此作为跳板来促进南北的和解与统一。这才是全体国民最真切的期待，但此时全斗焕却完全不顾民意，发动了与历史趋势相悖的军事政变。

光州市民对此表示了强烈的抗议。当然也不只是光州市民，全罗道一带的民众也都举行了抗议活动。当时作为选举区的木浦，短短3天的时间内警察局就被民众攻破了。但在这场反全斗焕的行动当中，光州成了斗争最为激烈的地区。

安江主编对韩国20世纪70年代的民主化斗争作出了很高的评价：

20世纪70年代的韩国人生活在水深火热之中。数不清的人被逮捕，接受拷问，甚至还有人被逼疯。还有年轻人焚身自杀以示抗议。能力超群的人才死于出类拔萃……但人才是层出不穷的，他们期待着新的团结。在那风口浪尖的中心一直有您的存在。因此日本人对重归故土的您表示极大的关注。

接下来，我又紧接着说道：

---

① 东学革命，即东学农民运动，又名甲午农民战争，是19世纪下半叶在朝鲜发生的一次反对两班贵族和日本等外国势力的平民武装起义运动，是甲午中日战争的导火线。甲午农民战争持续了十个月，最终在朝鲜国内外反动势力的联合绞杀下以失败告终。——译者注

通过20世纪70年代的孤军奋战，韩国民众已经在所有的领域都取得了很大的成绩。各年龄层、社会各阶层都产生了能为民族作出贡献的指导者。他们就好像尚埋藏在地下的宝物，连我也不能够完全地了解他们。因此像我这样的人有幸得到世界瞩目，尤其是有些评论听起来好像在韩国只有我一个人受苦受难的时候，我的心中真的是苦不堪言。我总觉得自己好像强占了他们牺牲换来的功劳，总感觉非常抱歉。

我认为自己只是必须要作出牺牲的第一代。韩国一定会在20世纪80年代恢复民主主义。我虽不是什么预言家，但却对此怀有绝对肯定的信心。我的任务就是大步向前开拓道路。为迎接民众时代的到来，开辟真正的民主道路……这些都是我们所殷切期盼的，当然这也是一条布满荆棘的艰苦之路。

路途艰苦不一定是不幸的，但我认为全斗焕将军在某种意义上是非常不幸的。有时候我也会这样想："他该有多么不安啊！人生如此珍贵只有一次，怎么能这样度过？每天都在想着自己的所作所为会让国民怎么想，将来的历史会怎么评价自己，惶惶不可终日……"

我从来都不认为自己是一名殉教者，也不自居为理想主义者，无论到什么地方我都是现实主义者。不论是殉教还是理想，我都只会考虑与现实的发展能够结为一体的事情。为了国民争取自由、为了实现统一我将贡献出个人的毕生力量。

刊登在《世界》杂志上的采访内容在日本引起了巨大反响，被选为《朝日新闻》1983年年度五大新闻之一、《读卖新闻》的年度三大新闻之一。

8月21日，我收到菲律宾参议院议员阿基诺（Benigno Aquino）在回国途中被杀的消息。年初，经崔星一博士的介绍我与阿基诺议员首次见面，并在他的住所共进了早餐。他是一个豪放洒脱的人，对待每件事都很乐观。他的夫人科拉松·阿基诺（Corazon Aquino）女士则与他正好相反，是个很沉稳的人。我与阿基诺一样，都离开祖国而进行民主化运动。虽然我们国籍不同，但却同是为民主化奋斗的同志。我们约定总有一天我们会一起合力创造如"亚洲民主战线"那样的民主化运动球心。当时他正急着回国，我期待着他平安回国后能成功带领菲律宾走上民主主义道路。

阿基诺议员的回国引起了来自全世界的广泛关注，独裁者马科斯（Ferdinand Marcos）总统对他的归国发出了公然的威胁，因此很多人都陪同他一道回了菲律宾。

他在到达马尼拉机场走下飞机舷梯时中枪昏了过去。阿基诺倒在了机场的沥青马路上，那场面真是令人震惊。这一悲剧性的场面通过电视新闻进行了报道。

“倒在血泊里的那个人真的是笑声朗朗、与我相约要为民主化而一起奋斗的阿基诺吗?”

我发表了关于阿基诺议员的追悼文，表达了我对民主同志死亡的哀悼和对菲律宾政府的声讨。悲剧的发生正是美国支持独裁政府的结果，这也促使里根总统取消了对菲律宾的访问。

菲律宾政府公布犯人为雇佣杀手，但国民们对此并不相信。阿基诺议员并没有白白牺牲，在这之后，菲律宾正式进入了民主化斗争阶段。那样沉稳安静的阿基诺夫人——科拉松女士也成为民主战士。科拉松·阿基诺女士在1986年2月最终推翻了统治菲律宾长达20余年的独裁政权——“马科斯王朝”，成为菲律宾第一位女性总统。她那接受国民的召唤勇敢地变身为政治人的勇气和决断直到今天也值得尊重。在此之后，科拉松女士作为民主斗争的同志与我一直并肩走在相同的道路上，每到紧要关头都会为我送来鼓励和祝福。

在我回到韩国的几年后，从阿基诺的亲信那里收到了他在流亡时使用的手动打字机和照片等遗物。再次想起那场悲剧还是会令我心如刀绞。

1983年的9月，我开始以哈佛大学国际问题研究所（CFIA，Center for International Affairs）客座研究员的身份参与研究活动。1973年收到了赖绍华教授的邀请函后，我决心重新开始因软禁和政治情况而被迫终止的学习，与沃格尔（Ezra Vogel）、杰尔姆·科恩、埃迪·巴克（Ed Baker）、本杰明·布朗（Benjamin Brown）、库珀（Cooper）教授等会面并进行了各种主题的会谈。

在哈佛大学研究学习期间，我因为参加美国各地的特邀演讲而十分繁忙。我在哈佛大学旗下的很多研究所进行了演讲，演讲主题主要是韩国民主主义的展望、韩日关系等。有一次我在哈佛大学亚洲法律中心进行演讲时，收到了这样的问题：

“您到现在为止一直在边流亡边为实现韩国民主而斗争，您觉得这样可行吗？民主主义是西方的产物，在韩国传统中真的存在民主主义的要素吗？我认为韩国是受儒家思想支配的国家，发展民主主义的可能性微乎其微，您认为呢?”

事实上我曾多次碰到与此类似的问题。我强调了在我们的民族历史中存在很多可以实现民主的要素。

第一，从以檀君神话为基础的我们民族的建国神话中，不难总结出民主主义

流亡过程中遇到了阿基诺议员夫妇，这成了我们的最后一面

的根本之一的“民本精神”。檀君神话中的“弘益人间”思想是以百姓作为根本前提而实现的。纵观新罗以及伽倻的建国神话，都指出由百姓推举出王。这是在哪个国家的传说当中都很难找到的例子。韩国东学所主张的“人乃天”即人就是天，意思是说对待人民要像对待上天一样，也就是“事人如天”，这也是东学的基本思想。

第二，韩国近百年的历史就是与专制进行顽强抗争的历史。朝鲜王朝灭亡仅9年就发生了“3·1”运动，在这场运动中没有一个人主张复辟君主制度。这与西方在法国大革命结束后的近200年间依旧在复辟君主制度上摇摆不定的历史现实相比，难道不令人吃惊吗？1960年发生的“4·19”革命、1979年的釜马民主抗争事件、1980年的光州民主化运动等，这些都是在民主精神的指导下发生的抗争。

综上所述，我们的民族绝对不是与民主主义毫无关联的，我们的历史中俨然存在着民主主义的原理和要素。

每到一处，我都会反复强调这样的言论。

在一次出席哈佛大学校长博克（Derek Bok）先生也在场的会谈时，我曾经问道：“包括韩国在内的来自第三世界国家的留学生们从美国一流大学毕业归国后，大部分成为独裁者和个别财阀的走狗，这难道不是由于美国教育存在着缺陷吗？”校长先生这样答道：“这不是大学教育的问题，而是人性的弱点。”

我无法赞同这样的观点。如果真是这样的话，那么未曾就读于哈佛大学的很多韩国学生为什么能够不惧压迫、为民主主义抛头颅洒热血。他们放弃了优厚的工作条件，冒着入狱的危险而投入到了民主战斗当中。我认为校长的回答没有办法解释这种现象。不久之后我再次以书信的方式提出了自己的见解，那几天之后我获得了与校长单独会面的机会。校长向我提到他特意要求法学院设立了专门研究第三世界人权问题的机构。以此为契机，我与博克校长成了好朋友。博克校长在我决定回国的时候，为促使我安全回国还曾向《纽约时报》投稿，并联合150余名著名人士联名书写了期望我能平安回国的书信寄给了全斗焕总统。

一次在哈佛大学肯尼迪学院演讲时，我遇到了瑞典首相帕尔梅（Olof Palme）并与他共进了午餐。我对在我被宣布死刑后他积极帮助开展援救活动表示了感谢。他从我被绑架的事件发生以来就一直支持着我。我向他表达谢意，他却说他只是做了自己该做的，并邀请我以后有时间去瑞典。

1984年，结束了1年的哈佛大学客座研究员的生活后，我提交了关于韩国经济问题的论文。虽然我并没有提交论文的义务，但我希望在此期间研究的经济理论能够得到考证。该论文因在新泽西州州政府工作的柳钟根博士的帮助而得以顺利完成。哈佛大学方面对我的论文给予了很高的评价并加以出版，甚至还将其定为辅助教材，即《大众参与经济论》。

里根总统准备于1983年10月对韩国进行访问。当时美国舆论对里根总统访韩持反对意见，并且批判的势头逐步高涨。他们认为，在韩国面临着严峻的人权问题的当下，里根的出访无疑会更加巩固独裁政权的基础。很多议员也持同样的意见，他们向白宫提出了反对意见。我也参与了在白宫前举行的反对里根总统访韩的示威活动。

就在这时，我收到了来自美国ABC电视台*Nightline*节目组的出演邀请。但是我犹豫了，因为我对自己的英语没有自信。*Nightline*是拥有千百万名观众的人气节目，主持人泰德·科佩尔（Ted Koppel）更是备受国民信任的著名主持人。他不只针对美国的领导人，对世界各国的领导人都能连珠炮似的提出各种问题，即使是敏感话题也从不放过，但是他的节目反响却十分热烈。

没有人在面对这种阵势时还能坦然自若。我就参加拍摄一事向周围人征求了意见，出乎意料的是大家都强烈支持我出镜。他们说与流畅的英语实力相比，发言的内容更为重要，这点燃了我的勇气，当然，为了韩国民主化我也必须出镜，于是我欣然接受了电视台的邀请。

讨论者暂时定为美国人2名、韩国人2名，一共4人，将他们分为支持韩国现政府的一方和与之相反的一方。但是到实际录影的那天却出现了问题，与我一组的美国人忽然表示不能到场了，这真是措手不及啊。我本来英语就不熟练，现在还要我进行1对2的辩论，但事已成定局。作为我对手的韩国人是英语熟练的奉斗玩，当时他是韩国国会的外务委员长。

“好吧，让我试试吧。我的不足之处在于英语，而不是逻辑。”

主持人泰德·科佩尔可能对此也十分担心，所以他提出在正式录影前与我先见一面。他应该是想先试探一下我吧。在与我交谈过后，泰德·科佩尔愿意尽全力帮助我。

“这种程度就足够了。外国人不一定要英语好，放下心来大胆去做就行了。对您为了韩国民主主义付出了一切的事迹我早有耳闻。”

泰德·科佩尔对我颇有好感。后来我听说他在1981年结束圣诞节特辑时还曾这样说道：

“在我们与亲人欢聚一堂共度圣诞前夜的这个时候，还有很多民主英雄正经受着苦难。他们或被关在教导所中，或者被施以监视，但依旧为人权和民主而不懈奋斗，如韩国的金大中等。这些人遍布世界各地，承受着痛苦，为了信仰而孤独地战斗着。我们不应该忘记这些英雄。”

不管怎么样，听了他的一番话，我终于放宽心并重获了力量。

首先我说明了韩国人权遭到践踏的实际情况，接着主持人询问对方我的指责是否属实。但是奉斗玩回避了这一提问，只是对南北对峙的情况和国家安全危机等问题进行了陈述。大概是因为他也没有办法说谎吧。泰德·科佩尔没有就这样被轻易地糊弄过去。他马上打断了奉斗玩的发言，要求对我的发言表明明确的立场，但是奉斗玩总是重复着同样的内容。最后他的发言还是被打断了。

我重新获得了发言权，并阐述了如下的主张：

“在人权问题如此恶劣的现在，如果里根总统的访韩成行的话，这将是对韩国独裁政权的一大鼓励，它将纵容韩国政府继续践踏人权。韩国国民对里根总统访韩的决定大为失望，里根总统的韩国行无疑将引起韩国国民对美国的反感。这不仅对美国，对韩国也不具有正面意义。因此请务必重新慎重考虑访韩一事。”

讨论的气氛渐渐变得对我方有利。不是因为我擅长辩论，而是因为我说的都是事实。但是在讨论即将结束之时，对方却发表了不实言论，但是这在辩论里却卓有成效。

“到现在为止，金大中反复提到的人权问题是发生在朴正熙掌权时候的陈年旧事了。现政权绝对没有这样的问题。全斗焕政权保证韩国公民平等享有基本人权。韩国政府绝对没有进行任何形式的践踏人权行为。”

正当我要反驳他的时候，主持人宣布要结束辩论。我急忙喊道：

“请等一下！等一下！”

主持人没有办法，要求我简洁明了地阐述自己的观点。我一口气说出了下面的内容：

“到现在为止，我对于韩国人权问题的发言并不是仅凭我个人的一己之见，而是引用了国际特赦委员会1982年报告书的内容，这也是美国国务院发表的《1982年国别人权报告》中所记载的内容，因此我可以保证我所说的每一句话都是有事实根据的。”

我利用高声疾呼而换来的最后发言给了对方致命的一击。刚一到家，我就收到了来自美国各地的电话“轰炸”。大家都很震惊金大中居然能用英语辩论得这么好。事实上当晚，美国的韩国公馆建议侨民们都收看*Nightline*。他们都认为对英语尚生疏的我在那样的情况下一定会紧张不安到打乱准确的逻辑。但结果恰好相反。换句话说，我的英语的确不是很好，如果我能给观众带去感动，那不是因为我的英语水平有多好，而是因为我说出了事实。不论何时事实都是最高的论点。

另外，我认为我之所以能这样用英语进行辩论是因为六年的教导所生活我时刻坚持学习，遍读了包括《三位一体》在内的众多英文书籍。因我的英语是自学得来的，所以虽然口语不精，但是语法很强，因此外国人还是听得懂我所讲的英语的。如果当初我没有进教导所，又怎么能在50多岁的年纪学习英语呢？这样看来，那段时间我也获益颇丰。

暴风般地回国（1984—1985年）

1984年新年之际，我正在为回国的问题而烦恼。首先，我怀疑自己之所以选择留在美国是为了确保自身的安全，对此我感到十分自责。另外，国内的民主化运动也未能充分展开，我试图动摇美国国会和政府的对韩政策目标也未能获得重大进展。同时，我在经济上也出现了困难。

我与文东焕牧师等很多人一同进行了商议，大家各抒己见。情急之下我们还向美国各界人士共计278名发送了有关我回国的调查问卷，但这也是没有办法的办法。应答者中的60%以上认为我“不要提前确定日期，而是应当见机行事”。分析其原因就是韩美关系与国际政事总是在不断地变化，这很有可能会威胁到我的人身安全，而与此同时积极开展各种活动促使美国政界与政府修改对韩政策依然非常重要。

我决定暂时保持现状，继续与政界、舆论界、宗教界、学界的人士进行密切联系以此来引导舆论。我常常约吉姆·利奇（Jim Leach）、巴尼·弗兰克（Barney Frank）、保罗·西蒙（Paul Simon）、威廉·格雷（William Gray）、托尼·霍尔（Tony Hall）、史蒂芬·索拉兹、托马斯·福列塔（Thomas Foglietta）等人见面，以便将韩国独裁政治的现状告知他们。我还强调，为了韩国的民主主义美国应该做的事情。我不分激进派与保守派对他们一并进行说服。因为我认为，即使是保守主义者也不会支持独裁，所以我对这一点进行了充分的利用：

"美国国民都是民主主义的信奉者。若美国支持独裁政权，就等于把韩国视为对抗者。请试着想想看，与大家一样信奉民主主义的韩国人，正因为美国所支持的独裁者而受尽煎熬。这不仅仅是美国的执政党与反对党的问题，也是民主主义与独裁主义的问题。"

我的这一主张还是相当有说服力的，每个人都点头称是。实际上世界上有很多独裁国家，但是到美国为自己祖国争取民主化而进行抗争的人却不多。我只要有机会就接受新闻采访，由此产生了很好的反响。

我在美国被问到最多的一个问题就是："韩国是否具有进行民主主义的基础?"我听到这个问题后进行了回答：

"'4·19'革命令李承晚总统自己下台了，其间并没有使用暴力手段而是以和平的方式进行的，我们只是为了实现民主而在进行着抗争。还有光州民主化运动也是如此。虽然我们付出了巨大代价，做出了巨大牺牲，但最终也没有对此进行报复。韩国是充分具有实现民主主义资格的国家。"

在流亡生活中，关于我的流言不断地在韩国被编造并广泛流传。那些没有任何依据的流言漂洋过海传到了美国。有人说我住着高级公寓，过着奢侈的生活，还戴着很大的宝石戒指。当然这些流言都是由政府机关周密地捏造并加以流传的。实际上我当时住的公寓是月租900美元的廉租房，所谓的宝石戒指也不过就是哈佛大学的学生们戴的那种普通戒指。

军事政权不断捏造着关于我的各种流言，说我"思想激进"、"亲共"，是个"骗子"，对我进行着污蔑、不断毁损我的荣誉。我活到现在承受国民们对我的误解比承担他们对我的残酷压迫更令我畏惧和难过。虽然那些流言都不是事实，但若一直向国民们灌输，三人成虎，国民们最终会相信的。关于我的各种谎言四处流传着，这令我感到非常心痛。

每年年初，美国都会发表关于其他国家的人权报告。《1984 年国别人权报告》中关于韩国的部分，重点指出了在 1982—1983 年间应当进行改善的内容。我对此提出了抗议并要求与国务院负责人权问题的相关人员进行面谈。我的要求得到了采纳，2 月 13 日我在艾布拉姆斯（Eliott Abrams）助理国务卿的办公室里见到了他。我对他说，若想真正改善韩国的人权，不是单纯地释放学生或恢复上课就能解决的，而是要对法律和制度本身进行根本的改善。同时，我还强调了美国对韩国的政策需要进行全面的转变。

艾布拉姆斯助理国务卿对面的办公室正是负责东亚问题的助理国务卿的办公室，他们支持韩国的现任政府并主张寻求与韩国进行政策上的合作，他们工作在同一个空间里却保有彼此相悖的观念。为了民主主义，我宁可献出生命，但美国却让我大失所望。即使美国政府表示支持韩国政府，我也绝不放弃。在美国活动期间，我的长远目标是使美国对韩国现任政府的独裁统治和蹂躏人权进行批判和牵制，短期目标是美国不再积极支持独裁。

二儿子弘业 3 月 10 日结婚，对此我非常高兴。实际上他的婚礼经历了很多的波折。弘业深爱着一名女子，这名女子名叫申仙莲。但因为弘业随我匆匆赶来美国，所以他们不得不分开了。虽然没有直接问出来，但是我很想知道他们的关系到底怎么样了。妻子对我说他俩每天都会通话，而且经常通信。弘业经常在晚上往韩国打电话。妻子因他们之间的深情而摇头叹息：

“实在太可怜了。”

如果他们是真的互相信任，彼此相爱，不管怎样我都希望他们能共结连理。因为我这个做父亲的原因，孩子们不但要在异国他乡生活，而且要承受分别之苦，这实在是太残酷了。我决定把我的未来儿媳申仙莲带来美国。幸运的是，仙莲得到了霍尔巴特 & 威廉·史密斯大学的入学许可。我请求前美国驻韩大使格莱斯廷先生在办理签证时给予帮助。就这样，仙莲在 1983 年末来到了美国。我们全家人都去纽约接机了。为了追寻爱情远道而来的仙莲显得更加漂亮了。

3 月，弘业在马里兰教堂举行了婚礼。新娘一方一位客人都没有。文东焕牧师代替新娘的父亲牵着新娘的手进入了礼堂。婚礼结束几天后，我的亲家竟然意外地来到了美国。不单我没有见过亲家，就连他们的女婿弘业也是第一次见到丈人。值得庆幸的是，亲家对弘业很满意。

我的亲家申铉守在当时是检察院的检查委员。在他的女儿与弘业结婚的消息传开后，青瓦台的政务书记官就建议他辞职。在同意女儿结婚的时候，他已经有那方面的准备了，所以就提交了辞呈，但是全斗焕总统把他叫去问他辞职的原因，他就实话实说了，但令人倍感意外的是，总统说“子女的事，不是我们可以左右的”，说完就把辞呈退给了他。总统还说，虽然现在有点晚了，但还是给亲家假期让他去为女儿的婚礼祝贺。

在那之后过了很长时间，我又与亲家见面了。那时我正忙着回国的事情。亲家带着很为难的任务登门拜访。他带来了全斗焕政权要我延迟回国的要求。对此我也非常为难。我不得不使亲家失望而返。我认为他们把缘分利用到政治中，实在是太卑鄙了，同时我也觉得非常对不起亲家。

1984 年 5 月 18 日，民主化促进协会（简称民促协）在韩国宣布成立，6 月 14 日举行了创立典礼。东桥洞派和上道洞派的人员各占了一半。金泳三先生任共同议长，金相贤先生代替我也出任了共同议长，另外正在逃亡中的我暂任顾问一职。民促协的诞生在独裁的领土上刮起了一股新风。

韩国政府给我发放的护照目的地仅限美国，而在美国我也受到了诸多限制。例如，不可以进行任何的海外旅行。加拿大外交部与哈佛大学国际问题研究所的同事们一起曾邀请过我两次，但都被驻纽约总领馆以我的护照目的地无法变更为借口拒绝。1984 年联邦德国的冯·魏茨泽克总统和前总理维利·勃兰特先生都曾邀请我，而且是通过联邦德国波鸿大学正式邀请的，但我也没能去。

7 月的某一天，美国民主党全国委员会议长马纳特（Charles Manatt）邀请我参加在旧金山举行的民主党全党大会。我答应将和夫人一同参加。自 7 月 16 日起，接连 4 天我都参加了全党大会。这次大会使我回想起了 1970 年选出总统候选人的新民党全党大会，那次大会也得到了国民们的拥护。可叹的是现在那些都已成为过去。令我印象最深的是黑人、西班牙裔美国人等非白人的那种堂堂正正。我能感受到他们自身权利的增进，同时也能预感到他们很快会成为社会的主流。经过堂堂正正的较量和自由表决后产生的结果，每一个人都能欣然接受，这使我亲眼看到了真正的民主主义。这次参加全党大会使我重新感受到了美国的巨大潜力。虽然美国在国际上的失信是存在的，但我感觉至少在美国国内还是实行民主主义和道德政治的国家。该大会选出了蒙代尔（Walter Mondale）出任民主党候选人。

8 月初，弘壹来到了美国。自 1980 年 5 月 17 日被捕之后，我还是第一次以自由之身见到弘壹，为此我既高兴又激动。我亲身体会到了什么叫做对家人的爱越多对友邻的爱也就越深的道理。弘壹在我来到美国后便搬回了东桥洞家中，他在那里边经营饭店边艰苦地生活着，另外他还带来了1983年2月出生的我的三孙女华荣的照片。

1984年夏天，我决定回国。我归心似箭，只要能回到祖国，哪怕是要继续饱受牢狱之灾，我也心甘情愿。为了我们的国民，我愿意奉献我的一切。

9月初，我给美国国务卿舒尔茨（George Shultz）写信告诉他我想在年末返回韩国，并希望美国能够为实现韩国的民主化而竭尽全力。几天后，我给全斗焕总统寄了挂号信，告诉他我将马上回国。另外我还单独发表了声明表明了我此次回国的目的。

第一，我在美国进行的治疗已经基本结束。第二，我感受到了对为实现韩国民主化而在国内艰苦奋斗的人们在道德上的义务感。第三，韩国的政治形势十分严峻。第四，为实现南北统一在国内尚有很多事情要做。第五，为了能直接与全斗焕政权进行对话。声明得到众多媒体的关注，我收到了很多采访邀请。

我还向韩国大使馆通告了我打算回国的想法，结果情报人员从汉城专程赶来找到我。他对我说如果我执意回国的话，他们就无法保障我的人身安全。即使这样我依旧没有妥协。随后我提出如果给我发放能够前往欧洲各国旅行的护照，那么我就可以推迟回国的日期。我还对他强调了我曾接到过联邦德国总统冯·魏茨泽克的邀请，所以“名分”方面不会有任何问题。那位姓“全”的情报人员表示他会尽力帮助我。接着，他就向我索要护照。我立刻识破了他的诡计并对他直说：

“我要是把护照交给你，你带着护照消失了，那我怎么办呢？回国的事已经定了，现在让我把护照交给你，不就等于把鱼交给猫看守吗？”

我意志坚定，最后他也只能走了，之后他到驻美大使馆找到由国家安全企划部派遣的公使那儿发了一顿脾气：

“如果有消音手枪，我真想杀掉他。”

此事之后美国国务院负责东亚事务的代表和人权问题的副部长助理希望见我，他们对我的回国问题做出了最直接的反应：

“我以美国政府的名义请求您延期回国。”

“请您为了美国的立场三思而后行。”

我与身边的人进行了商议并陷入深深的苦闷之中，但最终我还是决定回国。不管将面临何种考验，我还是决定回国作战。我将我的这一决心写信转达给了美国相关部门。

在那之后的某一天，《纽约时报》的记者打电话过来：

“今天韩国青瓦台的政务书记官宣称，若您回国将被逮捕。即使这样，您也要回国吗？”

我对他说不管发生什么事我都要回国。我的想法通过媒体被火速传开并引起了强烈的反响，甚至还形成了绝不让“金大中成为第二个阿基诺”的舆论。

报纸与电视的采访邀请蜂拥而至。事态发生了逆转，美国政府改变了立场，转而要求韩国政府保障我回国之后的安全。随后，驻美韩国大使馆发布声明宣布“青瓦台政务书记官的话不代表韩国政府的正式立场”。

韩国政府的强硬态度得到了缓和，可能是意识到了美国的舆论导向。

在此期间，我接到了美国国务院发来的演讲邀请。我在200多名的国务院职员面前以“美国与第三世界的民主主义”为主题进行了演讲。我指出，美国对第三世界的右翼独裁政权损害自由民主主义的基本价值这一现实置之不理。同时我强调美国应当直视因错误的对外政策而引发的全球范围内的反美运动，并强调应创新性地改变对外政策。我说明了韩国的核心问题及现实，同时也提及了美国在其中所起到的作用。演讲使双方都有收获。国务院职员们对韩国的问题有了充分的认识，同时美国政府也开始支持我，这也成为向韩国政府施压的一种无形的手段。从这些方面来看，我们对美国也不能只有怨恨。他们对我的英语演讲给予了热烈的掌声和欢呼。演讲结束后大家纷纷前来给我鼓励。

第12届总统大选的日子就快要到了。时间一进入11月，政局的焦点就理所当然地集中在了政治人士的解禁问题上。自新军部夺取政权以来，共有567名政治人士因“刷新政治风气的特别措施法”而被限制进行政治活动。其中有一部分经过第1次和第2次解禁措施得到了解放，但仍有99人仍然被限制活动。11月30日进行了第3次解禁，但包括我在内仍有15人被限制。

不管怎样，政治人士的解禁给政坛注入了一股新的活力，这就自然地引发了新党派的创立。事实上当时的民韩党或国民党是官办的在野党。我们决定以民促协为基础创立新党。12月1日，我们以我、共同议长金泳三和共同议长金相贤的名义正式发表了创立民促协的新党与参加大选的决定。结果原本从属于民韩党的议员们都纷纷脱离旧党表示要加入新党。

1985年1月18日，在汉城豪华国宾酒店举行了新韩民主党（新民党）的创党仪式。李敏雨先生被推举为总裁。离2月12日的大选还剩下不到1个月的时间。媒体及专家们都对新民党进行了恶劣的攻击。他们猜测新民党最多也只不过能获得20票的票数。全斗焕政权为了使普通选民们弃权而故意将大选的日期定在严寒的日子。他们认为若天气不好，就会对有组织性地管理着执政党选票的民正党产生有利的影响。另外为了打击新党的气势，他们在第3次解禁之后还不到70多天的时间就匆忙举行了选举。这真是“司马昭之心，路人皆知”啊。虽说这对新党来说是极其不利的，但我们也只能被动地接受。

我决定在2月12日举行国会议员选举之前回国。我认为我的回国会对参加大选有所帮助。当然我对韩国的政治现状还不是非常了解。但有很多同志为我的人身安全感到担忧，同时也认为我的回国会对大选有所帮助。既然这样我就更要在选举之前回国，于是我最终决定于2月8日回国。

离别总是充满着伤感和不舍。虽然我要回到日思夜想的祖国，但美国还是让我依依不舍。那些曾经给予我无限勇气和希望的同志们和侨民们，还有那些曾给予我极大鼓励的各界人士，我真的不舍得与他们分开。我与侨民们举行了几次送别会。

1月19日晚，我在旧金山举行了告别演讲。奥林匹克大礼堂里聚集起了5 000多人。ABC、NBC、CBS等主要电视台和外国记者们聚集了80多人。菲律宾前外交部部长曼格拉普斯（Raul Manglapus）、美国事务局局长希利（John Healy）、美国人权委员会委员长乔纳森（Pine Jonathan）、国际人权律师协会总务艾美·杨（Amy Young）、预备役海军司令拉洛克（Gene La Rocque）等嘉宾也来到了现场。前总统吉米·卡特、联邦德国总统冯·魏茨泽克、前联邦德国总理维利·勃兰特、日本社会党领袖石桥、美国参议院议员斯派克（Arlen Specter）向我发来了贺电。

我向听众们高声呼喊，听众们也对我齐声高喊。彼此的呐喊声甚是悲壮，驱走了我内心的恐惧。听众们为我的前途呐喊助威。我多希望这呐喊声能传到韩国。

若韩国政府再次将我投入教导所的话，全世界的舆论和人类的良心，还有国民们都不会接受的。若他们使我成为“第二个阿基诺”的话，他们也将面临同样的命运。

2月3日，在纽约麦迪逊广场公园又召开了欢送演讲会，演讲现场聚集了数千人。我向侨民们叮嘱要动员美国社会：

“不仅我们聚在一起进行民主化运动，而且要动员美国政界。我们一定要参加投票行使我们的权利，候选人的捐款活动我们也要参加，即使只拿出一美元也要表明我们的关心。我们还应该不断地向媒体投稿，打电话给他们告知我们的存在。若只看韩国新闻、听韩国广播、去韩国教会、去韩国商店，那样会使我们在美国生活的意义减半。不管为了个人还是国家，大家都要进入到美国社会当中去。即使再苦再累，我们也必须走进去，这也是没有办法的事。

“韩国的民主主义一定会实现。进行过‘4·19’革命和光州民主抗争的民族有什么是做不了的呢？请大家相信我。我将带着大家的声援回到祖国，用这股力量和勇气进行斗争。”

777天的流亡生活后的回国告别演讲

我回国的日期一天一天在逼近，舆论界也在一天天地数着日子。因为担心我的人身安全，回国时共有37人与我同行。众议院议员爱德华·费汉（Edward Feighan）和托马斯·福列塔、负责人权问题的前助理国务卿派翠利亚·德里安（Patricia Derian）、前大使托马斯·怀特（Thomas White）、退役海军大将、美国运通公司董事长、女歌手、帕里斯·哈维牧师、布鲁斯·卡明斯（Bruce Cumings）教授，还有众多人权运动家，他们都自愿要当我的挡箭牌，当然也包括几十名记者。李根八、金应台、崔昌学、宋善根等在美国时与我一起活动的同志们也在同行之列。

谁也不知道会发生什么事情。我再次冒着生命危险开始了旅行。全世界都在关注着我是否会成为“第二个阿基诺”，这使我不得不事先预料到最糟糕的情况。

2月6日上午10点15分，载着我和同行人员的西北航空公司的飞机在华盛顿国际机场起飞了。我决定让弘业和弘杰先留在美国。临走前的那天夜里只有我们一家人围坐在一起，而回国的那天是白天，身边有很多的同志围绕着我。我感觉心里既踏实又抱歉。飞行途中我为同行的各界人士挥毫泼墨作为礼物以表达我的感激之情。

2月7日我们抵达了日本成田机场。各国媒体云集在成田机场附近的假日饭店等待我的到来。我从没见过那么多的摄像机，入口的两侧人山人海。日本派出的警力也可以说是前所未有的。据说这曾是美国前总统艾森豪威尔访问日本时所制定的警备计划，因艾森豪威尔在日本的反对者非常多，所以他们制定了严密的保卫措施，但那次访问最终被取消了。所以这次的警备可以说是异常森严。

安江良介总编、东京大学的和田春树教授冲破层层警戒来到了现场。我用韩语、英语、日语与大家进行了交流，但接二连三的问题使我的回答渐渐变得缓慢起来。在不得已的情况下，我征得韩国记者的原谅，只用英语和日语进行了回答。

虽然问题各有不同，但大都是担心我会与阿基诺有相同命运。不仅是我，所有的人都处在紧张状态。虽然未来我的命运无法预料，但我还是表达了坚决的意志：

“走民主主义道路是一条救国之路。明天不管我的命运会如何，我都必须返回祖国，因为我相信我的回国是具有重大意义的。我此行的目的并没有要制造特别的事端，但我也绝不会做胆小之事。”

此时，一位法国记者向我提问：

“在韩国有人称您的政治生涯已经结束了，您是怎么看的呢？”

“关于我的政治生涯是否结束，我自己也不清楚。这要等我回到韩国后才会了解。”

1985年2月8日上午11点40分，我回到了日夜思念的祖国。我向同行的各界人士交代：

“阿基诺是在下飞机的时候听从政府机关工作人员的引导而遭到暗杀的，因此我绝不接受任何的特别指引。我将和普通人一起通过出入境的审查窗口。请大家帮助我不要让我被带到他处。”

飞机刚一着陆便有戴金丝眼镜的人向我敬礼，那是机场法务部出入境管理科的科长。他说他将给我带路，我断然拒绝了他。他一言不发地走开了。我们一行人在其他人都出去后才下了飞机。

进入机场大楼时，忽然有便衣警察跑出来。同行的人便把我围成一圈。警察们向我和我的妻子冲过来，同行的人拼命地保护我，随后警察们便开始使用暴力。机场一带顿时陷入一片混乱。即使现任的美国议员及美国国务院的前任高级官员在场，同行的人还是被便衣警察推来推去。负责人权问题的前助理国务卿德里安大声尖叫，她摔倒时发出的尖叫声至今还清晰地回响在我的耳边。这里出现的所有场面都被同行的记者拍下后发布到了全世界。

他们说要进行入国审查并让我交出护照，我说我要像普通人一样通过入国审查台。我们为此进行了一番争论。他们无可奈何，最后只能强行把我带上车并火速离开了机场。我连入国手续都没有办理。小型公共汽车里挂着窗帘根本看不到外面。等待我的几十万人潮也没有看到我。我连拿出我口袋里的回国声明书的机会都没有。

到东桥洞我家时，周围悬挂着高高的篷布，在家里根本就看不到外边。我家前面的胡同聚集了成百上千的人。

那天到机场接我的有长子弘壹和我的弟弟大贤，李敏雨总裁也专程赶到机场接机，但谁都没能见到我。金泳三先生要到机场时被阻止随后被软禁在家中。机场的欢迎队伍举着“欢迎金大中先生”、“行动的良心，最终回到我们的怀抱”等横幅与警察们进行了对峙。愤怒的民众因没有看到我而举行了示威游行，催泪弹和石子到处飞来飞去。这些我都是在事后才得知的。虽然我没能到机场，但同行的美国人士受到了盛大的欢迎。

我冒着生命危险回到了祖国。《新闻周刊》杂志以《暴风般地回国》为标题，详细地报道了我回国的事情：

> 上周有几千名民众摇着旗帜大喊着“金大中”。群众在汉城金浦机场外边灰色的大路上列队等候。韩国政界的反对党领袖所乘坐的NWA191次航班安全着陆。他很想向群众打招呼，但是韩国政府却把金大中及其夫人还有来自美国的高级官员都推到机场的出入限制区。在那儿有50多名便衣警察将这位反对党领袖及其随行人员强行分开并强行将金大中先生带走。他们对几位美国客人动了拳头、用脚踢他们并在甩掉他们后将金大中先生挤到电梯里，然后载着金大中先生和他的夫人从机场后巷押送到他的私宅，到达私宅后金大中先生和他的夫人即被软禁在了家中。

55次的软禁，“东桥洞教导所”（1985—1986年）

警察又一次将我在东桥洞的家围了个水泄不通，终日把守。我家成了没有人可以接近的堡垒。他们甚至将我家周边的房子都租了下来甚至买了下来，情报人员和警察常驻在那儿。几百名警察重重包围着我家。我的电话被窃听，邮件也被检查。他们甚至阻拦媒体的报道，我写的书也不能摆在书店里。他们还阻止我在集会上进行演讲和发言，甚至还干涉我的信仰自由。

虽然那时距离大选还剩下4天，但我的回国是众望所归。可是现在大选陷入了不可预测的激战当中。在我回国后，当局又把我软禁在家中，这对新党候选人来说比现场的游说更具威力。虽然我被迫踏上了流亡之路，但为了实现祖国的民主化，我冒着生命危险再次回国。我的这些经历赢得了选民的一致赞赏。“暴风般地回国”

给大选政局带来了一股旋风。新党候选人的演讲中无一例外地都在讲述着我的事迹。在忠清道和庆尚道，他们都高喊着我的名字。甚至还有的候选人竟然夸张地说，曾单独见过我并和我一起讨论过政局。

2月12日，大选结束了。投票箱一打开人们都兴奋了起来，这是由国民们自己引发的选举革命。选举的结果以新民党获胜而告终。地方区得票50个席位，全国区得票17个席位，共计67个席位。作为第一反对党的民韩党在地方区得票26个席位，全国区得票9个席位，仅获得35个席位。民韩党连在上次选举时所获得的81个席位的一半都没达到。

这是一场令全体国民、政府当局、执政党以及新民党的内部都难以置信的在野党的宣战。我们由此可知国民们是多么渴望能有一个真正的反对党出现，多么渴望实现民主。这每一张选票上都蕴涵着修改宪法、通过直接选举选出“我们的总统”的“票心”。曾有人这样说过，事实上是由冒着生命危险回国的我唤起了国民的民主意识和民主势力的野性。

“在大选前回国，如果用棒球来打比方，就好比是打到第9轮末尾时打出了反败为胜的全垒打。”

第12届大选，官办反对党——民韩党惨败而归。大选结束还不到两个月，民韩党的35位当选者中有29位加入了新民党。这是受到了大选中出现的民心的驱使，而民韩党却违背民意在选民中的支持率急剧下滑。新民党以103个席位列在野党之首。

3月6日正值全斗焕总统就职4周年，他进行了对限制政治活动人士的最后一次解禁。包括我在内的16名人士被解除了限令，但唯有我的赦免、复职问题没有被解决。

3月15日，我与民促协的共同议长金相贤先生以及共同议长金泳三先生在金相贤先生的家中进行了正式会谈。金议长提出由我出任民促协的共同议长并得到了大家的一致同意。这是我时隔4年零10个月后重返政坛开展政治活动的开始。但对我的赦免、复权问题的保留与释放良心囚是当时政局的定时炸弹。第一在野党新民党将这一棘手问题推给了身为执政党的民正党，但也没有找到妥协点。国会要到5月才会重开。

虽然当局解除了对我的政治活动限制，但对我的软禁还在继续。我无法真正地展开政治活动。他们偶尔也会解除软禁，但我不知道那标准到底是什么。

妻子的类风湿性关节炎越来越严重了，经常手腕疼和膝盖疼。过去的日子里妻子一直没有过过安宁的日子。自1976年起的6年间，她一直在照顾我，在美国的时候我又经常邀请客人到家里做客。我在美国各地进行巡回演讲时每次她都与我同行。

此时她已是身心俱疲。我们回国后住在位于东桥洞烧着蜂窝煤炉子的旧屋里，这让妻子更加吃力。我们经过商量后决定重修房子。听说温泉浴对治疗关节炎很有效果，我们就去了水安堡温泉，这真是久违了的国内旅行。但因妻子本来就身体虚弱，在那之后她一直饱受关节炎的折磨。

政局围绕着修改宪法进行着尖锐的对垒。权力结构决定着政治势力的命运。执政党主张实行议会内阁制，新民党则主张实行由国民直接投票选出总统的直选制改宪。民正党丝毫没有让步的意思。我与民促协议长金泳三先生、李敏雨先生经常见面谈论并进行商议。

突然有一天，金泳三议长要见我。他把我悄悄叫到饭店并一脸严肃地对我说：

“那些人是无论如何也不会接受我们的主张的，我们干脆就接受内阁制改宪案，您看怎么样?”

我当时怀疑是我听错了，这话绝不应该从他的嘴里说出来。我断然拒绝了他：

“直选制改宪是对国民的承诺。不，正因为我们强调进行直选制，才使新民党获得了胜利，现在这是国民们对我们下达的命令。既然国民们在支持直选制，那我们就应该尊重国民们的意思。”

金泳三议长听后也一直点头。之后，上道洞派偶尔会传出内阁制的呼声。在新民党党内也有少数拥护内阁制的议员。这种动向使我感到不安。

这使我感到当务之急是要在新民党内杜绝有关内阁责任制的议论，按照选举之前对选民们的承诺，将实现总统直选制立为党论，有必要通过召开全党大会，将新民党整顿成为强有力的反对党，因此我计划在下届大选中，由金泳三议长出任总统候选人，我则出任副总统候选人，以此构成贯通全国的“角色分担论”。在发表此计划之前，我陷入了深深的苦闷之中。在情报政治的魔爪、舆论的歪曲报道、内部势力之间因利益冲突而引发的矛盾纠葛中，我肯定又会受到伤害。但是在恢复民主的道路上，这些都是不可避免的。若由新民党提出内阁责任制并最终被采纳的话，这不仅违背了选举之初的承诺而且也等于自动放弃下届政权。如果在这次全党大会上我与金泳三议长共同携手还是无法将新民党改造成强大的反对党的话，那么在2月份的选举当时，国民寄予新民党的期待都将化为泡沫。经过深思熟虑之后，我决定先着手平息内阁责任制的问题，同时实现我和金泳三议长之间坚定不移的协作，为此我打算向李敏雨总裁说出我的想法。

7月10日，我与李敏雨总裁和金泳三议长见面。新民党全党大会预定在8月2日召开。我主张在这次的全党大会上推选金泳三议长为总裁。当然，当着李总裁的面谈论这个问题让我感到十分抱歉，毕竟李总裁也是上道洞派的人，所以我很放心地说出了我的意见。我认为，要想开展有效的抗争，就必须要有一个更加强大的指挥部。秋天，围绕改宪这一重大议题，我认为让金议长来领导我们党会更加科学有效。

同时，我认为在本次全党大会上最好也能指名总统、副总统的选举伙伴。若我与金泳三议长能成为选举伙伴，那么国民及在野的民主势力也都会安心，对确立总统直选制的改宪案也将产生巨大的正面影响。两个人仔细地听取了我的讲话，也未提出异议。

但是，第二天的早间新闻却报道了针对我的严重扭曲事实的虚假消息。报道指出我所主张的“角色分担论”就是要让金泳三议长出任新民党总裁，而让金大中出任总统候选人。所有的报纸舆论都开始指责我说这是“饱含金大中贪欲的提案”。我被说成是主动要成为总统候选人的性急无耻之徒。我百口莫辩，内心受到了极大的打击。我立刻发表声明指出报道内容是虚假的，并将当时三方会谈的结果公之于世。金泳三议长也解释说那所谓的“角色分担论”不是事实，但这一内容几乎没被报道出来。

令人难以招架的各方责难声向我袭来，有人甚至还说我是追逐权力的“总统病患者”。愤怒的人们不断地打电话到党办公室和我的家里来宣泄怒火。时至今日可能还是有人认为是我主张的“角色分担论”。那件事给我留下了致命伤。

8月2日，我参加了新民党的全党大会，会上我与金泳三先生一起被拥戴为常务顾问。8月15日，我与全斗焕总统、李敏雨总裁进行了会谈。全总统反对新民党所主张的直选制改宪。此时执政党正构想着“二元政府制”。二元政府制就是要将总统与总理的权力分开，但总理是由总统直接任命的，所以结果就是全总统阴谋永久执权。

1985年的夏季和秋季，南北问题一直是当时政局的焦点。承办1988年汉城奥运会的政府召开了南北运动会会谈，他们绞尽脑汁地要把国民所关心的奥运会与统一问题联系到一起。结果，自9月20日起，共有离散家族50人在4天的时间里经过板门店访问了故乡。这还是南北分隔40年来的第一次。

12月27日，我在小剧场的烟雾舞台前观看了话剧《韩氏年代记》。民族分隔的苦痛让人如此痛彻心扉，在演到主人公被调查机关拉去拷问的场面时，我忍不住流下了眼泪。

12月29日，我赶到文在麟牧师的灵堂进行了吊唁。我参加了葬礼并去了东豆川的埋葬地。文牧师以文益焕、文东焕的父亲的身份而更加为世人所知。他为人谦虚，性格温和，但又疾恶如仇。他的后孙们都已长大成人并在各自的领域颇有成就，他也可以安心了。拜别了逝者，这一年又接近了尾声。

1986 年 1 月 16 日，全总统为改宪案泼了冷水。他通过发表国情咨文推迟了有关改宪的讨论：

“关于总统选举方法的变更问题应以和平进行政权交替为前提，应在成功举办汉城奥运会这一重大事件之后，于 1989 年再做讨论。”

这明显是要借奥运会来提出“政治休战”。新民党断然拒绝了这一提议，并于 2 月 12 日大选一周年之际进行了推行总统直选制改宪的 1 000 万人签名运动。李敏雨总裁在位于安义洞的党办公室向国内外重申：

“值此大选一周年之际，以金大中先生、金泳三先生、我和副总裁团以及改宪促进委员会各地区支部长为首，将进行总统直选制的改宪签名运动。”

我也做了开场白：

“大家都鼓起勇气，团结一致，只有牺牲才是实现恢复民主的出路。短期内像这样的聚会活动也可能会变得越来越难。”

我已经预料到，因为此事加诸我身上的压迫会变得更重。最终，这一预想成为了现实。第二天，警察的两个中队 300 多人和一大批车辆封锁了我家的四周，还切断了我家里的两部电话。同志们跑来抗议，但因出入都实施管制所以也没起到作用。在我被软禁的 12 天里，与我在一起的还有金玉斗、裴基善、薛勋、李锡玄、朴浩德、房极来、孔恩惠等各位秘书。

改宪签名运动迅速扩展到全国。政府开始采取强硬对策，他们调动警察封锁了新民党办公室，并查抄党办公室和民促协办公室。他们试图通过武力来阻止改宪运动。

此时，在另一个执行独裁的国家菲律宾爆发了一场意义重大的革命。2 月 25 日，菲律宾大独裁者马科斯在人民力量运动中被赶下台，之后科拉松 · 阿基诺女士成功上台执政。此消息对正处于独裁统治中的韩国人民来说是个喜讯。但仔细分析就会发现，菲律宾虽然是独裁体制，但与韩国有着截然不同的“自由”。菲律宾实行地方自治，公民有舆论与集会示威自由。与菲律宾相比，我们的情况实在是太恶劣了。

菲律宾的独裁者被赶下台一事似一场春风。3 月 11 日，改宪促进委员会汉城支部在兴士团举行了创立仪式。我本来是要参加该仪式的，但警察一直把我困在家中。我跟他们喊：“不如你们直接把我送进教导所里吧！”晚上联邦德国通讯社、NBC 接连来到我家对我进行了采访，并指出了当局处事方式的不当。

3 月 30 日，改宪促进委员会光州支部召开创立大会，那一天当局政府从凌晨 2 点到清晨 6 点 30 分切断了我家的供电，这直接导致车库的电动门不能打开，所以我也无法去机场。秘书们对此进行了强烈抗议才使得他们又给重新恢复了供电，我才得以勉强出发去机场。但是他们又派了200多名警察封锁了道路，结果我只能回家。但光州大会取得了圆满成功。

恰好当时美国议员史蒂芬·索拉兹夫妇来拜访我，他们正好看到这一幕并给我以安慰。回国后，他们将这些情况转达给了其他议员。大邱支部举办创建大会时，我也在去机场的途中被警察拦住去路而没能赶去参加。但改宪促进委员会支部的创建大会依旧获得了成功。

这是真正春暖花开的北上。釜山约有4万人、光州约有10万人、大邱约有2万人参加了集会。因为我尚被软禁在家中，所以只能进行录音演讲。虽然我不在现场，但听众们即使没看到我也在一直呼喊着我的名字。尤其是在釜山、大邱，我的演讲赢得了热烈的掌声和欢呼。各大学也举行了要求改宪的集会，集会氛围比预想的更加热烈。

全总统将民正党代表委员卢泰愚和新民党总裁李敏雨召集到青瓦台进行了面谈。面谈的结果是鼓舞人心的：

“若执政党与反对党能够达成协议的话，那么在我执政期间也可以考虑修改宪法。”

5月3日，新民党改宪促进委员会原定在当天举行京畿、仁川支部的创立大会，但就在大会开始的前一个小时学生与警察发生了冲突。民正党设在仁川的办公室和轿车起火，学生与警察发生了激烈的投石战。大会也因此被迫取消。这种过激的示威方式后患无穷。对在之前三个城市开展的改宪集会表示支持的市民们，对此次在仁川爆发的过激示威产生了反感，并随之出现了反美、反核的口号，这使得美国也大为紧张。

这正是全斗焕政权所期待的，他们立刻采取了强硬政策。当局认定“5·3”仁川示威是左倾容共势力的反政府暴力行为，在野势力也遭到了大规模的镇压。他们计划打破反对党新民党和在野党与学生运动阵营的连带关系。实际上是警察在大会开始之前发射催泪弹，使大会会场陷入混乱。警察以这次事件的幕后主使等莫须有的罪名通缉逮捕了民统联（民主统一民众运动联合会）的干部和学生共计32名，民统联议长文益焕也被拘留。

我静观事态的发展，这次事件使我再次认识到得到国民的支持是多么的重要。不管是多么正义的示威，若没有国民的支持就会一无是处。过激的示威是得不到国民响应的。因此，“5·3”示威是不可能成功的。

8月23日，我和家人一起去全罗北道的茂朱九千洞旅行。九千洞最好的风景就要数溪谷了。绵延的溪谷流淌着像翠玉般碧绿清澈的溪水。这里虽然没有奇岩绝壁，但是不管怎么看都会让人陶醉其中。那是一种自然、平凡却又意蕴无穷的美。警察、国家安全企划部工作人员、保安人员等100多人监视着我们。我看着九千洞，他们看着我。路过大田儒城时，警察说要把我软禁起来，当时的气氛十分紧张。8月26日，在回汉城的路上，我顺道去了位于京畿道龙仁的韩国民俗村，这使我回想起了小时候。不久以后，还留在美国的弘业打来电话说他有儿子了，我的孙子钟大出生了。这使我想起一周前是弘壹生母的27周年祭。妻子车容爱虽然已经离世，但她的生命好像又以这种方式得到了延续。

10月28日下午1点，来自全国各地26所大学的2 000余名学生齐聚建国大学的民主广场，他们组成了“全国反外国势力、反独裁爱国学生斗争联合”。但是随后警察突然冲进教室并发射催泪弹。虽然学生们用石头和火焰瓶进行了抵抗，但最后还是被警察赶进了楼里。警察们将整栋楼围了个水泄不通。无路可退的学生们被迫在楼里进行了静坐示威。

学校要求警察撤退。校方出面与当局进行了谈判，称若能保障学生们的安全就让他们自动解散，但全政权对学校的提议置之不理，并肆意谩骂学生们是“亲北的共产主义革命分子”。当然媒体也直接报道了政府的说法。示威进行到第四天也就是10月的最后一天，警察对手无寸铁的学生展开了血腥的武力镇压，共动员了3 000余名的警力，带走示威学生1 525名，其中有1 274名学生被拘留。作为单一事件，这次事件拘留人数之多创下了世界纪录。

在出现“建国大学事件”的同时，还发生了“金刚山大坝事件”。朝鲜正在建设金刚山大坝，他们在谋划着通过水攻来横扫汉城。媒体连日作出了诸如“63大楼将被淹掉一半”、“比投原子弹的损失还会大”、“南山脚下将会变成汪洋大海”等极为恐怖的报道。政府立刻对此作出反应，并公布了将建设和平之坝的计划，继而又展开了全国性的募捐运动。电视台对募捐活动进行了现场直播，这真是自导自演、自吹自擂的情景剧。他们在路上、学校里、教会里甚至是公司里拿着麦克风惺惺作态。他们到处强迫民众捐款，上至白发苍苍的老人，下至流着鼻涕的孩子，甚至包括海外同胞和被看押的犯人都在募捐对象之列。

之后“金刚山大坝事件”的内幕被曝光，这其实是因虚假情报而造成的一场闹剧。毫无疑问，当局犯下了不可饶恕的罪行。在对建国大学集会的学生们投以大规模警力的前一天，媒体报道了“朝鲜将建设金刚山大坝”的消息，他们的意图是显而易见的，这根本就是由垄断军事情报的国家安全企划部导演的一部“恐怖电视剧”。国防部等相关部门只起到了跑龙套和虚张声势之类的作用。全斗焕政权为了转移民众对作为总统直选制核心的改宪的注意力而费尽心机，他们当时的借口就是威胁国家安保和奥运会。

即使是我，也开始苦闷起来。与1980年的情况相似，时局动荡、事态严重。已经制造了“建国大学事件”和“金刚山大坝事件”等危机的军方，很可能会再次采取极端的措施。实际上，我感觉到全斗焕政权正在策划第二次军事政变。10月初，四处流传着我被捕的传闻，记者和市民纷纷打来电话进行确认。我认为必须要看准机会突破危机。我苦想了几天后终于决定，若对解决现在的混乱局面有所帮助，我将宣布不参加大选。即使我当不成总统，也绝不能放任军方独揽大权，还有就是一定要释放因被认定为左翼分子而被捕的学生们。这是一个非常困难的决定。11月5日，在民促协的办公室里，我面对国内外记者朗读了如下声明：

> 最近政局的动荡不安令广大国民处于极度紧张和不安的状态之中，这也许正是走上民主化道路的最后考验。因我个人现在的能力所限，尚无法起到打破僵局的作用，只能以焦急不安的心情静观时局的变化。
>
> 特别是最近发生在建国大学的事件，造成大批无辜年轻人的牺牲，考虑到以后有可能还会发生类似事件时，我的心情久久不能平静。
>
> 通过实现以总统直选制为核心的改宪早日实现民主化是大多数国民的愿望。但全斗焕政权对国民的这一殷切希望却置之不理。
>
> 现在我在此宣布我个人作出的决定，若全斗焕政权接受以实现总统直选制为核心的改宪，即使赦免我、恢复我的职位，我也将放弃参加总统选举。

当时正在联邦德国访问的金泳三先生在当地举行了记者招待会，他提到“如果能实现直选制与赦免、复职等民主化建设的话，金大中先生也将可参加大选”。我听到这一消息后感到非常高兴。

金泳三先生曾对结束流亡生活回到韩国的我说过这样的话，“您的年龄也在我之上，待您获得赦免、复职之后，我将支持您参加总统大选”。我想大概是那时的这一想法从未改变过。

但是全斗焕政权拒绝接受以总统直选制改宪为前提的不参选宣言，甚至对我同时提出的附加要求都概不理会。他们没有接受我的提议，因“建国大学事件”而被捕的学生也没有得到释放，政局愈发紧张。我的“5日宣言”一经发布，民正党秘书长李春九就指出整个宣言内容就是要求“采纳总统直选制”，对此他马上作出了批评并阐明了会一如既往地支持并促进议会内阁制的施行。至此，我所提出的不参选宣言的前提条件，实际上已经被执政党全盘否决了。

李敏雨总裁在直选制改宪斗争中所坚持的方针路线稍显偏离，有时他发表的言论甚至还与执政党保持了步调上的一致，最终这使得我和金泳三议长不得不开始着手组建新党。而在这之后，有关部门对我的监视与软禁更加严重。

自回国到1987年我以“6·29”宣言获得赦免、复职为止，当局共对我进行了多达55次的软禁。虽然不清楚究竟是谁下达了对我进行软禁的命令，但他们随时都会向上级通报我的情况。至于软禁的时间，少则一天，多则超过两个月。说是软禁，其实就是非法拘禁。

1987年4月10日深夜，麻浦警察局局长来找我。在这前一天，我正打算到南山外交俱乐部参加“新党创党筹建委员会早餐会”，但被警察拦了下来。他们担心我借组建新党而东山再起，因此局长拿出警告文亲自读给我听：

“按照《政党法》第四十二条第二项的规定，刑期中止者不可再进行政党活动，因此以后既不可出入民促协，也不可与任何政治人士进行接触。”

随后，局长向我通报了“自今日起，禁止除家属、司机、用人、国内外记者之外的一切外部人士入内”的禁令。秘书们和当时正巧在我家做客的客人们听后都非常气愤。我当即向麻浦警察局局长提出抗议，指出在前年3月6日我已经被解除了政治活动限制，因此我现在具有政治活动的自由，另外对我实施软禁和禁止外国人士自由出入我家都是违法的，但这没起到任何作用。这使我再次想起，生活在不公正的法律之下就已经够痛苦了，但是要在连这些不公正的法律都不遵守的政权下生活那就更加苦不堪言了。

在宣读警告文时，我家周围已经被很多警察包围了。这次他们共部署了4个中队600多人，在通往正门的两边设置了障碍物，阻拦外部人员的靠近。就连附近的居民们在经过时也都需要一一进行身份确认。得知此事后匆匆赶来的金令培、许京万议员以及秘书等人振臂高呼，要求让路并与警方进行了争论，但还是被重重包围的警察们拦下了。虽然我们跺脚大喊，但依旧没有能够向前迈出一步。

第二天，金泳三先生来到我家。看管我的警察们禁止他进入，所以我们只能隔着墙握了手。

与之前不同，这次软禁持续时间较长，到6月25日凌晨零时解除软禁为止共持续了78天。持续的软禁使秘书们都称我家是“东桥洞教导所”。我们还制作了“非法拘禁日历”贴在了会客室。每过一天我就在上面画一个“×”。

我每天都会从卧室到位于地下的书房去“上班”，而且就像平日出门工作似的系着领带穿着西服。我绝不能让自己先倒下。他们连教堂都不允许我去，因此每逢周六周日我都会提起抗议，但得到的答复都是一样的：

“没有上面的指示不行。”

复活节那天，十几名牧师和几百名信徒来到我家附近准备唱赞歌并在路上做礼拜，但所有人都被抓到警车上并被丢弃在城南汶山等地。我听说有很多人都因与警方争论而被打伤，实在是太凄惨了。别无他法，我们只能一家人在一起自己做礼拜。妻子的祈祷总是十分虔诚，这也在无形之中给予了我们力量。最终警方连家属及国内外记者也禁止出入，我们家俨然成了城市里的一座孤岛。整个胡同都弥漫着一股杀气。市民和学生们也在我家附近进行了突然示威：

“解除对金大中先生的软禁！”“恢复金大中先生的权利！”

警方马上一齐涌上来对示威队伍进行了武力镇压。倒在警方棍棒之下的市民和学生们又被强制押到车上并被丢弃到兰芝岛垃圾场等地。

我的家人们也为随时打来的威胁电话所困扰：

“我们要炸掉你家，给我小心点！”“今天晚上就去杀掉你们！”“马上停止操纵示威，你们这些赤色分子！”

5 月 1 日是举行统一民主党创党大会的好日子，但是那天我家周围的气氛却并不太好。警方部署的警力竟然达到了 1 500 多人。创党大会结束后，1 000 多名党员直直地朝我家走来，他们兵分两路分别经新村环岛和东桥洞环岛同时来到我家门前：

“马上解除对金大中先生的非法软禁！”“打倒独裁！”

居住在胡同里的市民们也跑出来一起高喊着口号，金玉斗和南宫镇秘书还爬到屋顶上举起了“解除对金大中先生的非法软禁”的横幅。

“东桥洞教导所”屋顶上那用从被子上拆下的白布做成的横幅聚焦了全世界的目光。两位秘书高声呼喊着“解除非法软禁”，5 月的太阳照在人身上火辣辣的，他们都汗流浃背，但这也没能阻止他们的振臂高呼。当天，屋顶上的示威被美联社的记者拍下并传播到了全世界。

第六部 1986—1997 年

人们都称我为“忍冬草”。忍冬草秋天结果，它的果实在严寒三九的冬雪中愈发红艳。纤细的忍冬草挺过冬天的严寒不正是因为相信春天终会到来吗？但是不知道为什么那个样子让人感觉到十分悲伤，那是一种凄怆的美丽。战胜了冬天的严寒，我们的春天将会更加绚烂美好。

六月抗争（1986—1987 年）

1986 年圣诞节的前一天，李敏雨突然召开了记者招待会。会议期间，他发表了以“先民主化，后内阁协商”为核心内容的所谓“李敏雨构想”。这一构想指出，只有在全斗焕政权接受了包括实施地方自治制度、保障言论自由、实现公务员的政治中立、释放被捕人员及赦免和复权等七项内容的先决条件下，可以就内阁责任制改宪案一事进行再度考证。李总裁的发言内容同党论中就贯彻总统直选制改宪进行观察的宗旨相悖，且不顾在重大事件上应同任民促协议长的我以及金泳三先生事先进行协商的规定，独自召开了记者招待会。

对此，民正党代表卢泰愚委员在两天之后的迎新年恳谈会上，就这一问题进行了回应：

“我认为通过李敏雨总裁的构想可以预计出新民党进行议会内阁制协商的可能性。这可以说是为实现我们国民日思夜想的协议改宪，以及解决现阶段政局问题而取得的新进展。如果说此举表明了对议会内阁制协商的态度，那也是起到了正面的作用。”

不过这还是让人觉得有些蹊跷，并且引发了全党上下的大争论。我借此机会指责了李总裁的轻率行为，并果断地结束了“李敏雨构想”所引发的一系列争执。事后打到我家的电话的内容清一色都是“谴责李总裁”，也有不少是对金泳三的警告，我则是从正面对李总裁的发言进行了批驳：

“不实现总统直选制改宪，仅贯彻七项内容就能实现民主主义的说法根本就是无稽之谈。直选制和民主化七项内容的并行斗争无异于一纸空谈。大家现在已经普遍接受民主化不论在什么时代、不论在什么政权的统治下都应该理所当然地得到实现的观念。在现如今这样的政局下是无法进行协商的。”

但是即使面对如此多的指责声和反对声，李总裁却一意孤行，他的行为开始赤裸裸地背离既定的路线。

1987 年新春伊始，政局仍然被“李敏雨构想”所带来的冲击所影响，持续着纷乱的状态。所有的报纸和广播电视媒体都在支持这一构想，金泳三和我则被完全湮没在媒体舆论压力之下，我深深体会到了媒体操纵政治的巨大力量。不久后的 1 月 28 日，突然传来了金在俊牧师离世的消息。金牧师是韩国民间神学方面的资深元老，是基督徒活动的领军人物。我同金牧师也有很深的交情，彼此都给对方留下了很多难以忘怀的回忆。他在 1971 年举行的总统大选中曾对我鼎力相助，1979 年的“10・26”事件发生以后，他在旅居加拿大期间还给我发来了鼓励的信件，一直以来他对我的声援和厚爱都令我记忆犹新。大家从四面八方赶来参加他的追悼会，会场聚集了 1 000 多人。我们可以切身感受到金牧师所播下的善良之种生根发芽茁壮成长的那股力量。他的影响力已经超越了宗教界的范围，同时也受到了国民们的拥戴。他的一生是光明磊落的，是让神与国民们都感到荣耀的一生，他走后给我们留下了巨大的财富。

几天之后突然天降喜讯，我在那一年被提名为“诺贝尔和平奖”候选人。驻韩的德国通讯社记者在 1 月 30 日深夜打电话过来说，德国社民团的 73 名会员一致推荐我为 1987 年的“诺贝尔和平奖”候选人。他们推荐我的理由是因为我致力于维护人权以及为和平统一做出了不懈的努力。这一消息令我顿时陷于无限的感慨之中。第二天，这一消息只刊登在了晨报的一角，仅有寥寥的几句话，但祝贺的电话却如潮水般涌来。

关于“李敏雨构想”的相关问题我一直同金泳三先生见面进行商议。他说：“所谓的‘李敏雨构想’会引起诸如能同执政党就内阁制进行协商的误解，这一点实在令人觉得遗憾。我们必须彻底消除这种会令世人产生误解的现象。”

之后不久李敏雨总裁对此表了态，他以“再也无法继续领导整个党组织”为由宣布辞去所有的职务去了忠清南道温阳市。这无疑是李总裁的反击。因为李总裁是上道洞派里非常有影响力的人，因此他的辞职毫无疑问地对金泳三先生的冲击最大。

虽然在此之前李总裁曾同金泳三先生就总统直选制改宪多次达成过协议，但是每次都是李总裁出尔反尔借各种机会破坏协议。

过了几天，新民党的9名（李哲承、金在光、申道焕、朴汉相、朴海充、赵渊夏、金玉善、李宅熙、李宅敦）非主流议员成立了“民主联合”来支持李总裁的构想。随着5月份全党大会召开日期的临近，我提出让金泳三担任党总裁一职，但这一建议马上就遭到了李总裁的强烈反对，他提出在总裁一职的竞选中要实施集体领导制的方案。

当时适逢美国国务卿舒尔茨3月6日访问汉城。舒尔茨虽然强调了执政党与在野党之间应当以对话和妥协为原则，但是深入分析其观点便会发现，他似乎更倾向于支持李总裁的“先民主化论”。这使得“李敏雨构想”再次复活。党内则陷入了内讧之中。在这种情况下，我做出了再也无法同李总裁就总统直选制改宪继续并肩战斗的判断，随即与金泳三先生一同公开宣布了划分政党的决定。

1987年4月8日，新民党议员90名中的74名退出了该党。李总裁为何不愿放弃“先民主化论”，且不失时机地力推自己的观点，个中缘由我们实在是无从知晓。但是这与在以李哲承议员为首的非主流势力的支持和美国高层的支持性表态下受到鼓舞应该不无关系。实际上，先于舒尔茨国务卿来到汉城的负责美国东亚及太平洋事务的副助理国务卿威廉姆·克拉克，曾在强调全斗焕总统应履行其做出的承诺的同时，也对李总裁提出的“先民主化论”表示过深厚的兴趣。

副助理国务卿克拉克也来到了我所居住的东桥洞听取我的意见。我解释了为什么国民喜欢直接选举总统的理由，但是他并没有马上接受我的观点。我明显感觉到他和我的想法有所不同。另外，外界还盛传这些复杂的政局都是安企部在背后搞的鬼。

新民党最终分裂，我们倾力于新党的建立，将其定名为“统一民主党”，并于4月13日召开了发起人大会。金泳三先生被大家一致推举为新任总裁，但是就在召开发起人会议的同一天，全总统发表了特别讲话：

“在我任期期间是不可能修改宪法的。在此我郑重声明，依据现行的宪法在明年2月25日总统任期结束时，我将把职位转交给下一任总统。另外，我宣布到1988年奥运会结束之前将中止一切引起公众舆论分裂的有关改宪的讨论。”

这就是“4·13护宪措施”事件。美国众议院101名议员联名向国务卿舒尔茨上书，提出为我进行赦免及恢复职权一事进行外交上的努力也正是在这一时期。

“4·13护宪措施”是全总统对于时局所做出的错误性判断，这已经超出了广大民众所能容忍的限度。全国各大学的教授们联合发表声明要求撤销“4·13 护宪措施”；神父和牧师们发起了绝食抗议；文学界也发表声明对“4·13 护宪措施”进行了声讨。

“4·13 护宪措施”反过来也对统一民主党的创立起到了推动作用。为了筹备 5 月 1 日建党活动，大家都加快了行动的步伐，但是一部分非主流的势力则勾结黑社会对地区建党工作进行了阻挠。还有一些黑社会组织的成员手持铁管、木棍等武器闯入活动场所进行骚扰，这就是世称的“龙八事件”（妨碍统一民主党创党事件）。很显然，在光天化日之下发生这样的事件，如果背后没有安企部以及政府机构的默许是绝对不可能的。妨碍创党事件是由腐败的政治人一手操控政治的产物。在这一连串的捣乱活动之中我们终于在 5 月 1 日成立了新党。金泳三被推举为新任总裁，副总裁则由李重载、杨淳植、卢承焕、李龙熙（东桥洞派）、崔炯佑、朴容万、金东英（上道洞派）等人出任。新党的宪章内容包括了以确立单一指导体系为核心、以直选制为改宪政纲的政策。

政局已经混乱到了极点。在 1987 年初出现了汉城大学大学生朴钟哲在治安本部被拷问致死的事件。我因气愤和悲痛陷入了极度的悲愤之中。听说他的父亲依靠每月 20 万韩元的收入来供孩子读书，他的苦痛又怎么能够用语言来表达呢？这样一个邪恶的政权什么时候才能终结啊？虽说邪恶政权比老虎还要可怕，但是生活在这样一个政权下的普通百姓所受的苦痛比起虎患还要深。我暗暗下定决心要将毕生的精力投入这一斗争之中。

警方解释说朴君死于心脏休克，但是进行尸检的吴演相博士认为，死者有“被按在水中受水刑”之嫌。此时全国民众的视线都集中在了朴君死亡的这件事上。为了尽快平息这件事，相关部门草草地就把尸体火化了。在碧蹄洞（韩国京畿道高阳市）火葬场，年轻的朴君化为了一把灰尘。朴君的父亲将儿子的骨灰撒进了冰冷的临津江江水中，他强忍着中年丧子的悲痛将对儿子的深深思念埋在了心底。

在舆论强烈要求公布死亡真相的压力之下，当局被迫承认警方使用过水刑，并象征性地将两名涉案警察逮捕归案。警方承认并交代在对朴君审问时曾将他的双手和双脚捆绑后抓着他的腋处，将他的头反复按入水中。负责这一案件的内务部长官以及治安本部部长被革职处理，这件事情也似乎得到了平息。但是 4 个月后这件事波澜再起。

5 月 18 日夜，在明洞教堂举办了“5·18”光州民主化运动中牺牲烈士 7 周年的悼念弥撒活动。这一天全国 62 所大学数万名学生举行集会进行了悼念活动。金寿焕主教发表了意味深长的演讲：

"光州之憾是我们的民族之憾，也是历史之憾。那些将尖刀刺进我们民族的心脏而留下累累伤痕、使民族流血不止的令人不可容忍的宵小之辈应该主动地站到我们民族的面前，将自己所犯的罪行说出来以祈求国民的原谅。也许只有这样才能减轻这一罪孽，才能够为我们的同胞减轻伤痛。同时这也是唯一能够洗清他们的罪并救国家于危难之中的方法。"

主教先生对全总统的政权进行了正面的抨击。在弥撒结束之后，金胜勋神父宣读了以"朴钟哲拷问致死事件的真相被捏造"为题的声明。金神父因激动而声音颤抖，全文3 000多字写得详细而严谨。他说"这起事件的发生及嫌疑人对事实的捏造的全部责任都归于现任政府"，他强烈要求对那些参与这起事件的人进行处罚，并以天主教正义司祭团的名义发布了以下宣言：

这一事件的嫌疑人捏造的事实同朴钟哲被拷问致死的真相能否一同如实地被公之于世，可以验证我国公权力的道德性是否得以恢复。同时，该事件的处理也将对我们的社会能否走上一条尊重真相、具备良知以及人性化和民主化的道路起到至关重要的作用。

司祭团对于这一事件的揭露再次在全国引起了轩然大波。4天后汉城地方检察院检察长召开了记者招待会，将另外3名参与拷问的办案人员公布了出来。检察机关开始对案件着手复查，并将参与拷问的3名警察拘捕归案。另外，对犯罪人员数目蓄意捏造的治安监人员也被拘捕。但是处于愤怒状态的民心已经无法再平定下来，这使得事态日益恶化。见此情景全斗焕于26日对内阁进行了全面改组。对卢信永国务总理、张世东安企部长官、郑镐溶内务部长官、徐东权检察总长进行了问责，全斗焕政权的权力结构也随之发生了很大的变动。

国民对于"4·13护宪措施"的反感情绪也急剧高涨，加之公共权力的暴力行为依仗于独裁政权，因此国民对此已经达到了无法容忍的境地。这时急需出现一个能借助国民感情终结独裁政权的全民性联盟组织。一些有志之士开始行动了。

5月27日，民统联、民促协、民教协（民主化全国教授协议会）等团体同宗教界、妇女界的代表聚集在香隣教会，召开了"取消护宪争取民主宪法国民运动本部"（简称"国本"）的发起人大会。因为在森严的监视下谁都无法保障明天将会如何，所以召开发起人大会当日就直接成立了联盟。当日参加发起人大会的人员有2 191名。"国本"邀请了包括我在内的咸锡宪、金泳三、文益焕、尹恭熙、洪南淳等作为顾问团成员。“国本”成为改变历史的“六月抗争”的主角。我在当日仍处于被软禁状态而无法到场参加那次盛会。

到了5月，国民的愤怒还是没有平息下来，这股余波一直蔓延到了6月。“国本”决定在6月10日召开“谴责拷问杀人、制造伪证，撤销护宪措施，争取民主”的全民大会。

6月10日正午，在汉城的蚕室体育馆，民正党的全党大会和指定总统候选人大会同时召开。大会选定了卢泰愚作为新的总统候选人，其意图在于通过间接选举选出“体育馆总统”。蚕室体育馆内欢呼声此起彼伏、人声鼎沸，农乐团、知名歌手、喜剧演员以及拉拉队的参与烘托出了一派喜气洋洋的气氛。有位歌手还特意演唱了卢泰愚最喜爱的歌曲《吻我》。全斗焕举起了候选人卢泰愚的手向观众们频频致意，此时天棚上撒下五颜六色的彩纸、花朵，在场的1万多名观众附和着欢呼起来。

同一时刻，在圣公会大讲堂里正召开着废除护宪的全民大会。20多名“国本”的干部乔装打扮后进入了圣公会的大讲堂。位于汉城德寿宫旁的圣公会大讲堂的钟楼上响起了钟声，一共42声。这声音警示着虽然解放已经42年之久，但依然还没有将独裁专政从这片土地上驱赶出去，他们借这震撼人心的钟声唤醒民众，同时也播放了斥责民正党搞永久专政阴谋的户外广播。

我们以渴望民主主义的全国公民的名义宣布，此时正在进行中的民正党指定总统候选人的行为无效。

在基督教会馆312号的“国本”办公室里，武桥洞平昌大楼的民促协也在播放着打倒独裁的广播。整个城市处处都是广播的声音。

就在“6·10”大会召开的前一天，延世大学学生李韩烈倒下了。在9日召开“6·10”大会的动员大会时，大学生们在延世大学的校门口与防暴警察和白骨团（便衣警察的俗称）进行了激烈对抗。在双方一进一退的攻防战之中，延世大学的校门口处催泪弹的粉末像积雪一样满地都是，这时一颗催泪弹飞过来恰巧打在李君的后脑勺。同学们试图将要倒下的李君扶起来，可是他却怎么也无法支撑起自己的身体。催泪弹依然不停地飞过来到处炸开。李君虽然被及时送到了医院，但是送到时已经处于脑死亡状态。

国民们看到被催泪弹击中后脑勺而鲜血直流的被同学们搀扶着的李韩烈的照片都震惊不已。学生们将这张照片印在了手绢和围巾上发放给了市民们，这张照片成了六月抗争的象征。李君脑死亡的消息给予国民们这一政权即将分崩离析的预感。

6月10日下午6点整，按照事先约定所有车辆纷纷鸣笛，同时游行队伍向着市中心挺进。在室内工作的人们这时也加入到了游行的队伍之中，这便是所谓的“领带部队”，队伍随之壮大起来。夜幕降临，参加游行的民众队伍又壮大了很多。城市的每一个角落都可以听到群众的呼喊声：

“取缔护宪！打倒独裁！”

这一天的游行示威在全国22个城市的541处同时展开，参加的人数达到了30多万。警察们肆无忌惮地使用了催泪弹，仿佛进行着一场一场的巷战。警察出动了逮捕组对示威者进行抓捕。短短一天，他们就在全国逮捕了3 821名示威群众。在汉城市内举行示威的民众以及学生们，为了躲避警察们无情的镇压和抓捕被迫躲到了位于明洞的教堂内。明洞圣堂成了他们唯一的避难所。这天晚上明洞圣堂一方同政府一方的对峙态势正式开始。

这天的示威因为有了中产阶层的加入而显得更有意义。世界各国的主要媒体就“领带部队”的加入进行了深入的分析报道，尤其是美国方面对此显示出了非同寻常的关注，电视台更是将游行示威场面原封不动地进行了直播。我则因为还处于被软禁的状态，没有办法参加到那一历史性的时刻。但是权鲁甲首席秘书官和秘书韩和甲、李协纷纷通过电话将现场的情况向我作了详尽的报告。韩和甲秘书还将外国媒体记者们的报道详细地告诉了我。外国媒体对于“6·10”大会的空前热情和中产阶层的变化表现出了密切的关注。他们表示一直反对以暴力形式进行示威活动的市民们能够参与并支持这次示威，这真的是一个惊人的巨大变化。

发觉韩国国民思想的这一变化后，美国政府立即派美驻韩大使詹姆斯·利利叮嘱外务部长官崔侊洙不要采用暴力手段进行应对，同时也表达了美国对于韩国政府向在圣堂里进行静坐示威的群众动用暴力的反对立场。

在这里，我先就当时人们在明洞圣堂静坐示威的状况为大家做一下分析。被警察层层围困在明洞圣堂里的示威队伍中包含“6·10”大会结束后被驱逐的市民、学生、劳动者，共计数百名。警方认定示威的群众为“意图颠覆体制、妨碍国家安定者”，并对他们施以血腥镇压。对于这些惯用的所谓亲共借口，人们早已厌恶至极，他们马上就向静坐示威队伍提供了表示激励的资金以及救援物资支持，以此表示他们反对现政府的立场。但是我们仍然无法得知现政府会在何时动用暴力。就在这时，神父们站了出来，40多位任职汉城教育厅的神父们发表了共同声明：

对于已经丧失了道德性和正统性的现任政府进行抗议是维持正义的行

动，我们将坚守我们的良心誓死保护静坐示威者的人身安全。

金寿焕主教大声呼吁道：“那些宵小之徒必须首先要通过我这一关，只有把我打倒才能见到神父们，只有把神父们打倒才能够见到修女们，只有打倒修女们才能够看到学生们。”

警方在不得已之下会见了神父们。主教同静坐示威者一一握手，随后示威者们扛起巨大的太极旗离开了圣堂。

美国当局态度的转变同市民和中产阶层对这次民主化活动的积极支持有着密切的关系。不顾一部分人的反对，我始终如一地坚持非暴力、不亲共、不反美路线。回顾过去，我们可以看出美国方面自始至终一直留意了这三点立场。最后在审视了中产阶层的动向之后，不难看出他们向全斗焕政权施加压力的极大可能性。这一压力的实质正是实施直选制改宪以及对我进行赦免和复权。全斗焕的政权被逼到了悬崖边缘。

示威的声势日趋壮大。全国各地的示威队伍中受伤者逐渐多了起来，其中最多的便是由催泪弹造成的。虽然大家急切企盼被催泪弹击中的李韩烈能够苏醒过来，可是他仍旧沉睡不醒。“国本”随即成立了“催泪弹牺牲者应对委员会”，然后决定在6月18日举办“无催泪弹日”活动。汉城、釜山、大邱、光州等全国各地150多万人参加了该活动。

该活动给全斗焕政权带来了极大的危机感。第二天上午10点30分，全斗焕召开了新军部、安企部首脑会议来就现形势商讨对策。他们随即部署了具体的兵力安排及行动计划，这又将引发新一轮的流血事件。在这一触即发的时刻，当局于当天下午4点取消了这一计划。

虽然其背后的内幕我们无从知晓，但是可以感觉到该计划的取消与美国政府的强烈反对不无关系。另外，举世瞩目的汉城奥运会开幕在即，此时施行这一野蛮行径无疑是要冒极大风险的。奥委会主席萨马兰奇先生曾经公开表过态，如果在汉城看到骚乱事件就会将奥运会举办地改到其他地方。全斗焕政权总是利用奥运会为借口来蒙蔽国民以达到其政治目的，不过奥运会也同样死死捆住了独裁政权的手脚使其无法轻举妄动。1988年汉城奥运会显然成为一个巨大的回旋飞镖，原本投向民众却又原路飞了回来，令政府懊恼不已。曾经令全政权引以为豪也令执政党无限信赖的奥运会，最终却令他们深陷其中无法自拔。

6月23日，来访的美国国务院负责亚太地区的助理国务卿加斯顿·丁·西古尔说："相信到明年2月份政府会实现和平交接，同时我们也深信民主主义的原则将会在这一过程中得到贯彻和实施。" 3月，美国国务卿舒尔茨的态度发生了重大变化，不再单纯地强调对话和妥协，他与美驻韩大使詹姆斯·利利都明确表示："不愿意看到动用武装部队来镇压形势日益严峻的民众示威游行的那一天的到来。"

6月25日0时，我终于摆脱了长达78天的软禁生活。随即我发表了要求废除"4·13护宪措施"、实施直选制以及有选择性的国民投票并组建中立内阁的声明。同时我还呼吁终止一切对民主势力采取武力的暴力行为。在结束了漫长的软禁生活之后，我终于得以与记者们进行正式接触。

"请您谈一下解禁的感想。"

"在我被软禁期间，最大的感触就是我真正体会到了在'6·10'大会等事件中所展现出来的公民们的伟大力量。正是这一伟大力量改变和影响了美国的对韩政策。"

"您是怎样度过78天的软禁生活的？"

"据说人的一生会结两次婚。一次是年轻时，另外一次则是在子女们纷纷独立而我们则日近黄昏时。借这次的机会，举办黄昏婚礼让我能同夫人在一起又重温了当年那美好的新婚时光。"

说到这儿，记者们和我都不由得哈哈大笑起来。事实上，在我被软禁的6月这一整月内，每一天对我来说都十分痛苦。特别是得知青葱少年在同独裁者的斗争中不幸倒下之后，我束手无策陷入了无尽的悲痛之中。痛苦的折磨使我夜夜无法入眠，我唯一能够做的只有跪下来向上帝虔诚地祈祷。

于6月26日进行的争取民主宪法国民和平大游行得到了全国180余万人的拥护和参与。随着示威队伍的不断壮大，警方的阻拦逐渐被一一冲破。全斗焕政权除了使用催泪弹来维系其统治之外，已经别无他法。他们在政权的生死关头，公布了"6·29"宣言。

民正党的代表委员卢泰愚主持召开了记者发布会，宣布将实施直选制，赦免我并恢复我的权利。与此同时，他还提出了释放政治犯、修改总统选举法、改进国民基本法、促进言论自由、实施地方自治制度等八项议案。他打算把这些提案提交到全斗焕总统处进行审议。当然，这些提议如果没有事前同青瓦台协商是不可能出台的。为此，民正党召开了议员大会，将其进行补充并确立为民正党的官方立场。全斗焕总统随即召开了特别会议宣布全盘接受"6·29"宣言的内容。

全斗焕总统的高压政策渐渐开始失去效力，于是他把所有的功绩都划归给了民政党的候选人。当局事无巨细把所有的部分都进行立案然后一并转交给了卢代表。这显然是一部由全斗焕导演、由卢泰愚做主角的精心策划的商业电影。卢代表唯一做的就是发布最终结果，但所有的功绩最终却全部归到了卢代表的头上，一切都按照预定的计划顺利完成。虽然无法否认这一剧本的内容完全是由全斗焕政权精心炮制的，但这也是六月抗争所取得的重大成果。

全斗焕政权按照承诺于 1987 年 7 月 9 日下令赦免我并恢复我的权利。此前加诸在我头上的政治禁令已经有 2 年零 4 个月了。蜂拥而至的记者们纷纷询问我对此作何感想：

“我的心情可以说是比较复杂的，因为我没有犯下任何与我的遭遇相当的重罪。但是可以肯定的是，今天的赦免和复权是国民们送给我的礼物，是用广大国民的牺牲和声援换来的。在此，我要向给予我极大支持和鼓励的国民们表示衷心的感谢。”

此时，离年末总统直选制的实施还剩下 5 个多月。

6 月 30 日，在夫人的陪同之下，我探望了住在延世大学医院的李韩烈。他依旧静静地躺在病床上。我向李的父亲表示了诚挚的慰问：

“通过昨天的‘6・29’宣言，我们看到了民主主义奇迹般地苏醒的巨大可能性。我真切地希望李君也能够同民主主义一道奇迹般地苏醒过来。”

但是 5 天后的 7 月 5 日，李韩烈最终还是离开了人世。在他被催泪弹击中后接近一个月的时间内，世间发生了翻天覆地的变化。李君顽强坚守了六月抗争的整个过程，直至抗争圆满结束之后才离开。在处于脑死亡的状态下，他也没有停止呼吸，似乎是要继续为这片土地上的民主化运动贡献自己的力量。我来到了他的灵堂前为他祈福。我在思考我们该如何报答他的牺牲呢?

7 月 9 日上午 7 时，李韩烈君的葬礼在延世大学的校园内正式举行。无数的国民都赶来悼念李君，悼念的人们将会场挤得满满的。庄严的葬礼和盛大的送葬队伍，这可以说是能够载入史册的全民追悼大会。自延世大学出发，经新村抵达汉城市政府的这一路上，到处是来参加悼念的民众。为李君送行的巨大的仪式成为装饰六月抗争的最后的象征事件。李韩烈就这样回到了自己的故乡光州。

六月抗争同“4・19”革命、“5・18”民主化抗争一起，被称为民主化运动的金字塔，是昭示着独裁统治结局的民众的伟大胜利。那激烈抗争的一个月必将被历史所铭记。

1987年7月9日，作为李韩烈君治丧委员会的顾问，我参加了在延世大学举行的送葬游行，陪同游行队伍一直走到了市政府

总统竞选的再次失利（1987—1988年）

于1987年7月开始筹备的宪法修改草案的轮廓已经出来了。在野党和执政党已经就总统任期为5年以及禁止连任达成了协议，废除了总统的紧急事态权和解散国会权，同时也保障了劳动者集会权和团体交涉权。10月27日，新宪法在全民投票中获得了93.1%的支持率而确定通过。

我最初是主张正副总统制和可连任4年的总统连任制的。可能是担心我和金泳三会一起出任正副总统，执政党对此表示了强烈的反对，我们也就不得已地做出了让步。

我觉得反对党候选人单一化应该不会有什么大问题，因为我相信金泳三在公开场合对着全体国民们作出的承诺：

“金大中先生如果被赦免、复权的话，我将放弃总统候选人的名额。”

金泳三先生反复几次表示过这一立场，我也曾派人去询问过他真实的想法。但是金泳三却一反早先的立场，声称势必出马参加总统选举。

反对党候选人单一化成了政局史上最大的悬案。金泳三一方以我在1986年11月发表过声明表示“不参加总统竞选”为由，让我恪守承诺。而我则认为，当时做出的这一宣言在全斗焕政权发布“4·13护宪措施”之后已经失去了效力。相反地，我认为在全体国民面前做出“金大中先生如果赦免、复权的话，我将放弃总统候选人的名额”承诺的金泳三先生应该恪守自己的诺言。

但是媒体却对此作了不实报道，如果在道德方面对我要求的比对方更高的话，我是无论如何都能够欣然接受的，但是将事实扭曲后再向国民们做宣传的这种行为实在是太过卑劣了。当时的舆论媒体在我一向严格恪守并无比珍惜的“行动的良心”上插进了匕首。

9月初，我访问了光州、木浦和荷衣岛。我原本计划在7月份出访，但是因为当时发生了洪水而被迫推迟了访问时间。当时我决定南下访问虽然带有多重目的，但是最主要的是迫切想要了解一下当地的民心。

从美国回国后第一次到光州、木浦、荷衣岛访问，站台上聚集了很多前来欢迎的市民，我十分感慨（1987年）

9月8日，我站在了光州的土地上。这次的光州之行是我继1971年5月声援第八届国会议员的游说活动之后的首次访问。这次的光州访问是在阔别16年之后的故地重游，而荷衣岛则是28年来的第一次。

光州之行真是件令人欣喜的事啊！站在光州这片伟大的土地上，我的心情久久不能平静，我的内心对她充满了敬畏之情。我与随行人员一起登上了南下光州的火车，大概是从经过大田站之后开始，列车所到之处，站台上的人们无不挥舞着太极旗，欢呼着我的名字，每到一站都是同样的情形。就这样，列车最后终于到达了光州火车站。

不仅是光州火车站，光州市内所有的道路上都人头攒动。我在对民众们作了简短的现场演说之后，便起身赶往“5·18”烈士陵园。一路上，街道两边挂满了数不尽的标语：

“苏醒吧，民主主义！”

“请为我们拭去眼泪吧！”

这些都是光州人民的夙愿，也是光州的眼泪。位于望月洞的“5·18”烈士陵园的周围已经有数万人在等候着我的到来。在此，我见到了死难者的家属们，现在我所做的只有拥着他们哭泣。在为“自由”而牺牲的英烈们作追悼词的过程中，那份沉重的悲愤之情不断地涌上心头：

“英烈们啊！无等山像母亲的胸怀一样宽广，她正用那慈爱的目光守望着我们。诗人们在呐喊着，我们所深深热爱的故乡光州尚未迎来欢歌之时，我可以深刻体会到诗人所要表达的那无尽的痛苦。光州至今屹立不倒，我们的民族史永远无法避开光州，舍弃光州是不可能走上正确的发展道路的。当赞颂和平、自由、民主的歌声从汉拿山传到长白山之时，光州一定会成为救世主般的象征，引导我们的民族不断前行。”

从锦南路路口到市政府的这段路上车队正在游行。横向6车道的马路被前来欢迎的数十万群众挤得水泄不通。欢迎仪式的筹备组织方估算有70多万名市民参加了这次欢迎仪式。市民们高举着写有“民族的领路人——金大中”和“清除独裁的残留物——地域歧视”的牌子挡住了我们前进的道路。我只得在高声欢呼着我的名字的人群前面停了下来，向着民主圣地光州的热血爱国市民们大声疾呼：

在“5·18”民主抗争后我第一次来到望月洞烈士陵园，同死难者家属们相拥而泣

"战胜独裁政权的是广大国民，是光州市民，是望月洞的灵魂！"

到了木浦市，前来欢迎的人群依然如同潮水般地涌了上来。木浦火车站的站前广场和道路都因为拥挤的人群而陷入瘫痪状态。市民们冲我高声欢呼，我也被他们的热情所感染，以至于我一直哽咽着无法说话。去往故乡荷衣岛的船也因此足足晚了两个小时才得以出航。

阔别28年后第一次重新踏上故乡荷衣岛，我最先来到了祖坟前。父亲过世已有13年之久了，但我却是第一次来到墓前叩拜。因为那期间独裁政权一直对我实施软禁，使得我根本没有办法参加父亲的葬礼，这对于我来说是何等的痛苦啊？世界上哪里还有像我这样的不孝之子啊？

放眼四周，当地的居民们已经密密麻麻地聚集在了周围。在他们面前我临时作了一番演讲，承诺一定不会辜负乡亲们对我的期望。结束演讲后，我来到了亲戚的家里，年迈的姐姐满脸笑容地出来迎接了我。

两天后，我又访问了大田市。在大田火车站的站前广场上已经聚集起了5万多名市民。在市民面前我即兴作了一番演讲之后，就随着车辆游行队伍向着住处一路行进。之后，我又依次访问了仁川、京畿道、清州等地。通过四处走访，我得以确认市民们对我的支持一如既往。这也令我深深感觉到，无论如何都不能做出有悖民众对我的期待之事。不过，我也认识到，要想更为稳妥地实现政权交替，就必须实现单一化。

上道洞派已决定支持"金泳三候选人"参加大选，并为使我放弃大选而积极造势。我不得已只好向他们索要了36个未创党地区组织负责人的任命权。在复权后，我虽然身为民主党的顾问，但实际上在党内的根基极其脆弱。想到无论如何也要为竞选做些基本的努力，我在全党代表大会期间提议进行竞选候选人的推举。不过这一提议立刻就遭到了上道洞派的阻挠，连党内的自由公平竞选也被否决了。

我试图作最后一次努力，提议通过电视辩论或者是全国巡回演说的方式了解民意，让国民们来选定候选人参加总统竞选。不过，这一提议依然被否决了。在这之后的某一天，东亚日报社的会长金炳琯邀我会面。我们在一家名为"庄园"的韩餐厅见了面。席间金会长对我说："你们二人当中必须有一方要做出让步，就请先让YS（金泳三的英文缩写）在做候选人和总裁之间选择其一吧。"

我感觉金会长好像在事先同金泳三有过会晤。当时我认为反正无论如何都要进行政权交替，所以便爽快地接受了他的建议。可是几天后，金会长再次来访，他说上次见面时所谈的内容权当没有发生过。他的意思是让金泳三同时兼任总统竞选人和总裁两职。

也就在那时，我们东桥洞派的杨淳稙、崔泳谨、李重载等议员同金泳三以及他身边的人见面后向我做了如下报告：

“如果金大中当选的话，军部当天就会除掉他。因为军部视他为赤色分子而强烈反对其掌权，所以 DJ（金大中的英文缩写）是绝不能当选为候选人的。”

听了这番话，我着实大吃了一惊。“这么说的话，难道赤色分子跟民主化运动一直是一种相互合作的关系？都是在民主化道路上并肩奋斗的同志之间怎么可以拿出独裁者才会用的如此卑鄙的陷害手段呢？我们为了要终结军部的独裁而进行着民主化斗争，怎么到现在还要看军部的脸色行事？这实在是太令人费解了。”听到这一消息的安炳茂、咸锡宪、文益焕、文东焕等民间人士也被激怒了：“世上怎么还会有如此荒谬的事情呢？举行总统大选时，我们也一定去参加竞选。”

9 月 29 日，我在外交俱乐部同金泳三谈了近两个小时。这是有关候选人单一化问题的最后一次谈判。由于国民一直以来对我的大力支持以及对我参加总统大选的期待程度已经超出了常人想象，所以我实在是不能拒绝他们对我的期待，因此恳请金总裁这次能够做出让步。可金总裁再次以军部反对为借口拒绝了我的请求。而我也就此再次进行了反驳：

“怎么可以对为终结军政、实现民主制而抛头颅洒热血的人们说出这样的话呢？看看阿根廷和巴西的例子吧。1983 年 12 月，阿根廷总统阿方辛（Raul Alfonsin），在结束了军部独裁实现了民主主义之后，通过灵活方式包容了军政时期所犯下的错误从而顺利完成了政权交接。再看看对军部作出适当妥协的巴西的内维斯（Tancredo Neves）吧，他的方式却招致了政局混乱和军部的干涉。”

金泳三对此又找借口说，如果我参加大选会加剧庆尚道和全罗道之间的地域矛盾。我对此反驳道：

“地域之间的矛盾产生的真正原因，金总裁不是心知肚明吗？我们本身也是这一矛盾的受害者，难道不应该更加相互扶持吗？如果金总裁能够对我鼎力相助的话，那么这次选举将会成为一扫这一矛盾的绝佳机会。”

不过最终我们之间并未达成一致，候选人单一化的提议最终以失败而告终。不久后，金泳三单方面发表了给予我未创党地区组织负责人的任命权的声明，但是此时将此提上竞选日程为时已晚。

支持我的团体和个人日复一日地多了起来。韩国的在野运动的根基——民统联直接邀请我们两人召开辩论会以评价是否具备总统候选人的资格。我在辩论会上以 29 比 2 的绝对优势被推荐为总统候选人。民统联于 10 月 13 日宣布了这个令我欢欣鼓舞的消息：

“我们支持金大钟顾问成为代表全体国民的候选人！”

纵观全国大学的总学生会进行模拟投票的结果以及报社进行的舆论调查结果，不难发现对我的支持率远远超过了对金泳三的。天主教司祭团、新教的牧师们、曹溪宗的僧侣们、350多名大学教授、200多名文人也都发表声明表示支持我参加大选。

他们在对候选人的能力、民主化斗争的贡献程度、国民支持率等方面进行全方位分析之后，对我表示了大力的支持。但就在此时，候选人单一化的问题又再度浮出水面。这时候，支持我的在野人士都聚集到了位于水踰里的安炳茂先生家。经过众人的一番讨论，决定另建新党。

10月30日，我们举行了新党的创建仪式，同时正式宣布参加第13届总统大选。我们脱离了新民党，建立的新党被正式命名为和平民主党（平民党）。我在内心深处反复诵读着这个以我最喜欢的和平和民主为基础而起的党名。11月12日，在汉城的世宗文化会馆分馆召开了中央党（平民党的组织机构）的创立和总统候选人推举大会。这是我生平第一次坐在了党总裁的位子上。我当着议员及各界受邀人士3 300多人的面，发表了愿意接受出战第13届总统大选的演说：

“虽然我不是反对党的唯一候选人，但是我很有幸地成为在野民主势力所支持的唯一候选人。这次12月的选举的意义就在于，它将彻底终结军政，建立一个真正的由人民直接选定的政府。我一定会抓住这一难得的机会致力于根除现有军部势力干预政治的恶习，恢复持续了1 000多年的文人政治传统。”

这天的大会上选举了李重载、杨淳稙、李龙熙、卢承焕、崔泳谨、柳济然、朴永禄七人作为副总裁候选人，金钟完被选为全党大会的议长。两三万名支持者们在会议期间始终站在会场外进行着声援。在全党大会结束之后，他们又在从市政府前往新村的路上举行了车队游行。这一天距离进行投票的日子还有25天。

参加第13届总统大选的候选人有民正党的卢泰愚、民主党的金泳三、平民党的我、共和党的金钟泌，还有白基玩等。但是最终这次的总统大选成了一卢三金之间的角逐。

时间、组织、资金等所有方面都存在严重的不足，这使得我们的竞选活动处于极度困难之中。我选择穿着传统韩服到全国各地进行竞选演说。因为我想利用民族服装来描绘我对民族未来的设想。平民党选择黄色作为党的象征颜色。每到一处，演讲场所都好似变成了一片黄色的海洋。菲律宾人民在进行反独裁斗争的时候也是选择了黄色作为行动旗帜。我视演讲场内掀起的这些黄色人浪为“民主的力量”。

政府和执政党再次使出了煽动地域矛盾的卑鄙手段，进而又展开了试图分化我同金泳三两人的阴谋。在我的演讲场所，派人呼喊“支持金泳三”；而在金泳三的演讲现场又呼喊着“金大中万岁”。在各地的演讲场所都可以看到他们这些有组织有预谋的妨碍行为。11 月 1 日，我结束了在釜山的演说后回到了位于东区的国际宾馆，这时突然有300 多位不明身份者闯入了宾馆。他们挥舞着铁管和木头，砸碎了门口的大型玻璃窗，并呼喊着“金泳三进驻青瓦台”。

我的秘书以及警卫队用他们的血肉之躯誓死阻挡了不明身份者的闯入。在这场骚乱中，有 15 名警卫员受了重伤，还有 10 多辆车被严重损毁。在晚上 8 点 20 分左右，我报了警要求保护，可警察们在过了 50 多分钟之后的 9 点 10 分才赶到现场。先不说在总统候选人下榻的宾馆安排的警卫的人手不够，偌大的都市警察的出警速度竟然如此缓慢，一切都令人百思不得其解。

11 月 15 日，在大邱市游说演讲的场所也发生了类似的暴力事件。那天召开了“结束独裁，化解地域矛盾——岭南、湖南市民决意大会”。在文益焕牧师的声援演说和我的游说演说正在进行的过程中，突然从人群之中传出咒骂和怒喊声，随后又连续飞来了石头、瓶子和鸡蛋。照此下去，演说将会无疾而终。冒着被石头击中的危险，我在警卫队和秘书们的保护之下站在了讲台上：

“把石头扔向我吧！即使这样，我也要向助长地域矛盾的恶势力发起挑战。把石头扔向我吧！”

但这并没有使这场骚乱安定下来。一群不明身份的青年冲出人群，瞬间涌向了讲台。群众的视线一下子被吸引了过去。我再次大声呼喊：

“请大家不要看向那里，请大家看着我。我在 1971 年第一次竞选总统时来到大邱之后，阔别 16 年再次踏上这片土地，大家难道不想看看我的面孔和声音发生了怎样的变化吗?”

瞬间，容纳了 7 万多人的演讲现场变得鸦雀无声，也没有人再向我们投掷石头了。就这样，我顺利地结束了演讲。

到后来大家才知道了其中的内幕，正如我当时所预料的一样，这起捣乱事件完全是全斗焕为挑起地域间的矛盾而阴谋策划的。11 月 29 日，卢泰愚在光州进行演说的途中也因为有手持木棍的不明分子捣乱，以及游行队伍围困讲台而中途停止了演讲。这样的事件在全国各地层出不穷。出现在游说场所的捣乱者的行动明显具有组织性。媒体将这些事件统称为因地域矛盾引起的争端，电视台更是将这些暴力场面如实地进行了转播，但他们都将焦点集中在了激起反湖南地区（全罗道一带）的情绪之上。激化地域矛盾成了消减民主化热情的核心战略。

电视台有意识地进行歪曲事实的报道更是令人深恶痛绝，他们精心挑选了我正在皱眉或者情绪激动时的画面进行转播。在宽勋俱乐部的讨论会上的情况也是如此，我个人认为我的实际表现远远胜过其他任何一位候选人，但电视转播的时候他们只将我犹豫的画面保留下来播了出去。

整个电视节目完全就是按照政府的意愿来进行编辑的。随着选举日期的日益迫近，媒体则开始有意无意地对柬埔寨和越南的共产化、菲律宾社会动乱进行集中报道。采取理念攻势、激化地域矛盾等电视节目成为卢泰愚选举阵营最有利的宣传工具。面对这一情况，我有些无计可施。虽然我也试图去讨媒体人的欢心，可一切都没有起到任何作用。舆论报道的最大受惠者是卢泰愚，而最大的受害者便是我。

在离投票日还有 4 天的 12 月 13 日，我在汉城大方洞举行了一场令人难忘的演讲，这也是大选前召开的最后一次大规模的游说活动。到场群众的规模之大，着实令我大吃一惊。这么多人能够如此积极地来到我的演讲现场，当时的心情我实在难以用语言进行表达。那天到场人数大概有 250 万人。演讲结束后，10 万多人沿着道路集体游行了 15 公里，来到了市政府前。所有人都像胜利在望似的欢欣鼓舞。我也信心百倍，觉得这次肯定能大胜而归。因为我不仅得到了民主人士的支持，也受到了学生以及上班族的支持。

我的选举阵营受到了前所未有的鼓舞。可就在这一时刻，大韩航空飞机爆炸事件的嫌疑人金贤姬在大选的前一天被引渡回了韩国，这一事件对我的顺利当选造成了致命性的打击。大韩航空飞机爆炸事件发生在正如火如荼地进行着大选宣传活动的 11 月 29 日，当时大韩航空的 858 次航班在缅甸近海处突然爆炸，机上的 100 多人无一生还。这些遇难者均是在伊拉克巴格达登机，准备回国与家人团圆的劳动者。

这一事件发生后朝鲜特工金贤姬被捕。韩国当局随即发表了声明，称此惨案系朝鲜所为。当局宣布此次事件的调查结果："继苏联之后，中国也决定参加 1988 年汉城奥运会，朝鲜为了扭转被国际孤立的政治局面而策划了这起空难。"

所有的媒体都将精力集中于报道金贤姬事件而不是总统大选，大众的视线很自然地被转移到这起突发事件上，这一情况对于卢泰愚的选举阵营显得尤其有利。当人们再次陷入"安保模式"的纠结中时，卢泰愚阵营趁机发起了颜色攻势。他们大声呼唤着"要安定还是要混乱"的口号，对民众进行了煽动。"政权若是落入反对党的手中，现在取得的一切成果将会付之东流"，他们在发言中毫不避讳地夹杂着威胁式的词句。

事实上，我在竞选过程中一直饱受恐吓。那些参加过"12・12"军事政变的政治军人利用媒体对我毫不掩饰地进行了带有威胁性的攻击：

“如果金大中当选总统的话，军方将无法保证会采取怎样的立场。军中甚至有人扬言要抱着炸药跳上车。”

也有人经常打骚扰电话到选举办公室声称“已经制定另外的暗杀计划”、“准备进行枪杀”等。前陆军参谋总长朴熙道甚至还公开发表声明指出反对我参加总统大选是代表军部全体人员的意愿。

最终我在选举中遭遇了失败。12月16日，投票结果显示，卢泰愚以36.6%（828万票）的支持率位居第一，金泳三以28.0%（633万票）的支持率位居第二，我金大中则以27.1%（611万票）的支持率位居第三。

这次选举当中的舞弊行为还是非常明显的。这次选举结束后，就接连发生了“打倒纵容舞弊和非法选举的政府”的抗议游行。就选举舞弊举例来说，17日上午7点，在汉城蚕室地区散发了亲政府的号外。号外的版面上用活字印刷的黑色字迹写着“卢泰愚当选新总统”。上午7点怎么可能散发下午7点才能揭晓的大选结果的新闻呢？简直是荒谬之极。另外，当时电视上播放的候选人的得票状况和数值与实际结果完全一致。后来揭露的结果显示，那份号外在17日凌晨已经印刷了出来，本该是那天下午散发，可因为负责分派的人员的失误导致上午就开始散发了。

汉城九老区也发生了离奇事件。投票日当天上午11点左右，有个人试图将一个没有封好的缺席者投票箱带走，正好被维护选举公正的监察人员抓住。另外，负责护送投票箱到计票所的9名警察连同一群不明身份者一并消失，不见踪影。缺席者投票箱本该在所有投票结束后送到计票所，在还未封印的状态下就随便挪动明显是一种非法行为。

在被截获的这个投票箱内发现了大量的选票，这使得人们更加确信一定是有人对投票箱做了手脚。监察人员还在箱内发现了怀疑是用于偷换选票的一系列证据，例如，投票纸、墨渍、印泥等。监察团和市民们以此为由在九老区区政府前进行了抗议示威。警方却向手无寸铁的示威人群投掷了催泪弹，并派遣了白骨团驱赶民众。这一事态并非只发生在九老区，全国各地都相继发生了与之类似的事件。鉴于这种情况，人们着实难以接受这次大选的结果。大选结束后，平民党发表了声明表示不接受本次大选的结果：

“我们无法接受卢泰愚当选为韩国总统，卢泰愚应该向全国人民致歉并辞职。”

金泳三和民主党也将这次大选定义为“彻头彻尾的选举舞弊”，并宣布将发起推翻舞弊政权的相关运动。民统联议长文益焕也发表了抗议声明，宣布选举无效，要求政府将九老区暴力事件的真相公之于众。

我们平民党通过发表檄文对总统选举中发生的舞弊行为进行了揭露，同时详细披露了电脑开票过程中的舞弊行为。平民党在对照片输入电脑和播放不符事实的影像资料的这一现象进行深刻揭露的同时，还提出了众多疑点并揭露了开票过程中的作弊行为。若要人不知，除非己莫为。我们将印好的选举舞弊檄文分发给了天主教正义司祭团等类似的市民团体。

1988 年 2 月 16 日，天主教正义司祭团的代表金胜勋神父和维护选举公正监事团团长吴泰淳神父，在明洞举行了新闻发布会。他们依据这一檄文面向在场的众多媒体记者公开发表了声明，“‘12 · 16’大选是一场利用电脑作弊的不正当选举”，并再次披露了个别候选人在选举过程中捏造事实的恶劣行为。

卢泰愚候选人在选举前一日召开的记者会上，曾特别强调“对这次大选的结果一定会无条件地接受”，这一点耐人寻味。可是反对党们对于选举舞弊的抨击力度变得越来越没有力度。随着时间的流逝，这一切的努力都注定会被胜利者的光环所掩盖，再过些时日选举时出现的种种舞弊现象也会被国民们渐渐淡忘，因此反对党派对此也开始变得力不从心起来，因为 4 月份的国会总选已经迫近了。

就像受到了巨大打击似的，大选一结束，国民们便陷入了巨大的失落感之中。街道上变得寂静无声，特别是在民主阵营里，溃败让他们变得无所适从。我同样也是满怀内疚，因为分析这次失利的原因，无法排除没能成功实现候选人单一化的因素。我们通过众多民主人士的牺牲和“6 · 10”抗争才得以结束独裁专制，在 16 年后的今天才第一次真正地实现了民众直接选举。如此来之不易的机会却这样与我们擦肩而过，民众们心中的失落感之大也是可以理解的。我那时真该对金泳三做出让步，说不定还会有获胜的一线希望。但事实上，即使我那时做出了让步，在野的反对党也没有取胜的保障。当时，根本没人能阻止当局在选举中的舞弊行为。但是如今造成民众的分裂，这里面的确有我们的过错。媒体舆论将大选失败的原因归咎于没有实现候选人单一化，所有人也随即接受了这一观点。

选择支持我的各界人士在大选失利后所表现出来的挫败感尤为突出。我们当初过于坚信自己能够改变整个世界了，所以才会在面对失败时手足无措。整个韩国都陷入了大选后遗症的低潮期。

问路民心（1988 年）

在总统大选中落选的和平民主党陷入震惊与失望之中。所有的责难都指向了在野党，尤其是指向了我。再次统一在野党的舆论也开始露头。文益焕牧师来到党办公室大声叫喊着并督促要进行合党。李兑荣女士坐在我面前拍着手叹息道：“现在一切都没有希望了。”

1987 年 12 月 30 日，统一民主党总裁金泳三在辞旧迎新联欢会上开炮了：

“在野党进行大同团结是以民主势力的根本即民主党为中心的民主势力的团结，这是顺应历史之理。民主党为了在本次大选中的选举革命，希望能好好判断应该怎样做。因时间紧迫，很难进行关于合党等复杂的步骤，统一的形式即是离党的人再次入党便可。”

民主党要进行吸收融合，而且还是以个人自由加入的形式，这相当于让人们一个个地举手投降，真是太无礼了。民主党竟然干脆要求解散平民党，而且还说“短期内将会有很多平民党议员及党员重回到民主党”。

民主党在施加压力的同时，其总裁金泳三先生还会见了当选人卢泰愚并追认了卢泰愚总统的成功当选。民主党在总统大选后，曾强烈谴责选举舞弊并称“至少有 200 多万票是问题选票，因此这次选举是无效的”，而且还曾开展过颠覆现政权的活动。时至今日，他们竟首先会见卢泰愚并就民正党大力促进的国会议员中等选区制进行了协商，还打着统一的旗号对平民党进行了赤裸裸的攻击。我们党即刻对此进行了反击：

“金泳三总裁和民主党对这个国家最纯粹的在野党的存在予以鄙视。他们苦苦哀求着要与通过选举舞弊而当选的卢泰愚会面并追认他当选的这一系列态度，说明他们已经成为了御用在野党，若非如此是绝对不会发生这样的转变的。”

金泳三先生认为平民党会马上瓦解。但我们的党员不是砂粒，我们的党也不是沙堡。民主党与金泳三总裁所说的融合实际上是要解散平民党。这与过去的候选人单一化协商的方式是相同的。民主党所谓的单一化是以金泳三成为唯一候选人为前提的。对于总统大选的结果他们也采取的单一化责任制，而不是共同承担制，主张“等级归咎论”。对此，我实在无法苟同。当然，在他们的顽强攻略下，有三四名议员加入了民主党。

我不能坐以待毙。1998 年 2 月 3 日，我邀请了 91 名各界在野人士。与朴英淑、李吉载、文益焕、成来运、林采正、郑东年、李海瓒、李相洙、高永根、梁性佑等人掀开了新的政治局面。这里有学者、民权运动家、法律界与宗教界人士，还有文人等。这些人士的大批入党预示着在野人士进入了制度政治圈，这是韩国政治史上划时代的重大事件。

但融合在野圈的要求并没有就此停下来。民主党的攻势非常顽强。但平民党毫无动摇地依旧准备参加大选，2 月 8 日金泳三先生突然辞去了党总裁一职。

“为了在野党能尽快实行单一化，我特辞去民主党总裁一职，并将以普通党员的身份‘布衣从军’。”

我也没有理由反对实现在野党的融合。为了实现统一，我要求取消民正党和民主党促进的中等选区制。在野党融合的意义在于要成为议会第一大党，也正因为如此绝对不能实施中等选区制，必须以小选区制来决一胜负。

我支持小选区制。民主主义的发达国家几乎都实行小选区制。同时我认为这也将对稳定两党制起到作用。当时进行的舆论调查结果表明，大多数国民非常拥护小选区制。

总统选举失败后邀请文益焕、成来运等在野人士 91 名商讨对策

我敦促民主党撤回中等选区制的提议，但这被金泳三先生操控的民主党断然拒绝了。民主党要求我主动辞职。此时，舆论方面尤其是各大报社也煽动我辞职。他们报道称，只要我一人辞职，所有的问题都将迎刃而解。他们竟然还报道说，若我不辞职，平民党马上就会因内讧而分崩离析。我向这些舆论发起了反攻：

“唱丧歌的人比丧主哭得还要伤心，政党静坐不动，新闻却闹翻了天。”

金泳三先生专注于解散平民党而不是战胜执政党。若连民正党也进行在野党间的融合统一的话，他们将会接受选举法修正案，但民主党更倾向于维新时代的产物——中等选区制。

我不得已决定说服金泳三先生。我见到金泳三先生后提出了两党共同代表制。

“为了在总选中取胜，我们两人应一起去釜山，也一起去光州。”

但民主党对此丝毫没有动心。不得已我只能撤销了共同代表制提议，但对于小选区制是绝对不能让步的。3月3日，我正式撤销了共同代表制的提议：

“为赢得国会议员选举，金泳三先生与我必须负起责任来一起领导政党前进。但这不应成为实现小选区制的障碍，所以为了统一和贯彻小选区制，即使牺牲一切，也要改变党论。”

但民主党排除了所有的前提条件，并要求我无条件地退居二线。民主党发言人金泰龙更是变本加厉地说道：

“统一新党的领导体制坚持单一的领导体制，应由政党势力更为强大的民主党担任代表。”

民主党仍然没能放弃中等选区制。他们害怕落选，却没能控制住希望共同当选的大多数候选人。看不下去的民正党称这是国民的意志，提出了小选区制。这是为理解民心与获得民意而铺的路。3月8日，国会正式通过了以小选区制为框架的国会议员选举法修正案。

3月17日，我辞去了总裁一职，同时我还强调应重新开展关于统一政党的议论，最终我还是顺了民主党的意。民主党主张先实现部分统一，后与平民党展开合并。两党的统一协议代表见面之后交换了意见，但却没有收获。此时学生与党员们来到协议现场，要求民主党进行有诚意的协商并举行了示威。但他们竟然宣布终止协商。回想起来，民主党自始至终就没有实现政党融合的想法。他们只是想让我们的党员脱离平民党，动摇全党并瓦解平民党。他们是要埋葬我的政治人生。他们想把我作为牺牲的羊羔，想让我背负起总统大选时失败的全部责任，这便是他们的邪恶意图。

朴英淑女士以总裁代理身份进行了国会议员总选。我将这一切都告知国民，并决定接受国民的审判。国会议员选举近在眼前。

在举办奥运会的5个月前，执政党举行了第13届国会议员选举。4月26日的国会议员总选对我和平民党来说非常重要。若再次失败，那平民党将被看作是一次性的政党，同时将受到无法恢复的伤害。同时，为了那些因信任我的在野人士，我也必须取得胜利。

我被注册为全国选区的11号。虽然所有人都强烈反对，但我丝毫没有动摇。据预测，平民党最多只能获得30个席位，我想背水一战。若国民们放弃金大中，那我的政治生涯就可以到此结束了。若连11号都当不成全国选区的议员的话，那我本人也没有进入国会的资格。我当机立断决定铤而走险。

我以平民党常任顾问的身份参加了竞选活动。当时的平民党与民正党和统一民主党相比，资金不足，组织也不健全，所有方面都处于劣势。但我们拥有在总统大选中所表现出的广大国民的声援。若那种声援会聚成票数，足以取得胜利。我不分昼夜地四处奔走，只要是有平民党候选人的地方就有我的身影。我站在最前方进行了选举宣传，民心再次关注我和平民党，因此我的预感很好。

时隔17年再次恢复的小选区大选与之前相比，舞弊行为明显减少。我们平民党在“4·26”国会议员总选中获得了70个席位，其中地方区54席、全国区16席。我也感受到了当选的喜悦，更重要的是国民再次给予了我机会。民正党获得了125席，民主党59席，共和党35席。执政党首次未获得过半数以上的议席，国会中出现了“执政党小在野党大”的局面。议席数为125比174，得票率为34%比66%，差距悬殊。

至此我们平民党首居在野党之首，在所吸纳在野人士中，文东焕、朴英淑、李海瓒、李相洙、郑尚镕、朴锡武、李喆镕、梁性佑等人进入国会。他们开展了与现行政治完全不同的议政活动，这为议会政治输入了活力。他们的加入改善了政治体制。记者问起第一大在野党所开展的活动：

“此次总选中所出现的民心是要求加强对军事政权的牵制以及促进民主化建设。我们党将与在野团体展开合作，将国民的这两大愿望作为主要的活动内容。若卢泰愚政权能为了实现民主化而表现出真诚的态度，我们也有意与其展开协作。”

卢泰愚总统接受了执政党在国会议员选举中的失败，就此他还发表了自认为意义深刻的讲话：

“选举当中出现的国民们的意志不在于国会议席的数字，而是通过对话与妥协要以政治之力推动国家的发展。我们应该听从国民们的心声，推动时代的发展。不管是哪个政治人，不论是哪一政派，都无法拒绝在对话和妥协的基础上施行的政治。”

那时，卢总统仍受到国民的尊敬，但他的承诺在任期中途就散发出了恶臭。5月7日，我在全党大会上再次被拥护为总裁，在世宗文化会馆别馆召开的大会聚集了2 000多人，我们反复回味着这奇迹般的选举胜利。我们推选文东焕为首席副总裁，朴英淑、崔泳谨、赵尹衡、朴永禄为副总裁，并随即对党职进行了改编，任命李载根为秘书长、金元基为院内总务、郑大哲为政策委议长，李相洙为发言人。

5月30日，“执政党小在野党大”的国会正式开院。我在西装上佩戴了议员徽章，又重新回到了国会……这令我百感交集。1972年10月，因维新政变而被赶出国会议事堂后时隔16年，在成为第一大在野党的总裁后，我得以再次回到国会。国民再次将我扶起，这真是荣光之至。监禁、流亡、软禁，我几次踏进鬼门关，这是我再次回到民意殿堂的早晨。我以议员的身份首次迈进了位于汝矣岛的国会议事堂。

我与所属议员及党职人员一起参拜了国立墓地和“4·19”墓地，然后越过汉江，彼时风轻水秀，5月的太阳真美。

6月29日，我以在野第一大党总裁的身份进行了演讲。对我个人来讲，这是成为代表后的首次演讲，为了走向新社会，需要克服重重困难，所以我在写稿子时费了很多心血。我指明了走向真正民主化之路：

“现在我们面临的不可回避的问题便是清算第五共和国的遗产。只有解决这个问题才可能施行民主化。现在我们要做的是查明光州事件的真相、处理全斗焕先生一家的舞弊敛财等第五共和国遗留下来的不正之风、调查两大选举的舞弊、修改和废除反民主的法律、扫除亡国的地方主义等。其中光州事件问题与扫除不正之风是左右政局未来的最敏感和危险的因素。

“我们应尽快解决如下问题并获得国民的理解。第一，1980年，全斗焕先生在光州民主化运动的当时作为实际的执权者与光州市民大规模的死伤有重大联系，因此应公开镇压光州民主化运动的真相。若他本人认为对光州市民存有不当镇压和对杀伤负有责任的话，那么他应该向光州市民和国民们请罪，求得饶恕，这才是解决此问题最快、最有效的方法。

“第二，全斗焕先生与其一家进行的非法敛财，虽然具体的规模及内容仍不详，但非法敛财这件事情已人尽皆知。全斗焕先生应将他们在国内外所得的所有财产在全体国民面前公开，并将财产返还给国家，还应表现出对其本人所犯过失的悔悟。

“第三，卢泰愚总统应将光州民主化运动与第五共和国的权力型非法敛财的真相告知国民。政府对此发表白皮书后，光州事件相关的主要责任人应在国民面前请罪，同时应将非法获得的财产返还国家。这是卢泰愚政权顺利而迅速解决光州民主化运动事件和第五共和国不正之风、实现政局安定与发展的正确道路。

“和平民主党与我按照党纲所明示的，坚决反对任何形式的政治报复。只是要求相关人员进行反省和道歉，并坚决反对对他们进行刑事处罚。”

此次演讲以妥善解决当时急需解决的问题为主要目的。只有查明光州民主化事件的真相及清算全斗焕政权——第五共和国的不正之风，我们才能往前走。这在当时既是时代精神也是共同准绳。

八年的时光，全斗焕先生将自己推入了十分可悲的境地。他与我的立场完全相反。

6月27日，国会开设了七个特别委员会，主要针对第五共和国时期的非法及不正之风以及政治上的失误。这七个特别委员会分别为：“5·18”光州民主化运动真相调查特别委员会（光州特委）、为发展民主而修改法律特别委员会、统一政策特别委员会、缓解地域感情特别委员会、第五共和国政治权力不正之风调查特别委员会（五共特委）、两大选举舞弊调查特别委员会、为释放及解除通缉良心囚的特别委员会。至此，国会开始了“第五共和国的清算”。

宣布维新宪法行动16年后，我访问了部队。8月1日，我来到了江原道铁原地区的白骨部队并作了演讲：

“希望能在像铁原一样的大型战争遗迹上建设‘民族公园’和‘统一运动场’等，为增进南北之间的和平而作出贡献。”

8月19日，我对菲律宾进行了五天四夜的访问。我拜访了科拉松·阿基诺总统并获得了菲律宾自由民主勋章。在马尼拉郊外的纪念公园里，我参拜了已故的阿基诺参议院议员之墓。我怀念着在我流亡之时所见到的这位民主化运动的同志，并发表了追悼词：

“杀害阿基诺议员的马科斯成为永远的失败者，被害的阿基诺议员才是永远的胜利者。阿基诺议员的不幸为我们指明了永生之路。”

9月17日，第24届奥运会在汉城开幕，共有160个国家13 304人参加了此次奥运会，这是奥运史上规模最大的一次。对峙16年来的东西阵营所有国家都参加了此次盛会。虽然因理念不同和人种有别，曾导致只有一半的国家参加，但这次却洗刷了冷战的残余成为了和解的庆典。对此我感到非常高兴，但唯一遗憾的是，朝鲜没能参加。

第24届奥运会在质的方面也做得非常优秀。整个比赛的运作及安全也做到了令人满意。韩国共获得金牌12枚、银牌10枚、铜牌11枚，向世人展示了运动强国的真正面貌。美国位于苏联与民主德国之后，居第三位，这是非常有趣的。我认为我们的文化遗产和传统都得到了展现，尤其是大会期间的天气一直十分晴朗。这是神赐予的祝福，汉城奥运会圆满地落下了帷幕，这使我感到“奥运会的最大胜利便是我们的国民”。奥运会让“执政党小在野党大”的卢泰愚政权重拾了经营国政的信心。

光州特委与五共特委的活动得到了国民的广泛关注。经总裁团的同意，我推荐首席副总裁文东焕担任光州特委委员长之职。在光州抗争的背后操纵者被判死刑时，国内外的媒体都对此进行了密切关注。我想首先揭露真相，以利于特委活动走上正轨。我随时与分派的议员召开对策会议，并希望他们能进行充分的准备。

首次实行的国会听证会面向国民进行了现场直播。收视率高达60%，全国国民都集中到“五共清算”上。11月18日，我也出席了光州特委的听证会。我是这样证言的：

“光州运动当时，军人单方面对手无寸铁的普通市民动用了武力，这是不可饶恕的，这简直就是集体杀人的暴力。是谁下令向市民开炮，这才是最重要的问题。开炮的责任人便是执掌国民生杀大权的联合搜查本部部长前总统全斗焕。”

很多证人提供了大量的证词，其中最令人失望的证人应属当时的前任总统崔圭夏和前任文教部长官金玉吉。前任崔总统没有参加听证会，理由是“作为前任总统，他不可以将国家机密泄露出去”。我不知道他所说的“国家机密”指的是什么，但我认为在国民与历史面前阐明真相是最重要的。前任文教部金长官行使了沉默权，虽然其参加了关于表决非常戒严令扩大的国务会议，但最终却没有站在真相的一边。

“5·18”阐明真相特别听证会，我作为证人第一个宣誓

五共特委正式启动后，五共不正之风的真相开始被一一揭露。媒体将前任全总统改称为“全先生”。全先生与其一家聚敛的天文数字的非法钱财被暴露出来。被怀疑非法敛财的他的亲戚们相继被送到教导所。可以说全先生是无处可逃了。11月23日，全先生发表声明后被发放到白滩寺。

卢泰愚总统在全斗焕夫妇离开的3天后发表声明，请求国民赦免全先生，同时承诺对光州民主化运动的受害者进行救济和补偿。除此之外，他还宣布将全面释放政治犯，修订国家保安法，重整政府执政党。我接受了他的宣言。虽然我也不希望全前总统受处罚，但我还是多次强调应查明他在光州民主化运动中是否负有责任。

虽然早期的光州特委活动非常频繁、行事利索，但却越来越松懈。听证会也只是隔靴搔痒。经过一年多的活动后，证人们变得不再诚实，政治圈也开始只追求理解而不是事实。不得已，四党总裁决定通过将全总统推上证人台来结束特委的活动。1989 年 12 月 30 日，从白滩寺来的前总统全斗焕站到了光州听证会的证人席上。正如人们所料想的，他说的不是证言，而是漫天的谎言。卢武铉议员丢掷了姓名牌，李喆镕议员也从证人席上跑下来大喊着：

“杀人魔全斗焕！请你如实地做证言！”

虽然光州听证会的收效甚微，但国民们却能据此了解到底是谁在编织着谎言、到底谁才是历史的罪人。

公安政局的亡灵（1989 年）

1989 年新年，统一民主党总裁金泳三突然带着“卢泰愚总统的中间评价”出现在公众面前。卢泰愚总统判断选举的结果会对自己不利，所以丢出了若是当选就会进行中间评价的承诺①。这最终成为一个巨大的政治圈套，但民主党还是深陷其中。1 月 5 日，金总裁举行了新年见面会：

“中间评价问题是卢泰愚总统对全体国民作出的承诺，卢总统的政治道义和执政方式一定要得到贯彻和执行。进行时间和方法手段等不应该成为与在野党的协商内容，评价内容应当针对铲除第五共和国的腐败行为和开展民主化措施的业绩。”

但我们并不能急于求成。我认为应该在观察卢总统对铲除第五共和国腐败行为和开展民主化措施的程度之后再作评价。之后一年在野三党已经达成了协议，保留实施中间评价的议案。因为如果误用中间评价，也会带来不好的后果。

如果卢总统通过中间评价早早取得国民信任的话，在野党圈内极右翼势力便有可能得势，况且当时卢总统在投票中获胜也说明了国民还是信任他的。奥运会的圆满结束，使得总统的人气得以回升，而且国民也不希望此时再生事端。

执政党内对于中间评价存在着两种意见。民正党内部主张应当实施中间评价以便尽早摆脱“执政党小在野党大”局面的是主流。相反，卢总统的亲朋好友等亲近之人则因为担心评价结果万一对其不利而对此持反对意见。实际上，主张保留或者主张取消中间评价的人不过是少数。

---

① 卢泰愚在 1987 年底的总统选举中承诺，在上任一年后由人民进行政绩评价，以决定他是否称职。如果评价结果不好，他便自动下台。——译者注

民正党于2月8日向卢总统正式提议实施有关是否继续就任总统的国民投票中间评价。朴浚圭代表吹嘘道："如果卢总统从中间评价中获得了国民的信任，那将意味着在野党不能再随心所欲地掌控政局"，他意图从此获得动力而改变政局。正如我所预想的那样，民正党在行动着。

2月25日，我向如此强势的民正党表达了我的忧虑：

"民主正义党打算强行把总统的上任与中间评价挂钩的做法并不是要接受国民审判的姿态，这分明是在威胁国民、企图恶意利用中间评价。在第五共和国腐败行为的清算问题、民主化及民生问题等尚未得到解决的情况下，要国民依据什么来评价呢？不相互猜忌、打好信任基础之后再实施中间评价才是正道。"

民主党方面也要求迅速进行中间评价，但随后就阐明了其不信任立场："虽然在第五共和国的腐败行为尚未得到清算的情况下就实施中间评价并不恰当，但既然民正党方面对实施评价如此积极，那不妨就卢总统的就任问题展开一番对决。"金泳三总裁和民主党的态度真是令人费解。他们明明知道"在第五共和国的腐败行为尚未得到清算的状态下实施中间评价是不恰当的"，却还是急切地催促进行，个中原因我们不得而知。他们明明清楚执政党要弄权术想通过中间评价来改写政局，但还是愿意卷入其中。

由于中间评价问题，连日以来政局都被闹得沸沸扬扬。当时卢总统在任尚不到任期的1/5，评价政府的功过还为时过早。在任职第一年的1988年，卢氏政权为汉城奥运会奔走，政局也正准备"清算第五共和国"，所以在当时根本没有评价卢总统业绩的依据。

我认为围绕中间评价所展开的党派间的拉锯战应当告一段落了，因此我与卢总统于3月10日在青瓦台进行了约3个小时的谈判。会谈结束后，我们达成了协议指出仅把中间评价作为单纯的政策评价而不牵扯到总统就任问题来进行开展，但取而代之的是要在全斗焕的国会证词、光州问题的解决方案、地方自治制度的实施等方面协商达成转折性的协议。我认为这是最合理的选择。

随后金泳三和民主党声称即使实施单纯的政策评价，对卢总统的不信任运动和使其退位让贤的运动也会继续开展下去。一天，有国外记者这样问我："对于统一民主党要通过中间评价把卢总统推下台、再次实施大选的主张，您有何看法？"

我这样答道，如果出现那种情况的话，就应该再次征求国民的意见。执政党中的一部分人企图通过中间评价扭转"执政党小在野党大"的局面，他们想让让出在野第一大党位置的金泳三先生搅乱政局，但这是非常危险的行为。虽然曾经发生过选举舞弊事件，军部独裁势力也尚有残余，但这一政权是通过直接投票选举出来的。

如果中间评价实际演变为政权交叠的斗争的话，不管是卢总统再度当选还是就此退位，都会引发混乱，由此产生的负面影响还得由广大国民来承担。

我和金泳三总裁应该找到民心所向到底在哪里。和平民主党和统一民主党就中间评价举行了场外集会。我们认为实施中间评价为时尚早，对方却还是主张应该强制实行。3 月 18 日，和平民主党在京畿道的富川市和忠南的温阳市分别举行了集会。青瓦台和国民们一起关注了此次集会的情况。我向聚集在富川市民运动场上的听众们表达了这样的主张：

"最近执政党内部存在要把中间评价和总统重新上任相挂钩的不纯行为。他们企图通过早日实施中间评价来打破由大家选出的'执政党小在野党大'的政局。如若发生这种情况，我们平民党会为了终结政权而联合一切民主力量开展坚决的斗争。现在还不是对总统进行中间评价的时候。我们应该继续关注卢泰愚政权对民主化政策的实施情况，就其结果如何也应该由国民判断才行。从时机上来说也还没达到'中间'的时候。如此急切地催促进行评价，可能会为执政党内部的反民主势力提供借口，成为压制民主力量的祸根。"

运动场上响起了掌声和欢呼声。由富川集会的热潮可以确认我和我们党对于中间评价的看法与民心是相一致的。相反，由统一民主党举行的温阳集会的参加者却不过 1 000 余人。中途退场者也络绎不绝，使得集会根本不能正常进行。

由此也可以清楚地看出民心所向，卢总统从富川集会中找到了延期实施中间评价的名目，获得了自信，由此中间评价政局就被消灭了。这天，我在党职成员会议上宣布和平民主党在中间评价政局中取得了胜利。

执政党和在野党经常因为国会的运行而聚首。在"执政党小在野党大"的政局中妥协是最合适的选择，因为妥协的结果就是折中与让步，也就不会出现大权独揽或是独善其身的情况。执政党曾经试图摆脱在野党的协助独揽大权但最终却与在野党发生了正面冲突。那是在 1988 年 6 月发生的汉城地方法院和家庭法院的少壮审判官要求重整人事行政的事件。他们主张"恢复国民对司法部的信任"。最高法院院长金容哲因此而引咎辞职。

卢总统内定了大法官郑起胜接任最高法院院长，并要求国会予以承认和支持，但是国会集合了在野党的意见对此予以否决。因为他们认为郑起胜不是实现司法部独立的合适人选。既然在野三党就这一问题的意见达成了一致，那这一提议分明是存在问题的。而后卢总统又推荐了李一圭，这次在野党爽快地同意了。并不是说因为"执政党小在野党大"，在野党就要独揽大局。在野党也要充分考虑国民的意思，毕竟国家大事应该由大家共同承担。

由于执政党与在野党协议处理法案，意见一致的情况比以往任何时候都要多。双方为了国会的圆满运行经常开展五人会谈，即由执政党总统和代表委员、在野三党的总裁共五人参加的会议，各党在会谈上表明各自的立场，调和意见。

我们的平民党提出的议案中有一个是家庭法的修正案。我很早之前就为了伸张女权而主张修改家庭法案。既存的家庭法规定妻子没有财产所有权，女儿也是受到了绝对的差别对待。宪法虽然明文规定了男女平等，但是实际上女性不管是在家庭中还是在社会上都受到了各种歧视。家庭法的修正也是各个女性团体的夙愿，特别是李兑荣女士对此非常积极，但是每次在国会上提出的相关法案不是被废弃就是被加以保留。

从很早开始我对男女平等问题的关注程度就与众不同。妻子李姬镐和我的名字并列刻在门牌上的事也是我先提出来的。当然关于伸张女权，我也受到了曾是女权运动家的妻子的影响。但是男女平等的信仰一直存在于我的内心，没有男女差别对待的社会是我一直所希冀的平等社会。

1989年春天，我在五人会谈中强调了家庭法修正的必要性，希望各党予以协助。我指出了解放后继续存在的女性差别的弊端，企图以此说服各位党代表：

“现在全世界不论哪里都没有像我国这样深刻的男女差别，现行家庭法是让人感到自惭形秽的法案，其中的违宪内容也比比皆是。”

对于我的提议，只有在野党代表朴浚圭点头肯定，卢总统和金泳三、金钟泌总裁都表示反对。这之后家庭法修正案就成了悬而未决的遗案之一，被进行了保留。

但是我并没有忘记家庭法修正案。同年12月15日，在五人会谈时我再次把家庭法修正案提出来讨论。我们平民党以年内结束“第五共和国非法问题清算”为条件要求恢复地方自治和进行家庭法修正案。令我吃惊的是，这次卢总统答应讨论看看，他表现出了充分的肯定。看到总统对第一在野党的提案持赞成意见谁也没再提出异议。于是国会成立了小委员会开始了其审议过程。

因为提案本身是我们党提出的，所以小委员会委员长也由平民党出任，最终由洪英基议员担任。但实际上洪议员是反对家庭法修正案的。虽然他没有表现出否定的态度而顺从地出任了委员长，但是修正案本身却毫无进展。我叫他过来，笑着展开了话题：

“洪议员觉得把小委员会委员长的位子让贤如何呢？”

“啊，请快点这样做吧，我是真的不想做这件事情呢。”

我又请当时秘书室的首席秘书官赵升衡担任委员长，没想到连他也并不愿接受：

“虽然我也反对修正家庭法，但既然是总裁您的意思那我就接受了。”

我听了这话，吃了一惊。原来有这么多议员都是反对家庭法修正的，万一要是让议员们进行秘密投票的话，修正案绝对是通过不了的。定期国会的最后一天还是又生枝节，他们打破协议称执政党议员无法进行表决。我给青瓦台打了电话找卢总统理论：

“我们事先和卢总统都已经协议好了，并且进展到了这里，现在又表示反对的话，这真的令人很难堪。”

卢总统马上指示执政党的干部们对家庭法修正案给予协助，最终法案算是艰难通过了。我感慨颇深，对院内总务金令培说了声辛苦了并对他表示鼓励，又补充说道：

“金总务，我们通过了历史性的法案，虽不知道别的党怎么样，我们党的议员们还是一起鼓掌祝贺一下吧。”

之后，他巡视了议员席回过来对我这样说道：“有人问男性权利都被抢光了，还有什么事值得高兴地拍手呢?”

虽然议员们的态度如此，但是家庭法修正案的通过在女权伸张上树立了新的里程碑。母亲的权利与父亲平等，女儿的权利与儿子平等，这对于女性来说意味着打开了新的世界。

言已至此，不得不说一下卢泰愚政府的公安政局①。卢总统在进行选举活动时曾高呼要“打开伟大的平民时代”，掌权后也以此为目标，将民主和解、均衡发展和统一繁荣等作为政策基调。卢泰愚政府应该实行所谓的“6·29”宣言，但实际上这是不可能的。因为虽然现政权是由国民直接选举产生的，但其根基终究还是军事政权。再加上终选结果选中出现了“执政党小在野党大”的局面，所以当局应该是出于要抓住主导权的想法而开始了公安政局，且这一政局针对的正是第一大在野党及其总裁我的。

1989 年春天，文益焕牧师经由日本东京访问了平壤，这件事在韩国国内引发了轩然大波，公安政局也就由此开始。3 月 25 日，文牧师和统一民主党成员刘元琥及旅日媒体人郑京模一同访问朝鲜，与金日成主席、祖国和平统一委员会委员长许淡进行了会谈。他们还于 4 月 2 日在朝鲜人民文化宫举行了记者招待会。

文牧师在访问朝鲜之前曾于 3 月 16 日和我见过面。我记得当时是在青瓦台后面的奥林匹亚饭店，和弟弟文东焕一起前来的文牧师突然说要去朝鲜。既然卢总统发

---

① 所谓的公安政局是指卢泰愚政府对 1989 年以来接连的访朝事件采取强硬态度而使政局陷入极度保守化状态。——译者注

表了“7·7”宣言，那么就没有不能去的理由。所谓的“7·7”宣言即指“争取实现民族自尊、统一与繁荣的特别宣言”，其核心内容是“不再把朝鲜当做敌对和竞争的敌人，愿意以实现统一大业的伙伴关系来看待双方关系”。“7·7”宣言提出了六项实践方案，其中的第一项便是“南北同胞之间的相互交流以及海外同胞们的自由南北往来”。文牧师听了这个，便说访问朝鲜绝对不会有任何问题。我问他：

“您获得政府许可了吗?”

“没有。”

“未经政府允许擅自访朝是违法的，您打算怎么办呢?”

“在政府已经发表‘7·7’宣言的情况下，他们还能拿我怎么样呢?”

我想这样下去问题会扩大的，所以我转变姿态坐了下来又说话了：

“如果得不到当局的准许访朝的话会产生三个问题。第一，您访朝一回来就会被拘留；第二，民主力量会被打压；第三，民主化运动会很大程度地被迫萎缩。到目前为止，没有国民的支持和同意，贸然访朝绝对是不可能成功的。如果不经许可随意访朝，别的人也都随心所欲地访朝的话，我们的国家将会成为什么样子？我们要如何处理这随之而来的混乱呢？国民大众又会对此作何感想呢?”

即便如此，文牧师还是坚持要去朝鲜。文牧师真的是一个单纯而执著的人，不论在什么情况下都不畏惧困难。但是在单纯追求理想的过程中，有时候却有些看不清现实，但这也不能说是他的缺点。只要是觉得对的就马上开展行动，这或许只有拥有纯洁灵魂的人才有可能做到吧。文东焕议员和我的想法一致，但是文牧师并不听我们的话，所以我提出了以下对策：

“既然您说经日本再去朝鲜，那么试着去东京的韩国大使馆申请访问朝鲜看看，文东焕议员也在这里请求国土统一院长官李洪九给予许可，我觉得这样做比较妥当。”

文牧师说就按我说的做，但是很明显政府是不会同意民间访朝的，所以对于结果如何，我们无法做出任何结论。

记得那是某一个周日，我听到了文牧师访朝并与金日成主席进行会谈的新闻。“遭了，要出大事了!”我的心里不自觉地跳出了这样的声音。匆忙确认才知，文牧师根本就没有向韩国驻日使馆通报。政府如同已经等候多时了一般，设立了公安联合调查本部，文牧师一回来就遭到了逮捕。我作为和平民主党的总裁发表了声明：

“逮捕民主人士的做法是不对的，事情之所以发展成这个样子，是宣称朝鲜不是敌人而是伙伴的政府没有采取后续措施的结果。”

文牧师的访朝一事在国内一石激起千层浪，正如我所料，对全国民族民主联合的搜查被扩大了，高银等主要干部也被拘留了。

从此政局刮起了公安飓风。文牧师单纯的热情被抹黑并加以恶意利用。文牧师当然不是政治家，所以才会有和政治家不一样的梦。这样的理想主义者能够使历史出现转机却也能使现实变得混沌。不光是文牧师个人被判了刑，民主力量更是遭受了空前的灾难，在此后的很长一段时间内都给政府制造了进行打压的借口。接着又发生了徐敬元议员访朝事件。

那年6月的某一天，院内总务金元基向我报告道：

"坊间流传着奇怪的传闻，说是徐敬元议员访朝回来了。"

"这怎么可能呢？你事先有没有听徐议员说过？"

"从来没有。"

"那应该就只是子虚乌有的传闻。"

我心里多少有些不安，但还是存在着侥幸心理，所以也就无视一般地忽略过去了。但是几天以后金总务慌忙地跑来找我，呈现在我眼前的是一张因惊吓而苍白的脸。

"出大事了，今天我见了徐敬元议员，他说他去朝鲜回来了。"

我大吃一惊盯着金总务的脸久久不能说话。他竟然完全不和党指挥部商量就自己从朝鲜回来了，这真是太令人无法招架了。我指示金总务快把这件事情报告当局商议解决办法。党指挥部把徐议员带到安全企划部长官朴世直面前让他坦白自己私自访问朝鲜的事实，并且也承认了从朝鲜那里收到钱的事情。朴长官感谢和平民主党指挥部出面让徐议员就访朝一事自首，同时他们也表示因为徐敬元是现任议员，所以会试着在不拘留他的情况下解决这件事情，同时也向我转达了感谢之情。

然而，几天后事态却被扩大了。公安联合调查本部于6月27日曝光了"徐敬元议员秘密访朝事件"，徐敬元被正式拘留。朴世直长官被撤，徐东权被提拔为新的安企部长官，这被称为"公安事件"。由此看来，安企部长官的交替与公安政局存在着一定的关系。徐敬元议员在安企部经受了严厉的拷问。对这样一位现任议员，他们不允许他睡觉，对他肆意进行拷问，而且一整天都让他只站着。

他们主要是想拷问出徐议员的访朝是否与我有关联，他们想把容共的嫌疑扣到我的头上。7月25日，警察和安企部向媒体抛出了毫无根据的声明，声称徐议员是受了我的指示，同时我为他提供了警卫，徐议员将从朝鲜得到的钱分给了我大约1万美元等，他们捏造这些子虚乌有的事情企图断送我的政治生命。

8月3日，警察要对我实施拘押，对在野党总裁实施拘押，这是违背宪政思想的行为。他们把我从汝矣岛的办公室里强制带了出来。许多市民和党员都放声高呼试图阻止他们对我进行拘押。但我阻止了他们，我想通过堂堂正正地面对拘押来揭露他们的卑劣行径。从办公地点出来坐上车到达元晓大桥入口处，党员和支持者们躺在马路上堵住了前路。我从车上下来诚恳地对他们说："我是去向他们说明真相的，请大家把路让开吧。”

我在中部警察局接受了彻夜的盘问。虽然他们大肆散布了“对朝亲书传达说”，但是对于这个部分却根本没有调查过。我被冠上的罪名充其量也不过就是“不告知”之罪，他们说我两个月前就知道了徐议员要访韩的事实却知情不报。然而，后来在法庭上徐议员说这“不过是在严刑拷打之下被迫招认的，并不是事实”，所以连这个罪名也被打破了。事实上，世界上哪有明知犯罪事实却不告知大家的“不告知罪”这一罪名啊？

调查官无法提供任何证据，只是反复问我：“徐敬元议员是这样说的，对不对？”所以我要求和徐议员当面对质。

“请让我见见徐议员，那么所有的事情都会一清二楚的，不是吗？”

但是，他们并未接受我的要求。本来调查也不是什么特别的事情，但他们却总是在拖延时间。结束调查的第二天凌晨3点我被从警察局里放了出来。党职人员和市民纷纷聚集在中部警察局的周边，看到我出来大家不约而同地响欢呼并鼓掌。这是对公安政局的愤怒谴责与控诉。

尽管他们起诉了我，但是因为我本身是没有嫌疑的，他们也就无法对我进行审判。这虽是后话，但警察既然无法再给我判罪，他们就开始呼吁我要妥善处理这件事情，这真是可笑的悲剧。实际上这次事件最终也没有什么结果，就那样含糊不清地不了了之了。

这时候，我开始重新看待卢总统。我与和平民主党对于因中间评价而进退两难的卢总统提议通过延缓中间评价来帮助他渡过难关，他对国家大事倾注了心力，但是对于我们他却横刀相向。公安政局再次打压了民主力量，幼稚地企图置我与和平民主党于死地。同时，对当时扑面而来的各种统一议论横加阻断，他自己的言行本身就暴露出了“7·7”宣言实际上是一纸空文的真相。

“徐敬元议员秘密访朝事件”爆发的4天后，韩国外国语大学的学生林秀卿以全国大学生代表协议会（全大协）代表的身份参加了在平壤举行的庆典。不仅是国内，连外国媒体也对此表示了极大关注。之后，对于相关者的通缉和检查也接踵而来。平民党于8月8日举行了“粉碎公安统治国民大会”，尽管烈日炎炎还是有来自全国各地的30余万群众聚集到了一起。

虽然我们国家仍在上演着这样历史倒流的悲剧，世界却在急剧变化着。1989年11月9日，象征分裂的柏林墙最终被推倒，民主德国与联邦德国终于完成了历史性的统一；12月3日，美国总统布什和苏联总书记戈尔巴乔夫通过正常会谈正式宣布“冷战结束”。世界各地都涌动着和解的春风，而在我们的土地上，权力却在公安政局铺就的政坛上舞刀弄枪。

参加“粉碎公安统治国民大会”，我、李龙熙（左）、文东焕副总裁一起向欢呼的群众举手致意

1989 年，对我这个第一在野党总裁来说是持续的考验，但同时也为我创造了许多宝贵的历史瞬间。1989 年 1 月 31 日，我出访了瑞典、意大利、梵蒂冈、挪威、荷兰、匈牙利六个国家。

党务指导委议长李龙熙，议员许京万、金奉旭、李永权、金得洙、权鲁甲、柳寅鹤、李灿九、徐敬元，外交责任特辅崔云祥，对外合作委员长李吉载，副发言人金秀一，秘书室次长南宫镇，辅佐官崔在升，中央政治研修院副委员长金文洙等与我同行。

2 月 1 日中午左右，我们到达了访问的第一站，即瑞典首都斯德哥尔摩。我们第一个正式的行程是瑞典外交大臣斯藤·安德森（Sten Andersson）举办的欢迎晚宴，那时我在晚餐厅里所讲的话到现在还记忆犹新：

“瑞典虽不是世界上最强的国家，却是一个在道德上很伟大的国家。我们会潜心学习瑞典国宝级的财产——民主制度。”

2 日上午，我们来到了被称为“世界的良心”的奥洛夫·帕尔梅总理的墓地。总理墓地位于斯德哥尔摩的一处平民公墓，天然的大理石上只刻着他的名字，非常简单。我向总理献了花并对他进行了缅怀。总理的遗孀莉斯贝特·帕尔梅（Lisbet Palme）女士也来到墓地迎接了我们。她一看到我，眼睛便湿润了。帕尔梅总理曾经为解救成为死囚的我而煞费苦心，而且在我流亡美国期间，我们也曾在哈佛大学见面并相谈甚欢。他的笑容依旧那么鲜明地印在我的脑海里，现在却躺在了这里。

接着我与瑞典首相卡尔森见面并进行了重要谈话。我对首相说希望平民党也能以观察员的身份参加预定于6月份召开的社会党国际大会。首相对此表示积极响应并约定立刻向维利·白兰度议长传达我的意思。

这天下午，我们来到瑞典极具权威的国际研究所进行了题为“韩国的民主化”的演讲。现场有300余人参加，他们对我都十分熟悉。其中有一位穿着日本传统和服的女学生向我提了这样的问题：

“在瑞典有很多被领养的亚洲儿童，您如何看待领养问题呢？”

我本以为这位女学生是日本人，出人意料的是，她竟是2岁时就被领养的韩国孤儿，现在瑞典大学读书。

“作为韩国的政治领导人，我对8 000余名孤儿来到瑞典一事深表痛心。但是世界上所有的事情都具有两面性，若把这视为转祸为福的机会的话，那么也就拥有了另一个祖国。”

在住所，我邀请了200多名侨民和留学生共进晚餐。参加的大部分年轻人都是被领养的孤儿出身。虽然他们都顺利地长大，但这一事实却令我如鲠在喉。我与他们交谈到很晚。

翌日，我们访问了世界上最古老的大学城之一的乌普萨拉大学。一到乌普萨拉大学，校长就亲自出来为我们做向导。大学城的古色古香再加上庞大的办学规模让我们一行人肃然起敬。结束了对大学的访问，我们和大学教授等30余位在乌普萨拉市内的饭店共进了午餐。席间，瑞典的27名领导人发布了推荐我为1989年的“诺贝尔和平奖”候选人的消息。在这个餐厅中，我的推荐人占有大多数，主要推荐人有乌普萨拉的州知事汉斯·艾伦以及大主教贝尔斯·特姆等政界、宗教界、学术界的代表名人。

从推荐者那里直接听到推荐自己为“诺贝尔和平奖”候选人的消息虽然让我有些不好意思，但从另一方面来说，却也感人至深。他们的推荐理由是“一直以来以不屈的意志和热情为民主化作出了巨大贡献”。我们的同行人士纷纷鼓掌，向我表示了祝贺。

结束了对瑞典的访问，我们向意大利前进，到达罗马的第一个正式日程便是拜见外交部部长朱利奥·安德烈奥蒂（Giulio Andreott），安德烈奥蒂是连任5届总理的老政治家。他向我征求了有关事宜的意见。

“我们打算在朝鲜设立贸易办事处，您作为韩国在野党的总裁有何看法？”

“我对此当然是赞成的，有了贸易窗口对于带动朝鲜改革是非常有利的。所以我非常赞同您的想法，但是似乎在之前先和我们韩国政府达成协议会比较好。”

“知道了，您果真是政治家呀。”

我们谒见了教皇约翰·保罗二世，穿过圣彼得广场就进入了教皇厅的建筑物。我们夫妻等候在接待室里，教皇让我们到他的办公室去，这是对我们的特别照顾。我见到教皇的那一瞬间的情景至今仍令我记忆犹新。

天主教教皇是上帝的代理者，是上帝让他展现出应有的样子。教皇对我低声说道：

“我清楚地知道您为了民主主义做了多少牺牲，今天能见到您是我的荣幸。而且韩国的天主教教会的发展壮大在世界范围内堪称典范，对此我感到非常高兴。”

教皇既谦逊又亲切，他还将十字架赠与了我，让我感到无比荣幸。

“在1980年我被宣告判处死刑的时候，对您亲自寄来的救命书信，我表示由衷的感谢。”

当时教皇又一次平和地笑了。新军政政府宣布判我死刑的时候，教皇曾三次派驻韩教廷的大使前去传达了反对执行死刑的意愿。1980年12月11日，教皇又向全斗焕总统亲自寄送了希望给我减刑的书信。我当时因主导“金大中阴谋内乱事件”的嫌疑而被判死刑，同年12月4日，二审判决也再次确定判我为死刑。教皇认为“对获得死刑的金大中，从单纯的人道主义的理由出发希望能予以宽恕”，并恳请当局对我宽大处理。

此后我的死刑被减为无期徒刑。听到这个消息，教皇于2月24日寄送了第二封书信“对总统展现出来的关怀深表谢意”。我就是这样受到了教皇的极大关怀。

教皇从接见室里出来与我们一一握手，并与我们合影留念。

之后我又会见了意大利代理总统乔瓦尼·斯帕多利尼（Giovanni Spadolini），令我吃惊的是他竟属于军曹政党——共和党。在意大利议院内有九党之多，他们以第一大党为中心组成了五党联立的内阁。我从保守派和改革派共存、互相兼容审视对方的主张从而取长补短的意大利政治中获得了许多宝贵的经验。我认为其保护、培育中小企业的经济运营方式也是值得我们学习的。

访问荷兰的日程也非常紧张，我们和首相柳伯斯（R. Lubbers）、众议院议长杜尔曼（Dolman）、外交大臣范登布鲁克（Hans Vanden Broke）进行了会谈。我们参观了以《安妮日记》而闻名的安妮·弗兰克（Anne Frank）在阿姆斯特丹的故居，走上2层，推开书橱便出现了安妮为躲避追捕而住过的阁楼。我在教导所中曾经读过《安妮日记》，在这样狭小的空间里，所有的情感汹涌而来，在这其中渗透着有关战争的一切。

这次访问匈牙利在韩国政治史上还是第一次，在我们访问开始的大约10天前，韩国才和匈牙利建交。即便如此在市中心的大街上还是有说着韩语叫卖东西的商人，对此我大吃一惊。我们会见了布鲁诺·斯特劳布（Bruno Straub）总统，和他进行了会谈。他是共产圈内第一位非党员的国家元首，也是匈牙利开放政策的象征性人物。匈牙利国家虽小却很强大，他脱下了所谓的共产主义的沉重外套，在这个国家的每一个角落我们都可以感受到那强有力的前进力量。

17 天的欧洲访问之旅结束了，归国的那天我去了咸锡宪先生的灵堂。民权运动家、思想家咸锡宪先生在 2 月 4 日去世了。咸先生经常两鬓苍苍地出现在民主示威运动的现场。他和我同是 1974 年恢复民主国民会议的代表，也参加了 1976 年的民主救国宣言活动，是全身心地投入反对三选改宪等不义事件的斗争的实践思想家。咸先生创立的期刊《种子的声音》鼓舞了整个民族。他对于和平的渴望和热情，直到与世长辞那一刻也没有冷却，他直到最后也坚守着非暴力原则。他赋予民众“种子”这样的名字，认为国民大众才是韩国历史的主体，是历史的引导者。先生的灵魂如此纯洁无瑕，令我们至今难以忘怀。

大约在 1989 年 10 月末，前联邦德国总理维利·勃兰特访问了韩国。勃兰特总理是时代的义士，作为德国统一之父，他被德国人尊称为“国父”。11 月 9 日我在华克山庄大酒店与他共进了晚餐。在我被朴正熙政权绑架的时候，当我被新军部判处死刑的时候，勃兰特总理均真诚地展开了解救行动。当被问及两德的统一希望时，他

我和来到汉城的维利·勃兰特进行了交谈，正在我们交谈时传来了柏林墙倒塌的消息

说似乎还需要花些时间。就在我们这样谈论之时，突然传来了柏林墙倒塌的消息，意想不到的事情就这样奇迹般地发生了。具有如此卓越政治远见的政治家都未能预料的统一就这样席卷而来。勃兰特急如星火地赶回德国去了。只是我对他欠下了平生的恩情。回想彼时身在异国的两个人能一见如故，这真叫人称奇。

违背民心的政变，三党合并（1990—1992 年）

1990 年 1 月 22 日上午 10 点，卢泰愚总统和金泳三、金钟泌总裁在青瓦台召开了紧急记者招待会，两位金总裁立于卢总统两侧，发表了共同宣言：

“民主正义党和统一民主党以及新民主共和党在朝野的各自位置上，为国家作出了巨大的贡献，但是现实要求我们将更稳固的政治主导势力和国民力量相结合。现在我们社会所有的民族民主势力要团结在一起。为了不辜负时代的要求，为了确保政治的安定性，决定确立新的政治秩序，我们将通过中立民主势力的大团结创建更大的国民政党。”

2 月 9 日召开了合并大会，三党合并后组成民主自由党（民自党）。大会推选卢泰愚担任总裁，金泳三担任代表最高委员，金钟泌和朴泰俊担任最高委员。至此，“执政党小在野党大”的政局蒸发了，执政党在国会 299 个议席中变成了占据 221 席的政党之首。在野党只剩下和平民主党和只有 8 名民主党议员坚守的议会议席，成了“小不点儿民主党”。现在只剩下统一民主党的李基泽、金正吉、卢武铉、金光一等反对合并。

青瓦台称这是“宪政史 40 年的名誉革命”，卢泰愚则称其是“历史的使命”，金泳三称这是“天意”，金钟泌称这是“救国的团结”。但事实上这是违背民意的政变，是国民们通过投票而制定的政治构想被几个领导人推翻的悖论。六月抗争之所以国民的力量没有能够实现最后的胜利，我认为有很大一部分原因是由于卢泰愚的“6・29”宣言和含糊的妥协所导致的。

在这次的政变中，金泳三唱了主角，这让我受到很大的打击。当然，我想他也有他的理由，但我不理解他为什么走这条历史抛弃之路。同时作为民主化运动的同志，我为他感到可惜。只能说比起对民主主义的希望，他更倾向于对执政政权的欲望。回首当时，金泳三的处境非常窘困。1989 年 4 月 13 日，在东海补缺选举时发生了收买民主党派候选人的事件，此事件致使徐锡宰秘书长期被拘留，金泳三总裁同谋说也被传开。金总裁在道德上受到了致命伤，甚至连他的政治生涯也受到了威胁。

金总裁被卢泰愚政权抓到了把柄。于是金总裁公开向卢泰愚政权发出了示好的信号。在宽勋俱乐部讨论会上金总裁曾慷慨陈词，总统选举结束后曾比谁都强烈地谴责过舞弊选举，这些竟全部烟消云散了。他竟然泰然地为卢泰愚政权辩护：

“因为国民通过选举选出了总统，所以应该承认现政权的正统性。”

“至于总统制和内阁制哪个更好，这是很难一概而论的。”

正如之前所说的，金总裁对相继发生的由文益焕、徐敬元、林秀卿的访问朝鲜组成的公安政局也表示了拥护的立场。

之后对民主党不利的因素不断地出现。8 月 18 日实行的永登浦乙区的复选中和平民主党的李元范候选人获得 30% 的选票，而民主党候选人却只获得了 18.8% 的选票。我们党虽然还没从公安政局的骚扰中摆脱出来，但此时进行的选举结果却是民主党惨败。金泳三总裁认为，若继续这样下去，那他就很难在政治斗争中存活下来，所以他也加入了执政党要推翻“执政党小在野党大”这种政局的阴谋中。至此，“民主斗士”金泳三不复存在。

无论怎样，三党合并是密室的联合。虽然局内人想主张这是“保守势力的大联合”，但历史并没有那样记载。那是反民主的联合、反湖南的联合。

事实上卢总统也对我提出过合党的建议。1989 年末，反对党的三名总裁于青瓦台开会之后，卢总统要求单独和我见面，说有要事和我商谈。只剩下我们两人时，他一本正经地说：“金总裁，不要再辛苦了，跟我一起干吧，金总裁现在也该过幸福的生活了。”

他的举动令我颇感意外，于是我问他：

“您是什么意思?”

“和我一起建党吧，无论有什么事我们可以并肩作战。之前不是吃了很多苦吗?”

我突然无话可说，我看了他好一阵才整理好思绪说：

“我反对军政府，并且反对‘5·17’政变的人，所以我怎么能和总统一起建党呢？我们所走的路不一样，政治路线也不一样。”

“金总裁，那个就不要追究了，为了救国，您就同意吧。”

“今天的‘执政党小在野党大’的局面是国民选举产生的。卢总统不也认为这种局势是天意、是国民的意思吗？民正党与和平民主党合并是背叛民意的重大事件。”

卢总统什么也没说，我乘兴指出了大街小巷所传的与反对党合并之说的不妥之处：

“我也听说有三党合并这一说。三党合并是绝对不允许的。从现在的国情看，并没有这个需要。如果说是为了国家的利益，我们和平民主党已经在超党合作了。您也应该了解，在您治理国政时，我们从未进行过阻挠。虽然说是在野党势力大执政党势力小，但一切也都达成了共识。您看看美国，即使反对党占多数，几年间也是安然无事的。若实行这样的政局，也应该是对民族主义的发展有益的。没有反对党的政治，国民是绝对不会支持的。若和平民主党与本质不同的民正党同行的话，我们在国民面前就等于是一堆垃圾。若国民认为三党合并是罪恶和耻辱的话，那将成为总统您终生的枷锁。”

我拒绝了卢总统的合并提议便回来了。但是卢泰愚政权并没有放弃。一天，金元基院内总务会见当时幕后势力朴哲彦后向我报告：

“执政党方面说，若我们同意合并，可以只与和平民主党合党。”

我非常生气：

“不要再说了，我不想再听了。”

朴哲彦先生曾为了改善我们与苏联的关系做出过很多努力。他为了寻找新的道路不断地努力着，我们对此应给予很高的评价。但是他主张孤立全罗道助长了我国政治史上最恶劣地域主义。金泳三先生本人曾想成为卢总统的继承人。金钟泌先生希望实现内阁制改宪。金泳三先生作为反对党的政治人物失去了珍贵的品德、气节和信念，所以他想得到的是继承人位置，也就是权力。因为通过三党合并，卢泰愚政权已经失去了“6·29”宣言的精神，自甘堕落地走上了一条反伦理、反民主、反历史、反统一的政权之路。

虽然三党合并了，但民主自由党却制造各种问题处处挑起争端。在三党合并之前，卢泰愚、金泳三、金钟泌三人就“一年内实现议会内阁制而修订宪法”写下了保证书。这份保证书被公开后，民自党内的各派系便陷入了权力斗争的旋涡中。旧民主派为了推选金泳三为卢泰愚总统的继承人支持现行的总统中心制。各派系间展开了激烈的明争暗斗。

三党合并后，政局变为“执政党大在野党小”，此时民自党开始站定主导地位。首先光州民主化运动的相关补偿法案由执政党单独处理，这是卢泰愚执政以来的首例。事实上“在野党大执政党小”的政权是无法做到这一点的。反对党对此进行了反抗。和平民主党、民主党残余势力、无党派议员 80 多人向议长提出了辞呈。在国会一片混乱之际，保安司令部对包括执政党、在野党国会议员及平民在内的人员进行了无差别稽查。他们拖延地方自治选举，违背了经执政党和反对党协商通过的地方自治法。所有的事都开始用武力解决。

我提出实行地方自治，放弃内阁制，终止保安司令部和安企部的政治稽查，解决民生问题，为此，我开始了无限期的绝食斗争。我不能再受轻视国民的狡诈手段的牵制。1990 年 10 月 8 日，和平民主党史上进行的绝食斗争比任何时候都悲壮。为了民主主义必须实行地方自治制度。我的议政生活全是围绕着实现地方自治而斗争。若要为政治人士金大中起绰号，那称他为“地方自治先生”应该是最恰当不过的了。1963 年，第六届国会议员选举当选后，我在进行预算审议时都在强调要实行地方自治。1971 年参加总统大选时，我也以实行地方自治制度为主要承诺参选。

李承晚政权实行了部分地方自治，张勉内阁实行了全面的地方自治。但朴正熙政权却将之废弃了。朴总统被杀后，我见到了赖绍华教授，他对我说：

“首先要实行地方自治制度。民主化要从地方自治开始。”

1989 年末，执政党与反对三党统一实行地方自治制度。1990 年为了实行地方自治而制定了法律。但三党合并后，执政党因占多数而不再履行诺言。

因反对党的议员们已辞去议员职务，所以绝食斗争是政局的核心，也正因为如此，此事受到了国内外的广泛关注。我只喝水、读书和思考。绝食的第八天，我出现了严重的脱水现象。党务人员与秘书们惊慌地把我送到了延世大学医院。我在医院也没有停止绝食斗争。

民自党代表最高委员金泳三来到我的病房。他说他参加执政党是为了民主主义，我终于忍不住了：

“您在民主主义最远的地方，还谈什么民主主义？”

我强调必须实行地方自治。

“我曾与金代表一起为了民主化而斗争。民主化到底是什么，不正是议会政治和地方自治吗？执政党获得多数的议席后，怎么能这样不重视这个问题呢？”

金泳三代表对我的想法表示充分赞同。他曾在在野党待过很长时间，也曾是选举舞弊的受害者，所以他很清楚地方自治的必要性。他也认为地方自治是实现民主主义的基础。

卢泰愚政权终于同意实行地方自治制度。至此，再次展开了接下来 36 年的地方自治局面。按照地方自治团体法，1991 年上半年应实行地方议会选举，1994 年 6 月应实行地方自治团体长的选举。

10 月 20 日，我得到政府执政党关于这一计划的通知后，停止了绝食。那是绝食的第 13 天。绝食的确很可怕，我为此受了很长时间的苦。

实行地方自治制度后，我们的社会有了很大的改变。重要的是，在那个地区生活的居民成了主人，草根民主主义试验鼓舞了主权意识。中央一律不可谋划舞弊选举，地方不必看中央的眼色而实行对居民有利的行政管理。像清道的斗牛节和咸平的蝴蝶节之类的地区庆典已世界有名，这些庆典活动均使居民的收入有所增加，仔细想想，这也是实行地方自治的成果。由居民投票选出的工作人员均以居民为主导而管理地区。

1991 年 4 月 9 日，在广域议会选举前夕，和平民主党请在野人士和旧反对党人士加入组建了新民主联合党（新民党）。

民主化示威中发生了明知大学学生姜庆大被便衣警察即白骨团逮捕殴打致死的事件。他们用铁管对姜庆大进行殴打，致使姜庆大死亡。5 月 24 日我参加了姜庆大的告别仪式，并表明“将继续进行与反民主独裁的斗争”并调查弄清真相。三党合并后，与野蛮的暴举进行抗争的政治势力只剩下了我们。

告别仪式结束后，我走在游行队伍的最前面。走向新村环岛的殡葬队伍在南加佐洞被警察挡住了去路。我们与警察对峙了一段时间后，警察投掷的催泪弹在我的头顶爆炸了。我痛苦得几乎无法呼吸，周围的秘书和党员将我抬到了东桥洞的家里。

8 月 17 日，民主党残余势力闪电般地提出在野党联合。新民党和民主党的国会议席数为 67 比 8，但却提出以“党对党统一，共同代表制”为条件。这是破格的让步。9 月 16 日，新民党和民主党达成在野党联合，仍然叫作民主党，民主党以新的面貌再次踏上征程。我和李基泽被拥戴为共同代表。李愚贞、朴英淑、朴永禄、许京万（新民党系）、赵舜衡、金铉圭、李富永等被选为最高委员。金元基为秘书长，金正吉为院内总务，柳俊相为政策委议长，卢武铉为代言人。

9 月 17 日凌晨，第 46 届联合国大会全场一致通过了韩国和朝鲜同时加入联合国的决议。按照申请顺序，朝鲜排 160 位，韩国排 161 位。

在野党联合后，我能比较轻松地访问苏联而且参加了联合国大会。我还计划访问波兰和德国。

9 月 17 日，我访问苏联时，正值苏维埃社会主义共和国联盟解体之际。每天都是具有历史性意义的瞬间。刚得到波罗的海三国（立陶宛、拉脱维亚、爱沙尼亚）独立的消息后，我踏上了苏联国土。

我会见了戈尔巴乔夫政权的主角、原苏联外长爱德华·谢瓦尔德纳泽，我们就苏联的前景以及东欧地区的变化等国际政事交换了意见。我受莫斯科国立大学的邀请进行了演讲。

22日我去了美国纽约。韩国和朝鲜同时成为联合国会员国使我感触颇深。1971年在总统大选时，我曾提议过南北同时加入联合国。在那之后的19年后，韩国和朝鲜终于正式成为国际社会的成员。

在联合国本部会场前的广场上，我们的太极旗和朝鲜的人共旗并排迎风飘扬。我注视了很久。

9月25日卢泰愚总统在联合国大会上作了主题发言。我作为庆祝使团成员欣喜地观望着这些。

之后我路过波兰访问了德国。在成为德国分裂历史遗物的柏林墙壁前，我内心茫然。柏林墙的一角用韩语写着“我们的愿望是统一”，这可能是在德国的侨民或是我们的游客留下的。“现在只剩下我们。我们自己。”看着已倒塌的柏林墙，想着朝鲜半岛，我觉得有股热流涌上心头。

在德国我见到了一生都不能忘记的两个人，即前联邦德国总理维利·勃兰特和德国统一后的首届总统冯·魏茨泽克。勃兰特先生得知我腿不方便后，特意为我准备了又硬又高的椅子而不是软软的沙发。在国内有人认为我坐的椅子比其他党务工作者的高，而批评我“摆谱”。而在这里、在千里之外的异国他乡我却得到了这样的照顾，一股暖流自心底涌出。那是我与他的最后一次会面。在我与勃兰特会面一年后，他去世了。我让妻子和二儿子去参加了他的葬礼。他所具有的风貌气质至今仍令我难以忘怀。

我在德国总统府见到了冯·魏茨泽克总统。魏茨泽克总统拿着咖啡壶为我倒了一杯他亲手煮的咖啡。他是德国贵族出身，但是当上总统以后，其生活却愈加简朴。他洒脱的样子令我非常羡慕。我问了他一些关于德国统一的问题。我问他关于统一并取得外国政府认同时，是不是费了很多力。他说，辛苦是辛苦，但同时他毅然决然地说：“我们的命运由我们自己决定，谁还能干涉我们吗?”我至今还记得他说的话——统一是通过民主的自主力量而实现的。他对我的三阶段统一方案非常感兴趣而且全力支持。

我还见到了根舍外长。我问他统一后的主要问题是什么。他说：“双方的生活水平相差非常大，并且在政治、经济、社会、文化等方面都存在差异。实际上我们现在等于在实行一国两制。”

德国分裂17年，但两方进行了多方面的交流。联邦德国用了很长时间准备统一，但真的统一以后两方却存在着巨大的差异。这使我重新想起了比民主德国更封闭的朝鲜。

在倒塌的柏林墙上不知谁画下了朝鲜半岛的地图，这诠释了我们一行人的希望

第14届大选定于1992年3月24日，乃执政党民自党和反对党民主党之间的对决。但刚过新年，金融界的元老郑周永先生便决定组建统一国民党应战。卢泰愚总裁在年初会面时说：“今年大选将与金泳三代表最高委员进行斗争。”从中可看出，总统候选人分明指定为金泳三先生。

“3·24”大选结果以民自党的惨败而告终。民自党的议席从之前的219席降至149席（地方区116席，全国区33席）。相反，民主党从63席增至97席（地方区75席，全国区22席）。还有新建的政党国民党占有31席。这届选举可总结为，民自党惨败，民主党大跃进，国民党刮狂风。民自党惨败的原因应该从三党合并中寻找。三党合并使国民受伤。

虽然郑周永先生已成为故人，但现在想想，他不应该涉足政坛。我曾与他多次见面并谈论过政治，他太轻看政治了。他到各地许下了各种承诺，还向党提供巨额的支援资金。虽然看起来钱可以做到任何事，但也有很多事是用钱做不了的。最终他作为政治人士是失败的。

5月5日，为了慰问人们因黑人暴动所受到的伤害，我去了旧金山。我与郑大哲、李富荣议员等调查团一行12人走访了韩人街。我们会见了旧金山市市长汤姆·布拉德利并敦促其采取积极的对策。在市厅我首次见到了民主党总统候选人比尔·克林顿。

我请他对韩国侨民给予更多的关照。黑人暴动虽然是因黑人白人间的人种差别所引发的，但却使无辜的韩国侨民受到伤害。我们去吊唁了为守护韩人聚居的地区而牺牲的李在成先生。

我在美国流亡时，曾多次向我们的侨胞强调要与当地人和睦相处，侨胞新闻曾积极报道我的主张。我曾指出仅与黑人做生意而与白人相处融洽是不太好的。我们在美国社会也受到差别待遇。但最担忧的事情变为了现实。当然也有与黑人相处融洽受到尊重的人，但韩人街成为黑人暴动的目标是非常不幸的。

5月25日，民主党总统候选人提名以及第一届定期全党大会在汉城奥林匹克公园第二体育馆召开。通过议员们的自由竞选，我被选为总统候选人。这是我一生的第三次挑战。我在候选人受奖演说上指出，通过实现大和解政治、实践经济正义、共和国联合制以此实现一个阶段统一、道德性先进国家等前景，并决心取得胜利。

民自党的卢泰愚总裁于8月25日辞去了总裁一职，后由金泳三先生担任总裁并正式选为总统候选人。卢总统于9月18日宣布将以中立的立场管理选举并退党。由此执政党的所有权力都转移到金泳三先生手中，卢泰愚时代落下了帷幕。

继承军事政权的卢泰愚总统成功地举办了奥运会，与包括苏联、中国在内的几个国家的关系实现了正常化，并取得了很多的成绩。卢总统寻求与朝鲜关系改善的“7·7”宣言应该得到敬重，但其偏离初衷而重蹈军事政权的覆辙，实在是太可惜了。不过，他仍是值得后辈敬重的总统。他若以执政初期的谦虚心来管理政局，那么韩国的政治将先进化，但通过三党合并，以多数的力量为基础而谋划强权政治是他在任期里最大的错误。

9月6日，我访问了俄罗斯。我在莫斯科国立大学以“新世界秩序与韩—俄关系”为题进行了讲演。第二天，我在俄罗斯外交部旗下的外交研究院以《关于韩国社会的民主主义的产生和发展原理》为论文主题，获得了政治学博士学位。这是经外交研究院审查后产生的第一个韩裔博士学位。

对我来说，获得博士学位具有特别的意义。事实上，我曾有“大学自卑征”。大概在第六届国会时我才克服了这一点。我隶属的是财政经济委员会，财经委是由经济学博士、前任经济官僚等人士组成的。我怀疑我是否能顺利地展开相关活动。每次会议之前我都充分准备。若不经过充分准备，我就不参加会议。

因为我每次参加会议均能充分准备并提出明确的方案，不但是财经委所属议员，甚至连国民和舆论也开始关注我，最后竟让我担任政策委议长。但没有任何人认为此次人事调动不妥当。我任政策委议长时，汉城大学创校以来被誉为最厉害的天才的俞镇午博士担任党总裁。俞总裁在任时，给了我很多鼓励和帮助。此时我克服了“大学自卑症”。

我没有因为未上过大学而受到压制，而是将其作为自己不断前进的动力。没上过大学我还是很想获得博士学位。在俄罗斯外交研究院，我通过努力获得了正规博士而非名誉博士学位。

地域感情和歪曲报道（1990—1992 年）

我一生被地域间的对立矛盾困扰，也饱尝了媒体歪曲报道的苦。为了解决这一现实问题，我尽了最大的努力。但地域间的矛盾仍未得到解决，媒体也挡住了发展的方向。其中有两件事令我记忆犹新。

1989 年 3 月平民党和《朝鲜日报》之间曾发生过纠纷，即所谓的“朝平事件”。《朝鲜周刊》转载的《朝鲜日报》记者所撰写的《平民党总裁金大中一行欧洲寻访记》成了这一事件的导火索。这是一则毫无事实根据的虚假新闻，因为这则新闻根本不是经过实证调查后所撰写的。

以《不分左右翼，一概进行指责——随行的人员们丑态百出》为标题的新闻出现时，我就已经隐隐感觉到事情有些不妙。这一定是有预谋的，不然不可能会有如此颠倒黑白的报道。虽然不是很想回忆这件往事，不过还是在这里将事情的大致过程回溯一下。文章整体上体现了记者的个人感受，成为事件争端的内容如下：

“金总裁将预约好的头等舱座位最终让了出来，坚决要坐在同行记者们所在的经济舱位置上。一位随行记者自言自语道：‘金总裁还是没有放下政治人的姿态’……”

“他遍访了抗日烈士纪念碑以及韩国战争牺牲勇士的纪念碑。若是看到随行的电视台摄制组没有跟上来，他便会对随行工作人员严厉斥责……”

另外，还报道了议员们“光着脚在机场内走来走去，对教皇打招呼时说‘嘿’”等丑行，甚至还将“作为选民的我们竟然选举像他们一样没素质的人为议员，实在是为我们自身的行为感到羞愧……”等侮辱性的个人观点作为新闻进行报道。这些都是毫无事实根据的报道。同行的媒体记者们也说“从未听过也没有见过这样的事情”。

我在 3 月 3 日干部扩大会议上准备堂堂正正地站出来应对《朝鲜日报》的虚假

新闻。几十年来积累的政治人的信誉绝不能因为记者撰写的几则虚假新闻而眼睁睁地受到致命打击。而事件的核心角色正是《朝鲜日报》。无法惩治公然将充满恶意的新闻当作事实大肆向外传播的媒体是一件颇令人遗憾的事情。我做出了坚决的表达："我将会采取彻底的对应措施，并将负起所有的责任。"

平民党成立了"《朝鲜日报》虚假、歪曲报道对策委员会"，同时发表了致媒体词：

> 我们不是一个专挑媒体字眼、肆意侵犯编辑部门的裁量权的无知的团体。长期以来承受了无数次《朝鲜日报》的执拗而又残忍的舆论匕首的攻击，但我和平民党一直保持着忍耐的姿态。这一点，我想作为媒体工作人员应该是非常了解的。
>
> 我们堂堂正正而又毅然决然地代表国民向《朝鲜日报》提出挑战。是谁称光州市民为"动乱分子"？是谁称全斗焕为"祖国伟大的领导者"？就像乌云蔽日只是暂时的现象一般，历史的真相会在陈旧报纸的字里行间呼吸，我们对此深信不疑。

我们径直对《朝鲜日报》的负责人和发行人共五名向汉城地方检察院就此次新闻所造成的名誉损害提起了诉讼，并在一家日报上以《诸位国民！我们不能再容忍〈朝鲜日报〉的蛮横行径》为题做了声明。这也正是我一直以来想要吐露的心里话：

> 在第五共和国时期因为曾积极扮演"独裁的号手"角色而备受谴责的《朝鲜日报》，用一贯的手段对我和我们党进行了诋毁和陷害，这样的事件数不胜数，但我们凭借忍耐和宽容默默承受了这一切。在上一次文化公报部委员会电视听证会上，我们党的朴锡武议员向曾经参加过国家保卫立法会的《朝鲜日报》的社长严肃地提出了言论改组合并以及肃清大量言论工作者的有关问题。当时《朝鲜日报》称朴议员为"承包商"而进行指责，之后逐渐加大了力度对我们党进行无端的批评。不过我们并非出于自我保护的本能对《朝鲜日报》进行批评。因为《朝鲜日报》一直以来都是远离被疏远和处于苦难中的群体，而更倾向于服务那些机会主义者和一部分既得利益阶层，并且《朝鲜日报》一直没有间断过编造出类似独裁势力的理论。我们承受着《朝鲜日报》对公众捏造事实和语言暴力所带来的极大痛苦对其进行了揭发。
>
> 为使这片土地不再重复"屈辱言论史"，我们在言论民主化的层面上就

《朝鲜日报》70 年历史中歪曲历史的这一部分进行了举报。

《朝鲜日报》的过失以及由此带来的后果非常有害。

首先,《朝鲜日报》不仅是在维新时期,而且在第五共和国时期大量的记者以及媒体人都被赶到了大街上并且巧妙地骗过了国民为独裁者充当了号手的角色。其次,《朝鲜日报》不是站在民众的立场上而是站在了维护独裁者和财阀利益的立场上。最后,《朝鲜日报》对自身的错误行为没有丝毫歉意,也没有向全民表示出任何体现最基本良知的态度。

《朝鲜日报》也做出了顽强的反驳并利用报纸向我和平民党进行了批驳和声讨。在召开编辑部记者总会时,《朝鲜日报》声称"刚刚从维新和第五共和国的言论桎梏中醒来的我们,认为平民党对于《朝鲜日报》所采取的连续攻击与旧时代的独裁权力对于言论的镇压没有区别,这是另一种形态的言论打压",随即他们又发布了所谓"守护言论自由宣言"。

可是《朝鲜日报》却不顾自己本身就是维新和第五共和国的代表性的御用新闻媒体的事实而极力强调言论打压,这些又是《朝鲜日报》的另一种欺瞒行径。支持我们的声明和评论不断从四面八方传来。最先站出来表达愤怒的就是因被《朝鲜日报》驱赶而失业的记者们。在这里引用一部分朝鲜斗委(守护朝鲜言论自由斗争委员会)的声明:

> 我们想问问,我们的民族在外部势力的铁蹄下呻吟时、民主主义被扼杀时、人权被蹂躏时,《朝鲜日报》做了什么样的报道,说过什么样的话?守护言论自由的宣言不是媒体为了自身的利益获取方便的饰品。应去写的、应当去披露的事实,却成了连作为新闻都不能写的新闻。为了自身的利益不惜抹黑作为社会空气的纸面,并称之为守护言论自由的话,这必将遭到国民的斥责。

全国言论劳动组合联盟的机关报《言论劳报》也在"《朝鲜日报》应该重组"为主题的文章中就《朝鲜日报》的报道形态进行了指责。《记者协会报》也就《朝鲜日报》记者所做的歪曲报道进行了事实确认。全国 16 所大学新闻的代表们聚到了《朝鲜日报》社前开展了"极右反动新闻媒体《朝鲜日报》道歉"的示威活动。民主化实践家族运动协会、全国被拘者家长协会、民主言论运动协会、《劳动者新闻》等也加入了遣责《朝鲜日报》的队伍中。

这样针锋相对的对立局面在10月17日以平民党取消起诉而暂时告一段落。“朝平事件”并没有结束。他们虽然答应作出改变，但后来并没有兑现诺言。我和平民党积极同《朝鲜日报》进行斗争的原因在于，如果坐视不管他们行不义之事的话，一定会在我的人生中留下无限遗憾。后来我就任总统后对于新闻媒体也毫不例外地进行了税务调查，对于有非法行为的企业人士进行司法处置，这些也都是出于相同的原因。我的一生一直没有间断过对正义和良知的追求，我怎么可以践行任何有悖于这一理念的行为呢？公正是媒体的指引方针，但当媒体无法做到公正而逃避法律约束、追求特惠时已经不再是公众们的媒体了。从事媒体工作的人不去追求事实和良心，而是一味地参照生辰八字是一件不幸的事情。

任何一个政权都希望能够控制言论。越是在正统性方面薄弱的政权就越是会依赖宣传。第五共和国进行宣传报道的方针便是如此。通过政变掌握政权的新军部势力从1980年11月开始对媒体进行了改组与合并，紧接着又在12月出台了言论基本法，开始了对言论的控制。在戒备森严的环境下，每天都对言论进行审查。也许是从对言论进行控制中尝到了甜头，他们每天都在创建用于进行言论控制有关的组织。在文化公报部下成立的宣传调整室，将每天用于言论控制的方针下达给各个媒体，但宣传调整室并没有任何裁量权。所有的事情都由青瓦台政务秘书室进行最终审定。宣传调整室所做的事情仅仅是传达而已。

新闻从是否发布的阶段开始就被给予指令，“绝不可以”、“绝对不能”、“不可以”尽可能不发布，“可以”则可以发布。决定新闻的大小和重要性的不是新闻社而是青瓦台即权力机构。国内外重要事件的哪一方面重点播报程度都是被审批的。甚至提出应该就突出事件的哪些方面来进行报道以达到宣传的目的的方向性也做出了规定。可令人遗憾的是，没有任何一家媒体或者媒体人将这些公之于众。

随着时间的推移，终于出现了一些勇于将这样的新闻报道方式向世人公开的人。金泰弘、慎洪范、金周彦记者在《话》杂志（1986年9月）上把1985年10月到1986年8月报道的指导方针的内容按日期进行整理后公之于世。世人虽然也多少知道些言论控制方面存在着问题，不过面对政府如此周密地控制言论的事实，还是难掩惊愕之情。对于那些屈服于操纵命令、始终保持沉默的媒体人也不由得为之咂舌。

当然这样的言论指导方针若是没有一部分媒体的积极协助也不会成为可能。对我个人的歪曲报道也不例外。权力机构根据需要随意对我的形象进行操纵并在媒体上进行报道。这样的“打压金大中”的惯例使得随着时间的流逝媒体人对我的习惯性敌视变得日趋严重。我于是想到言论媒体应当立即就他们对于亲日以及同独裁者携手的事实进行过的歪曲报道的那一个黑暗时期所犯下的种种错误向国民们道歉。

1988年5月15日《韩民族新闻》创刊。创刊者主要是以那些由《朝鲜日报》解雇的媒体人为主体构成。创刊资金主要来源是国民的捐助，他们的捐助使得创刊成为可能。我也是国民股份的一员。作为综合性日刊，《韩民族新闻》成为首次采用了全韩文的报社，同时还采用了横向书写的新闻版面。令我感到欣慰的是，那些得到国民支持的有良知的媒体人将追求民主和国家统一作为这一政治言论报刊的创刊宗旨。

我同《韩民族新闻》的特约代表宋建镐打开了刚刚从印刷机印刷出来的创刊号，油墨的香味扑面而来。我们共同祈愿《韩民族新闻》能够承担起书写我们民族美好未来的重任。《韩民族新闻》由国民亲手创建，这是媒体历史上里程碑式的事件。

《韩民族新闻》创刊号出世，我和宋建镐代表阅读刚从高速运转的印刷机中印刷出来的报纸

现在谈一谈地域感情的问题。我会抓住每一次机会去表明打倒这一地域感情毒瘤的重要性。毫无疑问的事实是，在韩国现代史上地域感情的最大受害者是“金大中”。我曾无数次对于那些煽动分裂国家的无理行径进行谴责，但收效甚微。问题是事情反而变得更为严重。我只得对这一问题重新进行全方位思考。

1990年秋天，灵光郡、咸平郡进行地区补选活动。这里是被拘捕的徐敬元议员所属的选区。我非常希望通过推荐岭南人的方式来试图削减地域情感矛盾。虽然这样可能会失去一个议席，不过若是能够在政治和谐方面起到一些积极作用，这一政治性尝试势必会别有一番意义。我特意拜访了出身于庆尚道的基督教女青年会总务姜文奎，提议他出马参加竞选。听到我的建议，他笑而不语，也许他觉得我的建议太过荒谬。不得已在其他人的推荐下选定了岭南大学的教授李寿仁为候选人。李寿仁先生为人有正义感，同在野党的关系也很深厚。

消息一传出，当地的反对声比预想的更为强烈。因为参加了支持地方自治制度的绝食活动，当时我的身体状况非常不好，不过还是陪着李寿仁先生去游说现场做些辅助性的工作。执政党则好像是发现了一个好的攻击目标一样，一连数日借题发挥展开了对我们的攻击：

"庆尚道的人怎么来我们全罗道了？难道我们灵光郡、咸平郡没有人才了吗?"咸平郡内的咖啡馆内聚集了20多名牧师，他们也认为推荐人在方式上出了问题，都显得极为不满。

"怎么领来了一位连姓都不知道的人呢？把我们看成什么了?"

听取了各家之词后我表达了自己的意见：

"上帝视世上所有人为自己的孩子，传播这样教义的人士怎么可以如此狭隘地在同一个国家内还以岭南和湖南来进行区分呢？当然，考虑到选举活动在地方选区进行，牧师们的忧虑倒是客观的。今天下午我将在这里——灵光郡而不是咸平郡进行演说，到那时候根据民众的反应来最后决定也不迟。听众若是支持我的观点，那么请牧师们理解一下，听众反应若是不好，那么我就会撤回这一推荐。"

来到了灵光郡的演说场所，那里已经聚集了2万多名群众。民众以最热烈的方式表达了对我的欢迎。我走上演说台开始讲解我对这次挑选推荐人的缘由：

"我们的梦想是最终走上民主主义社会，可是阻碍这一前程的最大绊脚石就是地域间的矛盾。我们已经抛开了大义，把自己关在小小的地域内进行着内斗。我们一定要打破这一陋习。对于我们，得到或者失去一个平民党席位都不会是什么大问题。大家若是帮助一位连姓名都不知道也未曾踏上过这片土地的岭南人成功当选，那么岭南人一定会理解我们的真心和诚意。这比起获得数十个国会席位，对我们的政治有着更为积极的意义。请理解我的这番苦心。当然这次推举人的方式超出了一般的常识范畴，不过如果为了实现大义，我们应该积极去尝试。"

此时，听众们对我报以热烈的掌声。演说结束后再找牧师们时，他们已经不知去向了。选举结束后也始终没有再见到他们，也许他们也加入了支持我们的行列之中了。

选举获得了压倒性胜利。李寿仁因获得的票数超过了徐敬元的票数而顺利当选。可在当选后李寿仁议员对于打破地域矛盾并没有显示出更多的热情，这一点颇令我感觉遗憾。打破地域感情的问题不是几个人的力量就能够解决得了的，不过我曾对他寄予很大的期望。我特别期望将湖南人民的真心转达给岭南的人民。

我下定决心为缓解地域矛盾做些有意义的事情，灵光郡、咸平郡当权者们也对我的真心给予了回应。我们尽了所有的努力将选举活动办好，可来自岭南的反应却非常冷淡。

"金大中想利用李寿仁来欺骗我们。"

这样的反应令我们始料未及，我们变得无比沮丧。湖南人渴望缓解地域间的矛盾并废除地域差异，可在对方地域的人们却视其为一种政治战略手段，并对此投以怀疑的目光。

1992 年总统选举结束后，有人在光州发行的报刊上说过这样的话：

"金大中先生若是出生于江原道的话，他早就成为总统了。"

听到这句话，心想着湖南人的心情和感受，我悲痛得流下了眼泪。当时我在心中默默回答道：

"就算我成不了总统，我也为自己是一个湖南人而骄傲。不过作为湖南人而让湖南人伤心流泪，却令我内疚不堪。"

仅仅因为出生于湖南而受到差别对待是一件让人多么冤屈的事情啊。回顾历史，湖南的土地上有过无数救国家于危难之中的不可磨灭的伟绩。"壬辰倭乱"时，全国的土地都处于倭军蹂躏之中。李舜臣和权慄将军以全州作为根据地同倭军展开斗争并获得了最终的胜利。李舜臣将军说过"若无湖南，就无国家"。日本军占据了咸镜道、平安道，但是始终没有占据全罗道。若是没有全罗道，这个国家会成为什么样呢？

"丁酉倭乱"时又是如何呢？元均将军出征大败而归。李舜臣将军在全罗道海南郡右水营的鸣梁海域凭 12 艘战船一举消灭了 133 艘日本的海舰。如果在这次海战中没有消灭日本海军，他们必将途径仁川（济物浦）再次蹂躏首都汉阳。所有这一切都是由湖南人创造的。

另外全琫准①和湖南人接受了始于庆尚道的东学并发起了伟大的农民运动。晋州民乱发生时湖南人也积极响应且行动了起来。东学革命和晋州民乱是由岭南和湖南人合作完成的。在自由党管辖下的庆尚道和全罗道掀起了激烈的反独裁斗争运动。

---

① 全琫准（1854—1895），朝鲜王朝后期农民起义的领袖。1894 年他开始领导农民起义，提出"逐灭倭夷"、"尽灭权贵"的口号，并多次击退官军，攻占了重镇全州，史称"甲午农民战争"。这是朝鲜历史上规模最大的农民起义，也是朝鲜近代史上第一个革命高潮。最后这次起义被日本军和官军联合镇压下去，全琫准被逮捕并被判处绞刑。——译者注

民主主义范畴内怎么可以容得下庆尚道和全罗道之分呢？那一时期，湖南人在釜山、大邱甚至庆尚北道尚州的山沟里参加竞选而当选为国会议员。我虽在木浦生活也推选了庆尚道出身的人成功当选。

如前面所分析的，改变了世上人心的正是朴正熙军事政权的捏造政治。每逢大选，其政权都会全力孤立湖南。在选拔人时也会彻头彻尾地孤立湖南出身的人。仿佛出身于湖南是一种老天的惩罚。可这样的地域歧视所带来的好处是否会造福于庆尚人呢？不，事实并非如此。

从庆尚道走出去成为高官的人很多，可并没有因为这一原因让所有庆尚道的百姓过上幸福的日子。所谓的TK（庆尚北道大邱）政权的根据地大邱市和庆尚北道的生活水平到底有多高？PK（庆尚南道釜山）的根据地釜山和庆尚南道的生活水平又是如何呢？全罗道人民和忠清道人民一样依然过着艰辛的生活。农村闲置的房子越来越多，大龄未婚男子的数量也越来越多，已经很久听不到新生儿的哭声了。

庆尚道出身的总统若是实施地域差别政策的话就不会是“最少让庆尚道人民过上好日子”的问题了，而是“就连庆尚道人民也不能过上好日子”的问题。地域矛盾问题是造成所有问题的根源。虽然一部分特权阶层享受到了特别的实惠，不过绝大多数的国民生活水平并没有因此而有所改善。国民的民心分裂、南北统一的力量被削弱，国家的理想也处于漂流状态。

我为自己是一个湖南人而深感骄傲。我对家乡的爱从未出现过丝毫的动摇，而且一直为自己无法为受到不公待遇的湖南人做些事情而心痛不已。我因此觉得同湖南人民分享苦痛是理所应当的事情，也是一件令人引以为荣的事情。不过我时常为了不致让别人觉得我是在煽动地域感情而矛盾重重，因此就没能再回到自己的故乡全罗道。即使归心似箭，对故乡魂牵梦绕，我还是刻意没有踏上归乡路。

我何尝不怀念家乡啊？望着南方的天空，我不只一次地在脑中回想着南岛的风光。很多次我都想倒在家乡的怀抱中痛哭一场。可是他们每每助长地域矛盾时又将地域感情的枷锁套给我，我也就无计可施。我深知湖南人民内心之遗恨，可我却无能为力帮他们解除这一苦楚。眼巴巴看着具有负面因素的副产品掉落到湖南地区我却束手无策。

湖南人民对于我的恩情，我还未曾好好地报答过。媒体言论的不实报道以及地域间矛盾感情问题在我退出政界后也一直纠缠着我。也许只有当我死去才会有一个终结吧？但是即使我死去也不会忘却这一切。一切皆因湖南人民对我和祖国的永不磨灭的爱。

再次让国民伤心（1992 年）

政局再次回到了总统选举前的状态，我相信这次我一定会成功。我们做了许多准备，准备的选举公约得到了专业人士的高度评价。外国媒体也竞相报道我将会是最有潜力的候选人。还有评论说我将终结军事政权，是真正实现政权交替的最合适人选。

但是在正式选举开始前的 1992 年 10 月 6 日，突然发生了动摇政局的特大间谍事件，即安企部公布的“李善实间谍网事件”。

朝鲜的间谍组织在韩国国内暗地里进行着活动，李善实是在朝鲜政界排名第 22 位的巨头间谍，她先后 3 次潜入韩国，建立起了间谍指挥部，侵入韩国在野团体、政界、劳动界、学术界等，并创建了朝鲜劳动党支部。包括部长级的朝鲜高官在内的高级间谍先后有 10 余名被秘密派往韩国，10 余年间在韩国秘密地开展着间谍活动，吸收了社会各阶层近 400 余名组织成员，进行着与韩国相敌对的活动。这是韩国历史上破获的最大规模的间谍案件，包括前民众党代表金洛中在内共有 62 人被捕。据推测，李善实在间谍网暴露之前的 1990 年 10 月已经从江华岛逃回了朝鲜。

“间谍网事件”一经公布就引起了巨大反响。韩国媒体也报道称朝鲜此举使韩国社会面临着崩溃的危机。每当大选接近，对身为在野党党员的我进行攻击时，当局利用的便是这早已不再新鲜的“朝鲜之风”。我又想起了 1987 年总统选举前发生的“金贤姬事件”。安企部说我的秘书李根熙把有关国防预算的资料交给了间谍，并把事件扩大。然而这个秘书对间谍一事毫不知情，所以这极有可能是安企部设计好的。安企部甚至还散播了间谍李善实曾来到我家与我们合影留念的传闻。

民主自由党发言人朴熺太还发表了令人十分震惊的评论：

“从这次披露的朝鲜间谍网的指令文来看，其中有把民主自由党的候选人弄成单一候选人并一定要让他当选的内容。我们一定要调查清楚此指令与金大中代表通过秘书转移军事机密资料一事是否存在关联。”

安企部方面说国会确认了朝鲜地区曾给间谍网下达过这样的指令。执政党在“间谍网事件”被披露后，就加强了在选举期间对我的攻击。党职人员和干部们对我进行了反复的攻击。10 月 14 日我在国会演说中对此进行了正面反击：

“安企部每年使用着 5 000 亿韩元的预算却让间谍在 10 年间行动自如，那你们到底都干了什么?”

即便如此，“间谍网事件”还是闹得沸沸扬扬。但是总统选举一结束，这一事件便销声匿迹了。搜查当局、政治圈内、媒体也都三缄其口。后来国家安全企划部通过“查明历史事件真相发展委员会”的调查，得出结论为：其前身发布的在韩朝鲜劳动党事件“其内容与事实不符或有所夸张”，并且在总统选举前进行公开并将其传播，是有意要利用此事件达成某种政治目的的行为。

即便如此，在选举进行的初期和中期时局对我还是有利的，国内多个企业的信息分析团队都预见了我的胜利。既有国外媒体要求对我进行采访要听取我的“就任宣言”，也有摄制组直接被派驻木浦和故乡荷衣岛。我个人也确信此次能够取得胜利，我们党内也没有人怀疑过这次会无法取得成功的问题。

随后安企部又放出了“朝鲜金日成主席发表了支持金大中当选总统的对韩广播”的假消息。媒体毫不怀疑地对这一说法进行了大规模的宣传。执政党对我进行了赤裸裸的攻击：

“金日成支持金大中，反对金泳三，我们能选择有金日成支持的金大中做总统吗?”

选举对策委员长郑元植这样说道：

“通过对韩电台表示对有关民主党和全国联合要以政策联合的形式把金大中候选人推举为民主党单一候选人的协议，朝鲜表现出了极大的欢迎。”

我立刻指出其虚假性，积极进行了反击：

“如果像安企部说的那样朝鲜的确播报了如此内容的话，那么就说明金日成是绝对不希望我当选的。明眼人都知道如果金日成和金大中之间有了关联，反而会对金大中不利，那为什么还要那样做呢？如果朝鲜真的那样主张的话，就说明他们真的不希望我当选。”

但是我的反驳并没有起到什么效果，我高呼着祈求广大国民们能把我从容共的圈套之中拉出来，但是所有的媒体都随意捏造事实，令人百口莫辩。正如预想的那样，这个消息又是胡编乱造的。选举结束后，南宫镇议员向国会追问道：

“大选期间，朝鲜有通过电台或媒体表明支持金大中候选人一事吗?”

其后，国务总理和安企部长官都表示：“那样的报道不是事实。”民主自由党最高委员金钟泌在国会就捏造此次容共事件正式进行了道歉。即便如此，事情已经无法挽回，追根究底又有什么用呢？真是令人无语。

更可怕的事情还在后面。被称为民主化同志的金泳三从选举尾声的12日开始在演讲现场正式提出了“政治色彩论”，对被诬陷有容共嫌疑的我横加谩骂，他毫不犹豫地沿用了自朴正熙军政时代就已经出现的黑色宣传言论大说特说。他这样对我叫嚣道：

“最近朝鲜通过平壤电台发布指令要让我金泳三落选，让民主党候选人当选。他们想把政权交给政治色彩（倾向）并不明显的政党的目的到底是什么？你们到底是要让朝鲜希望的候选人做总统呢？还是要让我们选择我们所希望的候选人做总统啊？”

所以“政治思想令人产生怀疑的候选人绝对不能让他成为总统”，“如果是有责任的总统就应该与拥护金日成路线的一切势力断绝往来”，他通过发表这样的言论对我进行了直接的攻击。媒体把这样的内容毫无筛选地进行了发布，这本不应是从相识了30年的民主伙伴嘴里说出来的话，真是可悲至极。虽然这是在“5·16”军事政变之后的30年再度出现的候选人对决，但是竞选手段和军事政权的使用却如出一辙。他们还是会为了赢得选举而把伙伴推向容共的泥潭。对我来说，这真是想都没想到的事情。

对于金泳三的变脸，我除了愤怒也感到十分惆怅。他那不惜一切代价也要成为总统的野心反而让我觉得他有些可怜。民主自由党通过在游说现场开展赞助演讲、每天散发数百万张的宣传单，通过党发言人的评论和声明，来对我进行政治色彩上的狂轰滥炸。

实在是忍无可忍的我党选举对策总部向我报告了特别方案。那便是有关金泳三的候选人资质和桃色问题。我们不能单方面地只是挨打，也要有所反击，但是我强力阻止了他们：

“我们不能像民主自由党一样使用卑鄙的手段。即使竞选失败，我也要输得堂堂正正。”可是民主自由党的不正当竞选并没有停止。郑周永候选人的选举对策委员会委员长在12月15日通过召开记者会披露了所谓的“草原河豚店事件”，将为了使金泳三候选人成功当选而鼓动官权操纵选举的事实录音昭告天下。

1992年12月11日，大选迫在眉睫。釜山地区的官员们聚在河豚饭店，这次聚会是由前法务部长官金淇春发起的。他们为了让金泳三成功当选，决心要在地域情感问题上煽风点火。这天的聚会便是“让金泳三当选总统的对策会议”。

本应是制定法律的法务部长官，守护国家的军人，铲除不正之风的检察官，关注民生与治安的警察厅长，负责时政的市长，担负着全方位人才教育的督学，却高喊着“舍我其谁”的豪言壮语聚集在了一起。白天他们喊着彻底铲除地域情感这一亡国病的口号，晚上他们就聚在一起助长地域情感的不正之风，相互之间挤眉弄眼，发出令人毛骨悚然的奸笑。

在那天的对策会议上，发言人们讨论着如何用钱进行收买贿赂的事情，毫不犹豫地说着一旦金大中当选就会引起革命的妄言。他们这是在撼动国家的根基，从正面否认民主主义。随着此次会议录音的公开，直接揭露了卢总统所谓的中立意志只不过是伪装而已。与此相类似的对策委员会在光州、大田、大邱、庆尚北道等全国各地各主要城市也都肆无忌惮地恣意开展着。

“草原河豚店事件”一爆发，青瓦台和国务总理室就声称“此事与总统以及玄胜钟总理无关，只是个别公务员的问题”，马上与此次事件划清了界限。民主自由党果然也马上发表声明称与此事毫不相干，推卸了责任。金泳三候选人又施一计：

“釜山事件与民自党毫无关系，这件事情的最大受害者便是我，我作为虚伪政治的受害者，对话内容被录音本身就成了虚伪政治的一环。我们要坚决杜绝非法窃听的行为。”

事件就这样被轻易地本末倒置了，真是贼喊捉贼啊！这些官员犯下的恶行路人皆知，他们自己却在质问“怎么能进行非法窃听”。

舆论媒体也就“非法窃听”一事对国民党进行了追究，作为新生政党的国民党引起了此事却不知如何收场，他们对这种荒唐攻势难以招架。如果他们承诺对窃听行为负责，就应该把录音内容公布给国民，那么情况就会大为改观了。

在“草原河豚店事件”爆发的时候，我的预感是不错的。我觉得就算金泳三是执政党的候选人，现在也陷入了无计可施的地步。我想“这样我应该就会赢得选举吧”，而且我还以此事为契机期待选举中的地域情感就此消失。容共是非与地域情感问题每到选举的时候就像幽灵一样出现，动摇局势。我也期待着在地方长官们出面煽动地域情感的事实被揭发出来之后，庆尚道地区的民心会随之有所改变，因为他们扭曲事实欺骗民心的丑行已经败露，然而这却只是我的一厢情愿。

我邀请金泳三候选人进行公开的电视辩论，这是出于在我被诬陷为容共、地域情感被助长的情况下，我打算公开验证事实的想法。事实上金泳三候选人在选举初期也答应通过电视辩论来开诚布公。10月21日，在外国媒体见面会上，我这样说道：

“总统选举正式展开之后，我将提议候选人进行电视辩论。现在我们也能像美国一样进行电视辩论了。”

金泳三候选人于12月2日在宽勋俱乐部参加讨论时也宣布不会回避电视辩论。但是他提的条件越来越多，最终拒绝参加辩论。说实在的，这也是意料之中的事情。国民想通过电视辩论来验证他的候选人资质，但被他拒绝了。国民的“知情权”遭到了无视，当时的主要媒体竟也没当回事儿，都一致选择了保持沉默。

在投票还剩两三天的时候，釜山、庆尚南道、大邱、庆尚北道等地的黑色宣传再次席卷而来。其内容大致如下：

“你知道投了郑周永一票就等于投了金大中一票的事实吗?”

“如果金大中当选的话，那么庆尚道地区将会受到血雨腥风的报复!”

“如果金泳三当选的话，庆尚道人民的自豪感就会得到复活。”

我财力不足，权力被压，又受到了舆论的排斥。他们连地域情感都动员了，局势真是让人无可奈何。

就这样，轰轰烈烈的选举宣传运动结束了。12 月 18 日，便是投票选举总统的大日子。投票结束后，我来到了临津阁的统一山坡，遥望北方，选举活动激烈的瞬间一幕幕地重现在眼前。我想着如果我能当选，一定先奔向抱川母亲的墓地，在母亲的墓前痛哭一番。

开票结果从一开始就展示了各地区的对决情况。与我预想的不同，釜山“草原河豚店事件”刮起的是巨大的逆风。弊因变身利因，庆尚道地区对金泳三的投票量直线上升。地域情感和政治色彩论将国民们的理性判断都给吞没了，反全罗道的地域情绪波及了庆尚道以外的其他地区。除了汉城和全罗南道地区，我在其他地区都一败涂地。投票结果是：金泳三约 997 万票（44.1%），金大中约 804 万票（33.4%），郑周永约 388 万票（16.1%），朴赞钟约 151 万票（6.3%）。得票的差异比我预想的要多出许多。金泳三候选人在岭南湖南地区领先我 130 余万票。如他们所希望的，助长地域情感主义果然能取得成功。

我再次失败了，这次的失败真是让我难以接受。19 日凌晨 3 点左右我便起床了，四周一片安静。“现在我能做什么呢?”我向在那期间赐予我勇气和力量的上帝祈祷。妻子注视着我，我对妻子开口说话了。或许因为还是凌晨、时间尚早的关系，我的声音在房间内不断地回响：

“现在不能当总统了，过去的 40 多年就像是一场梦，在那期间我为了民主主义连死神都无所畏惧……为了民主主义、正义和统一，我倾注了所有。我的努力就算别人不知道你也应该是了解的。但是我却未能再次赢得民心。我能做的似乎只有这些了。我打算彻底地整理我的内心，希望你能支持我。”

妻子慢慢地点了点头，眼眶渐渐湿润了。我拥抱着妻子，内心涌出无限的爱与尊敬。终生不渝的同伴和知己、我生命的伴侣——李姬镐，因为有她在身边，那天的黎明没有消失。妻子按我说的写下了我说的话，她的肩微微颤抖着，我靠近她握住了她的手：

“夫人，比起我被判死刑的时候，现在更应该笑，不是吗?”

即便那样，妻子还是流泪不止。我的隐退声明是妻子流泪写下的，那是关于我从 1954 年到 1992 年从政 38 年跌宕起伏的政治生涯画上句号的声明。1992 年 12 月 19

日上午8点30分，我走进了民主党的办公室。一看到我，党员们便开始痛哭，在他们面前我必须表现得泰然。当一听到我说要放弃民主党党籍的时候，事务总长韩光玉、议员权鲁甲、秘书室长赵升衡一边说着“万万使不得呀”，一边痛哭了起来。我没有继续说下去。在与悲痛的党员们握手时我没有哭，我也不能哭。随后我去了五楼的记者室宣读了我的隐退声明。

尊敬的国民们：

我在赢得国民的信任上再次失败了，我认为这是愚人不才的原因，并以虚心接受这次失败。

我衷心祝贺金泳三先生当选总统，并真心希望金泳三总裁以后作为这个国家的总统能在政治、经济、社会等所有领域取得成功，为国家的民主化发展、祖国的统一作出伟大贡献。

各位国民！

今天，我将辞去国会议员之职，去当一名平凡的市民。这也是在宣告我将终结这40多年波澜壮阔的政治生涯，回想过去真是感慨万千、情难自禁。在此期间我得到了广大国民的大力支持与厚爱。在此，我表示衷心感谢。对于在还未能偿还国民们对我的恩情之时就中途隐退，我感到无比的心痛和惶恐不安。

在此，我还要感谢包括最高委员李基泽代表在内的所有党员同志，长时间以来对我毫不吝啬地倾注了无尽的协助与支持。各位党员对我的付出是无法用语言表达的，这份恩情令我毕生难忘。从此以后，作为一名普通市民为了我们党和各位同志的发展，我将贡献我的全部力量！

再次祝愿广大国民和党员同志们身体健康！并发自心底地对各位表示诚挚的谢意。

现在我将把有关我的一切评价都交给历史，返璞归真回归到平静的市民生活中去。祝每一位国民和党员同志好运！

剑桥大学的回忆（1993年）

我退出政界的消息一经传出，各家媒体对我进行了铺天盖地的报道。用“政治界巨人”、“政界栋梁”、“有气节的政治人”、“献身民主化的40年”等醒目的标题来对我进行赞誉。有关我的经历，媒体用社论、评论、专栏等多种渠道进行了回顾。在选举期间始终没有间断过对我冷酷至极批判打压的媒体在一夜间发生了突变，给我以英雄般的追捧。

发送到我在东桥洞的家里的信件以及打过来的电话陡增。电话一个接一个打过来，有些人打过来电话不说话，只是在电话那头哭泣。对于来电者，我回应他们，表达了对于退出政界的无限遗憾和伤感，同时也转达了他们的支持带给我的巨大自信。他们所投给我的每一张票都是我极大的荣幸。有个人说在过去的一段时间里同我有矛盾，不过现在想来才深刻地领悟到了其真实的缘由。对于我的退出，有人伤感，有人悲痛，也有人无限遗憾。

看到那些比我更加悲痛的人，我更加难掩内心的悲痛。关掉店铺的人、不吃不喝的人、连续数日光喝酒的人、砸碎电视机的人等都陆续出现。恰逢选举结束后下了大雪。我更加担心民心会雪上加霜，更加困苦。我只能祈求洁白的大雪能够抚慰那些受伤的心灵。这真可以称得上是一个多磨难、令人忧郁的岁末啊。

金寿焕红衣主教在新年伊始的1月2日就来到了我家。他对我的落选进行了安抚，使我得到了无比的安慰。这时恰逢新当选的金泳三先生来访，红衣主教毫不掩饰地对金泳三说道：“可能我的话令您听起来有些不顺耳，不过我还是要实话实说，我把票投给了另一位候选人。”红衣主教在选举结束后的媒体采访时再次坦言他在过去的竞选时把票投给了金大中。他的理由如下：

“我投金大中票的一个重要理由是，如果在这一时刻他成为总统，我想一定会大大缓解对立的地域感情矛盾。”

1月4日，我偕同夫人参加了卢泰愚总统在青瓦台举办的招待午餐宴席。我向卢总统提出扩大释放良心囚的范围以及复权的建议，这是卢总统在任期间我的最后一次要求。卢总统对我说：“国民们会长久地记住金大中代表为这个国家的民主主义而做出的努力以及实现的业绩。”

还有许多的外国人也为我的隐退所感动。日本放送协会电视台认为我的一生如连续剧一般，因此提议制作一部关于我的生平传记纪录片。起初我反对他们的提议，不过他们执意要做，后来他们甚至走访了我曾经留学的英国大学，寻找有关于我生平的资料，最终我还是接受了他们的要求。他们执意要做这个纪录片的目的是要把真实的韩国如实地介绍给日本，并给日本人树立一个客观的韩国人形象。那部纪录片以《金大中——在日本的自传》为题，共分四集。这部作品的制作人是堀田谨吾先生。后来我经常同堀田谨吾制作人见面，家事国家天下事无所不谈。他虽然身材不够高大，甚至显得有些瘦小，不过他是一位有着热血、对事业执著的人，他的内心世界如同山河般高大深远。在总统届满后的时间里我也偶尔同他见面。可有一天突然传来了他离世的消息。仿佛他已经预料到自己的日子所剩不多了，所以一直忙忙碌碌地做了很多事情。

在选举结束后的日子里，我花了很多时日去安抚那些拥护我的人，努力抚平他们受伤的心灵。虽然我在竞选中最终落败，但比起我，他们所受的冲击更大。我再一次领悟到了，国民对我的爱有多么深厚。虽然我经历了痛苦的失败，但也谱写了我人生中最为精彩而美丽的瞬间。参加我告别聚会的市民团体由文人、新闻媒体等构成。我终生也不会忘记那些真心为之惋惜的人。

1月6日，是我68岁的生日。民主党党务工作者、所属议院、地区党委员长等为我办了生日午宴。我利用这个机会，将内心的想法如实地表达了出来：

“比起被送入教导所遭受迫害，遭受不白之冤比任何苦难都要令人痛苦得多。被套上了‘思想可疑’、‘一定赚了很多钱’的罪名而招致不明真相的国民的斥责时，我的心如刀绞般地痛苦。对我来说，这是无法承受、让我极度恐惧的折磨。”

金泳三总统要求同我见面。似乎由于我的引退而带来的空前规模的激励之言以及赞美之词对他产生了莫名的压力。虽然他几次要求同我会面，但是我始终也没有找到一个同他见面的理由。先是我拒绝了邀请，随即，民主党方面要求当选人金总统对在选举期间雇人所为的暗害活动作出公开的道歉，这无异于对会面要求提出了条件。作为离开政界的人，我无法对民主党作出的决定置之不理。不过金泳三最终也没有作出道歉。我们的会晤最终还是成了一场空。不过在我即将出国之时接到了他打来的电话，但谈话仅持续了一分钟。回首过去，我这才感觉到金泳三为了达到目的而不在乎方法手段、全力达到目的不轻易放弃的精神有其可贵之处。当然我也并不羡慕他。

我从事政治活动40多年。可离开政坛，面对现实我真的有些茫然，不知道怎样安排生活。每当我面对困境，我如同习惯一般，将自己的错误和可能性一一地进行检讨。在一张白纸的中间位置画一条竖线，右边记下我自身的问题，左边则将还剩下的可能性记下来。这一次我又这样画了线，发现左侧记载了很多的内容。

首先我拥有全国800万以上的大众的支持。其次，我还有始终如一爱我的夫人和孩子，以及人数众多的为我不惜生命的党员同志。再次我的健康状况一直良好。经历了3次艰辛的总统大选，以及40多年的政治生活，我仍然保持着健康的身体。最后，我的内心深处依旧有一颗火热的心。我应该重新站立起来为了祖国和民族找到一条能够让我发挥力量的道路。首先，我决定离开韩国去做研究工作，因此我选择了去英国留学。这一选择既令人激动，也深深吸引着我，这是一个全新的挑战。

我收到了来自英国剑桥大学的邀请，在1993年1月26日踏上了留学的路程。留学时间为6个月到1年，以客座研究员的身份同时进行授课和研究活动。我想通过研究统一前后的德国，找到适合韩国统一的模式。在离开时，党务工作者和支持者们共计2 000多人来到机场送行。写有“忍冬草啊，请在7千万人心中绽放吧!”的巨大横幅悬挂在前。名义上虽说是欢送仪式，可每个人的脸上却显得很阴沉。我向他们致意：

“是因为我自身的不足，给大家留下了这么多矛盾和烦闷，我现在要离开韩国，我的心情很复杂，真的很内疚。虽然我离开了政界，但不等于我远离大家身边。我会倾尽毕生精力为国民作出自己的贡献。我会在未来的时间里通过努力学习，在政治圈之外为国民的福利尽我所有的力量。

“过去曾经身陷失败的境地，不过永远的失败是不存在的。对于不会止步于绝望之前的国民，一定不会失败。国民们所期望的是一个自由、繁荣、福利的国家，我们怀着祖国定会统一的信念，坚韧不拔地前进。我期望未来能够再次同大家相聚在新的希望之中。”

在飞往剑桥大学的飞机上，我闭上眼睛，静静地陷入沉思之中。难道我的一生注定是失败的吗？在过去的40多年中，我努力并渴望达成目标，不断为国民和民族作出贡献，好不容易获得机会却再次与其失之交臂。更令我伤心的不是我的落选，而是被地域间矛盾和黑暗势力所左右的国民只顾眼前的利益却看不到长远变化，这更加重了我的失落感。

不过即使国民丢下我，我也不会丢下我的国民。国民是我的生命之源，是我生活的理由。我深信上帝这次一定会主持正义。难道就只能接受这样的结果吗？在大选后，我很难静下心来祈祷了。在1980年最艰难困苦的时期也没有这样过……我们的政治，不，应该是我们的国是被毁，这一责任应该由媒体负责。不过他们握有强大的力量，根本无法找到任何企图变更或者改变的道路。但就算是死了我也不能抛弃。我决定将信任交托给上帝，信任历史，信任国民，信任我自己。坚持我的原则，比取得什么样的成果更为重要的是继续生活的信念。重新鼓起勇气，为寻找新的价值而尽全力地生活下去。一定努力实践有良知的行为，努力过正义、有意义且充满成果的生活。

我原打算去美国留学的，后来改为去英国留学的原因是想尽力远离同国内政治相关的环境，毕竟美国同国内的政治关系密切。我同时也考虑到作为对外交流语言工具，英语是重要的外语。剑桥大学是座大学城，它的景色极佳，这也是吸引我的一个因素。我与南宫镇、崔在升、洪思德、弘业一起踏上了英国的土地。提前出国的夫人和金玉斗、朴琴玉秘书已经在机场等候了。就这样，我开始了在英国的生活。

剑桥整个城市有众多的大学进驻，是一座大学城。剑桥大学创立于罗马时代，包括3个女子学院、2个专门的研究生院，总计31个学院。城市中央被一条河横穿，名为“剑河”。学院中除了中央图书馆为5层之外，其余全部为低于5层的建筑。建在绿化带中的建筑群，古色古香。城市给人的整体印象有些沉重，可置身其中却很舒适。

我的住所在离镇中心稍远的丛林之中，属于镇上的“Pine Hurst 宿舍”，有3间屋子，是砖制房子。我的屋子在1楼的东面。西面住的是协助我进行研究和调查的金翔宇博士的一家。他的专业是国际政治学。

我在31个学院中的卡莱尔学院作为客座研究员开始了授课和研究活动。卡莱尔学院一方面培养自然科学、社会科学方面的学生；另一方面，接收并支援来自世界各国的客座研究员并进行研究活动。单科大学入口处的大厅后面贴有来自各国的客座研究员的相片。我的研究室设在紧挨着院子回廊的狭小的房子内。室内有一张桌子，上面摆满了世界各国的书籍。虽然也有韩国的书籍，但仅有三五本而已。不知道是不是因为我获得了莫斯科国立大学终身名誉教授称号的原因，大家都称我为“金大中教授”。剑桥大学的副校长对我的到来致以热烈的欢迎：

“比尔·克林顿也在剑桥大学求过学，如今我们又迎来了金大中先生。”

离开自己的祖国来英国留学，就如同做梦一般。曾几何时，我作为流亡之人生活得如履薄冰。可在剑桥的生活如此悠闲，流淌的时间仿佛可以看得到、摸得到。在林间的小路上边走边读着书，时常深深地陷入思索中。每天早上只要出了住处，便一整天沉浸在研究室里。往返于住处和研究室之间，步行约十分钟的距离。

在那里，我有幸结识了天体物理学家斯蒂芬·霍金（Stephen Hawking）、现代社会学者安东尼·吉登斯（Anthony Giddens）、民主主义研究者约翰·邓恩（John Dunn）等世界级的学者。特别是同霍金教授的交往令我非常感动。我们所住之处仅一墙之隔，在这样近的距离共同度过了半年的时间。他是一位极其热情又很重情感的人。霍金博士除了眼睛、耳朵和大脑之外，身体其余的所有部位都患有残疾。他连进食都有困难，只能通过手指敲打存在电脑中的音频设备来与世界交流。他的不幸不仅仅是身体方面的，而且他的妻子抛弃了他和两个孩子离家出走了。

战胜了这样的不幸后，霍金成为与牛顿和爱因斯坦比肩的科学家。更令我感动的，不是他在科学方面的成就，而是他对生活所持的积极乐观的态度。我对之真的感到惊奇。

当我离开英国回国时最令我依依不舍的便是霍金博士。我和霍金博士的缘分非常独特。1991 年霍金博士访问韩国的时候，我同几位政界人士在英国大使馆与其共进晚餐，席间我们进行了交谈。大家对霍金博士提出了很多问题，不过都没有超出如何“战胜自我”的好奇心的范畴，而我问了宇宙诞生和未来方面的问题以及与人类的关系，因为这些问题是我一直以来非常想要了解的内容。因此，霍金博士似乎对我产生了深刻的印象。

缘分真是奇妙。我们再次有缘在英国相见。他马上便认出了我，他待我如同久别的朋友一般。他还依稀记得我们在韩国时所谈过的话题。我们互相拜访了对方，并进行了交谈。因为担心我们的对话时间太长而让博士感到疲倦，我几次试图起身走开，但每次都被博士叫住。他经常在我家的门外等着我出现。因为不能说话，可以想象他的等待会是如何焦急啊。一直等到我发现了他时，他才会会心地一笑，并引着我来到他的家中。有一次我对博士提出了这样的问题：

“您的健康状况如此不好，您的热情和动力来自哪里啊?”

“我有妻子和孩子，我必须为之努力生活啊。”

虽然这话听起来有些家常，不过还是深深地触动了我的内心。博士也就南北统一和朝鲜的核问题提出了问题，表达了自己的观点，同时也显示出对于我未来的道路的关注。博士不顾自身的残疾，也没有忘记对于他人的关怀。人生的逆境反而给霍金博士以力量，使他得以充实地生活。面对凭借天才般的思路挑战无限领域的人类的伟大，我不得不低下了头。

霍金博士对于知识的好奇心极为强烈，他脸上的笑容从未消失过，而他眼中焕发出的光彩，只有那些克服了人生逆境的人才能够读懂。可以感觉到他是一位真正幸福和安逸的人。我也同安东尼·吉登斯和约翰·邓恩教授就民主主义进行了深入的交谈。我们的国家虽然是民主国家，回过头来看也曾发生过为了自己的利益而对他国进行掠夺的事件。现在大家已经对民主主义进入了新的发展阶段达成了共识。世界各地受苦受难的人民也同样享有自由、正义和生存的权利。另外，在更大的范畴内来说，作为人类的朋友，所有的生命体也都应得到和平。我认为地球上所有物体（树木、花草、动物、空气、土壤）的生存权利都该得到保障，希望全球范围内能够实施民主主义。听了我的观点，安东尼·吉登斯教授说应该将其命名为“国际民主主义”（cosmopolitan democracy），我则认为称“全球民主”（global democracy）也许更合适。

我不仅在剑桥大学，也在牛津大学、伦敦大学等皇家国际问题研究所（Chatham

House）作了演讲。在演讲过程中，我接受了提问。虽然问题众多，但我尽了最大努力作出了回答，演讲现场也因此变得异常活跃。演讲结束后，我国的留学生都围过来说“我们因为与您同为韩国人而感到骄傲”。

一次在牛津大学演讲。一位日本学生提出了这样的问题：

“在二战前许多国家都曾经是英国和法国的殖民地。但是现在这些国家同宗主国相处得非常好。可是为什么韩国依旧拘泥于过去而无法同日本改善关系呢？”

会场内瞬时安静了下来。所有人都注视着我：

“我想向您提出一个问题。英国和法国同众多的过去的殖民地国家友好地交往，日本为什么不能同过去的殖民地国家韩国友好相处呢？那么这个责任应该在韩国还是在日本呢？

“拿英国和法国同日本做一个比较，这个问题便会迎刃而解。日本占领韩国后将韩国人视为生命般重要的姓氏改成日本姓氏的形式；不让韩国人使用韩国语了解韩国历史；每天强制韩国人向着天皇所在的东方行大礼。可是英国和法国并没有践踏殖民地人民的自尊心。

“这回用德国和日本做一个比较吧。两国都是在二战期间犯下了战争罪。可是德国对自己的过去做了彻底的认罪和反省。对以色列和犹太人给予了数十亿美元的补偿。反观日本又是如何呢？对韩国仅仅给以三亿美元作为补偿，便了结了一切。德国人对于自己的罪行对包括儿童在内的全国公民进行彻底的教育，而日本则掩盖过去的罪行，谢罪也是敷衍了事。您对过去的惨状并不了解，因此提出了这样的问题。

“另外，德国对于战争用‘战败’来承认。日本却以‘终战’来称呼。德国称当时的联合国军队为‘占领军’，日本则称为‘进驻军’。按照日本的方式，到底谁是战争的胜利者、谁是投降者呢？日本采取这样的姿态，怎么能得到宽容呢？加上已经成为世界经济大国的日本不加以反省，周边国家如何能放松警惕呢？我们的疑心和争辩不是很当然的事情吗？德国和日本的表现有如此大的差异，过去的历史如何能被掩盖呢？”

话音刚落，全场爆发出了雷鸣般的掌声。演讲结束后那位日本同学上前来表示了歉意：

“我真的不了解这一切。将来我一定尽力做些能够改变日本政策的努力。”

在离开韩国时，我还没有制定一个具体的计划，只是大致有一个做些有关欧共体和德国统一方面的研究的想法。不过看到通过吸收方式统一了的德国为了处理统一后遗症而伤透脑筋的情形，我变得异常清醒。我终于明白自己应该做的事情了。

实际上德国的统一来得很突然。当时科尔总理对吸收统一的方式并没有持积极的态度。带领民主德国民主革命的“Neues（新广场）论坛”希望采取渐进的方式。可是憧憬着联邦德国富饶生活的民主德国人逐渐多了起来。随即科尔总理也主张采取吸收统一的方式实现德国统一并战胜了主张对等统一的社民党。

当时民主德国人有一种物质崇拜主义。如果两德统一，联邦德国的富庶生活自然会归他们所有。1990 年 9 月，两德急匆匆就完成了统一，但是代价却是残酷的——带来了始料未及的庞大的统一费用。由于民主德国企业并没有自我生存能力而不得不关闭，最终民主德国的经济已经无法恢复，整个国家处于破产的边缘，大街上到处都是失业者。1991 年 9 月会见根舍外长时，他对我说：“民主德国的工厂中找不到一家可以利用生产的。”我参观了民主德国的工厂，一家 800 多人工作的电子产品工厂过去曾有 9 000 多人工作。我真的觉得很吃惊。

事实上，过去民主德国人在经济上没有什么顾虑。住房、工作、教育一切都由国家负责。应该说这种生活的确很舒适。在这种状态下生活的民主德国人突然被推到了自由竞争的经济环境中，起初是孤独，后来则变得恐惧了起来，原本国家给做的事情现在都得由个人去做。

我在英国求学期间，曾先后三次走访德国。我走访了多处，也见过各阶层的人。40 多年所造成的断裂的确很可怕。因为经济环境的差异，无论走到哪里都会出现对立和矛盾。虽然政治差异问题已得到解决，可是内部的经济以及社会的隔阂依然如故。虽然没有东西德国之分，可是东西德国人的差异依然存在。之前是一个民族两个国家，现在则是一个国家两个社会。东西德国人虽然在语言上没有差异，可是在生活方式和思考方式上却无法调和。德国总统魏茨泽克对我说：“柏林墙虽然倒塌了，可是心灵之墙却丝毫没有改变。”

想到要克服这样的差异最少需要 30 多年的时间，我不由得一声长叹。可以确定的是，草率的吸收统一可能对社会造成灾难性的问题。德国的统一方式给了我们许多借鉴之处。

操之过急或者吸收统一都不是好的方案，这是我在考察了统一后的德国之后得出的结论。不考虑代价而只管能否统一并不是最佳方案。如何完成统一才是问题的关键。回望柏林墙，我深深感受到处于分裂状态的国家能够克服体制和理念的差异而完成统一绝非易事。我在柏林遇到了民主德国最后一位总理德梅齐埃，他一再表示其后悔之意：

“我们犯下了错误。我们万不该采用吸收合并的形式完成统一，而应该采取阶段性的完成统一的方式。”

我们又是如何呢？南北不惜一战。同为一个民族却生活在相互仇恨中。突然有一天，我顿感匆忙完成统一必然会带来严重的矛盾和社会的混乱。另外我们所承载的负担比德国重得多。冷战结束了，现在统一的日程在任何人看来都是水到渠成的事。但越是这样，越是要寻找到贤明的政策和恰当的方法。

现场考察了德国统一之后，可以确定我在1971年第一次主张的“三阶段统一论”是正确的。

朝鲜在1993年3月退出了《不扩散核武器条约》。我访问柏林的那年初夏，世界各国都怀疑朝鲜在进行核开发并加倍警惕。另外，世界各国预测朝鲜经济即将垮台，这种观点占据着主导地位。我在剑桥遇到的英国利兹大学教授朝鲜问题专家艾丹·福斯特·卡特也作出了“朝鲜已处于绝望的困境，但已经丧失了寻求变化的意志”的惊人断言。

而我真正担心的是无法判断朝鲜是否会在面临经济崩溃的绝望之中引发第二次朝鲜半岛战争，且会采取在“6·25”战争时那样的先发制人的手段。若要在朝鲜半岛解除战争的威胁，那么首先一定不能在面临经济绝境时给朝鲜的强硬派以战争的借口。另外要给予温和派以帮助，使得他们的地位能够得到巩固。可是找到解决这一问题的方案却是难上加难。朝鲜的核开发计划，不仅对朝鲜半岛，对整个世界也产生了巨大的影响。

在剑桥生活的日子里我蜷起的心得到了舒展，可对于祖国的思念却令我万分惆怅。思念那远方的朋友，思念那亲切的山河。眼前经常闪现曾经在家里养过的花草，也想念那些来到院子里吃我喂的食物的麻雀。英国也有人养花种草。在我住所的阳台上若是放上我养的花，路过的人们都会停下脚步来欣赏。与在汉城时一样，若撒一些食物，麻雀们也会飞来。无论在哪里生命都是如此相像。英国的麻雀比我国的约大1/3，可比起韩国的麻雀，其动作的敏捷性毫不逊色。

我在剑桥大学的卡莱尔学院生活时，曾利用业余时间访问了欧洲的许多国家。在访问德国之前我特意留出时间访问了荷兰城市海牙。因为在海牙的郊外有李俊烈士之墓。同李相卨、李玮钟一起作为韩国密使的李俊参加了在海牙召开的世界和平大会，同欧美各国就日本侵略进行了声讨并呼吁《乙巳条约》无效。可是英国、法国、德国的代表们对这样的呼吁却充耳不闻。由于日本的操纵，他连发言的机会都没有得到。李俊通过自己的死表达了自己忠于祖国的决心，这件事才为人所知。他的死因是剖腹还是其他虽然我们不得而知，但是他的气概却唤醒了世人。

在《乙巳条约》生效之后，国内外的独立军纷纷揭竿而起。夺回失去的国土的斗争一直持续到了解放的那一天。虽然世界上有过无数的殖民地国家，但是在国外建立临时政府后进行独立运动的民族在世界上仅有我们这一个。

在剑桥大学留学时我们来到以色列的约旦河，在船里面我握着因为关节炎而备受折磨的妻子的手

当我来到李俊烈士的墓地时，发现已经放有鲜花。不知何人将点好的烟放在那里，香烟在那里缓缓自燃着。同胞们前来悼念的脚步一直未曾间断过。墓旁有烈士的半身像，下面是有关烈士事迹的碑文。站在雕像前我闭上眼睛为李俊烈士进行了祈祷。随后，我离开了荷兰，九年后，一位名叫希丁克的荷兰名将来到了韩国，之后在足球世界杯上将韩国带入了四强。那时我已是韩国的总统。

在剑桥学习时和妻子一起到荷兰城市海牙为李俊烈士扫墓（1993 年）

我参加了在葡萄牙首都里斯本召开的世界领导人大会。来自 24 个国家的领导者们就福祉、环境、社会问题等进行了讨论。我同曾 12 次被捕入狱后又不得不流亡法国的葡萄牙总统马里奥·苏亚雷斯进行了重要的谈话。他的经历跟我有着诸多相似之处，我们两人相见恨晚。在参加会议期间我受到了现职和前职的国家元

首以及世界超一流大企业的会长等人的热烈欢迎。

1993 年 6 月末，我终于结束了学业，完成了在剑桥大学卡莱尔学院的研究生活。虽然很想延续在这里的生活，可是朝鲜半岛已经被朝鲜核问题的乌云笼罩。朝鲜退出《不扩散核武器条约》使得朝鲜半岛的紧张局势达到了高潮。金泳三政权对朝鲜一边倒的立场也将局势推向了最坏的势态。作为在野党的民主党也没有能够提出有建设性的措施。国内的政治势力处在无作为的状态，美国和朝鲜的关系急剧转向了战争的边缘。我变得极其不安起来，很想为南北、朝美关系改善做一些事情，并想用自己在英国期间所研究的南北统一和解除紧张关系的方案为改善南北关系作一些自己的贡献。我决定回到汉城，并做些力所能及的事情。

6 月 22 日在大学里召开了为我举办的欢送晚宴。我做了如下的发言：

"就在半年前，怀着我的未来不会有什么希望心态我来到了剑桥。现在我的内心已经被平和和新的希望所充实，这是剑桥给我的最大的礼物，凭此我会以一个全新的面貌回国。另外托剑桥教育的福，我不是以一个政治家而是以一个探求南北统一问题的研究者身份回到祖国。"

教授和学生还有众多的研究同事们静静地听着我的演讲。因为熟悉我的政治立场，他们都认真地倾听着。为了活跃气氛，我将演说的最后部分作了如下的装饰：

"最初我计划在剑桥学习一年时间。半年的学习结束后我决定回国的一个重要的原因是因为我真心想为英国尽我自己的微薄之力，这便是像我这样的一个失业者通过离开英国来为降低英国的失业率作出一份贡献。"

听众们顷刻间开怀大笑起来。现在回想起这一时刻，我仍然感觉到很幸福。

剑桥大学自始至终都以礼待我。在即将离开之时，卡莱尔学院将我选为教授协议会的终身会员。另外将我曾居住的公寓的名字由原来的"Pine Hurst Lodge"改为"Kim's Lodge"。

在剑桥期间，我见识了很多，也感受了很多。我的自传随笔《为了新的开始》也是在这里开始撰写的。我退出政界之后，以此种方式对我的人生进行了回顾。希望借此给年轻人一些帮助。这本书在我回国后很快便得以出版，也曾一度成了最畅销书。

在剑桥停留期间还有一个难忘的插曲。因为我身在英国，我的支持者或者国会议员们便来到了剑桥大学。每次他们都会为我准备一些礼物，其中还有鱼酱、活鱼以及洪鱼。我们常常做泡菜汤、大酱汤吃。可这样的食品的气味常令英国人难以接受。知道了这一点，夫人便尽力减少这些气味，但还是没有什么显著的效果。有一次，公寓管理员就此对我们进行了劝告。之后虽然我们尽力做到没有气味，可是并没有解决根本性的问题。一次偶然的机会，当他们得知我是韩国退出政界的人士以及民主斗士的消息，邻里们就不再向我们表达不满之情了。我真心感激他们能够给予我这样宽厚的礼遇。

来拜访我的人不仅带来了母国的消息，也带给了我希望和勇气。接待他们对我来说是一件特别快乐的事情。我尽力回忆那些人的名字并写下来（按面谈顺序）：朴宗华、韩相震、李东元、梁性哲、罗种一、金容云、姜大仁、张夏准、金相万、薛勋、韩英爱、金尚雄、裴基善、车泰锡、金琫镐、赵赞衡、宋铉燮、崔薰、金太郎、金永根、都镐基、黄圭英、崔正泽、李熙淑、朴权相、朴圣祚、李海瓒、朴佑燮、郑大哲、李英作、朴庆绪、李基泽、李钟赞等。

每当回想剑桥时光，我的心马上会变得轻快起来。我得到了很多，也将很多原封不动地放在那里离开。总想着再次回到那里重温一下那段幸福的时光，可是那一时刻却没有再次到来。

统一与和平的大本营——亚洲太平洋平和财团(1993—1995年)

1993年7月4日，我再次回到了汉城。当天聚集到金浦机场欢迎我回国的各界人士达数千名之多。始料未及的我感到十分的吃惊。我从机场出来的时候还看到了民众们为我准备的欢迎表演，顿时感觉内心充满了力量。在英国的日子里最令我担心的是妻子的身体。英国的天气潮湿而又变化无常，这让妻子的关节炎日益恶化。从飞机起飞的那一刻起我就开始非常担心，然而因为蜂拥而来的人群，我根本无暇照顾她。欢迎的人群一直高声呼喊着我的名字和欢迎我回国的问候语。

“6个月之前离国的痛苦现在终于可以结束了。现在带着对余下人生的计划和希望、怀揣着自信又回到了这里。”

欢迎活动一结束，记者们马上就围了上来：

“在英国期间，您是否构想过有助于改善南北关系的方案？”

“我们必须实现南北关系正常化。如果能将北部丰富而廉价的劳动力与我们的投资相结合的话，必将获得有利于双方的共赢效果。朝鲜与当时德国统一时的民主德国的情况是不一样的。”

归国大约一周之后，我在京畿道的日山租了一套公寓，随后搬到那里居住。从那以后，我就中断了与外界舆论的一切联系，一心扑在了研究南北统一的问题上。

8月13日举行了纪念绑架生还20周年的纪念活动。在这个仪式上我发表了题为“德国统一的教训及我国统一的前景展望”的纪念演讲。此时国内外的形势随着朝鲜宣布退出《不扩散核武器条约》后开始变得极度紧张起来。南北双方也都趋于采取强硬政策，局势到了一触即发的地步。我们都不知道下一刻时局会如何。我通过演说提出了针对朝鲜核问题我们应当采取的一揽子解决方案。我强调当局一定要采取措施促使朝鲜方面放弃核研究，并积极出面改善朝鲜与美国的关系。这一内容紧接着就在国内引起了巨大反响。在演讲的前一天，政府方面发布了实行“金融实名制”的决定。

9月8日，我在汉城大学的行政研究生院做了关于“世界史的历程和东北亚政局”的特别演讲。16日，我又受延世大学东西研究所之邀，做了一场题为“韩国统一的可能性和必须性”的演讲。

自9月21日起，我用了22天的时间出访了德国、俄罗斯、美国等国家。这次出访的主要目的在于与各国政界要人共商维护亚洲和平及促成朝鲜半岛统一之计，同时也请他们协助我构想的平和财团的顺利成立。我同样也希望借此机会与国际上屈指可数的知名财团构成国际合作关系网。在英国的剑桥大学，我将深思熟虑之后的构想公之于众，并与德国诺曼财团、俄罗斯的戈尔巴乔夫财团、美国的卡特财团以及布鲁金斯学会等机构达成了交流合作协议。虽然当时还处于起步阶段，但是我依然产生了把平和财团建设成为国际性大财团的信心。

在与德国总统理查德·冯·魏茨泽克、前联邦德国外长根舍、前民主德国总理德梅齐埃、原苏联总统戈尔巴乔夫、前美国总统吉米·卡特、前美国国务卿基辛格等人见面时，我阐明了统一南北的构想，并诚恳地拜托他们能够给予协助。他们都对我的提议表示十分支持。

与原苏联总统戈尔巴乔夫会面的情景至今令我难以忘怀。当我看到他那简陋的办公室和残酷的工作环境时感到十分吃惊。听说当时他正承受着来自俄罗斯总统叶利钦近似迫害的处置。即使这样，戈尔巴乔夫总统看起来还是精神饱满、兴致高昂并泰然自处。我对他这样说道：

“抛开您在俄罗斯政治上的成功与否不谈，在20世纪的近代史乃至整个人类历史上，您都是在全世界范围内影响巨大的并且对人类发展作出重大贡献的人物。是您终结了冷战，把人类从核战争的恐怖中解救了出来。您推行经济自由化、政治公开性改革使苏联和东欧的人民重获自由，在引导人们走上民主主义的道路上起到了决定性的作用。另外，您也帮助德国实现了统一，以此大大改善了与欧洲其他国家领导人的关系。”

1993 年，与原苏联总统戈尔巴乔夫在他的办公室里会面

考虑到戈尔巴乔夫对世界史产生的巨大影响，我认为国际社会应当给予其更高的评价，并对他表示感谢和礼遇。

10 月 1 日，我受到哥伦比亚大学东亚研究所教授们的邀请进行了一场演讲。在那里，我再一次强调了朝鲜半岛的南北统一不能以单纯的吸收形式完成，而是应当采取分阶段循序渐进的方式进行。当天晚上，我在人权问题研究所纽约分会举办的欢迎晚宴上对有关金泳三政权的改革政策的提问做出了如下的回答：

“在金总统的改革成果当中，整顿军部派别和实行金融实名制是最为突出的两点。金总统只有好好执政，才能给那些曾主张‘两金下台’的人做出一个榜样来，因此我恳切地希望他能获得成功。”

当时参加晚宴的人们都笑了，他真的要取得成功才可以啊。然而与此同时，朝鲜半岛的上空却笼罩着“核乌云”。

我先后在美国的纽约、亚特兰大、华盛顿、匹兹堡、洛杉矶等地做了巡回演讲。我应卡特中心、韩美商会、美国议会、洛杉矶人权研究所以及在美侨胞之邀做了无数次的演讲。美国的政界因为朝鲜的核问题而精神高度紧张。韩国国内的危机感也极度高涨，再次笼罩在战争的乌云之下。在政局动荡不安的情况之下，国民们开始大量囤积粮食，方便面和大米的价格都随之飞涨。

我在美国停留期间一直强烈主张关于朝鲜核问题应该实施一揽子解决方案，即只要朝鲜方面保证完全放弃核开发，美国就会出面与朝鲜实现外交关系正常化并提供经济援助，同时推动终止韩美共同军事演习。这一揽子解决方案才是科学解决朝鲜核危机的最有效和最有说服力的方法。

1993 年 12 月 10 日，在泰国的曼谷召开了亚洲民主人权问题国际会议的创立大会。我以韩国代表的身份出席了此次大会并做了重要演讲。我见到了当时的曼谷市市长占隆·西里芒（Chamlong Srimuang）先生并和他进行了深入的讨论。他生活简朴、为官清廉，深受曼谷市民的爱戴。

闲暇之余，我经常和妻子一起去位于汉城附近旧把拔一带的花卉市场，同妻子一道挑选各种花卉种在我们家的院子里面，个中的乐趣真的是无法用语言进行描述。

我们家的院子里有一棵很大的柿子树，每年都会结出又大又甜的柿子。每天清早起来站在院子里看着这些柿子，不知不觉地竟开始数起柿子来了。突然有一天发现柿子少了许多，我就向妻子追问这究竟是怎么回事，结果得到了妻子这样的回答：

“我们也得摘几个尝尝吧……”

我用妻子能听到的声音自言自语道：

“如果那么想吃的话就去买着吃啊……”

妻子也不服气地自言自语起来：

“那么多柿子就给乌鸦当饭吃吧。”

离开政界以后，我的闲暇时间开始多了起来，经常去看一些文化表演。我在当时观看了电影《西便制》、《想到那岛上去》、《旋风》、《辛德勒的名单》、《燕发》等，还观看了话剧《寻找爱情》、《那对姐妹发生了什么事》等，原创板索里《饭》，歌剧《金刚》，音乐剧《少女与地痞们》等。有趣的是，在我观看了这些作品之后，观看这些作品的观众暴增，个中理由我也不得而知。就这样，我的办公室里每天都堆满了各种表演的宣传册和邀请券。我对此非常感谢，但是又因为不能全部去观看而觉得很是过意不去。

看了电影《西便制》之后，我对这部电影的导演以及演员们讲述了我的观后感：

“那充斥着整部电影的‘憾’既不是怨恨也不是绝望，看起来像是民众们永不放弃、不断开拓进取的精神似的。”

继而高丽大学的徐之文教授根据我这一简短的观后感以《西便制和 DJ 之憾》为

题在报纸专栏上发表了长篇评论：

在我们的现代史上像DJ这样身怀如此多的“憾”的人可以说是绝无仅有了。然而有一半以上的国民越是感觉DJ所怀的憾越来越多，越是意识到他是满怀大“憾”的集团的指导者，就越是怀疑他越是警戒他。不说我个人在看过《西便制》之后有何感想，DJ在看完这部电影之后称所谓“憾”不是因怨恨而生出报复之心，而是忍辱负重地去不断进取开拓，这一点令我为之动容。胆小的国民们一边诅咒着让DJ肩负如此沉重的“憾”的政治史，一边恐惧着这样的政治牺牲者——DJ；最终DJ那波澜壮阔的政治生涯以失败而告终，一方面我们感动于他的大义凛然，另一方面内心却也感到十分歉疚。

之后《西便制》的女主人公吴贞孩小姐拜托我做她婚礼的主婚人。在主婚席上看到这对耀眼的新人，这一幕对我来说真的是久违的喜事了。我这样对他们说道：“爱源自于彼此忍耐。”

1994年1月18日暮春，文益焕牧师突发心脏麻痹去世。我做梦也没有想到他会这样突然地离我们而去。文牧师以神学家、牧师、诗人、统一运动家的身份开朗又优雅地度过了一生。他代表了分裂国家的良知和真诚，又站在韩国现代史的中心不断奋斗着。我和文牧师时而意气相投，时而又会互有异议，然而在创造人人都是主人公的平等世界这一点上却从未有过分歧。

文牧师曾一再强调“民主是民众的复活，而统一则是民族的复活”，这句话仍然时时回响在我的耳边。他既是一位横眉冷对独裁政权的民主斗士，同时也是一位看到秋日凋零的落叶而无法安然入睡的感性诗人。在1976年发表“3·1”民主救国宣言之前，他也曾是一位专注于讲授和翻译《圣经》的纯粹的学者。然而在遇到邪恶无比的独裁政权之后，所有的一切都变了。在民权受到蹂躏的现场，我们总能看到他的身影。我们失去了这个时代的一位巨人，统一运动也失去了一位得力干将。

听到文牧师去世的消息后，我立刻赶到了他出殡的地方。在看到他遗像的那一刻，我的心中突然涌上满腔的悲痛。我担任了文牧师治丧委员会的顾问，并在他的诀别式上做了悼词：

“文牧师是把民族分裂视为切身之痛的这个时代最纯粹的民族精神的象征。”

1994年1月27日，耗费了我们众多心血的亚洲太平洋平和财团正式成立了。它的成立在不断探索朝鲜半岛和平和民族共赢的道路上，对推动亚洲民主事业的发展和维护世界和平有着重大意义，是实现这一重大意义的载体。原苏联总统戈尔巴乔夫、菲律宾前总统科拉松·阿基诺、前联邦德国外长根舍三位被委任为财团的海外顾问。国内的顾问则由金寿焕红衣主教、姜元龙牧师、佛教曹溪宗的总务院长徐义玄先生、家庭法律咨询事务所的理事长李兑荣女士等人担当。金钟云、金希执、宋梓、朴弘、张乙炳、金玟河、赵完圭、安炳茂、李敦明、吴淇坪、边衡尹、李世中、赵淳、姜汶奎、高银、金点坤、权皓景、徐英勋、申乐均、张基天、韩胜宪等人当选为咨询委员。海外咨询委员则由莫斯科国立大学校长维克托·萨多夫尼奇（Victor Sadovnici）、美国卡内基财团的塞利格·哈里森（Selig Harrison）博士，以及哈佛大学的爱德华·贝克（Edward Baker）教授等人出任。

亚洲太平洋平和财团的根据地设在了汉城沧川洞的亚隆大厦。阿基诺女士和前民主德国总理德梅齐埃等各界人士共计200多名参加了于27日上午举行的揭牌仪式。揭牌仪式过后，我用手轻轻抚摸着那块牌子站在那里凝视了好久，心中怀有无限的感激。

当天晚上我们在位于汉城汝矣岛的63大厦国际会场举行了纪念仪式。来祝贺我们的客人超过了2 000人，亚洲太平洋平和财团的顾问金寿焕红衣主教给我送来了这样的祝福：

“在我们国家的政治家中，如果说有一位一直饱受痛苦久经考验的人物的话，那么这个人非金大中理事长莫属。我衷心地希望我们能尽早达到亚洲太平洋平和财团的设立目的，为祖国的统一增砖添瓦，为建设全亚洲和全世界的民主主义及维护地区和平作出我们最大的贡献。”

菲律宾前总统科拉松·阿基诺也做了这样的贺词：

“金理事长是与我拥有共同信仰和民主信念的同志。为了世界和平，我衷心祝愿亚洲太平洋平和财团能够获得成功。”

亚洲太平洋平和财团一经成立就引起了国内外的广泛关注。我们面向全社会召集了亚洲太平洋平和财团的研究队伍，应征的博士超过了100名，我们从这中间选拔了5名。我每天都会去财团上班，这是我在竞选总统失败后的一年时间内拥有的第一份正式职业。我还任命了赵瑛焕先生为特聘事务总长，郑东采先生为秘书长。

亚洲太平洋平和财团的研究主题主要是朝鲜半岛的和平和统一以及亚洲民主主义和世界和平。财团成立后于3月16日第一次举办了题为“文明冲突与亚洲的关系”的国际学术论坛。挪威国际和平研究所（PRIO）所长丹·史密斯（Dan Smith）

先生和汉阳大学的孔星镇教授做了主题发言。

与菲律宾前总统科拉松·阿基诺及各国人士参加亚洲太平洋平和财团的揭牌仪式

2 月 13 日，突然获知金南柱诗人去世的消息，我马上赶到他的葬礼现场进行了吊唁。金南柱是这片土地上不可多得的非常有代表性的诗人。

3 月 17 日，我在圆光大学获得了名誉政治学博士学位，这是在国内大学里获得的第一个名誉学位。我还得到了校长金三龙先生和研究生院院长韩钟万先生的亲切接待。

1994 年的 6 月对于韩国、朝鲜以及美国来说就像是一场噩梦。在谋求和平解决核问题失败后，朝鲜就开始无视美国的警告，强行抽出了核燃料棒。而美国在判断外交方面的努力失败后，五角大楼便开始准备使用武力来进行应对。美国瞄准了朝鲜的宁边地区准备进行武力打击。虽说是只针对特定区域进行集中打击，但很明显是要演变成全方位的全面攻击。同时五角大楼也做出了这样的预测，如果朝鲜半岛上战火再起的话，3 个月之内美军会产生 5.2 万名死伤者，韩国军队会产生 49 万名死伤者，死伤的一般平民将达到 100 万名以上。基础设施及其他设施也会遭到大面积破坏，这也是显而易见的。

时任美国国防部部长佩里（William J. Perry）做出了应当立刻采取措施制止已经越过警戒线的朝鲜核问题的结论。这就意味着美国要对位于宁边的核设施开始实行军事打击了。由克林顿总统主持召开的国家安保会议商定了三阶段的作战计划。由此看来战争是在所难免了。整个朝鲜半岛笼罩在了一触即发的战争阴影之下。

这时从正在访问朝鲜的美国前总统卡特先生处传来了振奋人心的好消息。这简直就是奇迹，朝鲜的金日成主席和美国前总统卡特先生达成了引人注目的共识。该协议的主要内容是只要美国解除对朝鲜的武力威胁，朝鲜就会冻结核开发计划。美国方面也对此表示接受。

美国前总统卡特先生出访朝鲜源于我的提议。1994 年 5 月我在美国国家记者俱乐部做了演讲，通过此次演讲阐明了我所构想的针对朝鲜核问题的解决方案。朝鲜退出《不扩散核武器条约》已有一年多的时间了，而朝鲜的核问题也正逐步陷入危险的深渊。美国和朝鲜就像正在进行着极其危险的“核拉锯战”。我在进行主题发言之前又将我之前一贯主张的一揽子解决方案进行了更具体的阐述：

“美国和朝鲜双方都应该在以下两件事上做出让步：朝鲜方面应该放弃在核问题上的野心，保障韩国的安全；美国方面应该出面通过外交手段与朝鲜建立经济合作关系并停止联合军事演习，保障朝鲜的安全。”

为解除朝鲜核问题而进行的美国国家记者俱乐部演讲，在此我提议美国前总统卡特以特使的身份访问朝鲜

所以我提议派遣可以与朝鲜主席金日成进行谈判对话的人物赶往平壤：

“我希望美国能派遣一位在国际上深受尊敬、德高望重的，尤其是能获得中国和朝鲜信赖的与克林顿总统性格相似的元老级政治人物访问朝鲜。我相信克林顿总统派遣的特使将会对改善与中国和朝鲜的关系起到重大作用。”

主题发言一结束，马上就有人向我提问：

“请问金理事长心中是否已经有了能够胜任特使的合适人选？”

“我认为最合适的人选莫过于卡特先生了。”

事实上，在这之前我就已经预料到会有这样的问题，所以在前一天就与卡特先生通了电话。我亲自对他进行了说服：

“我会在明天的主题发言上提名您作为派遣到朝鲜的特使，可以吗？”

他欣然同意了，并说万一真的能去朝鲜的话，会有很多问题向我讨教，所以访问朝鲜之前一定要与我见一次面。

这一消息一传回国内就引起了执政党——民自党领导人的轮流刁难和冷嘲热讽。此时我认为卡特先生访问朝鲜的事情已经化为泡影，所以心里也就放弃了。

然而我在美国国家记者俱乐部进行的演讲最终撼动了美国政界。我的演讲录像被美国有线电视频道反复播放。美国方面在深入研讨了我的提案之后开始重视对朝鲜的关系。巧合的是，卡特先生就在此时出访了朝鲜。他应金日成主席的邀请于6月15日起对朝鲜进行了为期4天的访问，并与朝鲜领导人商讨有关消除战争威胁的重要事宜。

虽然在前面我也提到过卡特先生曾说如果来汉城的话一定要与我见一面听一下我的意见，但是金泳三总统对卡特出访朝鲜一事表示强烈反对。当时的外交安保主席对卡特出访朝鲜一事的反感也是显而易见的：

“我真不明白像吉米·卡特那样的老家伙在没有任何成果和保障的前提下为什么还要跑到朝鲜去。他可能是一心想拿‘诺贝尔和平奖’吧。”

在吉米·卡特先生来到汉城之时，金泳三总统对他访问朝鲜一事做了一再的挽留。在这种情况下，他根本不敢来找我。但是美国驻韩大使莱尼替他找到了我在东桥洞的家。詹姆斯·莱尼大使向我转达了吉米·卡特先生对出访朝鲜有着相当大的顾虑。于是我劝他不要过于担忧，放宽心去吧：

“我对金日成主席还是有一定了解的，他是那种如果不想与我们打交道连最开始的邀请都不会发出的人，所以访问朝鲜一定会取得突破性的成果。”

当时我提出的一揽子解决方案和吉米·卡特先生出访朝鲜的提议为局势从对立转向对话奠定了决定性的基础。美国前总统吉米·卡特先生带着南北正常会谈这份厚礼越过了板门店。直到现在我心中依然对欣然接受我的提议为朝鲜半岛驱散战争乌云的吉米·卡特先生由衷地感激。我对他的勇气和政治远见深表钦佩。

然而不久后的7月8日，金日成主席突然身亡，当时正临近南北正常会谈召开之时。在半岛分裂近50年之际，第一次迎来了有可能对实现朝鲜半岛和平统一产生巨大影响的具体成果的关键时刻，却发生了令人意想不到的突发事件。我十分担心南北关系会因此而持续恶化下去。

不管怎样，金日成的逝去真的是让我们措手不及。我在教导所中的时候曾在心里与金日成主席就朝鲜半岛问题进行过一番博弈。如果能遇到他的话，我真想对他说“让我们来讨论一下对我们双方都有利的解决之路吧”，就这样开诚布公地就朝鲜半岛问题跟他讨论一番，结果他却如此突然地离我们而去了。虽然作为民族的独立斗士他功绩显著，并成功地团结了全体国民，但是在他掌权之时却对反对党采取了血腥的肃清行动。

金主席视我为值得一见的人物，但也正因此，我反而受到了更加严重的迫害。为此我甚至还写了封“请不要再这样说了”的信，通过与朝鲜有友好往来的日本议员宇都宫德马先生转交给了他。但是不管怎么样金日成主席的离世还是使得朝鲜半岛政局再度风起云涌。

韩国方面越来越坚信朝鲜政府会在短时间内分崩离析。金泳三政权立即下令全军进入紧急戒备状态。准备召开南北正常会谈的气氛也随之消失得无影无踪，大家好像都在翘首期盼着朝鲜崩溃之后的情形。

金日成主席去世后的第四天最终还是引起了事端。在国会外务统一委员会上民主党议员李富荣先生小心翼翼地问道：“政府是否有进行吊唁的想法啊?”对此，保守派们省略了前因后果只是一边说着“怎么能给挑起‘6·25’战争的罪魁祸首做吊唁呢?”，一边发起了猛烈的言论攻击。“吊唁风波”就这样开始了，再加上极度右倾人士的积极参与，南北关系霎时降到冰点。我对事态的如此发展深表惋惜。

在吊唁问题上虽然也有紧握丧主的双手泪流满面的吊唁方式，但是考虑到外交方面我们也有些无可奈何的部分。如果我们在当时能采取稍微灵活一点的方式，说不定南北关系可能会得到改善。“吊唁风波”发生当时，美、日、中、俄等国家对于韩国政府的狭隘心态纷纷表示遗憾。而朝鲜方面此时却施展了不同寻常的外交手腕成功地将美、日、俄等国家拉拢到了他们那一边。韩国的立场变得相对来说更加尴尬了。当时朝鲜甚至傲慢地要求韩国总统对他们进行公开道歉。

我通过此次“吊唁风波”深刻体会到了一国外交的重要性。像过去冷战时期那样，互相为敌的南北对峙时代已经成为过去式了，无条件服从美国指示的时代也已经过去了。我们迫切需要通过强化外交手段巩固我们与美国的外交关系，积极与周边国家和世界上的其他国家开展多种外交活动。

曾同意参加南北正常会谈的韩国当局又再次开始了与朝鲜的敌对关系。韩国接连发生威胁公共安全事件，形成了不合时宜的保守化政局。朝鲜方面也紧随其后重开了曾一度中断的对韩国的诽谤广播。

我在9月17日飞去了美国，试图扭转再次陷入僵局的南北局势。我飞到亚特兰大拜访了美国前总统吉米·卡特。我对他一直以来为实现朝鲜半岛的和平所做出的努力表示了感谢。他对我说："如果不是你让我出访朝鲜，我也没有什么理由去朝鲜。如果在我没有访问朝鲜的情况下金日成主席死亡的话，那么现在局势又会是什么样子呢？朝鲜半岛现在会形成难以想象的紧张局面吧，或者，说不定现在局势已经发生了一些变动。从这个角度来看，我想应对你的功劳给予高度评价并且表示衷心的感谢。"听了他的这番话，我心里立刻萌生了我们是干了件大事的想法。我希望卡特先生能再次访问朝鲜。

但他却对我这样说道："美国国务院方面会同意我再度访问朝鲜吗？如果没有韩国政府的协助是很难办到的。"他还说，美国国内对与独裁者开展协商一事也多有批判，但每到此时金大中的主张都会起到重大作用，即"对待朝鲜，不能像《伊索寓言》里风与太阳的故事中的风那样。所谓晓之以理胜于命之以令，我们需要的是阳光政策"。卡特先生的再次访朝最终未能成行。

之后，我又拜访了美国国务院负责亚太问题的助理温斯顿·洛德（Winston Lord）、参议员爱德华·肯尼迪、参议院议员鲍勃·多尔（Bob Dole）、前白宫国家安全事务助理兹比格涅夫·布热津斯基（Zbigniew Brzezinski）、前驻韩大使格雷格等人。我对他们说，改善美朝两国关系是实现朝鲜半岛和平的必要条件，另外最近朝鲜也有意要离间韩美关系，我们必须对此保持高度警戒。"吊唁风波"之后，朝鲜方面打算彻底孤立韩国，直接与美国单方面达成协议，也就是所谓的"通美封南"。

我对朝鲜的一举一动保持着高度警惕。我一再强调朝鲜半岛问题应该由当事双方进行解决，美国不能向朝鲜透露任何机密。我的这一主张受到了大多数人的支持，但在不久后召开的朝美日内瓦会议上韩国却没有积极参加。

10月21日，朝美两国在日内瓦召开了以姜锡柱和罗伯特·格鲁奇（Robert Gallucci）为首席谈判代表的高级别会议。两国就冻结朝鲜核计划、朝鲜重返《不扩散核武器条约》、帮助朝鲜建造轻水反应堆、改善朝美关系等方面达成了协议（《朝美核框架协议》）。这一协议的核心在于朝鲜放弃核开发计划，美国则保障朝鲜国家体制的安全，由此笼罩在朝鲜半岛上空的战争乌云得以慢慢消散。但是在这次会谈中，韩国没有起到任何的作用。金泳三政权在1993年朝鲜宣布退出《不扩散核武器条约》时声称"不能与拥有核武器的人共事"，并制定了相应的核战略，也没有接受美国出面推动的一揽子解决方案。金泳三政权的这些举措不仅使韩国彻底处于被孤立的地位，也导致了要负担建造轻水反应堆70%的费用。

当我受邀到青瓦台时，金泳三总统正端详着展开的朝鲜半岛的照片。从晚上拍摄的卫星照片上可以清晰地看到，韩国这边一片灯火通明而朝鲜那边却是一片漆黑……金泳三总统开口说道：

“您看看这个，朝鲜就是这个样子，即使明天分崩离析也没什么好怕的。”

当时我手上没有任何情报，所以什么话也没说。但我觉得朝鲜是不会那么容易就崩溃的。只要金日成主席一去世就可以实现统一的想法非常幼稚，同时这种想法也非常危险。因为金日成主席已经把他的权力交到了他儿子的手上。既然当初在筹备南北正常会谈时已经承认了对方，就不应该在金日成主席一去世就开始藐视朝鲜，这是致命性的失误。这一致命失误会使朝鲜人民愤怒不已并瞬间团结起来。

1994 年 11 月 1 日我受到中国人民外交学会①的邀请第一次访问了中国。当时没有汉城到北京的直航飞机，所以我们在天津机场转乘汽车到达了北京。我在中国社会科学院发表了有关“东北亚时代与韩中合作的发展方向”的演讲。社会科学院、南开大学、复旦大学等纷纷聘请我为名誉教授。

我接连拜访了中国外交部的领导们，并就东北亚与朝鲜半岛政局与他们进行了探讨。我见到了中国人民政治协商会议全国委员会主席李瑞环先生，对中方在朝鲜退出《不扩散核武器条约》而使得朝鲜半岛深陷战争危机之时作出的巨大贡献表示了感谢。他则在促成美国前总统卡特访朝一事上对我做出了很高的评价。我在朝鲜问题上强调了两点，尽管中国与朝鲜在思想和理念上是一致的，但是涉及国家的利害问题时中国应在韩朝关系上持公正立场。因此中国在面对韩朝问题时既应当起到协调作用，又应当引导韩中朝三国开展合作、共谋发展。我强调这才是实现东北亚地区和朝鲜半岛和平以及共同繁荣的正确道路。李瑞环主席对我的意见表示赞成。我在北京期间游览了故宫和万里长城，还去西安参观了秦始皇陵和兵马俑。在华期间驻华大使金夏中先生一直对我照顾有加。

在这十天的时间里，我看到了一个奋发向上的中国，我感觉到了这片大地上蕴藏的强大力量。我在上海与随行的记者们就这次中国之行进行了总结，我对中国的未来十分乐观：

“中国即使在邓小平去世后仍然会维持以按劳分配为主的社会主义公有制，以后

---

① 中国人民外交学会是在周恩来总理倡导下于 1949 年 12 月成立的。它是新中国第一个专门从事人民外交的机构。周总理生前一直担任外交学会的名誉会长，另一位名誉会长是已故的副总理兼外交部部长陈毅元帅。现任会长是杨文昌。——译者注

也不会发生什么权力斗争。”

第一次去中国访问的时候登上了万里长城，它的雄伟壮观让我震惊（1994 年）

我又创立了“亚洲太平洋民主领导人会议”，并于 12 月 1 日在希尔顿大酒店举办了创会仪式。我和菲律宾前总统科拉松·阿基诺女士被选为共同议长。哥斯达黎加前总统奥斯卡·阿里亚斯·桑切斯（Oscar Arias Sanchez）先生等前元首级人物，以及缅甸流亡政府元首等人参加了创会仪式。其他与会的还有来自美国西北大学的布鲁斯·卡明斯教授等 26 位学者，日本众议院议员等现任国会议员 44 人。我致了开幕词：

“今天是史上第一个由亚洲人创立的亚洲民主化机构成立的日子。要想恢复亚洲民主主义的传统，到 21 世纪初为止，我们必须要打好牢固的基础。”

我曾在 1994 年通过《外交季刊》11—12 月号上发表的文章反驳过新加坡前总理李光耀的理论逻辑。在美国以双月刊发行的这份杂志是在全世界都具有权威性的国际政治学术期刊。李光耀曾说过亚洲没有民主主义的哲学和传统，要求亚洲国家实现民主主义是件很勉强的事情。这一言论从某些方面来看不得不说是拥护亚洲国家发展独裁。

我认为亚洲多少还是拥有民主主义哲学和传统的，只是西方国家先行一步制造出了民主主义的制度和框架而已。把西方的水力发电机设置在亚洲的河川上不也一样生成了电吗？水不管放在哪里都是从高处向低处流的。亚洲从很早开始就已经出现了民主主义思想。

我在我的论文《难道文化是命运吗》中做了这样的阐述：

> 人们普遍认为，英国的政治学家约翰·洛克（John Locke）奠定了现代民主的基础。根据洛克的理论，主权属于国民，统治者是通过与人民订立社会契约而获得授权进行统治的，在他统治不善的情况下，人民可以随时收回这一授权。
>
> 然而早在洛克理论提出的近2 000年前，中国的哲学家孟子就提出了与之十分相似的观点。根据孟子所主张的“王道政治”，王身为天之骄子，从即位的那一刻起就接受了来自上天的施行仁政的任务。若王实行暴政，那么国民们将有权以上天之名进行起义推翻其统治。
>
> 孟子甚至也为弑君正名。暴君在问及孟子处死国王是否得当时，孟子答道：君王若是违反了天意，也就失去了享受百姓效忠的资格。他提出“民为贵，社稷次之，君为轻”的概念。中国的民本哲学主张“失民心者失天下”、“以民为天”等。
>
> 韩国的本土思想——东学较此更为前进，主张“人即是天”、“侍人如侍天”等。这样的东学精神在1894年，为反抗封建主义和帝国主义的剥削，为近50万名农民的揭竿而起提供了思想武器。还有比儒家思想和东学更接近民主主义根本的思想吗？因此我们确信亚洲拥有不逊于西方的深奥民主主义哲学的传统。

这篇论文一经发表就在国际上引起了广泛瞩目。在与新加坡前总理李光耀的争论中，全世界的学者和领导人均对我投了赞成票。最开始的时候他们表现得小心翼翼，但到了后来就正大光明地支持我了。

后来象征着南北和解的“阳光政策”是我在1994年首次访美时最先开始使用的。当时的演讲题目是“立足于坚强意志的太阳政策”。在当时被称为“太阳”而不是“阳光”。我对太阳的威力做了如下说明：

“纵观美国的外交政策，成功地实行了建立在遏制侵略和领土扩张的坚强意志上的‘太阳政策’。

“‘太阳政策’最近的成功在于《日内瓦协议》。我们不想加害朝鲜，也不想与其一较高下。我们是真心地希望金正日政权能够迅速稳定下来并早日摆脱经济危机。那是因为我们追求在温暖的阳光下与他们和平共存，期待与他们一起走上繁荣和民族统一的道路。总之，我想强调韩美两国应当顾全大局追求阳光政策是非常重要的一点。”

在这次的演讲中我第一次使用的“太阳政策”在日后被称为“阳光政策”。中国称之为“阳光政策”，而日本则一直沿用着最开始的名称“太阳政策”。

“阳光政策”和《金大中的三阶段统一论》也是经过亚洲太平洋平和财团内部同仁的一致努力才取得的成果。我们的团队里面有位叫林东源的人，就是他引出了卢泰愚的“7·7”宣言和南北基本协议。他在对朝协商和对朝战略上拥有丰富的经验和卓越的能力。我对他的经验和能力早有耳闻。恰巧他在任期结束后正在休息，所以我就派了人去找他，劝他加入到我们当中来一起工作。他对此非常吃惊，推辞说“我能力不足，难当大任”。在那之后我们又派了人去劝过他，那次他又以身体不适为由推脱了。我们又再次派了人过去，他这才开始动摇。

我和他共进午餐并提议一起发展亚洲太平洋平和财团。我和他就南北问题、朝鲜核问题等谈了两个多小时。正如我事先预想的那样，他拥有卓越的政治远见。他对我的主张深有同感并接受了我的提议。这可以算得上是“三顾茅庐”啊！我任命他为亚洲太平洋平和财团事务总长。林总长从未直接接触过政治人物，这次的出任对他来说较为新鲜。

我和林总长进行了激烈的讨论。只要我们彼此认定自己的主张是对的，就绝不让步，不知不觉中几个小时的时间就在这样的激烈讨论中过去了。我们有时还投宿在酒店里彻夜进行讨论。我和林总长呕心沥血全力推进的正是我们民族的未来，即三阶段统一论。我们对现有的统一论进行了基本的论证。虽然已经完成了草稿，我们还是再次召开了评议会。就这样三阶段统一论终于出炉了。

三阶段统一论凝聚着众多人士的心血。其中包括有金南植、金成勋、罗钟一、朴钟和、白京南、韩相震等运营委员，还有朴健荣、朴炳锡、李康来、李奭洙、李成奉、崔星、河尚植、咸仁姬、黄周洪等财团研究员的参与。

我们在1995年8月出版了《金大中的三阶段统一论》一书。这是我在研究统一政策30多年来的重大成果，也是各领域100多名专家心血的结晶。我在卷首这样写道：

> 在解放50年的感动和分裂50年的悔恨相交会的这一时刻，将“三阶段统一论”呈现在民族面前的我百感交集。现在才算是稍微减轻了对我们民族的负罪感。这是在过去的25年间从未间断地绘制出的统一画卷上的重要一笔。现在通往统一之路的设计蓝图就握在我们的手中。

在民心的海洋中（1995—1997 年）

金泳三政权高喊着“创造新韩国”的口号，先后公开了高级公职人员的个人财产，实施金融实名制、修正政治关系法等一系列的改革政策，又铲除了军部的政治势力。国民们都欣喜地说“文人的政府果然就是不一样”。在就职初期，金泳三总统的人气直线上升。可是从金泳三上台的第二年即 1994 年开始国家政局就出现了严重的问题。因为金总统的独断专横的国政处理方式使得处处都出现了反作用。他开始不把国民和民主势力放在眼中，也不将在野党视为处理国政的重要伙伴。

大型事故层出不穷。京釜线龟甫驿列车翻车、西海佩里号沉没、汉江圣水大桥塌陷、清州游览船火灾、韩亚航空客机坠毁、汉城鹅贤洞燃气爆炸、三丰百货公司塌陷等惨剧接连发生。

税务人员侵占国民税收中饱私囊的不正之风屡禁不止，舆论媒体甚至还创造了专指他们的“税盗”一词。虽然民众怨声载道，但是公务员们对此却充耳不闻。金泳三政权未能很好地处理这种情况。总统虽然高喊“不断的改革”，但是国民对于改革的期待和热情却渐渐冷却了下来，并逐渐对其失去了信心。金大总统犹如站在已经失去动力的船上独自挥舞着旗子的船长。

金泳三政权最初是通过与第五、第六共和国军事政权相勾结而获得权力，所以带有先天性的局限。

金总统高喊着“人事即万事”的口号，但是对于真正的国家要职来说，却是大张旗鼓地结党营私，世人都笑称这是“人事即亡事”。因此公职纲纪摇摇欲坠，关于公务员争先恐后地忙于拉关系的世评也不绝于耳。

1995 年 5 月 19 日，自称是文人政府首长的金大总统发表了令人难以置信的讲话，表达了对持续了一年的韩国通信工会劳资纠纷的超强硬立场：

“韩国通信工会一直在进行着反对政府通信政策的违法斗争，这严重妨害了政府通信业务的发展，有意图颠覆国家的嫌疑。”

他是在与国际新闻协会（IPI）韩国委员会委员长以及理事们共进午餐时，痛下决心进行了上述强硬发言。我看了报道之后也大吃一惊。他看待劳资问题的视角和军部独裁政权如出一辙。

总统的强硬态度招致了工会的极大不满。警察要捉拿核心干部，他们就避到了明洞教堂和曹溪寺。工会指挥部开展了静坐示威，成员们在遵纪守法的范围内展开了合法斗争。但当局在6月6日对明洞教堂和曹溪寺动用了武力，逮捕了静坐中的所有干部，明洞教堂和曹溪寺方面也进行了激烈的抵抗，在野民主势力也一致谴责此事。其中明洞教堂方面的抗议尤为严厉：

“当今政府侵害了延续了2 000年的教会法。第五、第六共和国军事独裁掌权时饱受斥责的滥用权力与当今政府的所作所为如出一辙。今后发生的一切事态的所有责任都在政府一方。”

接连几天，神父、修女、信徒们都举行了集会对政府的行为进行了谴责。因为这件事，金泳三政权也很难再提类似改革之类的话了。他已经不再与国民和民主势力共议国政，而是不知不觉地与保守派势力越走越近。

更令人无法理解的是当局对我的牵制和镇压。文人政府时期如果说存在与警察、安企部、青瓦台密切相连的“金大中专务部门”的话，大部分人都是不会相信的。可是那是事实。月刊《新东亚》（1995年10月号）就披露了这一事实。他们监视着我的一举一动，将我的动向时时向总统进行报告。

如果我要出书，他们就找到出版社进行阻挠，我听说他们对有关我的电影创作和大学的邀请演讲也施加压力，最终使得这些事都半途夭折。媒体也披露了在东桥洞我家的周围设有四处警察暗哨的事实。金泳三总统并没有视我为建设民主社会的同伴者。他不允许我东山再起。

金总统也驱逐了民自党的代表金钟泌。上道洞派人士公开攻击金钟泌，说他的形象不符合“全球化”的要求。当时国内的“全球化”飓风势头正劲。在毫无征兆的情况之下，总统突然于某天开始鼓吹“全球化”。实务部门为准备其后续措施而手忙脚乱。这和突然进行的政治秀有什么差别呢？这样看来，当局是在连什么是全球化都不清楚的情况下就高喊着追随全球化的脚步的口号。

我当然也听到了金钟泌代表作为党代表连最基本的政党活动都没能参加的传闻。起初是怠慢，最后就变成了明显的侮辱。身为二把手并一直是处事达人的金钟泌也没能笑到最后。金钟泌在和金泳三总统面谈后于1995年2月9日脱离了民自党。他在离开时指责金泳三总统和民主人士“视约定如粪土”。金钟泌立刻着手开始了新党的创党工作，并在3月30日创立了自由民主联合党（简称自民联）。他将“内阁制改宪”立为该党的基本纲领。

地方选举的日子日益临近。1995年6月27日，四大区域选举同时开始，这自然也引起了国民们的高度关注。民主党由李基泽领导，在民主党全党大会中他被选为党代表。当时我恳切地拜托党员们投票给曾在总统竞选中作为共同代表与我携手努力的李基泽。

我的身份虽然只不过是个平凡的党员，但是对于民主党的重建我倾注了巨大的心力。相反，民自党拿着世代交替论，竭尽全力地要对我进行打压。可是李代表的行事却很奇怪。他发表了倾向于支持民自党的世代交替论的言论，且常常领导强硬斗争。我虽然一直劝他重返党内，但他总是一副事不关己的样子，我只得又把话收了回去。

李代表还推荐了令人倍感意外的人物出任“6·27”地方选举的候选人，这招致了人们的不满。他无视党和地方舆论将支持自己的人士推选为候选人。虽然候选人的推举是关系政党命运的大事，但他还是刚愎自用。最具有代表性的例子，就是他将张庆宇推为京畿道分部的候选人这件事。4月下旬我将李代表请到了家中恳切地拜托了他：

“如果在京畿道分部候选人一事上做出让步，同意由李钟赞顾问出任的话，我会积极协助李总裁继续连任。”

我将国民舆论以及党内外实施的舆论调查结果告诉了他，李钟赞作为候选人分明可以获胜。当然李代表也都知道这些，他在我面前说道：“我会充分考虑您的意见再做决定的”。但这之后他还是固执己见根本没有改变自己的立场。我对于李代表这种态度很是失望。无奈之下，我又邀请张庆宇到家来对他进行了劝说：

“在我看来，这次在京畿道好像很难获胜。这次还是我们让步吧。但是国会议员的选举应该不会有什么问题。”

可是张庆宇也没有给出爽快的回答。问题并没有就此结束。5月13日在京畿道分部的候选人推选大会上，张庆宇候选人一方在现场散发着红包，引起了中断开票的骚动。安东善候选人一方则扣留了这些红包作为证物，并且宣布不赞同本次竞选的结果。民主党在竞选地方自治领导人之前，首次通过竞选选出候选人。开票一延迟，双方就开始激烈地互相诽谤。结果安东善议员为了党内的和谐被迫退出了候选人竞选。事情发展到了这个地步，李代表跑来找到我说：

“如果张庆宇候选人在京畿道知事的选举中失败，我会负起全部的责任。”

真是无可奈何。选举迫在眉睫，京畿道分部不能只徘徊在提名阶段。京畿道知事候选人提名风波连日来都被作为重要新闻刊登在了各大报纸的头版。此次事件造成了一直关注着李代表和民主党指挥部的一般党员和国民们的巨大不满。本以为因金泳三政权在政治上的频频失误可以轻松取胜，但这样的丑闻却使情况变得一团混乱。我原先构想的“汉城赵淳、京畿李钟赞”的蓝图也被打破了。几经周折当选汉城市长候选人的赵淳，他的最终胜利也变得岌岌可危。各种舆论调查也认为一场苦战在所难免。

此时党内极力主张由我出面进行游说演讲，坚持认为要想赢得选举除此以外别无他法。来我家请我进行游说演讲的候选人络绎不绝。全国各地的候选人都在个人的选举传单上印上了与我的“特别的关系”。最后李基泽代表和党指挥部公开请求我进行政党层次上的游说演讲。我接受了他们的邀请正式成为政党演讲会的演说员。

我又一次开始了全国巡回游说演讲。出乎意料的是，每到一处演讲现场都有大批听众等候。在首都圈地区不管去哪里都能吸引到几万名听众的聚集。演讲结束后本想要移动到其他地方，但是人们将我团团围住连声呼喊着我的名字。我吃着简易的紫菜包饭每天跑十多个地方。每个地方都挂着“我们等待金大中”的横幅。在演讲现场，我谴责了金泳三政权的伪善：

“自称文人政府的金泳三政权将韩国通信的劳资纠纷夸张成国家变乱，动摇民心。而其对明洞教堂和曹溪寺施加公权的做法真是令人非常愤怒。连日本殖民主义和军部独裁都不敢侵犯的圣地，金泳三政权居然也敢乱闯，肆意践踏，可见这个文人政府有多么的‘文明’。”

此时我还主张“地域平等论”，即各地区均等地分享权利、维持平等的协作关系。这是我为了克服地域霸权主义和地域差别而想出的对策：

“曾经一段时间内，我们一直处在TK霸权主义和PK霸权主义的统治之下。由特定地区独占所有的权利和优惠政策，剩下的地区则受到了排挤。地区间的不均衡一直阻碍着国家的整体发展。这次‘6·27’地方选举正是给这样的地区霸权主义以决定性一击的契机。这次的选举将废除霸权主义，确立等权主义，改垂直型为水平型，打开权利均等的地方化时代。”

但此时媒体却对我下了绊子要拆我的台。他们报道说：“‘6·27’地方选举将导致金大中回归政界，并将成为地域平等论的审判现场。”

看来媒体这是在隐隐地煽动国民反对民主党、反对我。可是不管怎么样，我的政坛回归和地域平等论成为选举的最大争论点。在汉城、京畿首都圈再次掀起了轩然大波。

此时，民自党总裁金泳三提出了世代交替论。金泳三在6月26日与《时代周刊》记者会面时说：“我确信在我任期结束时，将会有超过90%的国民会期待进行世代交替。我可以明确地说，在下一届总统选举中年青一代的候选人会当选。”谁都知道他这是明显在针对我。李基泽代表立刻高兴地附和：“这反映了时代的潮流。”但总统是由国民选出来的，政治人理应考虑国民的意志。金泳三总统还是犯了妄自揣测民意的错误。

民自党动员在党内担任一定职务的人士攻击我个人和地域平等论。他们企图再次挑起湖南地区和非湖南地区的敌对局面。这完全是背离民心之举。李基泽代表的行事作风令人有些摸不着头脑。他和总务处长徐锡宰的会晤引起了外界的各种臆测。

在选举前一天的26日，我到塔公园、汉城站站前广场、明洞入口、新村、独立门公园、大学路、马罗尼埃公园七个地方进行了游说演讲。对我来说，这已经是竭尽全力了。

"6·27"地方选举以在野党的压倒性胜利而圆满落下了帷幕。民自党遭遇了惨败。在15个市道地区的选举中，民自党只取得了5个地区的胜利。甚至在执政党的老牌强势地区——江原道和忠清北道地区民自党也遭遇了滑铁卢。预料之中的是，我们民主党在京畿道地区遭遇了失败。就像我所说的那样，哪怕仅仅是通过公正的推荐，我们也能席卷整个首都圈。在基层地区领导的选举中，民自党在一共230个地方选区中仅仅得到71席，还不到全部的1/3。尤其是在汉城的25个选区中只有两处获胜，我们民主党包揽了剩下的23个选区。民主党在全国84个地方选区取得了巨大的胜利，成为韩国第一大党。媒体和民自党为了阻挡我重返政坛曾将"政坛回归论"作为争论的焦点，这可以看做国民对"政坛回归论"的认可。

即使在选举结束之后，李基泽代表也依旧无法释怀。他声明对京畿道分部候选人的公选失误和不均衡运作负责。这既是理所当然之事，也是他自己承诺过的事。但是李代表并没有作出对整个党负责的姿态。他说："民主党在选举中取得了胜利，因此自己可以对此免责。"作为一党之首，他的这一处事方式令人十分无奈，因此执政党一度鼓吹的世代交替论又被再次摆上了桌面。

1995年7月13日，经由51名国会议员的决议，我重返了阔别多时的政坛。议员们主张立刻建立在野党，以求使因金泳三政权的施政不当而陷入危机的国家重返正途。我决定接受这一提议。因为我认为即使会受到一时的非议，也不能坐视不理国民的痛苦。

我在演讲现场感受到民意还是希望我出来主政的。党员们也说只有我才能建立起强有力的在野党，能够再次集结所有支持势力的人也只有我。还有人引用了法国前总统弗朗西斯·密特朗（Francois Mitterrand）的事例："落选三次最终在第四次当选。您也再试一次吧！"说实话，听了这句话我又重新鼓起了勇气，而且三次的落选都是在不公正的情况下产生的结果。每次我都被诬赖为亲共，因为经受了这些不公平待遇的选举，所以我的内心也常常十分委屈。

与此相比，我决定重返政界的最根本理由是因为想要实现我毕生的梦想。其一就是建立民主主义国家，另外就是献身于实现民族统一的伟大事业。在这两个夙愿尚未实现的情况下，我怎能放下一切置身事外呢？我清楚地记得我站在德国统一的现场——倒塌的柏林墙前曾暗下决心，人的生命只有一次，一旦下定决心就要坚持到底。我想成为总统改变这个世界，想要通过认真工作来报答国民们对我的厚爱。我既有经过漫长岁月考验的政治思想，也有永不枯竭的热情。我决定再一次俯身祈求国民们能给我一次机会。

7 月 18 日，我发表了题为“致各位国民”的声明，宣布创建新党，并宣布在 2 年 7 个月之内以真正政治人的身份回归：

> 敬爱的各位国民：
>
> 我在过去的 40 多年间冲破艰难险阻，为了我国的民主化建设与和平统一事业奋斗至今。现在我想通过建立新党来完成这项事业，这是我对各位国民最后的贡献。因此我一定会竭尽全力化今天的批判为全公民性的包容和支持。请各位国民用宽广的胸怀继续关注我，我们一定不会辜负各位的期待，请大家继续大力支持我们。
>
> 现在我再一次诚恳地祈求国民们的谅解。我将把新党发展成为符合时代和国民要求的具有社会责任感的政党，同时我也下决心贡献出我的一切，以期得到各位国民的理解和支持。

在新党创建之前，我迫切希望民主党能进行改革。党代表必须对京畿道知事等地方选举的结果负责，果断地进行旨在促进民主性政党诞生的体制改革，转变成为给国民带来希望的政策政党。可是对于我的这些要求，党指挥部却充耳不闻。

由此我判断为了确保在野党存在的价值，只能再创新党。我决心以新的构思、新的指导方针建立服务国民、面向统一的新政党。我也意识到这是我能对国民们做的最后的奉献了。

在麻浦的民主党党部是我们的民主大本营，也是上演着悲欢离合的地方。以李基泽代表为首的指挥部一直死守着这里，于是我抛弃了五层楼高的麻浦党部。为了建立这个党部我们曾经挥洒了多少血泪啊！可是我们别无他法。一些人建议我们再回去依靠代表竞选重新夺回党部。当然，这些人也是因为觉得放弃太可惜才会那么说。可是我还是断然拒绝了。我不想让民主党再在国民面前出丑。

我们在汝矣岛找到了新的可以作为党部的建筑。1995 年 7 月 21 日，在汝矣岛举行了新党部入驻仪式。我担任了新党创建委员会的常任顾问。我在这一天的入驻仪式上表露了大举迎入新人士的意思：

“我们新党中聚集了许多纯粹的人，以后大家也将会对他们有所了解，我们寄希望于他们。”

7月22日上午加入新党的65名议员聚集在国会召开了议员总会。我在阔别3年后再一次进入了国会议事堂。我在这天的议员总会上嘱咐大家要成为虚心学习的议员、开展透明的议政活动。

随着创党总会的临近，加入新党人士的被逮和暗查事件时有发生。不管是谁都会怀疑这是别有目的的。连亚洲太平洋平和财团的支援资金也被翻了出来。舆论媒体对这一点进行了大肆报道。他们进一步地对新党百般挑剔，妨碍创党工作的正常进行。整个夏天这些无凭无据的事情一波未平一波又起。我们建立了“压迫在野党紧急对策委员会”。我要求金泳三政权即刻终止对在野党的破坏工作：

“这是害怕出现像样的在野党而进行的无赖行为。这是让人无法原谅的无耻事件。”

即便是这样，我们迈向创党的脚步依然没有停下。创党之前我们就吸引了各界近250余名有威望的新进人士。我们将党指挥部分为总裁团和指导委员会。虽然党总裁制曾是总揽一切党务的单一领导体制，但是我们希望能由一些政界泰斗引领着全党。就这样，名为“新政治国民会议”的新党诞生了。“国民会议”这个党名的灵感来自坚持以非暴力斗争引导印度独立的第一任总理贾瓦哈拉尔·尼赫鲁（Jawaharlal Nehru）供职的“国民会议派”。

1995年9月5日，在汉城奥林匹克公园举行了创党大会。那天天气非常晴朗。击剑竞技场中聚集了一万余名党员以及国内外各界人士。场内气氛十分热烈，党员们个个容光焕发。我被选为总裁，还选举出了赵世衡、李钟赞、郑大哲、金永培议员及前民主党副总裁金槿泰充任副总裁，又新引入了朴尚奎、申乐均、柳在乾。推选金尚贤议员为指导委员会议长，推选权鲁甲、韩光玉、慎顺范、柳晙相议员为指导委员，并引入了许在荣、吉升钦、罗种一和郑喜卿。

创党大会在此起彼伏的欢呼声和掌声中持续了七个多小时。在党员们的盛情邀请之下我还来到了舞台之下敲起了锣。那天真是无比高兴的一天。

国民们也对出现能够实现政权水平交替这一现代史宏愿的强有力的在野党——我党的成立给予了祝贺和鼓励。我提出金泳三总统要想在执政后半期更好地执政应该召开领袖会谈的建议，这也是因为不能再容忍这期间无视国民和在野党而贸然实行独断专制的金大总统而对其发出的一个警告。

新政治国民会议在创党宣言和纲领中指出，将在国民参与民主主义的指导下，代表中产阶级和平民的利益增进福利。另外还宣布我们是继承了祖国光复运动的传统和一直以来引导整个国家民主化的正统民族、民主势力的集结政党。新政治国民会议主张的“新政治”即为参与的政治、主导统一的政治、应对21世纪巨变的政治。成功地完成创党这一艰难的工作之后，我深切地体会到“政治是活生生的生物”这句话的含义。我内心充满了对未来的恐惧和服务人民的热情。

不久后发生了前总统卢泰愚的秘密资金事件。10月初民主党朴启东议员在国会本会上指出，卢泰愚总统将4 000亿韩元的秘密资金借他人之名分散存入城市银行，并提交了某银行的存款账户明细表。这段时间只是作为传闻的秘密资金一事一经曝光，国民们无不对这个天文数字感到震惊。检察机关立刻着手调查。但是不久后便提出执政党秘密资金中的一部分可能流入我这里的论调。我在出访中国时听到了这个消息。

事实上，我在第14届大选时曾从卢泰愚总统那里得到过鼓励基金。政务首席代表金重权拿出这笔钱的时候我也大吃了一惊。可是金首席当时很郑重，让我相信这是总统对所有候选人的问候。事实上拒绝现任大总统的鼓励基金真的是非常困难的。而且当时因为没有政治资金法，所以这也不能算是违法行为。可是因为此事已经引起了骚动，因此我决心面对公众，澄清自己的一切，将此事向国民公开。

实际上这笔钱是不可以收下的。虽然我向国民们坦白了，但是在我的政治生涯中却发生了和金钱相挂钩的丑闻，对此我实在是倍感羞愧。

1995年12月15日，我们搬到京畿道高阳市日山的两层单独住宅中。我邀请了西桥教堂的金钟国神父和我妻子常去的创天教会的牧师到家里来做祈祷会。离开了几经风雨和荣辱的东桥洞的家，来到日山，我感到无比的惆怅。但想到我能将房子留给长子弘壹，心里还是感到一丝安慰。

1996年4月11日举行了国会议员选举，结果新韩国党①占地方区的121席，占全国区的18席，共139个席位。我们新政治国民会议确保了地方区的66个席位和全国区的13个席位，总计79席。自民联得到了地方区的41席，全国区的9席，共50个席位。

“4·11”国会议员选举的结果并非像我们所期待的那样乐观，到处都展开了实力相当的激烈斗争。在58个地区都是以不足3 000票之差分出了胜负。但值得庆幸的是，这至少表明我们没有背离民心。

---

① 1995年12月，韩国民主自由党改名为新韩国党。

选举一结束，新韩国党就招收当选的无党派人士入党以确保占有过半数的议席。对于这样的无耻行径，我们新政治国民会议和自民联都表示强烈反对。国会变得残缺不全。执政党甚至密切接触于自民联的议员们动摇政坛。此举使得从属于自民联的干部们加入了新韩国党，自民联自身的存在都受到了威胁。因此，新政治国民会议和自民联自然地维持了互助的体制。

执政党在1995年末将党名由自民党改为新韩国党。我将此理解为旨在扭转严重的民心背离局面而进行的尝试。但是金泳三政权再次做出了大跌形象的事情。1996年12月26日凌晨，经金总统的鼓励，安企部法和劳动关系法被迅速通过。

清晨6点，从属于新韩国党的157名议员中有155名出席，仅在7分钟之内就闪电般地处理了这些法案，但这引起了全国性的强烈抵抗。劳动团体宣布这些结果完全无效，且将进行无期限的大罢工。新政治国民会议和自民联将这定为“金泳三政变”。各行各业的罢工层出不穷，数十万的劳动者涌上街头。大众批判的舆论一经挑起，政府就不得不开始修改法案。

这天凌晨，自称是文人政府改革立法的安企部法不得不再次进行修改，时隔四年又恢复了国家保安法对于不告知罪等方面的搜查权。在文人政府初期，为杜绝搜查权的滥用和人权蹂躏等行为，曾一度禁止政治稽查；如今将交由检察机关的搜查权再次交还安企部，这也是金泳三政权改革褪色的象征之一。

对执政力渐弱的金泳三总统来说，“韩宝事件”就如同不可避免的定时炸弹。1997年1月23日，韩宝集团旗下的韩宝钢铁宣布破产了。进行搜查的检察官在调查该公司申请贷款和商业许可的过程中发现了有巨额的行贿受贿事实。此事一举震惊了政治圈和金融界。执政党和在野党的议员干部们都相继被检察官叫走。国会召开了听证会，金泳三总统的二儿子也站在了证人席上。他的二儿子继承了金泳三的号——巨山，自称“小山”。

随着与总统的次子私交甚笃的医生发表的良心宣言和揭露不正之风的录音带的公开，火焰就烧到了金大总统身上。对总统次子的调查一经开始，不仅是总统的次子，连他身边人的不正之风也被一一披露了出来。不仅是对于金总统个人，这对于韩国的政治未来也是令人十分惋惜的。

回忆当时，还发生过这样一件事：

1996年7月3日清晨，我像平常一样和妻子一起去运动。一打开大门，就看见电视台的人守候在门口。原来是MBC电视台的节目摄制组来突袭取材。就这样我出现在了娱乐节目里。按照他们平时的拍摄内容，他们拍了我在湖水公园徒手做操和在院子里赏花的场景。主持人李敬揆就职业棒球、东便制、西便制（韩国传统民间曲艺板索里的唱法）对我进行了简单的采访。我认为李敬揆先生是位很有礼貌且十分机智有才的人。虽然是意外出演，但着实是个非常令人愉快的早晨。

搬家到日山后我也没有中断晨练。每天都到湖水公园散步，然后登上鼎钵山。鼎钵山海拔并不高，因此即使腿脚不便也能攀登。张洪镐、金钟善、方起燮、李在万秘书还在斜坡上给我铺了台阶。我很感谢他们的良苦用心。我也喜欢到附近的自由路上兜风，仿佛朝鲜就在眼前一般鲜明可见，令我陷入深深的思念之中。

总统金大中（1997 年）

新政治国民会议的总统候选人提名大会于 1997 年 5 月 19 日在汉城奥运会体操竞技场举行。大议员、参观人、一般党员等共 1 万余人参加。我以 77. 5% 的绝对性优势战胜了郑大哲候选人，在总统候选人中胜出。在选举党总裁的投票中，我也以大票额的差距赢了金相贤候选人。那天在野党全党大会将开票结果和我的获胜感言第一次通过电视进行了现场直播。

我在获胜感言中承诺道："如果我当选为总统的话，绝不会进行政治报复，并将赦免前总统全斗焕和卢泰愚。同时也将协助金泳三总统顺利地结束任期"。

那天的大会以南非共和国总统曼德拉（Nelson Mandela）的女儿泽纳妮为首的大批驻韩外交使节们也来到了现场。泽纳妮将陪伴曼德拉总统度过了 27 年牢狱生活的手表作为礼物送给了我。手表的黑色皮表链已经褪色，但手表依旧精确地运转着。作为回礼，我把流亡时期一直随身携带的栗色旧公文包送给了他。几年前我曾经翻译并出版过曼德拉总统的自传《漫漫自由路》。看着这块手表，我就想起在罗宾岛（Robben Island）度过黑暗日子的曼德拉总统，心里一阵酸涩。但是他克服一切艰难险阻最终当选为南非总统的事实给了我巨大的希望。

另外，金钟泌总裁被选为自由民主联合党的候选人，新韩国党也展开了总统候选人的竞选。在坊间流传着李会昌占据绝对优势的当下，京畿道知事李仁济异军突起。7 月 21 日召开了全党大会，李会昌总裁以 60% 的支持率被确定为总统候选人。但是在成功当选候选人之后，李会昌与民主阵营系的分歧却愈演愈烈。

虽然李会昌总裁被确定为总统候选人，但对其的支持率却大幅下降。与之相反，在候选人竞选中落败的李仁济知事的支持度却有所上升。他拿出了舆论调查结果，公开主张替换候选人，并脱离了新韩国党。马上宣布出战的李知事创建了国民新党，推举李万燮为党总裁。

舆论调查显示，我一直保持领先地位。10月6日《京乡新闻》创刊特辑上所刊载的舆论调查结果是金大中35.8%，李仁济24.2%，李会昌20.3%，赵淳7.2%，金钟泌4.4%。该报刊对我当选的可能性进行了问卷调查，调查结果显示可能性过半即61.5%，预测我将取得压倒性的胜利。新韩国党的李会昌候选人落后于李仁济候选人。

第二天执政党内部出现了"金大中秘密资金事件"。这是候选人李会昌在观察支持率没有回升的迹象之后，打算扭转局面而准备的卑鄙的杀手锏。虽然表面上主要是事务总长姜三载在进行着活动，但事实上是李会昌候选人在幕后操作的。姜总长在记者见面会上指出我一直暗自管理着670亿韩元的秘密资金。他还指出这笔秘密资金中的一部分是由内侄李亨泽用365个假托名及盗用他人名义进行管理的。

同时他还声称我从卢泰愚处除领取20亿韩元以外还额外收取了6亿韩元。所谓的"20亿+α收受说"就这样被传播开来。虽然最后证实我根本没有多收一分钱，但他们却侮辱了我的人格。当时对执政党候选人金泳三提供的天文数额的选举资金却被无视放在了一边。

我在去往活动现场的车里接到了"秘密资金曝光"的报告。当然在我一马当先之时，我已经猜到了执政党肯定会散播些什么谣言。但是我没有想到他们的行动会如此之快。随着我继续保持着遥遥领先的地位，并与自民联总裁金钟泌携手接近成功的时候，他们的妨碍目的也变得日益明显。执政党催促检察官尽快开展搜查。

新韩国党也没有就此放弃。10月10日，在1992年总统选举的前夕，当局又追加发布了我从10个企业接收了134亿韩元选举资金的通告。这次李思哲发言人亲自出面。检察官要求立即开展搜查。对此我表示："作为在野党的政治人接受亲人和企业的帮助是事实，但在任何情况下都没有腐败现象发生，也从未接受过有问题的钱。"

这样毫不负责任的"曝光"引发了财经界的反对。财经界整体声讨了执政党毫无根据的主张。执政党的主要议员们对舆论的强烈逆反表示了忧虑，但李会昌候选人还是亲自出马挑唆曝光战。他说"这次选举是执行革命性的任务"，并且火上浇油。

新韩国党于10月14日硬是追加曝光了"秘密资金"。他们指出我的家人、亲属、亚洲太平洋平和财团的相关负责人等共40余名在10年间一直分散管理着342个账号共计378亿韩元的秘密资金。这次动员了郑亨根议员和洪準杓议员等。新韩国党向大检察厅检举我有违反特定犯罪加重处罚法上有关收受贿赂及偷税漏税的嫌疑和诬告的嫌疑。这时检察首脑部门在执政党的压迫和国民的舆论之间犹豫不决。

这真是卑劣的行径。他们硬是举出那些我闻所未闻的人名，说这些人的账号里隐匿有数百亿政治资金，这真是无理取闹。执政党的事务总长对此进行大肆宣扬，媒体对此更是夸大报道，国民对此的疑惑霎时间像滚雪球一样越来越大。这真是最大的不利因素。

我不能就这样坐以待毙。那时正赶上国会的国情审查时间，于是我提出对秘密资金疑惑实施审查，要求翻查列举的所有账户。就这样，我提出了国情审查议案。但执政党方面却回避国情检查，只一味地督促调查，同时对检察机关连日施加压力。

当时的检察总长金泰政对执政党提出的固执搜查要求苦闷无比。万一检察官开始着手调查的话，撇开最后结果不说，其过程只能给我造成致命的打击。如果对我的家人和周边的人们进行大规模的搜查，媒体再加以炒作的话，即使最后证明是其弄虚作假也只能使我遍体鳞伤。而且选举结束之后留下的只有胜者，事件本身会随之被忘却。

但还是发生了出人意料的事情，那就是金泰政总长的决定。金总长十分贤明，而且颇具勇气。10月21日，金总长正式宣布就有关我的秘密资金嫌疑事件的搜查保留到第15届总统选举以后。金总长通过紧急记者招待会发表了如下言论：

“政治圈大部分人认为过去的政治资金是不可以透明公开的，在大选仅剩下两个月的这个时候，如果对事件进行搜查的话，无疑会招致严重的舆论分裂，会给经济复苏带来困难，并会使国家陷入巨大的混乱状态。”

金总长在记者招待会后吐露了作出如此决定的背景：

“出于执法人员的良心，我没有办法着手搜查。什么事都讲求证据，没有证据怎么进行搜查?”

此举马上受到了社会的广泛欢迎。大家纷纷称此为“检察复活的日子”，同时在检察官内部也受到了欢迎。事实上检察界选择“不进行调查”完全是迫于国民舆论的力量。另外在针对一线检察官进行的调查中，超过90%以上的检察官同意“不进行调查”。甚至参与“曝光”的姜三载议员也辞去了自己的职务，同时透露“金大中总裁的秘密资金曝光资料是从李会昌总裁处获得的”。秘密资金事件爆发的第17天，检察机关宣布保留搜查的第4天，其气势就开始下落。

事实上，坊间还流传着如果我被调查很有可能引起混乱的传闻。我在心里对姜三载议员非常不满，甚至还产生了如果将来竞选成功将就此事亲自追究其责任的想法。但是等到真的竞选成功，心境又发生了巨大的变化，我决定原谅他。但是为了澄清事实，我要求对此事件进行调查。调查结果是秘密资金事件完全是子虚乌有，只不过是他们通过相关机关将所有的死账户收集起来进行了调查。

当时我们正与自民联就候选人单一化进行着协商，但是这一提案马上遭到了在野的民主运动人士的反对和批判。党内以在野出身的金槿泰为首的一批少壮派议员对此尤其反对，党外的宗教界人士们也提出了反对意见。我对他们说道，为打破“政治色彩论的嘴脸”以及随三党合并之后得以强化的湖南地区的孤立局面，我们必须与自民联进行合作。特别是在六月抗战之后，出现了所谓的“半独裁民主化”战线，由三党合并而形成的反湖南布局也因自由民主联合党的创建而逐渐分崩离析。虽然与过去曾互相对立的政敌携手合作让人有些难以接受，但是在现实政治中除了坚持信念和名分以外，更具现实性的选择也是非常重要的一环。同时，我们所需要的是政权交替。

在我的劝说下，李海瓒、薛勋等在野出身的人士纷纷对此表示理解。同时，黄台渊、姜俊万、金万钦、全仁权等年轻的政治学者们也对孤立湖南的不当性从学术方面进行了分析和阐明，并为积极对抗岭南霸权主义的“抵抗性的地区主义联合”指明了方向。他们致力于使国民们了解横向政权交替的正当性。

与自民联的候选人单一化协商必须尽快完成。国民会议一方由韩光玉副总裁出面，自民联一方由金龙焕副总裁出面进行了多次协商。金龙焕相当有魄力，这让对方代表韩光玉一直处于劣势，再无他法。

但即使这样，金副总裁好像也并没有要把事情搞砸的想法，而是一直在为促成合作努力着。虽然作为协商对象令人感觉颇有负担，但他思维敏捷而且值得信任。他大刀阔斧地推进了内阁责任制改宪。

结果我们作出了巨大让步，接受了在任期内实施内阁责任制改宪的提议，确立了只要国民们支持内阁制就可以进行改宪的立场。我接到了韩光玉关于协商内容的报告，并在10月27日晚访问了金钟泌候选人位于青丘洞的住宅。两党的协议核心内容如下：

“总统候选人统一为金大中总裁。而在掌权时，握有实质性的阁僚任命提请权和解任建议权的总理一职由自民联一方的人士担当。”

如此，我与自民联的金钟泌总裁就候选人单一化达成了协议。分别取我的名字“大中”的英文拼写的字母即DJ，与金钟泌总裁的JP相结合，由此DJP联合诞生了。想想自“4·11”国会议员选举结束之后提出的有关成立共同政府的讨论只用了1年6个月就完成了，但是DJP联合却经历了诸多艰难险阻。因金钟泌总裁的政治取向与执政党十分相近，所以不断地有人提出他们再结合的可能性问题，其中就有保守大联合一说。但7月21日，新韩国党的候选人竞选大会一召开，这个可能性就消失得无影无踪了。由此，我们与自民联以单一化为前提构成了协商委员会。我承诺即使与自民联进行合作也不会有损我们党的党性。同时更重要的是，我在选举中一定会获胜。

虽然仍有一部分人视DJP联合为狼狈为奸，但是我并不这么认为。我对共同政府的成功运作充满了信心。

11月3日，国民会议和自民联举行了“在野党候选人单一化协议签字仪式”。此时政局上又出现了一位稳重可信的将相之才——在7月举行的浦项北区补选中当选的朴泰俊，即前浦项制铁会长，他也支持在野党单一化。他是引领浦项制铁的传奇人物，受到国民们的广泛信任。我与朴议员曾在举办韩日世界杯预选赛的日本相遇。在东京国立竞技场举办的比赛中，韩国以2比1转败为胜。在比赛只剩下7分钟的时候，失败的气氛笼罩着韩国足球队，但球员们最终却射入比分追平的一球和转败为胜的一球。坐在贵宾席上的我和足球协会的郑梦准会长都按捺不住激动的心情站起来大声欢呼。当晚在庆祝晚宴上，我遇到了朴议员。我向朴议员提出第二天共进早餐。第二天一早见面时，朴议员开门见山地问道：

“都说万一您执政的话，国家大权就会落在湖南人民的手上，这是真的吗？您对此又有何看法？”

我照实回答了他，朴议员的想法也与我的一致。他拥有出色的政治远见，我们马上就变得相互信任。他承诺会积极支持和帮助我，接着他加入了自民联。由此出现了由金大中、金钟泌、朴泰俊组成的DJT联合。

政党势力极度萎缩的民主党提议让汉城市市长赵淳担任党总裁一职并出任总统候选人。由此，赵淳也加入大选中来，但他的支持率却并没有什么起色，他受够了被政治圈所摆布，最终辞去了候选人一职。一直伺机寻找机会的李会昌候选人此时积极拉拢赵淳。李会昌与赵淳协商就新韩国党和民主党进行合并。他们通过举办合并大会，将合并后的党名改为大国家党，因此“民主党”这一党名消失在了大选的风口浪尖。

与自民联总裁金钟泌就在野党候选人单一化进行谈判并签字

在两年前的1995年夏天，为了使赵淳成功当选为汉城市市长，我尽了最大的努力，从早到晚几乎踏遍汉城，这是人所共知的事情。但是赵淳却这样说道：

“金大中接受了我的帮助，但是我却没有得到金大中的任何帮助。”

这真是令人难以置信的发言，没有办法，我只能收回对他的信任。

11月13日举行了国民统合促进会（统促）的金员基代表与卢武铉、金正吉等8名常委的国民会议入党签字仪式。没有什么比他们的共同入党更让人高兴的了。我对统促所属的政治人士们的行动表示积极支持。如果说与自民联的联盟是我的左膀的话，那他们的入党就是我的右臂。

大选政局改为由我、李会昌与李仁济三人构成的候选布局。我主张“横向政权交替”，李会昌阵营则主张“三金青山”，李仁济方面则呼吁“世代交替”。

在选举的最后阶段，韩国面临经济托管的屈辱境地，由于外汇危机而向国际货币基金组织（IMF）发出了金融援助请求。丧失经济主权是朝鲜战争以来最大的国难。加入经济合作与开发组织（OECD）以后，曾经神气活现的韩国在不到一年之后就被揭穿了虚张声势的经济实态，落败为国际社会的烂摊子。事实上对金融危机的警报早在一年前就已经拉响了。每当这个时候，经济方面的高官们都会这样说：

“我们韩国的经济基础良好，不会有危机。”

广大国民相信了他们的狂妄之言。谁也没有想到30年间的经济高速成长神话会在一瞬间破灭，但是所有这一切都在1997年末悉数爆发。

1997年11月21日晚10点，副总理林昌烈宣布向IMF提出200亿美元的金融救援申请。IMF工作团飞抵韩国，于12月3日结束了谈判。此后，国际货币基金组织的总裁米歇尔·康德苏（Michel Camdessus）访问了青瓦台，这是事先没有安排的日程。他们要求总统候选人写下履行合约的保证书。虽然这有些屈辱，但是却别无他法，最后只能签署了保证履行协议的保证书。

我对金泳三政权在经济领域的失败进行了深刻的批评，并主张与IMF进行再协商。随后李会昌候选人就抨击再协商论将会助长外汇危机。事实上与IMF签署的备忘录是非常不平等的。外国人股票投资限度被提高到了50%，我们还必须开放银行和证券等金融市场。虽然说是经济托管，但他们却对我方却有着过多的要求。虽然IMF会受到来自美国、日本等无形之手的压力，但是借款的代价实在是太残酷了。我担心发生大规模的失业，同时也强调要把这次危机转危为福。我在韩国经济加入IMF体系的第4天、以15名欧洲联合大使为首的欧洲经济人共300余人参加的演讲会上这样强调：

"为了快速地克服IMF的管理体系，一定要铲除官治经济的根源。虽然我们不可避免地要接受IMF的要求，但也应该积极吸收采纳其积极方面，以此作为强化经济体制的大好机会，这将带来转危为安的结果，这对未来经济腾飞有很大的帮助。对此我们的国民必须强化爱国心并坚定拯救国家的决心，我们一定会取得成功的。"

我在第二次候选人电视辩论中主张与IMF的协定在执行之前必须再协商：

"墨西哥和印度尼西亚也没有接受的贸易开放等要求是不正确的，所以应该追究。"

此时金融危机进一步恶化，李会昌的候选阵营对我提出的再协商论进行了攻击。虽然是为了国家的发言，但他们也在一定程度上恶用了选举。即使IMF总裁康德苏也提出对可能引发大量失业等问题的一部分条款重新协商，他们仍歪曲散布我的真意。这本身就是使国家处于危机的行为。

果不其然，屋漏偏逢连阴雨。政府与执政党又开始了政治色彩论。舆论界引用当局者的话："去年8月越过'三八线'的吴益济，出现在平壤电视台说经常与国民会议候选人商讨统一问题。"同时，他们唆使曾访问朝鲜的在美牧师在日本东京举行记者招待会。牧师公开了朝鲜金炳植副主席给我发的三封书信的副本。其核心内容是"现在正是南部建立自主性民主政权的时候。我真诚地祝愿金先生能在大选中获胜"。真是厚颜无耻的阴谋。这样的报道立刻引起了发言人李汉东、共同选举对策委员长崔秉烈和大国家党发言人等对我的一致攻击，但是此次这样的论调没有奏效。只要是在选举期间，就会刮起刺骨的"政治色彩论之风"，当选举结束之后又会无声无息地消失。国民们都知道这个事实，选民们是冷静的。

他们又指出我的健康存在问题，开始风传诋毁有关我健康的传闻。“金大中在釜山走路的时候忽然昏倒”、“在谈判桌上遇到了（已于关岛事故中去世的）辛基夏议员”等，甚至关于妻子李姬镐得了痴呆症的传闻也流传开来。

我于12月1日通过总裁秘书室室长柳在乾公开了延世大学医院开具的综合体检结果。结果显示我的血压、空腹时血糖量、胆固醇、肝功能等所有指标均正常。综合诊断书的结果如下：

“被判定为没有高血压和糖尿病等成人病，同时肉体上、精神上都保持着健康的状态，在履行总统职务上没有任何问题。”

即便如此，李候选人一方还是连续不断地散布着关于我健康异常的谣言。

他们再一次提出了每到选举时都会令人不快的地区感情。他们通过拉拢第三候选人来达到孤立我的目的。大国家党方面则散布说“支持李仁济就是支持金大中”。这与五年前的大选中“支持郑周永就是支持金大中”的话如出一辙。

媒体有失偏颇的报道也猖獗起来。对此，李仁济候选人一方与舆论展开了积极的博弈，但报道了一次的内容又被反复加以报道。这种迫使大众不得不深刻铭记的卑鄙手段，真是令人不齿的蛮横行为。保守派媒体相信自己可以创造政权。

第15届总统选举第一次实现了候选人的电视辩论。1992年因金泳三候选人的拒绝而流产的电视辩论一开始，动员一切优势力量的群众集会威力也就消失了。人们可以通过公开的电视辩论来考证候选人的资质和政策，这无疑开创了选举的新风潮。

每当有电视辩论的时候我都会在木洞的妻妹家里梳理思绪。每当我要撰写重要的原稿或是有必须会面的客人时，就会使用妻妹的家。因为位于东桥洞的我家每天都人来人往，这使得我根本没办法拥有自己的时间。不论什么时候妻妹都会笑脸相迎，做好美味的食物，并顾虑到我的时间。每次在妻妹的家，她总是会不断地夸奖和鼓励我：

“姐夫，您的领带真漂亮。”

“今天一定会有好事发生的。”

听了这些话，我的心情就会变得很好。

对我的电视辩论，大家的评论大体上来看还算比较公正。我在最后的电视辩论会上这样呼吁道：

“我挑战了三次，很不幸都失败了，每到此时国民们都好像不会选择我。我愿成为跨越危机之河的大桥，请所有的人踩着我的肩跨过江。其他两位下次还有机会，但这次对我来说却是最后的机会。请大家给我这次机会吧。”

最后的选举结果我们无法臆测。我强调我会成为准备就绪的经济、外交总统，并承诺若我当选为总统将在1年6个月内摆脱IMF体制。舆论调查结果显示我的优势并不十分明显。这是令人无法安心的状况。在选举前一天的17日，我在汉城市内的12个地方进行了最后的演讲。

17日的最后一场演讲是在位于汉城明洞的产业银行前举行的。抵达演讲现场的时候，正值冬日日落。现场聚集了数千名的听众。下午6点稍过，我就登上了讲台。作为总统候选人金大中、政治人金大中的我开始了最后的选举演讲。不，这也是我人生最后的演讲。我刚要开始演讲，就从台下传来不绝于耳的呼喊声。这些呼喊声似乎凝聚成了一道亮光从天而降。在争取民主的道路上，我真的奋斗了很久。我的嗓子哑了，但依然用尽全力进行着演讲：

"我个人有着为成为总统而磨炼和积攒了40多年的智慧和经验。不论是受困狱中，还是流亡美国，我都在为了成为总统而做着准备。全世界再也没有人能像我这样一直以来为了成为总统而做出如此全面而漫长的准备。请大家给我一次机会，我一定会做好的。"

我结束演讲刚走下讲台，听众们就蜂拥而至。主持人金民锡议员的声音回荡在明洞的大街小巷：

"明天这个国家的政权将会出现交替，金大中总统将会诞生。他将结束这个苦难的时代，书写希望的时代。"

最后，选举演讲就这样结束了。虽然当时我已经历过数次选举，舆论调查的结果也显示我持续保持着领先地位，但当想到第二天就是投票日心里还是十分紧张，但我已尽了我最大的努力了。

12月18日，选举结束，我以40万票的优势成功当选为总统。经中央选举管理委员会的统计，选择我的选民总计为10 326 275名。在总数80.7%的投票率中占到了40.3%的得票率，实现了选举史上执政党与在野党之间的政权交替。这是韩国政党史上以及献身在野党的众多政治人的共同荣誉，更是全体国民的荣誉，是韩国民主主义的胜利。

人们都称我为"忍冬草"。忍冬草秋天结果，它的果实在严寒三九的冬雪中愈发红艳。纤细的忍冬草挺过冬天的严寒不正是因为相信春天终会到来吗？但是不知道为什么那个样子让人感觉到十分悲伤，那是种凄怆的美丽。忍冬草孕育于眼泪，正如支持者们注视着我所流下的眼泪一样，泪水会聚成河，我乘此河逆流而上，最终当选为总统。

回顾以往的辛酸历程，很多人都流下了眼泪，我也哭了，这是我成为总统的眼

当选总统的那天，我一出家门围绕在附近的国民就连声呼喊“总统，金大中”

泪。现在我将擦干他们的眼泪。经历了今岁的寒冬，相信我们的春天会更加美好。

执政党与在野党的水平政权交替是国民历史上第一次自己决定自己的命运。在韩国，无论任何时代，百姓们从未凭借自己的意志选择过自己的命运来决定政权交替。无数的平民革命甚至东学革命都以失败而告终。但是在1997年的年末，我们终于通过选举成功进行了民心革命。国民们经受住了金钱、权力、阴谋甚至思想陷害的考验而维护了我。这是伟大的民众胜利。

夜深时，每个广播电台都在欢欣鼓舞地通报着我的胜利。我渐入梦乡，所有的这一切就像做梦一样。

清晨起床，迎接我的是新的一天。在日山我的家中可以听到隐隐传来的《爱国歌》、《我们的愿望是统一》、《木浦的眼泪》等歌声。人们欢呼着我的名字：

“总统，金大中。”

东方渐白。